CURSO DE CONTABILIDADE DE CUSTOS

O GEN | Grupo Editorial Nacional – maior plataforma editorial brasileira no segmento científico, técnico e profissional – publica conteúdos nas áreas de ciências sociais aplicadas, exatas, humanas, jurídicas e da saúde, além de prover serviços direcionados à educação continuada e à preparação para concursos.

As editoras que integram o GEN, das mais respeitadas no mercado editorial, construíram catálogos inigualáveis, com obras decisivas para a formação acadêmica e o aperfeiçoamento de várias gerações de profissionais e estudantes, tendo se tornado sinônimo de qualidade e seriedade.

A missão do GEN e dos núcleos de conteúdo que o compõem é prover a melhor informação científica e distribuí-la de maneira flexível e conveniente, a preços justos, gerando benefícios e servindo a autores, docentes, livreiros, funcionários, colaboradores e acionistas.

Nosso comportamento ético incondicional e nossa responsabilidade social e ambiental são reforçados pela natureza educacional de nossa atividade e dão sustentabilidade ao crescimento contínuo e à rentabilidade do grupo.

GEORGE S. G. LEONE
Doutor em Ciências Contábeis pela UFRJ, Ex-professor da UFRJ, da
UERJ, da FGV-Rio, da UFPB, da Unigranrio e da Visconde de Cairu

RODRIGO JOSÉ GUERRA LEONE
Doutor em Otimização pela COPPE-UFRJ, Professor da UNP
(Universidade Potiguar de Natal) e do IBMEC

CURSO DE CONTABILIDADE DE CUSTOS

Contém Critério do Custeio ABC
Aplicação de Métodos Quantitativos

4ª Edição

Os autores e a editora empenharam-se para citar adequadamente e dar o devido crédito a todos os detentores dos direitos autorais de qualquer material utilizado neste livro, dispondo-se a possíveis acertos caso, inadvertidamente, a identificação de algum deles tenha sido omitida.

Não é responsabilidade da editora nem os autores a ocorrência de eventuais perdas ou danos a pessoas ou bens que tenham origem no uso desta publicação.

Apesar dos melhores esforços os autores, do editor e dos revisores, é inevitável que surjam erros no texto.
Assim, são bem-vindas as comunicações de usuários sobre correções ou sugestões referentes ao conteúdo ou ao nível pedagógico que auxiliem o aprimoramento de edições futuras. Os comentários dos leitores podem ser encaminhados à **Editora Atlas Ltda.** pelo e-mail editorialcsa@grupogen.com.br.

Direitos exclusivos para a língua portuguesa
Copyright © 2010 by
Editora Atlas Ltda.
Uma editora integrante do GEN | Grupo Editorial Nacional

Reservados todos os direitos. É proibida a duplicação ou reprodução deste volume, no todo ou em parte, sob quaisquer formas ou por quaisquer meios (eletrônico, mecânico, gravação, fotocópia, distribuição na internet ou outros), sem permissão expressa da editora.

Rua Conselheiro Nébias, 1384
Campos Elísios, São Paulo, SP – CEP 01203-904
Tels.: 21-3543-0770/11-5080-0770
editorialcsa@grupogen.com.br
www.grupogen.com.br

Capa: Zenário A. de Oliveira

Composição: Lino-Jato Editoração Gráfica

Dados Internacionais de Catalogação na Publicação (CIP)
(Câmara Brasileira do Livro, SP, Brasil)

Leone, George Sebastião Guerra
    Curso de contabilidade de custos / George S. G. Leone, Rodrigo José Guerra Leone. – 4. ed. – [6. Reimpr.] – São Paulo : Atlas, 2017.

"Contém critério do custeio ABC", Aplicação de Métodos Quantitativos.
Bibliografia.
ISBN 978-85-224-6081-6

1. Contabilidade de custos I. Leone, Rodrigo José Guerra. II. Título.

10-08334   CDD-657.421

Índices para catálogo sistemático:

1. Contabilidade de custos 657.42
2. Custos : Contabilidade 657.42

Eu, George S. Guerra Leone, como um dos autores, dedico este livro, tanto a primeira edição quanto esta nova edição, a todos os meus amigos.

Quero registrar especialmente aqueles companheiros que já nos deixaram há algum tempo e os destaquei na primeira edição.

Foram sempre grandes amigos e colegas que me ajudaram muito em minha profissão e em minha vida, acreditando em mim de modo geral, ensinando-me, apoiando-me, incentivando-me, sem interesse algum. Essa é a forma de demonstrar minha gratidão a eles.

Professor Benedito Silva, um dos fundadores da Escola Brasileira de Administração Pública, da Fundação Getulio Vargas e um dos pilares dos primeiros gigantes passos da construção da instituição. Eu tive a oportunidade de trabalhar com ele e ao mesmo tempo cursando como bom estudante.

Professor Umberto Montano, catedrático da antiga Faculdade Nacional de Ciências Econômicas da Universidade do Brasil, meu amigo e incentivador. Ele teve com carinho a incumbência de escrever o prefácio de meu primeiro livro de custos, editado pela Fundação Getulio Vargas.

Doutor Vicente da Fonseca Costa Couto, que certamente estará ao lado do Senhor, um homem íntegro que me ensinou a ser um correto cidadão.

Faço mais alguns registros e dedico esta nova edição a amigos e sustentáculos da nossa profissão, alguns, no meu entendimento, como raríssimas criaturas dedicadas a nossa profissão, os quais nos deixaram recentemente com muita tristeza.

Prof. Ynel Alves de Camargo, ex-presidente do CFC e coordenador de rara competência dos Grupos de Trabalho criados pelo CFC; em minha opinião foi um dos baluartes da profissão contábil.

Prof. Olívio Koliver que sempre foi um dos baluartes dos ensinamentos profundos e extensos de verdadeira propriedade, meu amigo e mestre. Este professor não poderia nos deixar agora. Felizmente deixa seu livro e seus artigos para que possamos nos atualizar com toda a força.

Prof. Antonio Lopes de Sá, uma das maiores autoridades dentro dos ensinamentos contábeis. Sempre o acompanhei por meio de seus livros, artigos, conferências, reuniões, conversas e aulas. Eu tive a honra de estar presente no seu exame de Livre-Docência na Universidade do Brasil. Ele é, sem dúvida, o maior escritor mundial de livros e artigos sobre a profissão contábil. Ele foi um sábio, mas sempre modesto e simples diante de todos nós.

Contador Ivan Carlos Gatti, presidente do CRC/RS e do CFC. Ele me acompanhou, e a todos nós, pessoalmente com muito zelo, simpatia e preocupação nos Grupos de Trabalho de todos os anos que esteve como presidente. Muitas vezes me acompanhou com muito interesse quando eu proferia algumas palestras e conferências. Ficamos sempre colegas e amigos, ele com muita simplicidade e muita dedicação.

Professor Américo Matheus Florentino, meu professor na Faculdade Nacional de Ciências Econômicas da Universidade do Brasil, em 1958 e, em seguida, meu companheiro em algumas atividades, dentro da nossa profissão, não só na qualidade de profissionais mas, também, como escritores, conferencistas e professores.

E, finalmente, não deixaria de lembrar dos meus pais, José Leone e Alzira Guerra Leone, inesquecíveis, antes de tudo os meus mestres desde que eu nasci. Eles foram sempre os mais valiosos professores da minha vida.

A meu pai.

Prof. Rodrigo José Guerra Leone

Sumário

Apresentação, xv

Introdução, 1

1 Conceitos básicos, sistemas e critérios, 5
Objetivos do capítulo, 5
O que é e para que serve a contabilidade de custos, 5
O trabalho da contabilidade de custos, 6
Sistemas de acumulação de custos e suas finalidades, princípios fundamentais de contabilidade e critérios de custeio, 10
Custos e determinação da rentabilidade, 14
Organizações que o contador de custos deve conhecer, 17
Nos EUA, 18

2 Custos nas demonstrações contábeis, terminologia e classificação, 19
Objetivos do capítulo, 19
Demonstrações contábeis e custos, 19
Alguns modelos de demonstração do resultado, 27
Formação dos custos dos produtos e dos serviços, 29
Formas de analisar os custos, 29
O problema da terminologia, 32
Classificação dos custos, 34

3 Modelos de determinação dos custos dos produtos e dos serviços, 48
Objetivos do capítulo, 48
Planilha de custos ou modelo de engenharia, 48

Modelo indireto real, 65

Informações adicionais para o método indireto real, 75

Contabilização, 81

Procedimento do inventário permanente, 88

Quadro prático para cálculo dos diversos custos, 94

Modelo direto real, 95

4 Despesas indiretas de fabricação – conceitos básicos, 96

Objetivos do capítulo, 96

Conceitos básicos, 96

Departamentalização, 99

Responsabilidades físicas e contábeis, 100

Critério do custeio por absorção, 102

Método que leva em conta a prestação recíproca de serviços, 107

Taxas predeterminadas, 113

Por que usar taxas predeterminadas?, 114

Tratamento da variação total entre as DIF reais e as DIF aplicadas, 116

Bases de rateio selecionadas, 120

Unidades produzidas ou outro indicador operacional físico, 121

Critério com base no custo do material direto a ser consumido, 122

Critério com base no valor da mão de obra direta, 124

Critério com base nas horas de mão de obra direta, 125

Critério com base nas horas de máquina, 126

Critério com base nas atividades ou transações, 127

Qual a medida de capacidade a ser adotada?, 127

Critério do custo por absorção e critério do custo variável ou direto, 128

Taxas únicas de DIF ou taxas departamentais, 129

5 Despesas indiretas de fabricação – análise e controle, 134

Objetivos do capítulo, 134

O que estudamos no capítulo anterior, 134

Despesas indiretas de fabricação departamentais, 136

Considerações comuns aos dois métodos de análise estatística, 138

Método dos pontos alto e baixo, 142

Método dos mínimos quadrados, 146

Controle do desempenho da empresa ou de um componente operacional através da análise das variações das despesas indiretas de fabricação, 167

O caso do hotel sem estrelas, 168

O caso da seção fabril – análise das duas variações, incluindo a variação da eficiência, 171

O caso da Cia. Amazonense de isqueiros – o caso mais completo, 174

O papel do orçamento flexível, 174

Algumas considerações em torno do controle das despesas indiretas de fabricação, 178

6 Sistemas de acumulação, 183

Objetivos do capítulo, 183

Conceitos básicos, 184

Sistema de acumulação de custos por ordem de produção (OP), 188

Denominação, 188

Definição, 190

Características básicas do sistema, 192

Diversos tipos de ordens de produção, 193

Cartão de custo, 193

Algumas observações sobre as ordens de produção, 194

Contabilização do sistema, 195

Casos em que o sistema de acumulação de custos por OP é usado, 196

Vantagens e desvantagens do sistema, 196

Exemplo prático, 197

Sistema de acumulação de custos por processo, 202

Conceitos básicos, 202

O problema fundamental do processo contínuo, 203

Três situações diferentes, 205

Como calcular "as unidades equivalentes", 206

Diferença fundamental de tratamento entre os materiais e o custo de transformação, 210

Características básicas do sistema e condições que indicam a implantação, 212

Características básicas, 212

Aspectos fortes e fracos do sistema, 213

Fenômenos que normalmente ocorrem no processamento contínuo – sua avaliação e tratamento contábil, 214

Exemplo simples de cálculo das perdas, 217

Custeamento da coprodução e da subprodução, 219

Definições, 220

Métodos para custear os coprodutos, 222

Métodos de contabilização dos subprodutos, 226

Técnica das unidades de esforço de produção, 229

Comentários sobre algumas obras dedicadas ao assunto, 233

7 Sistemas de custeamento, 237

Objetivos do capítulo, 237

Sistema de custeamento pela responsabilidade, 238

Conceitos básicos, 238

Noção de controle, 239

Noção de responsabilidade, 240

Controlabilidade dos custos, 241

Organograma e plano de contas, 243

Elementos de controle, 243

Conjunto articulado de relatórios pela responsabilidade, 244

Critério do custeio ABC – custeamento baseado em atividades, 250

Surgimento do critério, 250

O que é o critério ABC?, 252

Características básicas do critério ABC – semelhanças com as técnicas e os sistemas atuais, 255

Campos de aplicação do critério ABC, 263

Vantagens e desvantagens do critério ABC, 264

Exemplos práticos de aplicação do critério ABC, 266

8 Custos-padrão, 278

Objetivos do capítulo, 278

Definições e conceitos, 279

Alguns aspectos dos custos-padrão, 284

Espaço de tolerância e suas fronteiras, 286

Custos-padrão e inflação, 291

Padrão de materiais, 292

Variações de preço e de quantidade, 292

Estabelecimento do padrão de materiais, 294

Causas das variações, 295

Momento do cálculo da variação e sua contabilização, 297

Padrão de mão de obra direta, 298

Variações de taxa e de eficiência, 298

Estabelecimento do padrão de mão de obra direta, 301

Causas das variações, 302

Cálculo e contabilização das variações de mão de obra direta, 302

Padrão das despesas de fabricação, 303

Variações de orçamento, de eficiência e de volume (capacidade), 303

Causas das variações das despesas indiretas de fabricação, 312

Causas da variação de orçamento de DIF, 312

Causas da variação de eficiência – DIF, 314

Causas da variação de volume de DIF, 314

Variações devidas à mistura (combinação) de materiais e à quantidade produzida quando há perdas de fabricação, 315

9 Critério do custeio variável e decisões de curto prazo, 320

Objetivos do capítulo, 320

Natureza do critério do custeio variável, 321

Comparação entre os dois conceitos de custeio – absorção e variável – quando existem estoques inicial e final, 329

Objetivo do custeio variável, 334

Uma fábula para adultos, 335

Uma fábula para adultos, 335

Vantagens e desvantagens do conceito do custeio variável, 339

Usos do custeio variável em várias atividades de planejamento, controle e decisão, 339

Análise do ponto de equilíbrio, 343

Suposições que fundamentam a análise do ponto de equilíbrio, 347

Análise do ponto de equilíbrio quando a fábrica produz e vende mais de uma qualidade de produto, 348

Margem de segurança, 352

Ponto de indiferença, 353

Diferenças entre os contadores e os economistas a respeito dos conceitos de ponto de equilíbrio, 354

Simulações de alternativas na análise das relações custo-volume-lucro, 357

Decisões de curto prazo, 359

Aspectos gerais, 359

Fabricar materiais ou peças na própria empresa ou comprá-los externamente, 361

Aceitar ou não uma encomenda especial, 362

Deixar de produzir uma linha de produtos porque dá prejuízo, 364

Decisão de fabricar para o estoque em conjunção com a decisão de empregar o custeio por absorção, 368

Processar um produto ou vendê-lo como está, 370

Contribuição marginal e fator limitativo, 373

10 Uso dos métodos quantitativos na solução de problemas de custos, 379

Objetivos do capítulo, 379

Introdução, 379

Cálculos de máximos e mínimos, 382

Máximos e mínimos aplicados aos objetivos da administração de estoques, 390

Definição dos objetivos conflitantes mais comuns da administração dos estoques, 390

Comportamento dos custos relacionados às atividades de administração dos estoques, 391

Qual será a decisão da administração?, 392

Examine com atenção os resultados oferecidos pelos instrumentos matemáticos, 397

Curva de aprendizagem, 398

Noções básicas, 398

Exemplo clássico, 398

Custos envolvidos pela técnica da curva de aprendizagem, 401

Outra forma de apresentar o gráfico da curva de aprendizagem, 401

Modelo matemático da curva de aprendizagem, 402

Aplicações do fenômeno da aprendizagem e do respectivo modelo matemático em algumas atividades gerenciais, 407

Algumas limitações importantes, 408

Exemplos práticos, 408

Programação linear, 411

Introdução, 411

Solução gráfica, 416

Solução algébrica, 417

O que se pode fazer com esses resultados?, 426

Observações a respeito do uso dos métodos quantitativos, 426

Apêndice, 429

Bibliografia, 433

Índice remissivo, 449

Apresentação

Escrever um livro, sobre qualquer assunto, é um ato de criação e de coragem; escrevê-lo na área contábil, principalmente de custos, é, também, uma necessidade, mormente no Brasil, tendo em vista que dispomos de poucos textos de excelente qualidade sobre o assunto. O *Curso de contabilidade de custos*, do colega Leone, é daqueles textos que, como pedra preciosa, irá compor um mosaico importante, para ser admirado, estudado e meditado.

Leone é um mestre de grande vocação natural para a Contabilidade, de resto amadurecida e aperfeiçoada com muito estudo, pesquisa e pelo contato com a realidade empresarial. É raro, hoje, encontrar todas estas qualidades e experiências num profissional só.

O sumário do livro (e seu conteúdo) evoluem numa sequência impressionante, quanto à atualidade dos temas abordados e à mestria com que são tratados. Não posso deixar de apontar, especialmente, o grau de atualização (com o custeio ABC) e um capítulo que considero especial e que poucos autores têm apresentado, que é o *Uso de métodos quantitativos na solução de problemas de custos* (tópico que sumariamente eu mesmo introduzira, já em 1976, no meu *Contabilidade gerencial* e que desenvolvi no *Análise de custos*, 1989), que Leone aprofunda, sobremaneira, em seu livro.

Leone é um dos mais importantes autores da moderna Contabilidade no Brasil e seu livro, sem dúvida, será de grande utilidade para os estudantes, pesquisadores e praticantes da Contabilidade de Custos.

Sérgio de Iudícibus

Introdução

Este livro, agora na quarta edição, foi publicado pela primeira vez em 1997. Ao longo desses 13 anos (até 2010), muitas mudanças ocorreram, tanto na percepção dos usuários das informações contábeis, quanto nas atitudes dos contadores de custos. Além, obviamente, dos avanços tecnológicos. Tais fatos nos mostraram a necessidade de atualizar alguns pontos do nosso livro. Precisamos registrar aqui o agradecimento aos nossos leitores de quem recebemos inúmeras observações.

Decidimos manter a bibliografia das primeiras edições. Nada foi retirado. Os livros que lá permaneceram são clássicos. Mesmo os artigos e demais trabalhos científicos merecem leitura até hoje. Obviamente, acrescentamos algumas referências.

O nosso primeiro livro, editado pela Editora da Fundação Getulio Vargas em 1971 (*Custos*: um enfoque administrativo), teve como fundamento a ideia de elaborar uma obra antes de tudo didática. A Editora preparou 14 edições e quase dez tiragens.

Nove anos depois da primeira edição desse livro da FGV, verificamos que era preciso elaborar um novo livro, aprofundando o conteúdo relativo a alguns setores da Contabilidade de Custos, entremeando com a Contabilidade Gerencial. Esse trabalho foi editado em 1982 (*Custos*: planejamento, implantação e controle). A terceira e última (até então) edição foi lançada em 2000 pela Editora Atlas. Nela, procuramos acrescentar novos conceitos e ideias, não só por nossas experiências em trabalhos práticos em empresas na área de produção e comercialização, como, também, absorvendo novas considerações surgidas de trabalhos em sala de aulas e na preparação de artigos e palestras de um modo geral.

Mais adiante, em 1995, iniciamos a elaboração de um livro sobre Contabilidade de Custos, apresentando novas conceituações sobre os setores de custos, oriundas de nossos estudos desenvolvidos na França e de nossas consultorias na área. Esse livro foi publicado pela Editora Atlas, em 1997, como já assinalamos.

Apesar de a parceria entre meu filho Rodrigo e eu ter começado em 1996 – estávamos prestando consultoria para uma indústria de açúcar no Nordeste, e o Rodrigo nos acompanhava – foi em 2001 que ela proporcionou seus primeiros frutos: escrevemos um artigo para a *Revista do Conselho Regional de Contabilidade do RS*, sobre a interpretação dos gráficos de Custos, Receita e Lucro. De lá para cá, publicamos outros artigos na mesma revista, na *Revista Brasileira de Contabilidade*, na *Revista Mineira de Contabilidade*, na *Revista Contabilidade & Finanças da USP*, na revista *Contabilidade Vista & Revista* e apresentamos trabalhos em congressos nacionais e internacionais. Além de termos, com muito esforço, escrito dois livros: o *Dicionário de custos*, publicado em 2004 pela Editora Atlas, e *Os 12 mandamentos da gestão de custos*, publicado em 2007 pela Editora FGV.

Para a quarta edição deste livro, inserimos pequenos trechos significativos em alguns capítulos e apresentamos alguns recursos do Excel para a resolução de problemas práticos de Contabilidade de Custos com a ajuda dos Métodos Quantitativos. Acreditamos que essas alterações tornaram o livro bem mais atual.

As principais motivações continuam a mesma que da primeira edição: a Contabilidade de Custos faz parte principal da Contabilidade Gerencial. Em essência, a Contabilidade de Custos não mudou. Seus fundamentos, sua lógica, sua metodologia e seus objetivos são os mesmos – desde nosso primeiro contato com o tema até hoje – e estão aí para que a Contabilidade de Custos seja o suporte das gerências internas na finalidade básica do melhoramento das empresas: melhores procedimentos, mais baratos e, consequentemente, melhores lucros.

A partir de 2005, no entanto, muitos contadores brasileiros, atuantes em empresas de auditoria, em comissões, em conselhos e em organizações governamentais ou ocupando cargos de direção, passaram a propor novas diretrizes, principalmente internacionais, para a Contabilidade, com o objetivo de aperfeiçoar suas normas e seus princípios fundamentais. As diretrizes aventadas, provenientes de comissões, de conferências e de reuniões de países europeus, incluindo os contadores americanos e os brasileiros, sofreram aperfeiçoamentos, que foram absorvidos por nós que comandamos as normas, os procedimentos e os princípios para o melhor funcionamento da nossa Contabilidade Financeira, Geral ou Legal e trazem mais confiança àqueles que trabalham em Bolsas de Valores, nas diretrizes das Sociedades por Ações e àqueles responsáveis pelas análises e movimentações das posições financeiras das empresas. De 2005 até hoje, as novas normas e regras contábeis provenientes dos trabalhos do Comitê de Pronunciamentos Contábeis, ao qual estão vinculados, entre outros, o CFC, o Ibracon e a CVM, se mostraram de enorme importância para a melhoria dos trabalhos dos contadores das sociedades por ações, sobretudo das sociedades abertas.

Acontece que a existência da Contabilidade de Custos, em qualquer empresa, sejam sociedades por ações de capital aberto, sociedades por ações fechadas, grandes, médias, pequenas ou micro, principalmente nestas últimas, empresas estatais e em qualquer tipo de sociedade, tem a sua função predominantemente gerencial, ou seja, os dados e as informações são necessários para a vida cotidiana interna e de seus clientes. Esse trabalho deve sempre ser dirigido pelos seus administradores em geral com o auxílio da Contabilidade de Custos. É claro, muito claro, que a Contabilidade Gerencial (que tem dentro de si a Contabilidade de Custos) é uma atividade importante para as sociedades quaisquer que sejam. De todo o modo, devemos esclarecer, mais uma vez, que a Contabilidade de Custos, embora tenha elos importantes com a Contabilidade Financeira, Geral ou Legal, é uma função interna que se sustenta com as suas próprias regras, normas e procedimentos, no intuito de produzir relatórios gerenciais para a Administração, sejam dos níveis mais baixos até aos níveis bem mais altos das sociedades. Assim, as modificações propostas nos últimos anos não afetam, ou não deveriam afetar, a Contabilidade de Custos em sua essência e finalidade dentro da empresa.

Mantemos os agradecimentos aos nossos companheiros e alunos assinalados em edições anteriores.

Hoje, infelizmente, não contamos mais com os colegas (e amigos) que nos deixaram para sempre: Olívio Koliver, Américo Matheus Florentino, Ivan Carlos Gatti, Iberê Gilson, Alberto Almada Rodrigues, Hilário Franco, Antonio Lopes de Sá e Ynel Alves de Camargo, entre muitos outros. Esses amigos e colegas nos incentivaram e nos ensinaram para tentarmos sempre aprofundar e melhorar os conhecimentos teóricos e práticos da Contabilidade, sobretudo da Contabilidade Gerencial.

Agradecemos a forte amizade e os profícuos ensinamentos de colegas e amigos, principalmente que faziam parte de Grupos de Normas Contábeis do CFC, e no magistério e nas pesquisas (Universidades e Faculdades).

Continuamos, do mesmo modo, agradecendo aos nossos filhos antes pequenos e agora adultos. Sem eles não teríamos o élan de trabalhar a fundo. Hoje temos dois netos. Pequeninos ainda, mas a felicidade ficou bem maior.

Na nossa primeira edição, fizemos questão de agradecer a amizade do Diretor-Presidente da Atlas, Dr. Luiz Herrmann. Voltamos a fazê-lo, reforçando que a amizade é para sempre, nesse ou em outro nível. Luiz Herrmann foi (e é, ainda) um amigo antes de ser um Editor.

1

Conceitos Básicos,
Sistemas e Critérios

OBJETIVOS DO CAPÍTULO

Este capítulo apresenta as finalidades da Contabilidade de Custos. Mostra algumas de suas principais particularidades, seu funcionamento, quem por ela deve responsabilizar-se, objetivos, seus objetos. Sublinha a ideia de que o Contador de Custos deve conhecer o ambiente no qual a Contabilidade de Custos vai atuar e que seus usuários devem estar bem familiarizados com as técnicas de custeio para poderem compreender e utilizar-se das informações de custos. Apresenta, embora resumidamente, os sistemas empregados e os critérios básicos de custeio. Enfatiza o conceito de que a Contabilidade de Custos prepara informações diferentes para atender a necessidades gerenciais diferentes. A Contabilidade de Custos é parte integrante da Contabilidade e, portanto, seus sistemas de determinação de custos devem estar integrados e coordenados ao sistema contábil. O contador de custos deve observar os Princípios Fundamentais de Contabilidade aprovados pelo Conselho Federal de Contabilidade. O objetivo principal das empresas é maximizar seus lucros. O capítulo apresenta de que forma os custos participam da determinação da rentabilidade. Finalmente, o capítulo apresenta uma relação não exaustiva das organizações que o Contador de Custos deve conhecer para estar sempre profissionalmente atualizado e uma lista de referências bibliográficas pertinentes ao assunto.

O QUE É E PARA QUE SERVE A CONTABILIDADE DE CUSTOS

1. A Contabilidade de Custos é o ramo da Contabilidade que se destina a produzir informações para os diversos níveis gerenciais de uma entidade, como auxílio às funções de determinação de desempenho, de planejamento e controle das operações e de tomada de decisões.

2. A Contabilidade de Custos coleta, classifica e registra os dados operacionais das diversas atividades da entidade, denominados de dados internos, bem como, algumas vezes, coleta e organiza dados externos.

3. Os dados coletados podem ser tanto monetários como físicos. Exemplos de dados físicos operacionais: unidades produzidas, horas trabalhadas, quantidade de requisições de materiais e de ordens de produção, entre muitos outros. Neste ponto, reside uma das grandes potencialidades da Contabilidade de Custos: a combinação de dados monetários e físicos resulta em indicadores gerenciais de grande poder informativo.

4. Em seguida, a Contabilidade de Custos acumula, organiza, analisa e interpreta os dados operacionais, físicos e os indicadores combinados no sentido de produzir, para os diversos níveis de administração e de operação, relatórios com as informações de custos solicitadas.

5. Outra particularidade da Contabilidade de Custos é que ela trabalha dados operacionais de vários tipos: os dados podem ser históricos, estimados (futuros), padronizados e produzidos. Aqui reside, também, uma das fortes vantagens da Contabilidade de Custos. Ela pode (e deve) fornecer informações de custos diferentes para atender a necessidades gerenciais diferentes. São muitas as necessidades gerenciais. Apenas como forma de atender a uma exigência didática, os estudiosos classificaram as necessidades gerenciais em três grandes grupos:

a) informações que servem para a determinação da rentabilidade e do desempenho das diversas atividades da entidade;

b) informações que auxiliam a gerência a planejar, a controlar e administrar o desenvolvimento das operações;

c) informações para a tomada de decisões.

O TRABALHO DA CONTABILIDADE DE CUSTOS

6. Nas grandes empresas, principalmente as industriais, o componente Contabilidade de Custos deve ficar subordinado a uma controladoria ou a uma diretoria financeira e terá, nesse caso, o mesmo nível do componente Contabilidade. Não obstante essa semelhança de níveis, a Contabilidade de Custos deverá trabalhar em sintonia com a Contabilidade, recebendo desta orientação em termos de políticas, diretrizes, critérios e procedimentos. Em muitos casos, deverá haver perfeita integração e coordenação entre os dois componentes.

7. O responsável pela Contabilidade de Custos, sendo esta um ramo da ciência contábil, deverá ser um contabilista registrado no Conselho Regional de Contabilidade. Esse procedimento, embora natural, está formalizado na Resolução CFC nº 560/83, que dispõe sobre as prerrogativas profissionais. Não obstante, é, ainda, frequente o emprego de outros profissionais no comando dessa atividade contábil. E, algumas vezes, encontramos antigos operários transformados em especialistas de custos, dirigindo a Contabilidade de Custos, com base em sua experiência no processo industrial e em seu amplo conhecimento das operações da entidade.

8. Os objetivos da Contabilidade de Custos serão fixados de acordo com as necessidades apresentadas pelos diversos níveis gerenciais. Embora o contador de custos não estabeleça previamente quais são os objetivos de sua atividade, a grande maioria dos estudiosos do assunto os estabelece apenas para atender a exigências de ordem didática, uma classificação de objetivos em três grandes grupos, já citados anteriormente. São eles: (a) o objetivo da determinação da rentabilidade, esta num sentido bem amplo, que considera o desempenho da entidade e de seus componentes em todos os sentidos; (b) o objetivo que se traduz pelo controle dos custos das operações de cada atividade no sentido de minimizá-los pela comparação constante entre os dados previamente estabelecidos (como orçamentos, estimações e padrões) e os dados que realmente ocorreram. A procura pela redução de custos deve passar obrigatoriamente pela análise das causas das variações ocorridas. Tais causas sempre são decorrência de disfunções operacionais. O objetivo final é descobrir esses erros, avaliá-los economicamente e propor medidas corretivas; (c) o objetivo de fornecer informações, normalmente não recorrentes, aos diversos níveis gerenciais que as solicitam para atender a suas funções de planejamento e de tomada de decisões.

9. São muitos os objetos da Contabilidade de Custos. Não há uma quantidade determinada. Os objetos formam o campo de atuação da Contabilidade de Custos. Os objetos mais conhecidos são os seguintes: a entidade, como um todo, seus componentes organizacionais (administrativos e operacionais), os produtos e bens que fabrica para si própria e para venda e os serviços, faturáveis ou não, que realiza. Entretanto, existem muitos outros, de mesma significação. Entre eles podemos citar os estoques, as campanhas, as promoções, os estudos e as atividades especiais, os segmentos de distribuição, as atividades e as operações desde as menores até as maiores, os planos e alternativas operacionais.

10. Cada um desses objetos, salvo as atividades e operações mais detalhadas, têm um responsável. Isso quer dizer que a direção da entidade, através do processo de delegação, entregou o comando do objeto a uma pessoa que deverá basicamente estabelecer seus objetivos e os controles sobre o atingimento desses objetivos e os custos que deverá praticar. Exemplo: suponhamos que a Contabilidade de Custos esteja estudando os custos do Departamento de Recursos Humanos de uma entidade. Esse departamento, portanto, será um objeto da Contabilidade de Custos dentro da ideia que estamos desenvolvendo. Haverá um responsável pelo departamento. O que faz essa pessoa? Estabelece, de acordo com os objetivos maiores da entidade, seus próprios objetivos, isto é, onde vai chegar ao final de um período. Esses objetivos deverão estar bem definidos e até mesmo quantificados. Para realizar o que está prevendo, o responsável (quem está no comando do departamento) terá que realizar despesas e será auxiliado por outros departamentos da mesma entidade. O controle dessas despesas e desse auxílio será feito pelo responsável através das funções de previsão, registro, acumulação, organização, análise, interpretação, tomada de decisões e de medidas corretivas. Na verdade, a esse conjunto de funções, os estudiosos dão o nome de "administração". Onde entra a Contabilidade de Custos? A Contabilidade de Custos, em virtude de sua competência e por ser, junto com a Contabilidade, o maior e mais completo banco de dados existente dentro da entidade, fará o registro, a acumulação e a organização dos dados, transformando-os em informações e, em conjunto com o usuário (o responsável pelo Departamento de Recursos Humanos), realizará as previsões, a análise e a interpretação das informações. De acordo com as informações recebidas, o responsável pelo Departamento de Recursos Humanos tomará as medidas que julgar corretas para a correção de rumos e que, adicionalmente, se necessário, formarão a base para a tomada de decisões econômicas. O que acontece com o Departamento de Recursos Humanos acontece, do mesmo modo, com qualquer objeto da Contabilidade de Custos.

11. De acordo com as necessidades gerenciais, apresentadas pelos diversos níveis gerenciais, a Contabilidade de Custos vai-se organizar em termos de sistemas de acumulação de dados, de critérios de avaliação e de apropriação dos custos a seus portadores (componentes organizacionais, atividades e operações, serviços e produtos e outros objetos do custeio), para produzir relatórios que satisfaçam às exigências dos diversos usuários.

12. Para as finalidades de Contabilidade de Custos, os sistemas são o conjunto coordenado de órgãos, pessoas, procedimentos, critérios de avaliação e de apropriação, conceitos, princípios, objetivos, fluxos e relatórios, que vai coletar os dados de diversas fontes e transformá-los em informações.

13. A Contabilidade de Custos, diante das necessidades gerenciais apresentadas pelos diversos objetos (entidade, produtos, serviços, componentes organizacionais etc.), prepara relatórios que contêm os tipos de custos que vão atender às exigências de seus usuários. Portanto, a Contabilidade de Custos, ao tratar os custos de modo diferente, cria tipos de custos diferentes. O contador olha os custos de modo diferente, dependendo da necessidade gerencial a que quer atender. Uma das formas mais empregadas, que talvez seja o fundamento da Contabilidade de Custos para muitos estudiosos, é baseada no "princípio da causação", ou seja, a preocupação em atribuir os custos a seus portadores finais. Isso significa que os custos serão classificados em diretos e indiretos, dependendo da dificuldade existente para sua apropriação. Outra forma de olhar os custos é verificar sua variabilidade diante de uma variável operacional, normalmente física, que represente a atividade desenvolvida pelo objeto do custeio. Se olharmos os custos, por outro lado, pela ótica de sua relevância, teremos novos tipos de custos. É preciso, para tanto, estabelecer, com clareza, as condições necessárias para que um custo seja relevante. Apresentamos anteriormente (item 5) um tipo de custo que denominamos de "produzido". Esse tipo de custos não está registrado em nenhum lugar. Entretanto, é muito significativo para o controle das operações e, principalmente, para a tomada de algumas decisões. Os exemplos mais comuns são os custos de oportunidade e os custos imputáveis. Atualmente, em virtude da preocupação cada vez maior pela qualidade total, aparecem os custos da qualidade. Alguns são "produzidos".

14. O contador de custos na verdade é um especialista da informação. Tanto é assim que a Contabilidade de Custos, como, também, a própria Contabilidade Geral, são consideradas componentes de um sistema mais amplo de informações. Desse modo, o contador de custos, antes mesmo de desenvolver sua atividade, deverá conhecer o processo produtivo e as relações entre os diversos setores da entidade. O processo produtivo deve ser olhado de modo global inicialmente. Ele vai desde o planejamento da produção, considerando planilhas e orçamentos, até a expedição dos produtos para os clientes, passando por todas as fases de controle. É preciso que o contador de custos conheça muito bem o que acontece dentro do ambiente ou do campo de atuação da Contabilidade de Custos. Deve conhecer o como e o porquê de cada atividade. Deve ter visão clara do ciclo operacional. Muitas vezes, é recomendável que o contador de custos, antes de começar a trabalhar, faça um estágio nos diversos componentes operacionais e administrativos da entidade para entender melhor as atividades.

15. Por outro lado, e seguindo a mesma lógica exposta no parágrafo anterior, o contador de custos deverá desenvolver ações para familiarizar os usuários da Contabilidade de Custos com princípios, critérios e procedimentos básicos contábeis. Normalmente, esses usuários não se utilizam de modo adequado das informações contábeis porque desconhecem como elas são organizadas e suas verdadeiras potencialidades.

16. A Contabilidade de Custos, em algumas decisões, utiliza-se de instrumentos matemáticos e estatísticos que tornam mais úteis e exatas as informações produzidas. O contador de custos deve estar familiarizado com essas técnicas, pelo menos para poder entender-se com os especialistas nesses assuntos, quando eles são chamados para ajudar na solução de problemas, na manipulação de dados coletados e na preparação de informações, sempre que as técnicas matemáticas e estatísticas sejam necessárias. Neste livro, vamos estudar algumas dessas técnicas, embora sem descer a detalhes quanto a sua formulação teórica, preferindo deter-nos quanto ao entendimento prático das informações por elas proporcionadas.

17. Os sistemas de custeio são estabelecidos em conformidade com as necessidades dos usuários e segundo a natureza das operações e das atividades da entidade. O contador de custos deverá, em conjunto com o usuário, analisar qual o melhor sistema a ser implantado. Os sistemas permitirão a acumulação dos custos por objeto de custeio e atenderão, através do fornecimento de informações específicas, às diversas necessidades gerenciais. Os objetivos da Contabilidade de Custos na verdade serão os objetivos dos diversos tipos de usuários. Tais usuários, como já mostramos, serão os responsáveis pelos objetos do custeio ou, em alguns casos, serão os usuários externos à entidade. Um dos usuários externos mais conhecidos e que vêm desde muito tempo influenciando e dando contornos exclusivos ao trabalho da Contabilidade de Custos é o governo. Essa influência é tão marcante que a maioria das pessoas que não conhece as verdadeiras finalidades da Contabilidade de Custos (e também da Contabilidade Geral) pensa que o contador de custos somente desenvolve seu trabalho para atender ao governo. Na grande maioria das entidades, o contador de custos, em harmonia com o contador geral, implanta exclusivamente sistemas de acumulação de custos para fornecer as informações solicitadas pelo governo, principalmente na área fiscal. O governo, no entanto, é apenas mais um usuário. E não deve ser considerado o mais importante; na verdade, o conjunto dos usuários internos que administra a entidade é que será o mais importante e para ele é que o contador de custos deverá implantar seus sistemas de custeio.

SISTEMAS DE ACUMULAÇÃO DE CUSTOS E SUAS FINALIDADES, PRINCÍPIOS FUNDAMENTAIS DE CONTABILIDADE E CRITÉRIOS DE CUSTEIO

18. Existem muitos Sistemas de Acumulação de Custos. Entretanto, apenas cinco são os mais empregados. Quando a entidade produz (ou realiza) e vende os produtos (ou serviços) por encomenda, a Contabilidade de Custos emprega o Sistema de Acumulação de Custos por Ordem de Produção. Uma vez que os produtos são específicos e perfeitamente identificados, a preocupação do Sistema é acumular os custos por produto. Os recursos consumidos pela produção são valorizados e debitados a cada um dos produtos que os consumiu. Veremos mais adiante que os recursos consumidos são de três tipos basicamente: materiais, mão de obra e outras despesas de fabricação.

19. Quando a entidade fabrica os produtos (ou os serviços) de modo contínuo, em série ou em massa, a preocupação da Contabilidade de Custos é determinar e controlar os custos pelos departamentos, pelos setores, pelas fases produtivas (ou processos) e em seguida dividir esses custos pela quantidade de produtos fabricados no processo, durante certo período. Aqui, reside uma das maiores diferenças entre os dois Sistemas de Acumulação de Custos: enquanto um sistema deseja custear os produtos, o outro sistema deseja custear o processo fabril em determinado período.

20. Para as finalidades de controle das operações e dos próprios custos, a Contabilidade de Custos ainda procura identificar os custos por departamento, por setor, por centro, por unidade, enfim por componente operacional. De acordo com esse ponto de vista, sempre haverá um responsável pela administração dos objetos de custeio. Os custos serão identificados direta ou indiretamente aos departamentos ou aos centros de responsabilidade. Um centro de responsabilidade é um componente organizacional cujo dirigente tem duas responsabilidades simultâneas: a responsabilidade final ou objetiva (a de procurar atingir os objetivos preestabelecidos do componente) e a responsabilidade contábil (em que o dirigente planeja, prevê, autoriza, realiza, controla e toma medidas corretivas em relação a seus custos e a suas despesas). A Contabilidade de Custos assume a tarefa de ajudar o encarregado do Centro de Responsabilidade a cumprir sua responsabilidade contábil, produzindo relatórios onde vai incluir os custos diretos e indiretos, os custos controláveis e não controláveis pertinentes ao Centro. A essa ajuda, chamamos de Sistema de Custos pela Responsabilidade. O Capítulo 7 dedica-se ao estudo desse tema.

21. Aparece ainda em destaque, entre os Sistemas de Custos, o Sistema de Custos Previsionais (tanto para os custos-padrão quanto para os custos estimativos). Esse sistema tem duas finalidades principais: o planejamento das operações e o controle dessas operações. A administração faz a previsão de suas operações para determinado período ou para a execução de determinada atividade, incluindo os custos e as despesas que terá de realizar. À medida que as operações ou as atividades vão realmente acontecendo, o dirigente deve dispor de informações oportunas que permitirão seu acompanhamento pela análise dos desvios ocorridos (conhecimento efetivo das causas dos desvios) e tomada de decisões corretivas de rumo. Quando as operações forem dotadas de características que permitam a adoção de custos padronizados, a Contabilidade de Custos implantará gradativamente esse sistema. Quando as operações ou uma atividade não recorrente qualquer não fornecerem essas características, a Contabilidade de Custos empregará o Sistema de Custos Estimados. Que características serão essas? Suponhamos um laboratório farmacêutico em que as operações de fabrico são obrigatoriamente minuciosas e repetitivas e em que já existe, por força da natureza dos produtos, um controle físico rigoroso. Fica mais fácil para a Contabilidade de Custos acoplar a esse conjunto de medidas de controle operacional um sistema de custos padronizados. Suponhamos, agora, um estaleiro naval, que fabrica encomendas diferenciadas de acordo com as especificações do armador. Como aquele tipo de produto é diferente dos demais produtos já fabricados e já que as operações fabris serão exclusivas, a administração industrial não tem condições de padronizar essas atividades de fabricação. Nesse caso, a Contabilidade de Custos emprega o Sistema de Custos Estimados.

22. Esses Sistemas de Acumulação de Custos podem trabalhar com um dos três critérios de custeio: o critério do custo por absorção, o critério do custo direto (ou variável) e o critério do custo ABC (em inglês: *Activity Based Costing* e em português: Custeamento Baseado em Atividades). Esses critérios têm um ponto em comum: eles se preocupam com a administração dos custos indiretos. E, ao mesmo tempo, apresentam uma diferença fundamental: cada um deles fornece informações gerenciais exclusivas, ou seja, a Contabilidade de Custos pretende com o emprego de cada um deles produzir diferentes informações que vão atender a necessidades distintas.

23. Em linhas gerais (porque vamos retornar a este assunto), o critério do custo por absorção é aquele que inclui todos os custos indiretos de fabricação de um certo período nos custos de suas diferentes atividades industriais, sejam produtos, processos ou serviços. O critério, para tanto, precisa recorrer a uma série de rateios por causa dos custos comuns, de difícil identificação ou não relevantes. A finalidade principal do critério é ter o custo total (direto e indireto) de cada objeto de custeio. Esse custo total se destina, entre outros fins, a determinar a rentabilidade de cada atividade, a avaliar os elementos que compõem o patrimônio e a compor uma informação significativa no auxílio à decisão de estabelecer os preços de venda dos produtos ou dos serviços.

24. O critério do custo direto (ou variável) é aquele que só inclui no custo das operações, dos produtos, serviços e atividades os custos diretos e variáveis. Para que um custo (ou uma despesa) detenha as condições necessárias para compor o custo de um produto, por exemplo, é necessário que esse custo seja facilmente identificado com o produto, isto é, seja direto (onde não haja a necessidade de rateio) e que seja variável diante da variabilidade de um indicador que represente o produto, a operação, o processo, o componente ou a atividade. Suponhamos uma empresa que fabrique três produtos diferentes. Por que são diferentes? A Contabilidade de Custos, na verdade, não está muito interessada na forma física do produto, por exemplo, do mesmo modo como em relação a seu consumidor final. A Contabilidade de Custos acha o produto diferente porque ele consome materiais diferentes, seu processo industrial é diferente e ele usa os recursos disponíveis (as instalações, de modo geral) de modo diferente. O consumo dos recursos disponíveis é feito pelos três produtos de maneira diferente. O fator que indica esse consumo é o indicador mencionado. As instalações fabris podem ser utilizadas de acordo com as horas-máquina consumidas pelos três produtos. Nesse caso, o indicador natural será a quantidade de horas-máquina que cada produto consumiu. Deve haver, por exemplo, uma relação expressiva entre o consumo de horas-máquina e os custos de manutenção das máquinas. Assim, como acontece em muitas entidades, os custos de manutenção são variáveis em relação à quantidade de horas-máquina utilizada. Esses custos terão condições de ser incluídos no custo de cada produto. Não havendo a possibilidade de descobrir essa relação de causa e efeito, o custo (ou a despesa) respectivo não será considerado como um custo variável e, portanto, não constituirá um dos itens de custo do produto. A finalidade principal do critério é a determinação da contribuição marginal total ou unitária de cada objeto de custeio. Essa informação tem um poder extraordinário, principalmente porque não é poluída pelo trabalho de rateio, perigoso, porque às vezes inútil e até enganador.

25. O critério do custo ABC trata de administrar os custos indiretos de fabricação, num primeiro momento. Hoje, já existem alguns estudos que mostram sua aplicação às áreas de serviço e de administração. As ideias do custeio ABC já existem desde a década de 1960 e foram inicialmente aplicadas, experimentalmente, na General Electric. É uma forma mais sofisticada de apropriar os custos indiretos. Sua ideia básica é mostrar que as operações industriais podem ser subdivididas em atividades, tais como recepção de materiais, *set-ups*, preparação de pedidos ou de ordens de produção, requisição de materiais, manutenção das máquinas e outras. Estas atividades é que consomem os recursos disponíveis que são definidos pelos custos e despesas gerais (tratados tradicionalmente como indiretos). E os produtos e serviços consomem essas atividades. Desse modo, os custos indiretos chegariam a seus portadores com mais exatidão. Além disso, a administração passa a conhecer os custos das diversas atividades. Adiante trataremos com mais pormenores deste critério de custeio.

26. A Contabilidade de Custos é parte integrante da Contabilidade, esta considerada como uma ciência. É muito difícil dissociarmos uma da outra. A Contabilidade de Custos é um instrumento disponível poderoso porque utiliza, em seu desenvolvimento os princípios, os critérios e os procedimentos fundamentais da ciência contábil. Algumas vezes, quando a Contabilidade de Custos consegue resolver problemas ou produzir informações utilizando-se de procedimentos como, por exemplo, as técnicas estatísticas e matemáticas, pode parecer aos menos avisados que tenha cortado os laços naturais com a Contabilidade. Porém, as informações e as soluções advindas são apenas detalhes que deverão formar um todo que somente terá utilidade para os diversos níveis gerenciais se estiver coeso e articulado com os princípios, os critérios e os procedimentos exclusivos da Contabilidade. Vejamos, assim, os Princípios Fundamentais da Contabilidade.

27. Todos aqueles que se interessam pela Contabilidade ou que a praticam profissionalmente desejaram sempre que ela fosse tratada de modo uniforme, sobretudo quanto à observância de princípios básicos que fossem amplamente aceitos. A Contabilidade só poderá fornecer informações confiáveis e as mais exatas possíveis, dentro das circunstâncias, se todos os contadores, em sua execução, adotarem orientação conceitual uniforme. Nos Estados Unidos, há muitos anos, os contadores adotaram um conjunto de fundamentos que ainda denominam de "princípios contábeis geralmente aceitos". O próprio título indica que, não obstante haja aceitação ampla, ainda existem indivíduos que praticam outros princípios e que os "princípios" não são de uso obrigatório. No Brasil, apesar de termos excelentes estudiosos que desenvolveram outros tipos de princípios, vamos deternos na análise da Resolução nº 530/81, do Conselho Federal de Contabilidade, que aprovou um rol de 16 Princípios Fundamentais de Contabilidade que se tornou de uso obrigatório. Embora todos os Princípios fossem aplicados à Contabilidade de Custos, alguns deles guardavam melhor relacionamento com os trabalhos de custos. Entretanto, pela Resolução CFC nº 750, de dezembro de 1993, um rol de sete princípios foi aprovado, considerando que a evolução da última década na área da Ciência Contábil reclamava uma atualização substancial dos Princípios Fundamentais de Contabilidade, aprovados pela Resolução de 1981. Os §§ 1º e 2º do art. 1º afirmam que a observância dos Princípios é obrigatória e que, na aplicação dos Princípios a situações concretas, a essência das transações deve prevalecer sobre seus aspectos formais. Vou transcrever parte do art. 2º por causa de sua importância para nossos estudos: "Os Princípios Fundamentais de Contabilidade representam a essência das doutrinas e teorias relativas à Ciência da Contabilidade, consoante o entendimento predominante nos universos científico e profissional de nosso país. Concernem, pois, à Contabilidade no seu sentido mais amplo de ciência social, cujo objeto é o Patrimônio das Entidades." Todos os sete princípios devem ser considerados pela Contabilidade de Custos; entretanto, o Princípio da Competência é aquele que a ela se relaciona mais fortemente. O trabalho da Contabilidade de Custos deve estar sempre baseado nesse princípio. Diz o art. 9º: "As receitas e as despesas devem ser incluídas na apuração do resultado do período em que ocorrerem, sempre simultaneamente quando se correlacionarem, independentemente de recebimento ou pagamento." Teremos oportunidade de voltar a tratar deste Princípio Fundamental à medida que começarmos a trabalhar os dados coletados para registrá-los de forma organizada.

28. Alguns procedimentos devem ser estritamente seguidos pela Contabilidade de Custos, apesar de não terem a denominação de Princípios. Um deles é o preceito da relevância. O Contador de Custos deve preocupar-se em estudar e analisar somente os itens relevantes, sobretudo os desvios considerados de exceção, quando se está desenvolvendo exercícios de comparação entre o que foi planejado e o que aconteceu realmente. É importante ressaltar que a relevância de determinado item é considerada de maneira diferente por pessoas diferentes, em ocasiões diferentes e para atender a necessidades diferentes. Outro conceito é o da uniformidade de tratamento dos dados e das informações. É necessário, em todo o trabalho, que o contador de custos observe essa uniformidade ao avaliar e apresentar as informações em seus relatórios. Todas as mudanças de tratamento devem ser explicitadas com clareza para que os diversos e contínuos relatórios possam ser comparados uns com os outros. Esse preceito é aquele que alguns estudiosos denominam de preceito da consistência.

CUSTOS E DETERMINAÇÃO DA RENTABILIDADE

29. Até aqui, preocupamo-nos em mostrar que a Contabilidade de Custos trabalha para uma entidade. Entidade é um ser qualquer, seja pessoa física ou jurídica, seja uma empresa, um clube, um hospital, uma empreitada ou uma igreja. Não importa. Todas as entidades precisam de uma Contabilidade de Custos.

Todas as entidades planejam seus objetivos e os meios para atingi-los. Todas elas desejam continuar existindo e algumas querem até crescer. Todas realizam gastos, despesas e custos no sentido de obter receitas. As receitas, auferidas em determinado período ou em determinado trabalho, deverão ser maiores do que os gastos, despesas e custos, que foram realizados no mesmo período ou trabalho, para obtê-las. Essa diferença positiva para algumas entidades é chamada de lucro, para outras, de superávit. Essa diferença, em algumas entidades, tem por finalidade remunerar as pessoas (físicas ou jurídicas) que nelas investiram suas economias. Daí serem chamadas de entidades com finalidades lucrativas. De modo geral, essas entidades são denominadas de empresas. Deste ponto em diante, neste livro, vamos referir-nos sempre à Contabilidade de Custos que cuida de promover a administração dos gastos, despesas e custos dentro de uma empresa. Essa posição, porém, não significa que a Contabilidade de Custos não possa ser usada pelas demais entidades. Pode ser usada e, até mesmo, **deve** ser usada. A Contabilidade de Custos, como ramo da ciência contábil, adapta-se a qualquer entidade e a qualquer cenário.

30. O objetivo principal de qualquer empresa é maximizar seus lucros. Nas outras entidades, a diferença entre receitas e gastos, despesas e custos é denominada de superávit. Nestas, do mesmo modo, o principal objetivo é maximizar seus superávits, mesmo porque, se não obtiverem superávits satisfatórios, não poderão cumprir seus objetivos sociais nem progredir. É a mesma coisa que acontece com as empresas. Seus proprietários desejam sempre aumentar sua remuneração e aumentar seus investimentos pelo reinvestimento de parte dos lucros não distribuídos. É claro que os objetivos das empresas, como determinados em seus estatutos ou contratos, são outros: por exemplo, produzir produtos ou serviços de boa qualidade que satisfaçam à clientela ou ajudar na promoção do bem-estar da coletividade em que se insere, pelos empregos que gera e pelos impostos que paga, ou doações e benfeitorias que realiza. Entretanto, esses objetivos só podem ser atingidos se as empresas obtiverem bons lucros continuamente. A busca por lucros máximos, trabalhando dentro de uma estrutura definida, será sempre o objetivo maior das empresas.

31. A melhor definição de lucro, em nosso entendimento, foi dada pelo economista inglês J. R. Hicks, em seu livro, *Value and capital*, editado pela Oxford University Press em 1939, à p. 172. A tradução é minha: "O lucro é o máximo valor que alguém pode consumir durante uma semana e ainda continuar, depois disso, com a mesma riqueza com a qual começou a semana." Vamos supor que tenhamos plantado um abacateiro. É claro que, para isso, fizemos um investimento, isto é, vamos gastar parte de nossas economias no cultivo dessa árvore para que ela chegue com saúde à idade de produzir frutos. Os frutos produzidos são consumidos por nós, pela família, pelos amigos, pelos vizinhos e até poderemos vendê-los. Na verdade, há uma estrutura bem definida e limitada que produz lucros, que são os frutos. A estrutura fica intacta e vai continuar a produzir a mesma quantidade de abacates. Se quisermos aumentar nossos lucros (ou a quantidade de abacates) o que deveremos fazer? Pegar parte do dinheiro que obtivemos com a venda anterior de abacates e investir na árvore, dando vitaminas, cuidando dela melhor para que tenha maior produtividade ou, então, quem sabe, aumentar nossa riqueza, plantando mais um pé de abacate. Essa é, mais ou menos, a ideia de J. R. Hicks, e essa ideia é bastante para entendermos melhor o papel da Contabilidade de Custos na determinação dos lucros.

32. A equação mais simples que determina o lucro é a seguinte: Receitas – Custos = Lucro. O lucro vai depender dos custos e das vendas. As vendas são de responsabilidade da área comercial, embora a Contabilidade de Custos tenha participação efetiva em seu alcance por causa do papel que os custos exercem no estabelecimento, ou no controle do preço de vendas. A Contabilidade de Custos tem, no entanto, papel preponderante na determinação dos custos; os custos, na equação simples, mencionada anteriormente, envolvem os custos da função industrial e os custos e despesas das demais funções da empresa: as funções comercial, administrativa, financeira e de direção. A figura dos custos na equação pode representar três papéis distintos.

33. A fórmula Custos + Lucro = Preço de Venda é representativa das negociações entre clientes e indústrias, para o estabelecimento dos preços de venda de produtos que serão feitos por encomenda. A Contabilidade de Custos levanta os custos da encomenda através de planilhas (em que, para sua elaboração, participam a área comercial, industrial, financeira e de compras, entre outras), de informações da Contabilidade, de estimações e de técnicas estatísticas. São situações muito comuns. Por exemplo: (1) quando um cliente traz seu veículo acidentado para uma oficina, o atendente anota o serviço que será realizado, abre uma Ordem de Serviço e esta OS passará pela Contabilidade de Custos que fará o orçamento respectivo; (2) quando alguém quer fazer certa quantidade de convites exclusivos de casamento em determinada gráfica, o funcionário da área comercial anota os dados da encomenda e essa Ordem de Serviço terá seus custos estimados para o estabelecimento do preço do serviço; (3) quando uma empresa comparece a uma firma de consultoria e pede determinado serviço – por exemplo, a reformulação de seu sistema de controle da Tesouraria –, a tarefa ganhará um código e a Contabilidade de Custos levantará seus prováveis custos; (4) quando uma grande empresa industrial recebe uma encomenda para a fabricação de dois motores de grande porte, será aberta uma Ordem de Produção que terá, do mesmo modo, seus custos orçados. Além dessa informação do custo do produto ou do serviço, a empresa deverá dispor da informação do lucro desejado. Sendo conhecidos "custos" e "lucro", o "preço de venda" será calculado através de uma fórmula simples.

34. A fórmula Preço de Venda – Custo = Lucro. É o caso mais frequente na atividade econômica. Os preços já estão sendo praticados. A Contabilidade determina os custos (contabilizados, reais, corrigidos ou não) e verifica qual foi a rentabilidade do período, por linha de produtos, por região, por cliente ou por qualquer outra análise.

35. A fórmula Preço de Venda – Lucro = Custo. Por esta fórmula, como se vê, o que vai ser calculado, conhecendo-se os outros dois termos, o PV e o L, é o montante dos custos. Essa ideia é que está na base do modelo *target cost*, ou "custo-meta". Alguns estudiosos creditam o emprego desse modelo às empresas japonesas. Entretanto, a ideia é antiga. Vejamos como é explicado: o mercado é quem determina o preço; portanto, o preço de venda já é conhecido; a empresa estabelece seu lucro, isto é, o *target-profit*, ou "lucro-meta". O montante do custo é uma consequência aritmética. Em outras palavras: se a empresa desejar atingir uma meta de lucro, todos os agentes internos da empresa deverão trabalhar no sentido de trazer o montante dos custos ao montante determinado pela fórmula. Tudo deve ser feito para se alcançar maior eficiência operacional, reduzindo custos, aumentando a qualidade dos produtos e dos processos e eliminando os desperdícios e o retrabalho em qualquer fase. Existem várias técnicas de administração e produção hoje postas em prática para o alcance desses objetivos. Em termos de Contabilidade de Custos, alguns estudiosos enfatizam uma reformulação de conceitos básicos. Como exemplo dessa busca de novos conceitos e novos sistemas, podemos citar o caso do sistema ABC e a análise de Custos da Qualidade. Essas duas ideias estão sendo muito divulgadas em literatura recente. O leitor vai encontrá-las na Bibliografia que faz parte desta obra.

ORGANIZAÇÕES QUE O CONTADOR DE CUSTOS DEVE CONHECER

1. CVM – Comissão de Valores Mobiliários – é uma entidade governamental que tem a responsabilidade, entre outras, de assegurar às pessoas que transacionam com ações de empresas de capital aberto a confiança nas demonstrações contábeis e outras que apresentam a situação atual e prospectiva dessas empresas.

2. IBRACON – entidade privada. É uma associação de contadores e tem como finalidade produzir literatura técnica de alto nível, inclusive normas e procedimentos, e promover a atualização dos profissionais através de seminários, cursos e palestras.

3. CFC e CRCs – Fiscalizam o exercício da profissão. Produzem revistas e boletins. Patrocinam cursos e palestras. O CFC edita as Normas Brasileiras de Contabilidade.

4. Associação Internacional de Contadores de Custos e Associação de Professores de Custos – entidades privadas.

5. Secretaria da Receita Federal – órgão governamental que dita as normas de contabilização visando à determinação dos impostos federais e seu recolhimento.

6. IBEF – entidade privada – produz revistas e boletins. Promove cursos, palestras e seminários. É uma associação de executivos financeiros.

7. IBMEC – entidade privada. Produz literatura técnica relacionada a sua área de interesse. Promove um curso de alto nível denominado de MBA – Executivo Financeiro. Dentro de pouco tempo, esse curso será reconhecido pelo MEC como um curso de mestrado *stricto sensu*.

8. EAESP-FGV – curso de doutorado e de mestrado. Produz uma revista de alto nível. Dispõe de uma biblioteca com pesquisas, teses e dissertações.

9. USP-FEAC – Departamento de Contabilidade. Dispõe de uma biblioteca com pesquisas, teses e dissertações sobre Contabilidade de Custos. Dispõe de um laboratório de pesquisas em custos. Seus professores produzem excelente literatura técnica.

10. Instituto de Auditores Internos do Brasil. Produz um boletim e promove cursos, palestras e seminários.

Nos EUA

1. O Financial Accounting Standards Board (FASB) é uma entidade privada, criada pelo Instituto Americano de Contadores Públicos Certificados (AICPA). Tem a finalidade de estabelecer os padrões que devem ser usados pelas empresas em sua função de produzir relatórios contábeis para o público externo.

2. O Internal Revenue Service (IRS). É o irmão gêmeo de nossa Secretaria da Revista Federal.

3. A Securities and Exchange Commission (SEC). É a irmã gêmea de nossa CVM.

4. O Cost Accounting Standards Board (CASB). É uma entidade criada pelo Congresso para estabelecer as normas a serem usadas por ocasião da determinação dos custos de certos tipos de contratos entre as empresas e a administração pública.

5. O Financial Executives Institute (FEI). É nosso IBEF. Ele publica mensalmente o periódico *The Magazine for Financial Executive*.

6. A National Association of Accountants. É a mais famosa e mais importante associação de Contadores dos EUA. É nosso IBRACON. Ela produz o excelente periódico mensal, *Management Accounting*. Fora de dúvida, a melhor literatura técnica de custos.

7. O Institute of Internal Auditors. Corresponde ao Instituto de Auditores Internos. Ele produz mensalmente o periódico *Internal Auditing*.

2

Custos nas Demonstrações Contábeis, Terminologia e Classificação

OBJETIVOS DO CAPÍTULO

O capítulo tem por finalidade mostrar a participação dos custos nas duas demonstrações contábeis mais divulgadas: o Balanço Patrimonial e a Demonstração de Resultados do Exercício. Em relação a essa participação, o capítulo apresenta a origem de cada rubrica (ou conta) relacionada aos custos. A formação do custo de um produto ou de um serviço é mostrada: os elementos que formam o custo são de três tipos basicamente: os materiais, a mão de obra e as despesas gerais de fabricação. Apresenta, além disso, as três abordagens principais para se analisarem os custos. O capítulo analisa o problema da terminologia. É feita a classificação dos custos em relação a diversos pontos de vista.

DEMONSTRAÇÕES CONTÁBEIS E CUSTOS

1. Há perfeita integração e coordenação entre as informações trabalhadas pela Contabilidade de Custos e as informações manipuladas pela Contabilidade Geral. A Contabilidade de Custos recebe os dados monetários da Contabilidade Geral. Organiza esses dados e os envia de volta para a Contabilidade Geral. De acordo com a importância informativa desses dados, provenientes de Custos, a Contabilidade Geral apresenta-os nas demonstrações contábeis que prepara. Vejamos um exemplo simples: (a) as despesas gerais de fabricação são coletadas, organizadas e registradas pela Contabilidade Geral; (b) elas são enviadas para a Contabilidade de Custos que as manipula para atender a determinadas necessidades, em geral para a determinação dos custos dos produtos fabricados e vendidos; (c) em seguida, a Contabilidade de Custos envia para a Contabilidade Geral essas informações; (d) a Contabilidade Geral as inclui em suas Demonstrações Contábeis, se achar que são significativas. O fluxo de dados entre os dois componentes da Contabilidade é apresentado de forma esquemática na Figura 2.1.

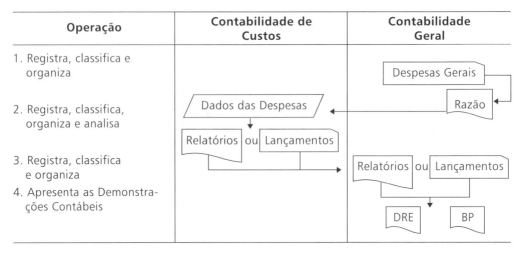

Figura 2.1 *Fluxograma das despesas gerais de fabricação.*

2. Uma das principais demonstrações contábeis é a Demonstração do Resultado do Exercício. O próprio nome indica sua finalidade. Segundo a NBC T-3, do Conselho Federal de Contabilidade, "a demonstração do resultado é a demonstração contábil destinada a evidenciar a composição do resultado formado num determinado período de operações da Entidade" e, ainda, que "a demonstração do resultado, observado o princípio de competência, evidenciará a formação dos vários níveis de resultados, mediante confronto entre as receitas e os correspondentes custos e despesas".

3. A seguir, apresentamos uma demonstração do resultado publicada nos jornais por uma grande empresa industrial. Vamos analisar a participação dos custos e despesas.

Assinalamos no corpo da demonstração quatro rubricas que correspondem a informações que têm ligação estreita com a Contabilidade de Custos. São elas:

1. **Custo das Mercadorias e Serviços Vendidos**. Essa informação é proveniente da Contabilidade de Custos. No caso de uma empresa industrial, o "custo das mercadorias vendidas" é calculado através da fórmula (Estoque Inicial de Produtos Acabados + Custo das Mercadorias Fabricadas no período – Estoque Final de Produtos Acabados). A origem dessa fórmula será apresentada mais adiante, no Capítulo 3. De forma concisa, parte da informação apresenta quanto custaram, para serem fabricadas, as mercadorias (ou os produtos) que foram vendidas no período. Esse custo é formado por três elementos: (a) os materiais, (b) a mão de obra

e (c) as despesas gerais de produção. O custo dos serviços vendidos é, simplesmente, determinado pela soma dos mesmos três elementos: (a) os materiais consumidos para a realização dos serviços, (b) a mão de obra empregada e (c) as despesas gerais de serviços.

DEMONSTRAÇÃO DO RESULTADO DO EXERCÍCIO (em $ 1.000)	Pela Legislação Societária 31-12-X
RENDA OPERACIONAL BRUTA	7.839.244
(–) IMPOSTOS FATURADOS	4.197.278
RECEITA BRUTA DE VENDAS E SERVIÇOS	3.641.966
DEDUÇÕES DA RECEITA BRUTA	
Vendas Canceladas	4.040
Descontos e Abatimentos Incondicionais	46.535
Impostos Incidentes sobre Vendas	532.993
	583.568
RECEITA LÍQUIDA DE VENDAS E SERVIÇOS	3.058.398
CUSTO DAS MERCADORIAS E SERVIÇOS VENDIDOS (1)	1.380.962
LUCRO BRUTO	1.677.436
DESPESAS COM VENDAS (2)	138.913
GASTOS GERAIS (3)	
Honorários da Administração	3.545
Despesas Administrativas	230.915
Contribuição Social	111.212
Impostos e Taxas Diversas	11.666
Despesas de Caráter Social	91.465
Provisão para Ajuste no Valor de Mercado	11
	448.814
RECEITAS FINANCEIRAS	347.967
DESPESAS FINANCEIRAS	114.041
DEPRECIAÇÕES E AMORTIZAÇÕES (4)	
Total do Período	192.673
(–) Incluído no Custo de Produção	162.426
(–) Incluído nas Despesas com Vendas	17.297
Amortizações	74.307
	87.257
OUTRAS RECEITAS (DESPESAS) OPERACIONAIS	2.331
LUCRO OPERACIONAL	1.238.709
RESULTADOS NÃO OPERACIONAIS	(964)
CORREÇÕES E VARIAÇÕES MONETÁRIAS	
Saldo Credor da Correção Monetária	1.055.165
Variações Monetárias Ativas	257.060
Variações Monetárias Passivas	1.442.981
	(130.756)
RESULTADO ANTES DO IMPOSTO DE RENDA E DAS PARTICI-PAÇÕES	1.106.989
PROVISÃO PARA IMPOSTO DE RENDA	438.372
PARTICIPAÇÃO ESTATUTÁRIA DOS ADMINISTRADORES	1.020
LUCRO LÍQUIDO DO EXERCÍCIO	667.597
LUCRO POR AÇÃO	1,92

2. A rubrica **"Despesas com Vendas"** tanto pode ser determinada pela Contabilidade de Custos como pela Contabilidade Geral. A Contabilidade Geral vai "contabilizando" em arquivos, de forma sistemática, as despesas que são realizadas. "Contabilizar" significa, *em resumo*, debitar e creditar os resultados das operações e transações. Os "arquivos" são as contas. Há uma série de operações e transações efetuadas, normalmente, pelos componentes da área comercial, que resultam em diversas despesas. A Contabilidade estabelece, de acordo com as informações que precisa relatar, contas (ou arquivos) para registrar os resultados de operações ou transações da mesma natureza. Há uma diferença muito sutil entre "operação" e "transação". Daí por que estamos sempre fazendo menção às duas ideias. Uma "transação" é uma operação entre duas ou mais entidades. Por exemplo, a compra de materiais de um fornecedor. Isto é uma transação. A simples requisição dos materiais do almoxarifado para a produção é uma operação. Ela não envolve duas ou mais entidades diferentes. Nesse caso, podemos ampliar o conceito e dizer que geralmente as operações se referem a movimentos internos que não alteram quantitativamente, a estrutura patrimonial. Poderíamos até mesmo relacionar as operações aos "fatos permutativos". O que chamamos de "operações tem quase o mesmo sentido que têm os "fatos permutativos". Caso fosse a Contabilidade de Custos quem tivesse a incumbência de informar a rubrica "Despesas com Vendas", ela faria do mesmo modo que a Contabilidade Geral, só que aproveitaria, para organizar os dados, de outras formas para produzir informações adicionais de muita utilidade para o acompanhamento do desempenho dos componentes da área comercial. Tal extensão forma o que chamamos de Contabilidade dos Custos de Distribuição. A palavra *distribuição* aqui tem o mesmo significado que "comércio", isto é, engloba as funções empresariais destinadas a fazer chegar os produtos às mãos de seus consumidores.

3. **Despesas Gerais**. Para a determinação desse total, a Contabilidade Geral somou seis parcelas. Aqui, a Contabilidade Geral trabalha da mesma forma como trabalha com as Despesas com Vendas. Só que as operações e transações que causam essas rubricas se relacionam, principalmente, à área administrativa geral da entidade. Isso é muito fácil de entender. A Contabilidade vale-se dos princípios da ciência da administração. Veja a figura ao lado. Ela mostra que em qualquer entidade existem sempre duas atividades: a atividade-meio e a atividade-fim. A Contabilidade classifica os custos e as despesas de acordo com essa dicotomia. As despesas da atividade-meio são denominadas de Despesas Administrativas ou Gerais. Agora, vamos examinar o que

acontece com uma das atividades-fim de uma empresa industrial: a função de fabricação.

| ATIVIDADE-FIM |
| FUNÇÃO DE FABRICAÇÃO |
| ATIVIDADE-FIM |
| ATIVIDADE-MEIO |

Ela também terá, internamente, duas atividades: meio e fim. As atividades-meio da função de fabricação são atividades de administração, sem as quais a função não se desenvolve. A Contabilidade denomina as despesas das atividades-meio da função de fabricação de despesas gerais de fabricação, ou despesas administrativas de fabricação. Podemos dizer que esse fenômeno é constatado desde os níveis mais altos até os níveis mais baixos da organização. Mesmo um indivíduo sozinho pode ter essas duas funções. Entretanto, as despesas gerais da função de fabricação não se incluem no rol do que a empresa industrial, que publicou a Demonstração que estamos analisando, chama de Gastos Gerais. Como se pode notar, a Contabilidade Geral da empresa às vezes as denomina Custos, outras vezes Despesas e, agora, Gastos. São ideias diferentes? O que são, na verdade? Analisaremos essa terminologia mais adiante. As despesas gerais de fabricação estão incluídas (parte delas) no Custo dos Produtos Vendidos. O restante delas, geralmente, faz parte do custo de dois estoques: o estoque de produtos em elaboração e o estoque de produtos acabados. Estas duas últimas grandezas fazem parte do Balanço Patrimonial, que vamos analisar a seguir.

4. Depreciações e Amortizações. Esses valores são despesas (ou custos?) que representam, em maior parte, o desgaste ou o uso dos equipamentos e das instalações da entidade. Podem ser calculadas pela Contabilidade Geral (e nunca devem deixar de ser repassadas para a Contabilidade de Custos), quando se emprega o método linear, o método da taxa constante ou o método do imposto de renda. Caso se empregue outro critério para o cálculo das depreciações e das amortizações, sua determinação e seu controle passam a ser, geralmente, da responsabilidade da Contabilidade de Custos.

5. Balanço Patrimonial, é a "demonstração contábil destinada a evidenciar, quantitativa e qualitativamente, em determinada data, a posição patrimonial e financeira da Entidade". O Balanço Patrimonial é constituído pelo Ativo, pelo Passivo e pelo Patrimônio Líquido. O Ativo compreende as aplicações de recursos representadas por bens e direitos. Essa parte é a que nos interessa. Vamos deixar de lado o Passivo e o Patrimônio Líquido, porque os custos raramente deles participam. Na verdade, em relação ao Passivo e ao Patrimônio Líquido, a Contabilidade de Custos tem pouca ligação.

6. A empresa que publicou a Demonstração do Resultado já analisada também publicou seu Balanço Patrimonial, o que não poderia deixar de fazê-lo. Vamos analisar apenas a parte do BP que apresenta a relação dos ativos da empresa. Ei-la aqui:

BALANÇO PATRIMONIAL (em $ 1.000)	
ATIVO	
ATIVO CIRCULANTE	
DISPONÍVEL	
Bens Numerários	343.553
Depósitos Bancários a Vista	119.067
Títulos do Mercado Aberto	528.300
TOTAL DO DISPONÍVEL	**990.920**
DIREITOS REALIZÁVEIS	
Créditos	
Contas a Receber de Clientes	1.357
Títulos a Receber	9.029
Adiantamentos a Fornecedores	386
Empregados	3.343
Contas a Receber	581
Impostos a Recuperar	398
Antecipação do Imposto de Renda	13.039
(–) Provisão para Devedores Duvidosos	311
	27.822
Estoques (1)	
Produtos Acabados	43
Produtos em Elaboração	169.457
Matérias-primas	238.888
Materiais Diversos	102.106
Importações em Andamento	36.791
Vasilhame	85.346
Mercadorias em Trânsito	5.379
Materiais Diretamente Ligados à Produção	45.813
	683.823
Valores e Bens	
Títulos e Valores Mobiliários	246
Participação na Eletrobrás	12
(–) Provisão para Ajuste ao Valor de Mercado	11
	247
TOTAL DOS DIREITOS REALIZÁVEIS	**711.892**
APLICAÇÕES DE RECURSOS	
Despesas Antecipadas	1.183
TOTAL DO ATIVO CIRCULANTE	**703.995**

(Cont.)

BALANÇO PATRIMONIAL (em $ 1.000)	
ATIVO	
ATIVO REALIZÁVEL A LONGO PRAZO	
CRÉDITOS	
Sociedade de Comando do Grupo Antarctica	414.897
Empresas do Grupo Antarctica	18.786
	433.683
VALORES E BENS	
Títulos e Valores Mobiliários	88.887
Depósitos para Recursos	699
Aplicações por Incentivos Fiscais	974
	90.560
TOTAL DO REALIZÁVEL A LONGO PRAZO	**524.243**
ATIVO PERMANENTE	
INVESTIMENTOS	
Participação em Empresas do Grupo Antarctica	2
Participação em Outras Empresas	1.210
Empréstimo Compulsório à Eletrobrás	4.098
	5.310
IMOBILIZADO (2)	
Imobilizações Técnicas	
Valor Corrigido	4.512.255
(–) Depreciações Acumuladas	1.019.526
Imobilizações em Andamento	1.766.331
	5.259.060
ATIVO DIFERIDO (3)	
Despesas de Implantação	1.964.931
Despesas Diferidas	4.972
(–) Amortizações Acumuladas	395.751
	1.574.152
TOTAL DO ATIVO PERMANENTE	**6.838.522**
TOTAL DO ATIVO	**9.066.760**

1. **Estoques**. Este elemento constitui um dos mais significativos ativos da empresa. Se subtrairmos os valores do ativo permanente, o valor dos estoques equivale a aproximadamente 1/5 do total do Ativo. O subgrupo denominado de Estoques na verdade congrega vários tipos, desde o Estoque de Produtos Acabados até o Estoque de Materiais Diretamente Ligados à Produção. A Contabilidade de Custos é o setor que se respon-

sabiliza pela determinação dos valores desses estoques diferentes. Ela usa vários critérios de avaliação, entre eles o custo médio móvel (permanente ou perpétuo), empregado nas grandes empresas e o custo médio fixo ou periódico, usado pelas pequenas e médias indústrias. A contagem física ou contábil das unidades em estoque às vezes é atribuição da Contabilidade de Custos. Como vimos no Capítulo 1, os estoques, de qualquer natureza, constituem um dos objetos do custeio. O valor dos estoques é importante porque não só serve para dar a grandeza do Patrimônio da empresa, como também serve, dependendo do método de custeamento usado, para a determinação dos custos de produção dos produtos fabricados pela empresa para venda ou para consumo interno. O Estoque de Produtos Acabados apresenta o custo dos produtos prontos e estocados nos depósitos da área comercial, esperando que os clientes os comprem. Um dos Estoques de Produtos Acabados mais conhecidos é constituído pela enorme quantidade de carros prontos imobilizados nos pátios das montadoras. O Estoque de Produtos em Elaboração representa custo dos produtos em processo de produção que se encontram nas diversas fases por ocasião do fechamento contábil do período. Existem produtos em elaboração, tanto nas empresas que produzem por encomenda quanto nas empresas que fabricam de modo contínuo para um mercado de consumidores constantes. Esse elemento patrimonial, registrado na Contabilidade como uma Conta, representa, para muitos, o coração da Contabilidade de Custos, tal sua importância para a determinação dos custos de produção. Nas empresas comerciais, o único estoque de produtos é o Estoque de Produtos Prontos, ou, melhor dizendo, o Estoque de Mercadorias. Nas empresas de serviço, não existem estoques de produtos. Os estoques de materiais, denominados de matérias-primas para uns, de materiais diretos para outros ou de materiais destinados à produção para muitos são uma grande preocupação para a Contabilidade de Custos. Em virtude de vários motivos. Primeiramente, a Contabilidade seleciona os itens que devem ser computados ao custo dos materiais. Em segundo lugar, a Contabilidade preocupa-se com seu controle, procurando dimensionar as perdas que ocorrem e evitá-las. Em seguida, trata de avaliar as requisições e as existências por meio do critério disponível mais adequado. Todos os valores registrados nas contas de materiais, constantes do Balanço em análise, são provenientes dos mesmos cuidados.

2. **Imobilizado.** A Contabilidade de Custos controla os gastos com o ativo imobilizado, desde aqueles relacionados com a implantação até as depreciações (a melhor forma de calculá-las), passando por seguros, manutenção e reparos. Esses valores são relevantes. A Contabilidade de Custos necessita conhecê-los muito bem porque, qualquer que seja

o critério de custeamento, eles terão papel preponderante nas informações de custos, sobretudo para as informações que se destinam a auxiliar a gerência na tomada de decisões.

3. **Ativo Diferido.** Entre os gastos incluídos nesse subgrupo estão os Gastos de Instalação (de Implantação) da Empresa. Como amortizá-los? Como passar para os custos dos produtos e dos serviços gastos tão grandes? A Contabilidade de Custos deve auxiliar a Contabilidade Geral e outros setores a estabelecer diretrizes adequadas para o tratamento desses gastos.

7. Ambas as Demonstrações (BP e DRE) são praticamente padronizadas. Mas isso não quer dizer que tudo deve seguir o mesmo modelo, sempre. Como dissemos no Capítulo 1, a Contabilidade (Geral e de Custos) deve enfatizar a finalidade de atender a seus usuários. Muitos estudiosos apresentam novos modelos, principalmente, da Demonstração do Resultado do Exercício, que devem ser preparados para atender a necessidades específicas dos interessados no desempenho da entidade. Para cada um dos modelos sugeridos, ou já praticados, os custos exercem papel preponderante. A lista de modelos especiais de Demonstrações do Resultado apresentada a seguir não é exaustiva. Alguns dos modelos serão apreciados nesta obra no momento oportuno.

ALGUNS MODELOS DE DEMONSTRAÇÃO DO RESULTADO[1]

Modelo Horizontal. Este modelo foi muito usado. Era o modelo da Lei nº 2.627, de 1940, lei que regulava as atividades das sociedades por ações, no Brasil. Entretanto, pode muito bem ser empregado hoje. Ele classifica os registros a débito e crédito da conta de Resultados e apresenta essa conta como se fora uma grande conta T, do Razão. É bom lembrar, a título de curiosidade, que a conta apresentava o líquido, chamado de Resultado das Operações Sociais, da soma algébrica das Vendas e suas deduções e o Custo dos Produtos Vendidos. Portanto, o usuário ficava sem saber quais eram os montantes individuais de Vendas e do Custo dos Produtos Vendidos.

Modelo Vertical. É este que conhecemos hoje. Alguns autores o chamam de Modelo de Relatório, porque, na verdade, ele é um modelo de fácil entendimento pelos que não são versados em Contabilidade.

O Modelo Vertical pode ter seu conteúdo apresentado sob várias formas, dependendo do que a Contabilidade quer mostrar com mais ênfase.

---

[1] Ver artigo de nossa autoria na *Revista Brasileira de Contabilidade* do Conselho Federal de Contabilidade, ano XXV, nº 90, mar./abr. 1996.

Além do modelo preconizado pela Lei nº 6.404/76, Lei das Sociedades por Ações, que é baseado no princípio da competência, a Demonstração do Resultado poderá apresentar o lucro (ou prejuízo) alcançado quando a Contabilidade registra as operações sob o regime de Caixa, ou seja, quando se quer mostrar o lucro financeiro.

A propósito deste modelo, o leitor não pode deixar de ler dois artigos que ficaram famosos, escritos por três professores de Contabilidade, expoentes do magistério.

O artigo dos professores Helio de Paula Leite e João Carlos Hopp, ambos da Fundação Getulio Vargas, e o artigo do professor Sérgio de Iudícibus, da USP, que foi uma réplica ao primeiro trabalho. Os professores da FGV são adeptos de uma demonstração de resultado que mostra, basicamente, o lucro-caixa, sendo contrários ao que chamaram de lucro contábil (que, na verdade, se aproxima muito do lucro sob o regime de competência). O professor da USP apresenta sólidos argumentos a favor da permanência do lucro contábil.

Modelo do Custeio Direto (ou Variável). Este modelo tem grande importância, pois é o modelo que apresenta a Margem de Contribuição. A margem de contribuição destina-se a cobrir os custos e despesas fixas, periódicas. A margem de contribuição presta-se a tomar parte decisiva em muitos dos instrumentos contábeis de auxílio à gerência, sobretudo para a tomada de decisões.

Modelo do Valor Agregado. Esta demonstração está ganhando fervorosos adeptos. Leia o artigo produzido pelos professores Nelson dos Santos e Masayuki Nakagawa, ambos da USP, sobre este modelo. A General Electric, na década de 60, já usava este modelo. Para os executivos da General Electric, o valor agregado era demonstrado pelo que se chamava de *contributed value*. Esta figura era determinada pela diferença entre as Receitas da Companhia e o valor total dos materiais usados para fabricar os produtos. O que sobrava era o quanto a companhia detinha para pagar os custos e as despesas de sua própria estrutura e mais o lucro.

Modelo do Custo-padrão. Este modelo apresenta os padrões que formam os custos dos produtos separados por elementos, como materiais, mão de obra e despesas de fabricação (estes dois últimos, para alguns, são os verdadeiros custos de produção) e as variações ocorridas e sua influência no resultado. É um modelo que se destina a acompanhar as operações da empresa, identificar desvios e responsabilidades e tomar as medidas de correção necessárias.

Modelo Orçamentário. Este modelo apresenta a formação do resultado estimado (orçado), o resultado real e a variação ocorrida. Além disso, mostra como se chegou a esses resultados pela análise dos custos e das despesas orçados e reais, apresentando, com detalhes, os desvios em relação ao que foi orçado. A demonstração pode ser ampliada consideravelmente ganhando mais poder informativo e de controle. Basta acrescentar os dados reais e orçados por mês atual e anterior (ou o mesmo mês do ano anterior) e, também, os dados acumulados do começo do período até a data atual.

/. Este modelo se destina a informar detalhes das operações de distribuição para os diversos níveis gerenciais da área comercial. A demonstração do resultado mostra resultados, receitas, custos e despesas separados por produto, linha de produtos, clientes e regiões de vendas.

FORMAÇÃO DOS CUSTOS DOS PRODUTOS E DOS SERVIÇOS

8. Os chamados fatores de produção e de realização são os materiais, a mão de obra e as despesas gerais de fabricação ou de realização. Os fatores de produção representam, também, os recursos disponíveis que serão consumidos pela atividade operacional. O custo de produção ou de realização de um produto ou serviço é a soma do consumo de três recursos: os materiais, a mão de obra e as despesas gerais. A administração da empresa e a contabilidade (geral e de custos) aplicam técnicas de avaliação, aplicação e controle diferentes para o consumo de cada um dos três recursos produtivos. Essas técnicas também diferem para cada ambiente operacional. O tamanho da empresa, o tipo de produto, o modo de produção, se mão de obra intensivo, se mecanizado ou automatizado, se robotizado, as necessidades gerenciais, os recursos organizacionais (humanos, materiais e de tecnologia) influem nas técnicas de avaliação, controle e aplicação dos recursos disponíveis. A Contabilidade de Custos, sendo uma dessas técnicas, e como ramo da ciência contábil, é dotada de bastante flexibilidade para se adaptar a esses cenários produtivos e de administração em constante alteração.

FORMAS DE ANALISAR OS CUSTOS

9. Os custos de produção (e também os comerciais ou de administração) são definidos, organizados e analisados por meio de muitas abordagens. Três delas são, no entanto, comuns a todas as situações. A Contabilidade de Custos estuda os custos quanto a sua relevância, a sua diretibilidade e a sua variabilidade. A análise da relevância deve ser feita em primeiro lugar. Para muitos notáveis estudiosos de custos, a relevância chega quase a ter a estatura de um princípio de contabilidade, tal sua importância na aplicação prática dos procedimentos contábeis. Para outros, é apenas uma atitude, ou mesmo uma simples preocupação, diante dos procedimentos do dia a dia contábil. Sendo princípio, atitude ou preocupação, a verdade é que deve ser levada em conta. A relevância de que estamos falando é uma ideia muito simples. Tão simples que chega a ser óbvia. Quando vamos analisar os diversos tipos de custos e despesas que existem nas entidades, devemos preocupar-nos com aqueles que são relevantes. A relevância, neste sentido, é tão simplesmente em relação a sua grandeza monetária. Um exemplo: a Contabilidade de Custos vai estudar as despesas do Departamento de Pessoal. Os registros contábeis dão conta das seguintes despesas ao fim de certo período:

Salários e ordenados	$ 10.000	50%
Encargos sociais	6.000	30
Manutenção	2.000	10
Correspondência	50	0,25
Reprodução de documentos	50	0,25
Telefone	100	0,5
Seguros	1.500	7,5
Depreciação	200	1
Materiais de limpeza	50	0,25
Despesas de locomoção	50	0,25
Total	$ 20.000	100%

O relatório de despesas, com as percentagens que revelam a participação de cada uma delas em relação ao total, mostra que, das dez despesas, apenas quatro perfazem 97,5%. Isto significa que, em termos monetários, seis despesas não são relevantes. Somente quatro são relevantes, segundo a ideia de relevância que estamos aplicando. Portanto, a Contabilidade de Custos deverá preocupar-se em oferecer ao gerente de pessoal subsídios para que ele administre apenas suas despesas relevantes. A Contabilidade não perderá recursos (tempo, materiais, pessoal, equipamentos e tecnologia) para tentar analisar despesas que constituem apenas 2,5% do total. Se olharmos a relação "Custo-Benefício" (uma ideia bastante divulgada), a Contabilidade de Custos vai verificar que seus custos serão bem maiores que os benefícios advindos da análise dos itens irrelevantes.

10. A segunda forma de analisar os custos é verificar sua "diretibilidade" em relação a determinado "objeto" que a Contabilidade de Custos está querendo custear. Esta ação nada mais é do que procurar identificar os custos e as despesas a seus portadores. Alguns custos e despesas serão diretos, isto é, poderão ser facilmente identificados ao objeto do custeio. Outros serão de difícil identificação. Haverá a necessidade de se usar uma unidade de medida qualquer (normalmente operacional e quantitativa) para fazer essa identificação. Essa unidade de medida é denominada em Contabilidade de Custos de base ou critério de rateio. Os custos e as despesas assim determinados serão os custos e despesas indiretos. O relatório de custos apresentado na Figura 2.2 é resultado do emprego do procedimento que estamos desenvolvendo neste item.

Análise das Despesas do Departamento X				
		Diretibilidade		
Despesas	Valor	Diretas	Indiretas	Critérios de rateio
Relevantes				
Não relevantes				
Totais				

Figura 2.2 *Análise das despesas.*

11. A terceira forma de analisar os custos e despesas é apresentá-los em dois (ou três) grupos separadamente: os custos e despesas variáveis e os custos e despesas fixos. Poder-se-ia, se assim fosse solicitado pelos níveis de planejamento, controle e decisão, apresentar, adicionalmente, os custos e as despesas semivariáveis e semifixos. Devemos encontrar uma medida (operacional e quantitativa, de preferência) que guarda relação definida com cada tipo de custo ou despesa relevante. Vamos verificar se o custo ou a despesa variam com a variação de volume dessa medida ou se permanecem fixos. Exemplo: para o caso do Departamento de Pessoal, a despesa "Salários e Ordenados" pode guardar estreita relação de variabilidade com o número de funcionários. Se a quantidade de funcionários aumentar ou diminuir, certamente a despesa vai subir ou diminuir. A despesa "Depreciação" certamente não vai alterar-se se a medida contra a qual vamos fazer a análise da variação for o número de funcionários. Neste caso, a "Depreciação" será uma despesa fixa, mas (preste atenção) somente em relação à medida "número de funcionários". Se analisarmos a "Depreciação" em relação ao movimento de outra medida, talvez ela não se mantenha como despesa fixa. A Figura 2.3 apresenta as despesas analisadas sob a ótica de sua variabilidade em face da variabilidade de medidas ("parâmetros") operacionais e quantitativas tomadas como referência.

Análise das Despesas do Departamento X				
		Variabilidade		
Despesas	Valor	Variáveis	Fixas	Medida escolhida
Relevantes				
Não relevantes				
Totais				

Figura 2.3 *Análise das Despesas.*

O PROBLEMA DA TERMINOLOGIA

12. É muito importante que o contador de custos tenha certeza de que ele e os usuários das informações produzidas pela Contabilidade de Custos estejam falando a mesma língua, isto é, que ambos estejam usando os mesmos termos com a mesma significação. Tão importante é a familiarização do ambiente operacional por parte do contador de custos quanto a familiarização do pessoal operacional em relação aos termos, aos critérios, aos sistemas e ao significado de cada uma das informações contábeis que esteja recebendo.

13. A terminologia e seu significado devem ter ampla aceitação, principalmente entre os contadores. Embora não haja controvérsia quanto ao significado de alguns dos principais termos usados pela Contabilidade de Custos, eles são mal interpretados, em algumas ocasiões. Os termos *custos, despesas, gastos* e *perdas* são empregados, com alguma frequência, como se fossem sinônimos, sobretudo quanto aos três primeiros. No dia a dia, tal fato pode acontecer. A exatidão técnica não é necessária. De qualquer modo, é bom que nós nos esforcemos para tratarmos nossa nomenclatura com mais apuro, até porque os usuários passam a ter melhor compreensão de nossos relatórios.

Gastos: o termo *gastos* é usado para definir as transações financeiras em que há ou a diminuição do disponível ou a assunção de um compromisso em troca de algum bem de investimento ou bem de consumo. Desse modo, o gasto pode ser imediatamente classificado como gasto de investimento (aquele que vai ser ativado) ou como gasto de consumo (que será logo batizado como uma despesa).

Despesas: definem os gastos imediatamente consumidos ou o consumo lento dos gastos de investimentos à medida que estes vão sendo utilizados pelas operações. O conceito mais usado pelos estudiosos é o conceito contábil. Para este, as despesas são todos os gastos que são feitos para se obter em troca uma receita. Na verdade, os dois conceitos acabam sendo iguais.

Custos: aqui está uma definição de um dicionário de Economia: "É o valor dos fatores de produção consumidos por uma firma para produzir ou distribuir produtos ou serviços, ou ambos" (*The McGraw-Hill Dictionary of modern economics*. New York: McGraw-Hill, 1965. p. 121). Esta definição combina com a ideia de que "custo é consumo", exposta pelo Prof. Cibilis da Rocha Viana, em seu livro *Teoria geral da contabilidade*, editado pela Livraria Sulina, 1º volume. Este enfoque vai ser usado para explicar o ciclo de custos numa empresa industrial. Pensamos ser um conceito didático de fácil entendimento por parte dos que se iniciam no estudo da Contabilidade de Custos. Para o Prof. Eliseu Martins (1990:24), Custo é "um gasto relativo a bem ou serviço utilizado na produção de outros bens ou serviços". E explica: "O Custo é também um gasto, só que reconhecido como tal, isto é, como custo, no momento da utilização dos fatores de produção (bens e serviços) para a fabricação de um produto ou execução de um serviço." O conceito é sempre o mesmo. O termo *custo* fica mais claro porque a

Contabilidade não o utiliza sozinho, pois sozinho se torna um termo muito vago (Corcoran, 1978:3). E os Profs. Lawrence H. Hammer, William K. Carter e Milton Usry (1994:21) completam a ideia: "O termo *custo* é bem definido quando vem modificado por descrições como direto, primário, de conversão, indireto, fixo, variável, controlável, do produto, do período, conjunto, estimado, padrão, irreversível, ou caixa. Cada qualificativo implica um atributo que é muito importante na mensuração dos custos."

O gráfico da Figura 2.4 destina-se a apresentar a conceituação de gastos, despesas e custos. Ele é autoexplicativo. Entretanto, alguns esclarecimentos precisam ser feitos. O gráfico apresenta inicialmente os gastos. É o que acontece normalmente. Nós denominamos essa primeira parte de "aspecto financeiro" da questão. É uma saída de disponibilidades ou uma assunção de compromissos. Esses gastos são classificados pela Contabilidade como "gastos de investimento" e

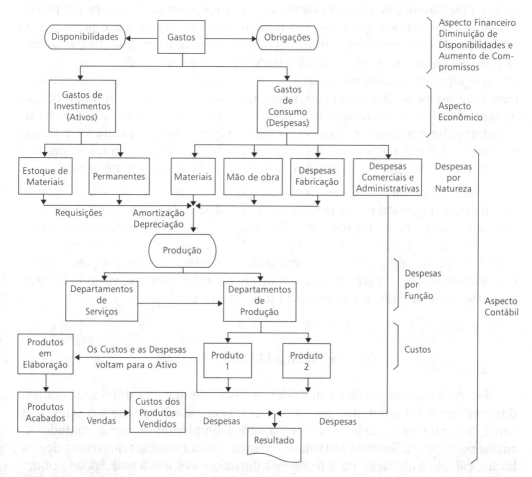

Figura 2.4 *Diferenças entre gastos, custos e despesas.*

"gastos de consumo". Os gastos de investimento vão beneficiar várias operações, isto é, vão ser consumidos ao longo do tempo. Ao serem consumidos, transformam-se em "despesas" e vão juntar-se aos gastos de consumo que imediatamente se transformaram em despesas. Algumas despesas vão retornar ao ativo, transformando-se, de novo, em investimentos. Isso acontece quando há o consumo dos fatores de produção para a produção de um produto ou de um serviço. As outras despesas vão ser contrapartidas da receita, pois foram realizadas com a finalidade de produzirem essas mesmas receitas. Quando os produtos fabricados ou os serviços realizados forem entregues aos clientes pela venda, os custos respectivos serão, do mesmo modo como as despesas, contrapostos às receitas pertinentes, pois na realidade os custos foram feitos para a consecução das receitas.

Cumpre informar que esse quadro retrata as operações básicas. As empresas são complexas; as atividades e transformações são em grande quantidade. Deixamos de anotar muitas dessas operações apenas com o intuito de não tornar obscura a apresentação. Exemplos de outras operações frequentes que atrapalhariam o objetivo didático da apresentação: (a) a empresa poderia fabricar produtos ou realizar serviços para uso próprio. Um estaleiro naval pode produzir um equipamento para ser usado em suas operações. Então, neste caso, os custos desse produto voltariam a ser ativados e transformar-se-iam em despesas à medida que o equipamento fosse sendo usado; (b) a empresa poderia fabricar produtos para seu estoque de materiais que, mais tarde, seriam consumidos na fabricação de seus produtos de fabricação principal. Esses custos seriam ativados até serem transformados em custos novamente à medida que fossem requisitados e seriam transformados em despesas (custo dos produtos vendidos) quando o produto principal que consumiu esses materiais de fabricação própria fosse vendido.

Perdas: as perdas só são consideradas perdas quando são anormais, quando não foram programadas. As perdas normais serão absorvidas pelos custos das operações. As perdas representam a diminuição de um ativo sem que haja a contrapartida de uma receita ou de um ganho. Não confundir com as "doações" que praticamente são definidas da mesma forma. Acontece que as doações, embora não tenham retorno visível, elas são feitas de forma consciente, visando a algum interesse ou finalidade, o que não acontece com as perdas.

CLASSIFICAÇÃO DOS CUSTOS

14. A Contabilidade de Custos olha os custos de maneira diferente para produzir informações diferentes que atendam a necessidades gerenciais diferentes. Olhar os custos de maneira diferente significa simplesmente que o contador de custos estabelece diferentes sistemas de custos e adota critérios diferentes de avaliação, cálculo e alocação para fornecer informações específicas exigidas por ambientes de produção e de administração em constante mutação. A Contabilidade de Custos acompanha a evolução da tecnologia de processos de produção, de modelos gerenciais e das novas necessidades informativas. Os sistemas de custos, denominados "tradicionais" por alguns, que ainda produzem tipos de custos que permanecem válidos para cenários bem definidos, não podem ser aplicados aos atuais cenários modificados. O contador de custos sabe disso. Se o contador adota os mesmos critérios tradicionais é porque eles ainda são pertinentes ao ambiente em que atua. No momento em que o ambiente se transforma, o contador terá bastante bom-senso para adotar novos critérios, mais adequados.

15. Alguns tipos de custos bastante empregados são definidos segundo as necessidades a que devem atender.

a) Custos (ou despesas) relacionados aos componentes operacionais e aos objetos

Custos diretos e indiretos. Quando a Contabilidade de Custos deseja conhecer os custos dos produtos, dos serviços, dos componentes organizacionais, de algum estudo especial, de alguma alternativa, de uma campanha, de uma promoção, de uma atividade operacional ou de qualquer outro objeto, surgem os custos diretos e os custos indiretos. **Os custos diretos** são aqueles custos (ou despesas) que podem ser facilmente identificados com o objeto de custeio. São os custos diretamente identificados a seus portadores. Para que seja feita a identificação, não há necessidade de rateio. **Os custos indiretos** são aqueles custos que não são facilmente identificados com o objeto do custeio. Às vezes, por causa de sua não relevância, alguns custos são alocados aos objetos do custeio através de rateios. Neste caso, adotando o rateio, os custos serão considerados indiretos. É preciso que a Contabilidade de Custos divulgue para os usuários das informações de custos esses conceitos básicos e aponte, para cada usuário, seus custos (ou despesas) diretos e indiretos.

b) Custos (ou despesas) necessários ao exercício do controle das operações e das atividades

Custos-padrões, estimados e por atividades. Uma das finalidades da Contabilidade de Custos é fornecer aos usuários (diversos níveis gerenciais) informações (tipos diferentes de custos) que os auxiliem a controlar as operações que estão sob seu comando e supervisão.

Custos-padrão. É um custo predeterminado que leva em conta condições consideradas normais de operação. É o custo que **deve ser**. Os valores-padrão monetários (de materiais, mão de obra e despesas de fabricação) são calculados com base em determinadas expectativas de eficácia e eficiência operacionais. Os custos e as despesas são dependentes dos padrões físicos esperados nas operações. Um exemplo prático apresenta melhor a ideia. Suponhamos que estamos trabalhando como contadores de custos em um laboratório farmacêutico. Pela própria natureza dos produtos (em que deve haver rigoroso controle quantitativo, principalmente dos materiais que os compõem) e pelas próprias características das operações fabris (contínuas, repetitivas e automáticas), os quantitativos de produção, tais como as quantidades de materiais, as quantidades de horas de mão de obra direta e horas-máquina, as medidas físicas do consumo de outros recursos produtivos, são previamente determinados dentro da mais absoluta certeza. Nada mais resta, neste caso, do que nós, contadores de custos, nos prevalecermos desse rigorismo e acoplarmos as medidas monetárias que devem refletir as operações padronizadas. A Contabilidade de Custos deve acompanhar as operações reais, deve registrar todos os fatos (físicos e monetários) que ocorrem, deve organizá-los de maneira adequada, deve analisar os desvios (que podem acontecer), deve descobrir suas causas, deve definir responsabilidades e, junto com o pessoal das operações, deve estudar as medidas mais eficazes que serão implantadas para que as variações deixem de acontecer de novo. Portanto, os custos-padrão são mais aconselhados para o controle de operações repetitivas nas quais seus responsáveis ganham um conhecimento bem mais sólido das atividades que dirigem e executam. Esse conhecimento é básico para a montagem dos custos-padrão. Em virtude da repetição das operações, os padrões de materiais, de mão de obra direta e do uso e consumo de alguns recursos fabris são facilmente calculados. Os demais recursos fabris, cujo consumo e uso são traduzidos monetariamente pelas despesas gerais de fabricação (também denominadas de despesas indiretas de fabricação) são difíceis de ser padronizados. Normalmente, essas despesas sofrem um processo de estimação e são separadas por centros de responsabilidade. Na verdade, elas fazem parte de orçamentos.

Custos Estimados. Em algumas ocasiões em que as operações não são padronizadas, especialmente quando os produtos ou os serviços são feitos sob encomenda e por isso mesmo são produtos e serviços com características exclusivas, diferentes das características de outros produtos e serviços realizados pela empresa, a Contabilidade de Custos tem que se valer de estimações. Os custos estimados são também aplicados a planos alternativos, a atividades, aos componentes organizacionais e atividades em que estes se dividem. No exercício de produzir estimações, a Contabilidade de Custos utiliza-se de orçamentos, de instrumentos estatísticos, do que aconteceu no passado e da experiência dos responsáveis pelos objetos de custeio. São vários os casos em que esse exercício se manifesta. Os mais comuns são verificados por ocasião da preparação dos orçamentos de produtos ou serviços por encomenda. Tal é o caso de uma oficina mecânica de automóveis. O cliente chega à oficina com seu carro acidentado e quer consertá-lo. O cliente precisa saber quanto vai "custar" o serviço. Como cada serviço é um serviço diferente, a Contabilidade de Custos faz estimações. Entretanto, os custos assim estimados não servem apenas para informar ao cliente o orçamento do serviço. Eles têm a finalidade importante de servirem como controle das operações, exercido pelos níveis gerenciais. A única diferença entre os custos estimados e os custos-padrão é que estes são calculados com a ajuda das informações operacionais padronizadas.

Custos por atividades. Esta expressão ganha contornos próprios e exclusivos. As mudanças nos processos de produção, a alta tecnologia, a vida curta dos produtos e serviços, a procura por produtos de melhor qualidade, os novos modelos de administração exigiram por parte da Contabilidade de Custos a criação de sistemas de custos que oferecessem informações sob medida para o custeamento dos produtos. Para este tipo de cenário, os critérios atualmente empregados não são adequados. A Contabilidade de Custos criou o Custeio ABC que, em inglês, se diz *Activity Based Costing* e, em português, foi traduzido por Custeio Baseado em Atividades. Entretanto, apesar de erradamente, todos passaram a chamar esse critério, aqui no Brasil, de Custeio ABC. Na verdade, quando dissemos que "a Contabilidade de Custos criou" o novo sistema, deveríamos melhor dizer que a "Contabilidade de Custos tirou o sistema do baú em que se encontrava adormecido desde a década de 60". O sistema, para alguns apenas um critério de custeio, não encontra aceitação ampla. Ele é muito detalhado, exige esforço burocrático muito grande, utiliza enormemente os rateios e seus resultados; portanto, são bastante poluídos, como qualquer outro sistema que se baseia em alocações. Seus adeptos, porém, são insistentes. O grande volume de conferências, congressos, encontros, livros, artigos em periódicos e em jornais, em que o tema é o assunto principal, faz com que seja o mais estudado e difundido critério de custos dos últimos sete anos. Muito se parece com o movimento de ideias e de discussões em torno do critério do Custeio Direto que acontece, e ainda acontece, desde a década de 30. A metodologia do critério ABC é muito semelhante à do critério RKW, de estilo alemão, e à do método das Seções Homogêneas, de estilo francês. O critério ABC é assunto estudado no Capítulo 7 desta obra. Por ora devemos saber que a metodologia básica (aliás dotada de lógica sólida) do critério é primeiramente identificar os custos e as despesas por atividades e, depois, alocar as atividades aos produtos que são seus portadores finais. Com isso se diz que os custos dos produtos ficam mais exatos. A Contabilidade de Custos, nesse processo duplo de rateio, utiliza os "direcionadores de custos", que nada mais são do que as bases de rateio. A Contabilidade de Custos deve detalhar as operações em suas atividades comuns, como, por exemplo, "requisitar materiais", "expedir produtos", "fazer pedidos de compra", "abrir Ordens de Serviço", "preparar as ferramentas de fabricação", "fazer manutenção preventiva", "receber os materiais dos fornecedores" e muitas outras, envolvendo somente as operações industriais. Cada uma dessas pequenas atividades será custeada. À medida que os produtos ou serviços são produzidos, eles vão-se utilizando dessas atividades. Essa utilização é registrada e, com base nos quantitativos apurados, os custos de produção são determinados. A lógica é simples. O que faltou dizer é que o critério para as operações industriais somente trata dos custos e despesas gerais de fabricação, chamadas de custos e despesas indiretas. Os custos diretos são, como sempre, debitados diretamente aos produtos, sem precisar de rateios.

c) Custos (ou despesas) relacionados ao período

As atividades das empresas são contínuas. Entretanto, a Contabilidade precisa fazer medições periódicas para que a administração acompanhe com mais frequência o desempenho daquelas atividades contínuas. Ao dividir a vida da empresa (e aqui todas suas operações) em períodos arbitrários, anuais, semestrais ou mensais, surgem diversos problemas na determinação dos montantes exatos das despesas, dos custos e das receitas relativos ao período estudado. Um dos Princípios Fundamentais da Contabilidade fornece uma base lógica para o cálculo desses montantes: é o Princípio da Competência. Em termos bem simples, o princípio obriga que todos os custos e despesas de um período devem ser comparados às receitas desse mesmo período. Competência quer dizer "fazer competir custos e despesas às receitas decorrentes deles, dentro de um mesmo período". Por causa da aplicação desse princípio às operações, a Contabilidade (Geral ou de Custos) deverá proceder a ajustamentos e estimações ao final de cada exercício, na tentativa de obter não só a medida mais correta de sua rentabilidade conseguida no período, como também apresentar com mais exatidão os valores dos elementos de seu patrimônio, que passarão para outro período, exatamente no momento em que o período se encerra. A Contabilidade de Custos olha os custos segundo suas relações com o período. Surgem dois tipos de custos: os custos do produto ou inventariáveis e os custos do período ou não inventariáveis.

Custos e Despesas do Produto (Inventariáveis). São os custos (e despesas) que se relacionam diretamente com os produtos; a Contabilidade de Custos descobre que esses custos (e despesas) acompanham de perto os processos produtivos e que seus consumos podem ser facilmente computados em cada um dos produtos. Exemplos são os custos dos materiais, da mão de obra, da energia e outros de natureza semelhante. Dizemos também que são custos ou despesas inventariáveis porque eles são debitados aos inventários, sobretudo ao Estoque de Produtos em Processo (em Elaboração). Vimos, quando tratamos das diferenças entre custos e despesas, que tanto os custos como as despesas são provisoriamente ativados até que os produtos que os contenham sejam vendidos, transformando-se tudo novamente em despesas. Um elemento é considerado pela Contabilidade como um ativo quando vai beneficiar vários exercícios, ou seja, quando for capaz de gerar benefícios futuros. A mão de obra é ativada no custo dos produtos em elaboração porque essas despesas ainda não geraram nenhum benefício, e isso só vai acontecer quando os produtos forem vendidos, gerando receita. Estes custos são chamados, então, Custos do Produto ou Custos Inventariáveis.

Custos e Despesas do Período (Não Inventariáveis). Todos os custos e despesas que a Contabilidade de Custos não consegue com facilidade ligar aos produtos, que são repetitivos e mais ou menos fixos (isto é, que se repetem período a período) pertencem mais aos períodos do que aos produtos. São chamados "do período". São custos e despesas cujos benefícios se realizam no próprio momento em que os custos e as despesas acontecem. Os benefícios não serão futuros. Os benefícios gerados pelos custos e despesas são obtidos no período. Em Contabilidade se diz que essas despesas e esses custos são debitados diretamente ao resultado do período. É aproximadamente o que preceitua o princípio da competência de exercícios. No início deste capítulo, apresentamos a Demonstração do Resultado. Vamos lembrar-nos: o Custo dos Produtos Vendidos era composto de custos e despesas que estavam no estoque de produtos acabados; portanto, estavam ativados ou inventariados. E as Despesas de Vendas e de Administração apareciam em sua totalidade, como elementos negativos da receita, porque são custos e despesas não inventariáveis, são custos e despesas do período, eles geraram as receitas do período.

d) Custos (e despesas) relacionados a uma base de volume

É fato que os custos e as despesas são efeitos das atividades. O volume das operações determina os montantes dos custos e das despesas. Considerando esse fenômeno, a Contabilidade de Custos vem analisando o comportamento dos custos (e das despesas) diante da variação do volume das operações. A Contabilidade escolhe determinada unidade de medida do volume a que chama de base de volume e verifica como um custo (ou uma despesa) se comporta diante da variabilidade dessa base de volume. Suponhamos que a Contabilidade tenha selecionado a base de volume medida pelas unidades produzidas. Ela vai verificar, por exemplo, como se comporta o custo "material direto" em face da variação ocorrida no montante das unidades produzidas. Em linguagem matemática, as unidades produzidas correspondem à variável independente e o custo do material corresponde à variável dependente. Isto é, o custo do material depende das unidades produzidas.

Custos (ou Despesas) Variáveis. São os Custos (ou Despesas) que variam de acordo com os volumes das atividades. Os volumes das atividades devem estar representados por bases de volume, que são geralmente medições físicas. Mostramos o exemplo do custo dos materiais que varia com as unidades produzidas. As unidades produzidas constituem a base de volume. O custo de energia, por exemplo, pode ser lembrado como um custo que deve variar de acordo com a quantidade de horas-máquina. Atente para o fato de que definir "custo variável" como aquele custo que varia com as unidades produzidas está certo, mas não é uma definição generalizada. Toda a definição deve ser generalizada. Preferimos, portanto, definir "custo variável" como aquele que varia com o volume de qualquer atividade que tenha sido escolhida como referência. Atente, ainda, para o fato de que o "custo variável" no total é variável, mas, quando considerado como custo unitário diante do quantitativo da base de volume, ele é fixo. Veja o quadro a seguir apresentado e bem assim os gráficos construídos com os dados do quadro.

Departamento X – Empresa XYZ: Análise da variação do custo de material de escritório diante da variação da quantidade de horas trabalhadas no Departamento X, no período de janeiro a junho.

Meses	Horas trabalhadas	Custo total de material	Custo unitário de material
Janeiro	2.000	$ 4.000	$ 2,00
Fevereiro	2.050	4.100	2,00
Março	1.800	3.600	2,00
Abril	1.700	3.400	2,00
Maio	1.900	3.800	2,00
Junho	2.100	4.200	2,00

Vamos ver em capítulo próprio, mais adiante, que, na vida real, os custos não se movem com essa exatidão diante do movimento da unidade tomada como referencial. Estamos agora mais preocupados em apresentar um exemplo muito simples por questões de ordem didática.

Os gráficos das Figuras 2.5 e 2.6 são representativos da variabilidade do custo de material de escritório, do Departamento X, diante da unidade tomada como base (horas trabalhadas) no período de janeiro a junho.

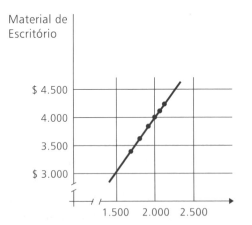

Figura 2.5 *Custo total do material.*

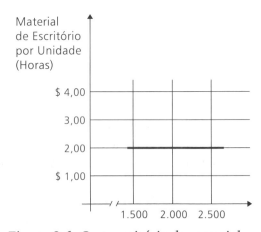

Figura 2.6 *Custo unitário do material.*

Na Figura 2.5, podemos notar que, analisando o custo em seus totais, ele é variável diante da variação da base de volume.

Na Figura 2.6, já não é a mesma coisa; o custo foi analisado unitariamente. O valor fica fixo diante da variabilidade da base de volume.

Outras observações úteis para que essa análise seja mais informativa e confiável serão feitas em capítulo próprio.

Custos (ou Despesas) Fixos. São custos (ou despesas) que não variam com a variabilidade da atividade escolhida. Isto é, o valor total dos custos permanece praticamente igual mesmo que a base de volume selecionada como referencial varie. A mesma afirmação pode ser feita aqui, com relação à definição de custos fixos. Quando se diz que os custos fixos permanecem fixos diante das unidades produzidas, a definição está parcialmente correta, mas não é generalizada. É preciso definir os custos fixos como aqueles que não variam com o volume de uma atividade qualquer tomada como medida de referência. Atente, aqui, também, para o fato de que o custo fixo quando tomado em seus totais é realmente fixo quando analisado em face da variabilidade da base de volume. Entretanto, se tomado por seus valores unitários em face da unidade de medida da base de volume, o custo fixo é variável. Veja o quadro a seguir e os gráficos que demonstram essa importante constatação.

Departamento X – Empresa XYZ: Análise da variação do custo dos seguros dos equipamentos diante da variação da quantidade de horas trabalhadas no Departamento X, no período de janeiro a junho.

Meses	Horas trabalhadas	Custo total de seguros	Custo unitário de seguros
Janeiro	2.000	$ 20.000	$ 10,00
Fevereiro	2.050	20.000	9,76
Março	1.800	20.000	11,11
Abril	1.700	20.000	11,76
Maio	1.900	20.000	10,53
Junho	2.100	20.000	9,52

Os gráficos das Figuras 2.7 e 2.8 são representativos da variabilidade do custo de seguros do Departamento X, diante da variabilidade da unidade tomada como base (horas trabalhadas), no período de janeiro a junho.

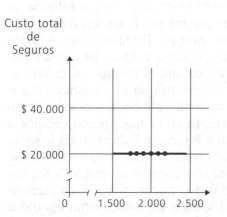

Figura 2.7 *Custo fixo (total).*

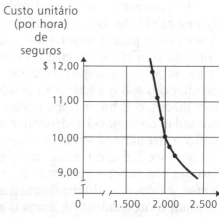

Figura 2.8 *Custo variável (por unidade).*

Custos (ou Despesas) semivariáveis ou semifixas. Estes custos (ou despesas) guardam relação especial com as alterações da base de volume tomada como referência. São custos que, após serem analisados, se verifica que possuem uma parte variável que se comporta como se custo variável fosse e uma parte fixa que se comporta como se custo fixo fosse. Esses custos são muito frequentes. O que é necessário é colocar o custo diante de uma base de volume e verificar seu comportamento. Normalmente, o primeiro passo é colocar as duas grandezas (custo e base de volume escolhida) num gráfico cartesiano e verificar visualmente a forma da relação entre uma e outra. A análise visual já permite dizer se o custo é semivariável ou semifixo. Vamos tomar como exemplo o custo de manutenção de um Departamento Industrial. A Contabilidade dá-nos as informações dos custos de manutenção de janeiro a junho. E o responsável pela atividade de manutenção dá-nos as informações de horas trabalhadas de manutenção para os diversos setores da área industrial, também de janeiro a junho. Estamos considerando esta última medida como base de volume e vamos analisar o comportamento, inicialmente visual, do custo de manutenção diante dela.

Departamento Industrial da Empresa ABC: Análise da variação do custo de manutenção diante da variação das horas trabalhadas de manutenção, de janeiro a junho.

Meses	Horas trabalhadas	Custo total de manutenção
Janeiro	300	$ 7.000
Fevereiro	400	9.000
Março	280	6.600
Abril	350	8.000
Maio	420	9.400
Junho	320	7.400

Vamos colocar num gráfico cartesiano essas duas grandezas para verificar a relação que existe entre elas. Lembre-se de que os custos são sempre reflexos de alguma atividade. Os custos não surgem misteriosamente. É preciso que se faça alguma coisa para que os custos (e despesas) aconteçam. Estamos neste exemplo tentando verificar se os custos de manutenção são influenciados pela quantidade de horas trabalhadas. Portanto, como dissemos anteriormente, os custos de manutenção são a variável dependente, isto é, variam porque variam as horas trabalhadas, e as horas trabalhadas, por sua vez, como influenciam os custos, são chamadas de variável independente. É importante saber que, quando se usa o gráfico cartesiano, a variável independente (que é sempre indicativa da base de volume escolhida) é traçada no eixo horizontal (que em Matemática se chama eixo das abscissas; o eixo vertical, onde sempre são traçadas as variáveis dependentes, é denominado tecnicamente de eixo das ordenadas, e ambos os eixos se chamam coordenadas). Vejamos o gráfico da Figura 2.9 e o comportamento dos custos diante da base de volume.

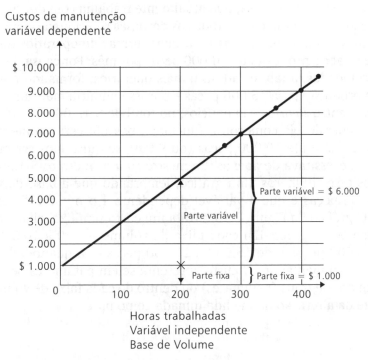

Figura 2.9 *Gráfico da relação entre horas trabalhadas e custos de manutenção.*

O gráfico da Figura 2.9 apresenta o retrato de um custo semivariável. Ao longo da reta, sempre haverá uma parte fixa, constante, de $ 1.000, definida pelo segmento da ordenada que vai da marca **zero** do eixo das abscissas até o ponto onde a reta corta o eixo das ordenadas e uma parte que vai variando à medida que as horas trabalhadas vão aumentando. Por exemplo, na marca de 300 horas trabalhadas, haverá a parte fixa (que não muda) de $ 1.000 e uma parte variável, no valor de $ 6.000 (o que corresponde à taxa de variabilidade – que é constante, como já vimos quando definimos o que era custo variável – de $ 2,00 por hora trabalhada, calculada dividindo-se $ 6.000 : 300 horas. Vamos traduzir esses números para a Contabilidade, afastando-nos da linguagem matemática. A parte fixa, no valor de $ 1.000, significa que o setor de Manutenção do Departamento Industrial tem uma estrutura fixa, de prontidão, que gasta recursos mesmo que as horas trabalhadas sejam iguais a zero, ou seja, que o setor de manutenção não atenda a nenhum serviço durante o período. À medida que os serviços vão sendo executados e as horas trabalhadas se acumulando, a análise mostra que o setor de manutenção gasta, a cada hora que trabalha, $ 2,00 de recursos (materiais, mão de obra e outros que correspondem às despesas operacionais). Estas explicações são suficientes quanto ao custo semivariável. Vamos dar um exemplo de um custo semifixo, muito simples e até muito comum nos livros e cursos de Custos. É o caso da quantidade de mestres (encarregados) dos setores de produção.

Suponhamos o Setor de Prensa, que atualmente trabalha com dois mestres, cada um percebendo um salário e mais todas as despesas relacionadas igual a $ 1.200. Esses dois mestres são necessários para duas turmas de operários que têm uma capacidade total de produção de 10.000 peças por mês. Por causa de um acréscimo nas encomendas, a fábrica admitiu mais operários, formando novas turmas, passando a produção para 15.000 peças e por isso admitiu mais um mestre, com uma despesa, entre salários e benefícios, no total de $ 1.200. A história do setor mostra que, quando ele começou a funcionar, possuía certo número de operários que produziam até 10.000 peças (ou 9.999, se quisermos ser matemáticos exigentes) e necessitava de apenas um mestre com os mesmos $ 1.200 mensais. Coloquemos esses números num gráfico, lembrando que a base de volume é a quantidade de peças e que a variável dependente é o número de empregados (mestres). O gráfico da Figura 2.10 retrata um custo semifixo, chamado também de custo fixo por degraus. Em cada faixa de volume – de 0 a 10.000 peças, de 10.000 a 15.000 peças e de 15.000 a 20.000 peças –, a quantidade necessária de mestres vai aumentando. O custo apresenta-se em patamares bem definidos. Em cada um dos degraus (patamares) ou dentro de cada faixa de volume, o custo é fixo diante da alteração da medida tomada como base.

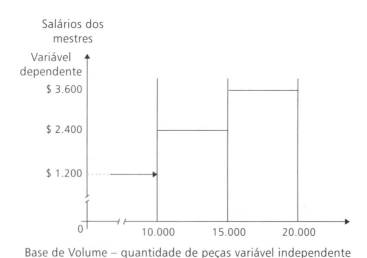

Figura 2.10 *Relação entre quantidade de peças e quantidade de mestres (salários).*

e) Custos em relação à tomada de decisões

Além dos custos, resultantes da análise de seu comportamento diante de bases de volume selecionadas, como vimos no item anterior, existem muitos tipos de custos que se destinam exclusivamente a compor informações gerenciais para o processo decisório. Por isso mesmo, aparecem custos que não estão explicitados porque se encontram "escondidos" nas operações. Em termos contábeis, são custos não contabilizados. Eles não são registrados porque são subjetivos, não estão suportados por documentos hábeis e são estabelecidos apenas para ajudar na tomada de decisões.

Custos relevantes e não relevantes. A ideia de relevância neste momento não é a mesma ideia que apresentamos anteriormente quando discutimos os três modos (abordagens) básicos de se olharem os custos. Ali a relevância dizia respeito tão simplesmente à importância monetária relativa a um somatório de custos. O exemplo usado revelou o fato de que apenas quatro tipos de materiais, entre dez tipos, somavam 95% do total monetário dos dez itens. Daí serem relevantes para algumas medidas de registro, acumulação, cálculo e apropriação. Aqui a relevância tem outro significado.

Quando a Contabilidade de Custos compara os custos de duas alternativas que estão sendo consideradas pela gerência, alguns itens são iguais nas duas alternativas e outros são diferentes. Os primeiros são considerados não relevantes em face da decisão e os segundos são relevantes e devem ser considerados na tomada de decisão. Veja um exemplo bastante simples: um amigo seu é dono de um *trailer* que prepara e vende cachorro-quente no calçadão da praia. O cachorro-quente é preparado por meio de um equipamento que é grande gastador de energia elétrica e os sanduíches usam maionese. Seu amigo está estudando a alternativa de adquirir um equipamento muito mais moderno e muito mais simples que trabalha com uma pilha bem barata de longa duração e pode preparar os sanduíches com um creme artificial que substitui a maionese. Entretanto, os empregados continuariam os mesmos. Para tomar a decisão de alterar seu processo produtivo, seu amigo tinha que considerar a alternativa que reduzisse seus custos operacionais. Os custos relevantes seriam, entre outros, os custos diferenciais relativos ao novo creme artificial em comparação com o custo da maionese atual, os custos atuais de energia e os custos da pilha. Seriam custos não relevantes, entre outros, os salários e benefícios dos funcionários porque permaneceriam os mesmos qualquer que fosse a decisão. Outra característica dos custos relevantes é que eles são considerados como custos diferenciais e futuros que serão incorridos se uma alternativa é implementada, mas que não ocorrerão se a outra alternativa for a escolhida.

Custos imputados. Estes são custos revelados. Poder-se-ia ir mais longe e dizer que são custos inventados. Estes só servem para o processo de tomada de decisões. Eles não têm relação alguma com desembolsos de caixa e, por isso mesmo, não são registrados contabilmente. Entretanto, são muito importantes para determinadas decisões. Por exemplo, para a determinação das mensalidades escolares de um colégio ligado a uma Ordem Religiosa. O prédio é próprio, logo não se paga aluguel. A Contabilidade de Custos poderia estimar um valor de aluguel, de acordo com o mercado, e debitar esse custo "inventado", chamado, por isso mesmo, de imputado, ao custo das mensalidades para as finalidades de estabelecer os preços que serão cobrados dos pais dos alunos. Alguns mestres talvez não recebam salários. Entretanto, a Contabilidade de Custos poderia estimar salários e benefícios de acordo com os padrões da região, e colocaria tais custos "imputados" no cálculo dos custos dos alunos. Esses custos não aparecem nas demonstrações contábeis de uso externo. Certamente, serão incluídos nas demonstrações de uso gerencial.

Custos de oportunidade. Estes são, do mesmo modo, custos "inventados". Também não constam das demonstrações contábeis oficiais, porque não representam trocas de ativos nem são resultado de transações realmente feitas; portanto, não estão suportadas por documentos hábeis. Eles representam simplesmente hipóteses. Os custos de oportunidade representam vantagens perdidas, medidas monetariamente relacionadas à segunda melhor alternativa rejeitada. O termo oportunidade aqui considerado é sinônimo de alternativa. Alguns exemplos clássicos são de fácil entendimento. Suponha que você tenha uma casa sem uso bem localizada em termos comerciais. Você está estudando duas alternativas: (1) alugar a casa a terceiros e (2) usá-la você mesmo para instalar uma locadora de vídeos. Se você optar pela segunda alternativa porque seus custos, despesas e receitas diferenciais indicaram que seria a melhor alternativa, o valor do aluguel que você deixou de ganhar porque escolheu outra alternativa será um custo de oportunidade que será levado em consideração. Suponha que você ganhou na Sena. Você tem duas saídas: (1) aplica o dinheiro na poupança e vai para a praia ficar de barriga para cima, sem ter problema algum ou (2) aplicar o dinheiro na compra de uma franquia *fast-food* para ganhar dinheiro produzindo sanduíches leves. Se você optar pela segunda alternativa, os ganhos da poupança serão os custos de oportunidade da alternativa selecionada da poupança e serão somados aos custos dessa alternativa.

Custos irreversíveis. Muitos estudiosos e praticantes os denominam de "custos afundados", como decorrência da tradução do termo em inglês *sunk costs*. Os custos são chamados irreversíveis porque já foram realizados e não há mais jeito de cancelá-los. São os custos históricos, contabilizados, Raramente, eles são levados em consideração no processo de tomada de decisões. Aliás, nem deveríamos estar tratando deles nesta parte. Só o fazemos porque muitos contadores os levam em conta em decisões em que não deveriam fazê-lo, atrapalhando as informações e levando os administradores a tomarem caminhos não lucrativos. Eles não são nem diferenciais nem futuros; portanto, não relevantes. É interessante que mostremos um bom exemplo em que haja o destaque desses custos "afundados" para que os estudantes se familiarizem com eles. A empresa trabalha com o equipamento XPTO-3 que se tornou obsoleto porque surgiu uma nova modalidade que produz peças moldadas com mais rapidez, maior segurança, automaticamente e com maior qualidade. O equipamento que está sendo usado tem um custo original de $ 24.000 e tinha uma vida útil estimada de dez anos. Já está trabalhando na empresa há sete anos, sendo depreciado todos estes anos à razão de $ 2.400 por ano. Se a empresa quiser desfazer-se dele, poderá alcançar no mercado de "usados" o preço de $ 3.000. Este equipamento produz 2.000 peças por mês que

Custos nas Demonstrações Contábeis, Terminologia e Classificação   47

são vendidas por $ 3,00 cada uma. A empresa está estudando a possibilidade de vender o equipamento antigo e adquirir o mais moderno. Este custa $ 30.000, tem uma vida útil de cinco anos e é capaz de produzir 3.000 peças por mês, de maior qualidade e durabilidade, que está sendo comercializada por $ 4,50 a unidade. Considerando esses dados quantitativos como se fossem os únicos, ao fazer o estudo comparativo para ver qual a alternativa mais em conta, quais seriam os custos "afundados"? Para não complicar, porque este não é o momento, não estamos considerando os efeitos nem do Imposto de Renda nem do valor do dinheiro no tempo, que devem ser considerados neste tipo de decisão. Vamos valer-nos apenas dos dados existentes como se fossem os únicos a serem considerados para uma boa escolha. O quadro a seguir destina-se a mostrar os valores que fazem a diferença entre uma e outra alternativa. Como se vê, o custo original da máquina antiga e mais sua depreciação acumulada são custos "realizados", "irreversíveis" e "afundados" e não contam mais para este tipo de decisão (é claro que não estamos levando em conta os efeitos tributários que podem estar ligados a essa transação e que certamente poderiam afetar a escolha).

	Não se desfazendo da máquina antiga	Comprando a máquina nova	Diferenciais a considerar
Depreciação em 3 anos	$ 7.200	$ 18.000	$ 10.800 (–)
Receita em 3 anos			
2.000 un. × $ 3/un. × 3 anos	18.000		
3.000 un. × $ 4,50 × 3 anos		38.500	20.500 (+)
Ganho no valor de venda da máquina antiga		2.000	2.000 (+)
Totais	$ 10.800	$ 22.500	$ 11.700 (+)

Outros tipos de custos. Existem diversos tipos de custos como os *custos desembolsados e não desembolsados, os custos marginais, médios e totais, os custos discricionários e os custos evitáveis e não evitáveis.*

3

Modelos de Determinação dos Custos dos Produtos e dos Serviços

OBJETIVOS DO CAPÍTULO

Este capítulo apresenta os três modelos mais empregados para a determinação dos custos dos produtos e dos serviços: a planilha de custos, ou modelo de engenharia, o método indireto real e o método direto real. Os dois últimos métodos são integrados à contabilidade. Eles trabalham com custos históricos. O capítulo objetiva dar uma visão ampla do uso desses métodos, inclusive mostrando os procedimentos denominados de "inventário periódico" e de "inventário permanente", a organização, o cálculo e a contabilização dos três fatores de produção: materiais de produção, mão de obra e despesas indiretas de fabricação. Além disso, apresenta, de forma breve, indicando onde são empregados, os critérios de avaliação dos estoques e das saídas dos estoques, principalmente os critérios com base em custos reais.

PLANILHA DE CUSTOS OU MODELO DE ENGENHARIA

1. Qualquer que seja o modelo empregado para a determinação dos custos dos produtos, será extremamente necessário que o contador de custos conheça muito bem o ambiente operacional onde vai atuar. Veja o que o contador de custo deve fazer:

a) Ele deve familiarizar-se com o processo produtivo:

- Quais são os produtos a serem fabricados?
- Qual é a produção esperada para o próximo período?

- Quais os materiais que entram na produção?
  - De que modo são consumidos?
  - Se existem equivalências ou relações, quais são elas?
  - De que modo os materiais são controlados?
- Como a mão de obra é aplicada? Como ela é controlada?
- Quais as equivalências existentes que podem facilitar seu cálculo?
- Quais são os equipamentos, maquinas, ferramentas e instalações empregados? Como são empregados? Quais são os controles existentes? Há terceirização? Como ela é feita? Quais as vantagens e desvantagens?
- De que modo os produtos são fabricados? São produtos por encomenda? O ciclo fabril é longo? Eles são produtos de produção contínua? Qual a duração do processo? Existem estoques intermediários? A empresa fabrica produtos para consumo próprio? Fabrica peças que serão estocadas para uso futuro? Como a produção é controlada? Quais são os processos ou departamentos operacionais? Como eles trabalham? Quais as características de cada um deles?
- Quais são os setores que auxiliam a produção? Como seus serviços são utilizados na produção? Para que servem?
- Quais são os materiais de embalagem? Como eles são processados? Quais os controles?
- De que modo os produtos prontos são armazenados?
- Existem controles? Como são os mesmos expedidos?

b) Ele deve conhecer os custos dos fatores e como são determinados:
- Quais são os materiais empregados (diretos e indiretos, primários e secundários, relevantes e não relevantes)? Como são avaliados e controlados, desde o pedido até seu consumo, passando pela atividade de recepção, de armazenagem?
- Quais são os tipos de mão de obra empregados? Mão de obra direta? Indireta? De terceiros? Quais são os custos relacionados à mão de obra? Como são (ou devem ser) calculados e apropriados aos produtos?
- Quais são os custos gerais da fábrica? Quais os custos relacionados à atividade-meio da função industrial? Como são controlados? Como são apropriados? Quanto aos custos dos equipamentos, máquinas, ferramentas, e instalações físicas, como são determinados? A grandeza deles vai determinar diferentes modos de cálculo, apropriação e controle. Como essa tarefa é executada? Que repercussões têm sobre os custos finais dos produtos?

Todas essas ações, tendo em vista a familiarização com o ambiente operacional da empresa, devem ser feitas tanto para o contador de custos que está assumindo a função contábil, como para o contador que já está trabalhando no setor há algum tempo e que precisa conhecer mais ainda o sistema operacional.

O contador de custos deve assumir, também, a tarefa de familiarizar o pessoal operacional com todos os critérios empregados ou a serem empregados pela contabilidade de custos. Ele deve montar um programa de sessões formais, em que passará para o pessoal da fabricação os modelos de determinação dos custos, de controle e acompanhamento, e os critérios e abordagens usados. Caso não haja esse entrosamento (essa sintonia de parte a parte), qualquer que seja o sistema de custos provavelmente não vai funcionar adequadamente.

2. O que apresentamos no item 1 como preocupações do contador de custos para se familiarizar com o processo produtivo tanto vale para as atividades de custeio de produtos, como para as atividades de custeio de serviços. As preocupações são as mesmas, embora a quantidade de variáveis intervenientes na fabricação sejam em maior número e, talvez, mais complexas, em muitos casos, do que as variáveis relacionadas ao problema, nas empresas que prestam serviços.

3. O Modelo de Planilha de Custos, também denominado de Modelo de Engenharia, tem uma concepção teórica muito simples. O emprego desse modelo acontece em várias oportunidades. Vejamos alguns casos:

a) Nas empresas que fabricam produtos por encomenda ou que prestam serviços de acordo com especificações dos clientes, os orçamentos de custos têm a forma de planilhas. Elas se destinam a apresentar os diversos fatores e recursos de produção que formam o custo dos produtos ou dos serviços.

b) O uso real dos fatores ou recursos produtivos são custeados e apresentados no mesmo formato que o modelo (que tem os valores orçados ou estimados). Ao mesmo tempo que pretendem levantar os custos reais, servem para controlar os custos.

c) Em pequenas e médias empresas, as planilhas são usadas para custear os produtos antes da fabricação. Nestes casos, o contador de custos trabalha junto com o pessoal da fabricação (normalmente, os encarregados pelos processos de produção, bem como de compras de materiais) para calcular os quantitativos do consumo dos recursos produtivos e valorizá-los.

d) As planilhas de custo são modelos famosos, nos tempos em que as autoridades econômicas governamentais discutem com as indústrias e as prestadoras de serviços os aumentos de preços.

Modelos de Determinação dos Custos dos Produtos e dos Serviços **51**

e) Em algumas ocasiões, as planilhas servem para informar aos clientes a formação dos custos dos produtos e dos serviços para que estes aceitem ou não pagar os preços de venda estabelecidos.

O caso mais "falado" refere-se às planilhas de custos, apresentadas pelos diretores de escolas particulares aos pais "leigos no assunto", para justificarem aumentos de preços das mensalidades escolares. Nestas planilhas, era muito comum incluírem custos "imputáveis".

Por que são essas planilhas denominadas, também, de Modelos de Engenharia? Porque não se utilizam normalmente dos dados provenientes da contabilidade. Preferem seus executores utilizar, de preferência, cálculos, medições e controles existentes no próprio setor de operações para a determinação dos quantitativos que espelham os consumos de materiais, de mão de obra e de outros recursos.

4. Um dos casos práticos mais simples encontrados na literatura está inserido na publicação do Cebrae (era com C, mesmo), que está relacionada na bibliografia deste capítulo. Outro problema muito simples e muito interessante por seu aspecto didático está no Capítulo 1 do livro do Prof. Osni Moura Ribeiro, também relacionado na bibliografia.

5. Apresentamos, agora, outro caso, que acreditamos ser simples, antes de mostrarmos dois casos mais elaborados. O objetivo é determinar o custo de um dos serviços faturáveis, realizado pela Gráfica Embaixadora. Trata-se de uma encomenda feita pela turma de Administração, que está formando-se: um convite bem sofisticado. Os dados são os seguintes:

a) serão feitos 500 convites;

b) com dez folhas, que serão encardernadas, feitas no papel Cairo Finesse, importado do Egito;

c) as letras serão no estilo florentino do século XV, em alto relevo e prateadas;

d) entre uma página e outra, haverá uma folha de papel organdi finíssimo, estilo Helsinque;

e) as duas capas serão de papelão duro de alta qualidade e revestidas de veludo persa azul-claro, com os emblemas da Universidade e do Curso de Administração e as letras que identificam o convite em dourado;

f) a encadernação será feita por meio de dois parafusos de bronze, entrelaçados por uma fita larga de seda preta.

Os dados anteriores referem-se aos materiais de produção.

Os convites passarão por três departamentos, dentro da gráfica: Preparação e Planejamento, Corte e Fabricação e Acabamento.

De acordo com as previsões feitas pelo pessoal das operações, as horas de MOD e as horas-máquina necessárias para a fabricação desses 500 convites serão:

- Preparação e Planejamento: 5 horas de MOD.
- Corte e Fabricação: 20 horas-máquina.
- Acabamento: 55 horas de MOD.

A Administração, junto com o pessoal das operações e o contador, já tinha feito o orçamento das despesas gerais de cada um dos departamentos operacionais. Essas despesas incluíam, entre outras: salários do pessoal de direção, de manutenção, encargos sociais e trabalhistas relacionados, energia, materiais de funcionamento, despesas com o pessoal, como despesas de transporte, de alimentação, de vestuário, de segurança e de serviço médico. Os montantes orçados para o mês em curso foram os seguintes:

Preparação e Planejamento: $ 2.000

Corte e Fabricação: $ 15.000

Acabamento: $ 12.000

Esses departamentos tinham uma previsão de funcionamento para o mês em curso, de acordo com as obras em andamento, com os pedidos dos clientes e com as informações do pessoal da área de contato com os clientes:

- Preparação e Planejamento: 200 horas de MOD.
- Corte e Fabricação: 500 horas-máquina.
- Acabamento: 400 horas de MOD.

Os operários diretos tinham taxas salariais por hora diferenciadas, de acordo com a qualificação para serviços de dificuldades e artes distintas:

- Preparação e Planejamento: $ 10,00 por hora de MOD.
- Corte e Fabricação: $ 2,00 por hora-máquina.
- Acabamento: $ 12,00 por hora de MOD.

Com base nesses dados, o contador preparou a planilha de custos a seguir demonstrada. Observe que ele recebeu uma ajuda muito importante da gerência de produção e de compras para a determinação dos quantitativos de materiais necessários e respectivos preços de aquisição.

Planilha de Custos de 500 convites da turma de Administração – UFPB

Fatores de produção	Unidades	Quanti-dades	Preço unitário	Quanti-dade necessária	Total
Materiais diretos de produção					
Papel Cairo Finesse	folhas	1	$ 0,80	60	$ 48
Tinta prateada	vidro	1	5,00	2	10
Papelão duro	folha	1	2,50	60	150
Veludo persa	metro	1	30,00	5	150
Tinta ouro	vidro	1	8,00	2	16
Parafusos de bronze	unidade	1	1,00	1.000	1.000
Seda preta	metro	1	15,00	3	45
Subtotal					$ 1.419
Materiais diversos: 10%					141,90
Subtotal					$ 1.560,90
Perdas normais 3% do total					46,83
Total de materiais					$ 1.607,73
Transformação					
Preparação e Planejamento	Homem-hora	1	10,00	5	50,00
Corte e Fabricação	Hora-máquina	1	2,00	20	40,00
Acabamento	Homem-hora	1	12,00	55	660,00
Despesas gerais (ver quadro anexo):					
Preparação e Planejamento	Homem-hora	1	10,00	5	50,00
Corte e Fabricação	Hora-máquina	1	30,00	20	600,00
Acabamento	Homem-hora	1	30,00	55	1.650,00
Total dos custos					$ 4.627,73
Custo Unitário (500 convites)					$ 9,26

Quadro anexo

Cálculo da taxa horária das Despesas Gerais de cada Departamento:

Preparação e Planejamento: $ 2.000/200 horas = $ 10,00/hora de MOD
Corte e Fabricação –   15.000/500 horas = $ 30,00 por hora-máquina
Acabamento   12.000/400 horas = $ 30,00 por hora-máquina

---

6. O exemplo apresentado a seguir é real e mais elaborado. É de uma gráfica de grande porte que realiza serviços por encomenda. Vamos chamá-la de *Gráfica Shangri-Lá.*

O processo começa sempre com um pedido do cliente. O *cliente* entra em contato com a Gráfica e é atendido por um *vendedor*. Esse vendedor é um profundo conhecedor do processo operacional, pois, com base no documento intitulado **Planilha de Cálculos**, ele anota todas as especificações do pedido do cliente e anota dados adicionais que servem para a feitura do orçamento da encomenda e da **Ordem de Produção**.

A **Planilha de Cálculos** tem seis campos principais, onde são anotados os dados do trabalho, desde a identificação do cliente até os dados das condições de venda (fechamento), passando pelos dados do fotolito, dos tipos de papel, das cores, das chapas e das lâminas (planos), pelos dados de serviços de terceiros, quando estes acontecerem e dos dados das seções de acabamento. Essa **Planilha de Cálculos** é passada para o setor que vai preparar o **Orçamento do Produto**.

O **Orçamento do Produto** é numerado. No exemplo, ganhou o número 025812, data de 20-6-X6. O orçamento tem sete campos. No primeiro campo, aparecem os dados do cliente e do produto (vamos preparar um livro de Custos, com 250 páginas e tiragem de 5.000 exemplares). No segundo campo, estão os dados relacionados a um dos materiais principais: o papel. Ali estão a capa e o miolo do livro. A gráfica já incorpora ao cálculo, neste campo, as perdas normais. Tanto que a produção está calculando tudo para 5.035 exemplares, na suposição de que uma quantidade de papel equivalente a 35 exemplares está relacionada à perda provável. No terceiro campo, já aparecem os dados monetários do custo. É a relação completa dos materiais principais: o papel, a tinta, as chapas, o verniz e outros. No programa de computação, há um arquivo de materiais com seus custos constantemente revisados. Como se pode ver, existem dois materiais relevantes: o papel *offset* ($ 4.862,88) e o material denominado *benday* ($ 3.308,20). O custo total dos materiais diretos é de $ 9.516,88. Esses dois materiais relevantes representam 86% do total.

Em seguida, aparece o campo denominado de Custos Fixos. Há outro arquivo auxiliar onde estão as taxas por hora-máquina de cada centro de produção, inclusive de seu tempo de preparação (*setup*). No caso da preparação do livro, o custo mais representativo (62,2% do total) é proveniente do centro codificado como SORSZ, que consome 34 horas e 39 minutos ao custo por hora de $ 60,00. Esse arquivo auxiliar é o resultado da departamentalização dos custos de transformação (MOD e DIF), que veremos com detalhes nos Capítulos 4 e 5.

O próximo campo é destinado a incorporar os custos dos serviços de terceiros. O desenho/composição é um trabalho feito externamente. É o desenho da Capa. A Gráfica já conhece esses dados de preços de serviços externos. No exemplo, o serviço deverá custar $ 1.500,00.

Os juros do financiamento da operação são calculados no próximo campo. O cliente vai pagar o serviço em 30 dias. O cálculo do custo do financiamento é muito simples. A soma dos custos é de ($ 9.516,88 + $ 3.340,78 + $ 1.500,00) $ 14.357,66. A Gráfica cobra 5% de juros sobre esse custo. Isto resulta num custo adicional de $ 717,88. O custo total, agora, passa a ser de $ 15.075,54.

O próximo campo é muito importante. Ele é dividido em dois subcampos: o primeiro é intitulado de Custos especiais de Venda. São os impostos sobre as vendas e as comissões aos vendedores e agenciadores. Todos esses custos são calculados como percentagens sobre o preço final do serviço. O outro subcampo é interessante. A Gerência de Vendas tem a sua disposição três alternativas de preço para discutir com o cliente: a primeira, ganhando 10% de lucro, a segunda, ganhando 20% e a terceira, ganhando 30%. A contribuição marginal é outro dado significativo na negociação do serviço. No Capítulo 9, o livro estuda com mais detalhes esse indicador de grande potencial nas decisões gerenciais. A contribuição marginal é a diferença entre as vendas e o total dos custos variáveis de produção e comerciais. Os três valores de Venda são fáceis de ser explicados. Eles são determinados pela fórmula: Vendas = Custo de produção + % das despesas comerciais sobre o valor das Vendas + % do lucro (rédito) sobre as vendas. A equação ficaria assim: $V = C + 0.38 V + 0,10 V$. Calculando V (vendas) para a primeira alternativa (rédito de 10%), teremos, arredondando, $ 29.000,00. Os dois outros valores ($ 35.900,00 e $ 47.100,00) são calculados do mesmo modo, mudando apenas a percentagem do rédito sobre as vendas.

Uma vez negociado o serviço (suponhamos que cliente e gerência de vendas tenham chegado a um acordo; por exemplo, a segunda alternativa), o próprio computador já extrai uma carta-proposta, formalizando o acordo.

Com base nos dados do Orçamento aprovado, o computador extrai a Ordem de Produção que segue para a Produção. Ao mesmo tempo, extrai uma cópia da Ordem de Produção, que contém mais alguns dados de comercialização, que segue para o setor financeiro para preparar a nota fiscal, a duplicata e a fatura.

O leitor pode observar que, na prática, os procedimentos básicos são os mesmos que foram adiantados no exemplo mais simples anterior, que imaginamos para a Gráfica Embaixadora. O leitor pode observar, ainda, que o método adotado é o que batizamos de método direto ideal, porque todo o cálculo dos custos é feito sem o concurso dos valores dos estoques inicial e final de materiais, de produtos em processamento e de produtos acabados. Esse método é mais adequado para a produção por encomenda. Entretanto, encontramos a grande maioria das empresas de pequeno e médio portes calculando seus custos dessa maneira, mesmo que estejam produzindo produtos por processamento contínuo. Além disso, aparentemente não se baseiam em dados provenientes da contabilidade, salvo no que diz respeito aos dados que vêm do exercício da departamentalização dos custos fixos (custos indiretos). Daí porque o método é "ideal" e não "real".

Voltemos ao exemplo da Gráfica Shangri-Lá.

Seria lícito perguntar se o processo termina onde paramos, com a feitura da nota fiscal, da duplicata e da fatura. Certamente, porém, não pára nesse ponto.

Lembre o leitor que todos os custos são *calculatórios*. Desculpem o termo esquisito. O que se quer dizer é que todos os custos (incluindo os quantitativos de produção e até de perdas) foram calculados *a priori*, não são a realidade.

É extremamente necessário que a empresa acompanhe a realidade; acompanhe a operação de execução da Ordem de Produção O25812, do cliente George Leone. Em primeiro lugar, para verificar se os custos e dados reais se aproximaram ou se distanciaram dos números calculados. Os desvios deverão ser mensurados e analisados. Em segundo lugar, a análise vai proporcionar meios eficazes de ajustes na produção e inclusive nas matrizes de cálculo do orçamento. No caso da Gráfica Shangri-Lá, esses procedimentos não são totalmente executados. A

Gráfica faz esse acompanhamento somando os dados de todas as operações do mês e acompanha a eficiência, a produtividade e os desperdícios por seus totais e não por Ordem de Produção. Entretanto, a administração está trabalhando no sentido de chegar ao refinamento necessário.

Voltemos ao Orçamento. O material denominado *benday*, em alguns casos, é usado. Depende de cada serviço que é executado. No caso do livro, vai ser necessário por causa das características especiais do produto. O material *benday* são os fotolitos reticulados. Ele é especialmente empregado quando há fotos e cores.

Quanto ao "centro de custos fixos" codificado como SORSZ, ele é, nada mais nada menos, do que a máquina que vai imprimir o serviço. É um equipamento caro, porque exige cuidados especiais, operários especializados e custo original alto.

PLANILHA DE CÁLCULOS – GRÁFICA SHANGRI-LÁ

Data _____ Hora: _____ Hora Devolução: _____
Razão Social: _____ Fone: _____
Título da Companhia: _____
Contato: _____% Agência: _____ BV _____ % Praça: _____
Vendedor: _____ BV _____ % Condições de Pagamento: _____

☐ Emitir Proposta   ☐ Passar por Telefone   ☐ Por Fax

Serviço: _____
Folder Fechado: _____X_____mm   Aberto: _____X_____mm
Quant.: _____/_____/_____

FOTOLITO

Contatos: ☐ Sim   ☐ Não   Fotolitos: ☐ Sim   ☐ Não

Fotolito a 4 cores: ☐ *Benday*   ☐ Traço

Cromos mínimos _____ , _____ , _____ ,
_____ , _____ , _____ ,
_____ , _____ , _____ ,
Foto P & B: Min. _____ , _____ , _____ ,

PLANOS

PLANOS	PAPEL	GRAMAT.	CORES	+ CHAPAS	LÂMINAS	FORMATO
1			X			
2			X			
3			X			
4			X			
5			X			
6			X			

SERVIÇOS DE TERCEIROS

☐ Fotolito_____ ☐ Desenho/Complemento_____ ☐ Foto P e B_____
☐ Espiral: _____ ☐ Forma Corte _____ ☐ Clichê_____ ☐ Cordão_____
☐ _____ ☐ _____ ☐ _____

ACABAMENTO

☐ Dobrar man.   ☐ Corte Vinco   ☐ Serrilha   ☐ Furos: ☐ Colagem de capa
☐ Numeração   ☐ Fita da Face   ☐ Plast.   ☐ Frente   ☐ Verso

FECHAMENTO

☐ ISS   ☐ ICM_____%   ☐ ISENTO   FRETE: ☐ CIF   ☐ FOB

OBS: _____

GRÁFICA SHANGRI-LÁ – ORÇAMENTO

Cálculo # 025812
20-6-X6

Cliente .... : GEORGE LEONE
Contato .... : UFPB. TEL 083-2240257 . FAX 083-2240257
Serviço .... : LIVROS C/ 250 PÁGINAS
Título .... : *Custos : teoria e prática*
Form. Aberto . : 230 x 320 mm
Quantidade ... : 5.000
Entrega.......... : 8 dias

Cód. Cliente: NC

Formato Fechado: 230 x 320 mm

Plano	Cores	Sano	Cadernos	Formato	Repet	TR	Corte	Form.	Aproveita-mento	Material	Tiragem	Impr.	Prod./h	Quebra	Apara
CAPA	3x0	Sim	1	230x320	1x1	--	253x373	1/9	9	01,8kg	5.035x1	GTO/V	3.300	7,7%	22,2%
MIOLO	1x1	Não	16	460x640	2x1	TR	958x658	1/1	2	2.520,9kg	2.512x1TR	SORSZ	3.000	10,5%	7,1%

MATERIAIS DIRETOS	Quantidade		Custo Unit.	Custo Total
#1:002-*COUCHÉ* L2 180 760x1.120	599.0	fl–1x	0.59	353,41
#2:004-*OFFSET* 90 660x960	44.208.0	fl–1x	0.11	4.862,88
Tinta: ESCALA	26.1	Kg x	20.26	528,79
Chapa CHAPA GTO	3	pc x	7.20	21,60
Chapa CHAPA SORSZ	16	pc x	24.00	384,00
VERNIZ UV	1.2	Kg x	40.00	48,00
Benday	96.650	cm2		3.308,20
214-S. Kraft out	50	pc x	0.20	10,00
			TOTAL MD:	9.516,88

CUSTOS FIXOS	Setup	Produção	Custo/Hora	Custo Total
Montagem	0:35	– x	0.00	00,00
GTO/V	1:20	1:32 x	50.00	143,33
SORSZ	8:00	26:39 x	60.00	2.079,00
Corte Inicial	–	2:59 x	36.61	109,22
Dobra Paralela	1:00	1:00 x	14.50	29,00
Dobra Cruzada	1:00	19:31 x	14.50	297,49
Dobra Manual	1:00	5:00 x	0.00	45,00
Intercalação	–	28:20 x	9.00	255,00
Colagem de Capa	–	20:00 x	9.00	180,00
Refile Final	–	1:04 x	36.61	39,05
Verniz UV	0:30	2:32 x	50.00	151,67
214-S. Kraft out com 100	–	1:40 x	7.20	12,02
			TOTAL CF:	3.340,78

SERVIÇOS EXTERNOS	Quantidade		Custo Unit.	Custo Total
DESENHO/COMPOSIÇÃO	1.0	x	1.500,00	1.500,00
			TOTAL SX:	1.500,00

TAXAS:			Prazos: 0 + 0 – 0 + 30 = 30	
+ Juros Prod.:	717,88	5,0%	(PD + ES – FI + FT)	
TOTAL:	717,88		CUSTO DE PRODUÇÃO:	15.075,54

Custos Especiais de Venda	Rédito(V)	Contribuição Marginal	Unitário	Venda Total R$
ISS: 5,0%				
Juros: taxas > 30 ddl	10,0%	22,1%	5,80	29.000,00
Agenc.: 15,5% + 0,0% + 10,0%				
Contat.: 5,0% > DIRETO (PB)	20,0%	29,8%	7,18	35.900,00
Fixo: 3,00%				
TOTAL: 38,0%	30,0%	37,5%	9,42	47.100,00

GRÁFICA SHANGRI-LÁ (PARA O SETOR DE PRODUÇÃO)

O.P. # 000000
15:50 20-6-X6 1ª via

Cliente .... : GEORGE LEONE
Vendedor ..... : DIRETO (PB)
Contato .... : UFPB. TEL 083-2240257 . FAX 083-2240257
Serviço .... : LIVROS C/ 250 PÁGINAS
Título .... : *Custos : teoria e prática*
Form. Aberto . : 230 x 320 mm
" Fechado : 230 x 160 mm
Quantidade ... : 5.000
Entrega.......... : 28-6-X6

Cód. Cliente: NC
Cálculo #: 025812

Plano	Material	N. Folhas	Pacotes	Cores	Qtd.	Cadernos Formato	Aproveita-mento
CAPA	002:COUCHÊ L2 180g						
	760x1.120	599	–	3 x 0	1	230 x 320	9
MIOLO	004:OFFSET 90a						
	660X960	44.208	–	1 x 1	16	460 x 640	2

Plano	Montagem	Contatos	Rec.	Corte	Formato	Tiragem	Máq. Impressão	Chapas	Cores de Tinta	Acabamento
CAPA	1 x 1			253 x 373	1/9	5.391x1		3	01-ESCALA	Dobra Manual Verniz UV
MIOLO	2 x 1 TR			958 x 658	1/1	44.208xTR	GTO/V SORSZ	16	01-ESCALA	–

Materiais Diretos	Quantidade	Unid.	Pré-Impressão	
002-*COUCHÉ* L2 180	599	fls	Contatos por nossa conta	
004-*OFFSET* 90	44.208	fls	Fotolitos por nossa conta	
			Montagem	0:35
01-ESCALA	26,1	kg		
Chapa CHAPA GTO	3	pc	Impressão	
Chapa CHAPA SORSZ	16	pc		
VERNIZ UV	1	kg	GTO/V	2:52
214-S.Kraft out	50	pc	SORSZ	34:39
Serviços Externos			Acabamento	
DESENHO/COMPOSIÇÃO	1,0	Pc	Corte inicial	2:59
			Dobra paralela	2:00
			Dobra cruzada	20:31
			Dobra manual	5:00
			Intercalação	28:20
			Colagem de capa	20:00
			Refile final	1:04
			Verniz UV	3:02
			214-S.Kraft out com 100	1:40

Observações:

GRÁFICA SHANGRI-LÁ (PARA O SETOR FINANCEIRO)

O.P. # 000000
15:50 20-6-X6 2ª via

Cliente .... : GEORGE LEONE
Vendedor ...... : DIRETO (PB)
Contato .... : UFPB. TEL 083-2240257 . FAX 083-2240257
Serviço .... : LIVROS C/ 250 PÁGINAS
Título .... : *Custos : teoria e prática*
Form. Aberto . : 230 x 320 mm
" Fechado : 230 x 160 mm
Quantidade ... : 5.000
Entrega.......... : 28-6-X6

Cód. Cliente: NC

Plano	Material (Tipo de papel)	N. Folhas	Pacotes	Cores	Qtd.	Formato	Cadernos Aproveita-mento
CAPA	002:COUCHÊ L2 180g						
	760x1.120	599	–	3 x 0	1	230 x 320	9
MIOLO	004:OFFSET 90a						
	660X960	44.208	–	1 x 1	16	460 x 640	2

Plano	Montagem	Contatos	Rec.	Corte	Formato	Tiragem	Máq. Impressão	Chapas	Cores de Tinta	Acabamento
CAPA	1 x 1			253 x 373	1/9	5.391x1	GTO/V	3	01-ESCALA	Dobra Manual Verniz UV
MIOLO	2 x 1 TR			958 x 658	1/1	44.208xTR	SORSZ	16	01-ESCALA	–

Materiais Diretos	Quantidade	Unid.	Pré-Impressão	
002-*COUCHÉ* L2 180	599	fls	Contatos por nossa conta	
004-*OFFSET* 90	44.208	fls	Fotolitos por nossa conta	
			Montagem	0:35
01-ESCALA	26,1	kg		
Chapa CHAPA GTO	3	pc	Impressão	
Chapa CHAPA SORSZ	16	pc		
VERNIZ UV	1	kg	GTO/V	2:52
214-S.Kraft out	50	pc	SORSZ	34:39
Serviços Externos			Acabamento	
DESENHO/COMPOSIÇÃO	1,0	Pc	Corte inicial	2:59
			Dobra paralela	2:00
			Dobra cruzada	20:31
			Dobra manual	5:00
			Intercalação	28:20
			Colagem de capa	20:00
			Refile final	1:04
			Verniz UV	3:02
			214-S.Kraft out com 100	1:40

Observações:

FECHAMENTO
  Cond. Pagto : 30 ddl
  Vendedor : 5,0%
  Valor Unit. : R$ 7,18
  Valor Total : R$ 35.900,00

Pedido # _____

ISS: 5,0%
Rédito: 20,0%
Contribuição Marginal: 29,8%

A: 15,5%
P: 0,0%
C: 10,0%

N. Cálculo # 025812
N. Proposta # 000257

Pacotes	Peso	Data	Nota fiscal	Quantidade	Valor

CARTA-PROPOSTA

Proposta # 000257
JOÃO PESSOA, 20 de junho de X6

A
GEORGE LEONE
At. Sr.(a) UFPB
Tel.: 083-2240257 – *FAX* 083-2240257

Prezados Senhores:

Submetemos à apreciação de V. Sa. os nossos preços para o serviço abaixo discriminado:

Item Quantidade Descrição:

01   5.000 livros c/250 páginas *Custo: teoria e prática* formato aberto 230 × 320 mm, formato fechado 230 × 160 mm. capa 1 caderno de 4 pág. em *couchê* L2 18 g/m², 3x0 cor(es), no formato aberto 230x320 mm: miolo 16 cadernos de 16 pág. em *offset* 90 g/m². 1x1 cor(es) iguais, no formato aberto 46-0x64 mm, acabamento: dobrados, dobrados (capa), intercalados, capa colada, verniz UV (capa), fotolitos por nossa conta, 35 filmes, ISS incluso, (25812)

PREÇO Unit.   R$ 7,18
PREÇO TOTAL R$ 35.900,00

```
* * * * * * * * * *
              *
               *
                *
                 *
                  *
                   *
                    *
                     *
      * * * * * * * * * *
```

Cond. Pagto.: 30 ddl

Contato...: DIRETO (PB)

Entrega: 8 dias

Validade: 10 dias

Reservamo-nos o direito de entregar 10% a mais ou a menos da quantidade solicitada. Sem mais, na expectativa de suas ordens, firmamo-nos.

Atenciosamente,
GRÁFICA SHANGRI-LÁ

7. Outro exemplo. Ele destina-se a apresentar alguns dos diversos aspectos a serem considerados na preparação de uma planilha de custos.

Vamos familiarizar-nos com as operações, inicialmente.

Modelos de Determinação dos Custos dos Produtos e dos Serviços **61**

a) a empresa é uma indústria de confecções, sediada em Natal;

b) ela trabalha apenas duas matérias-primas principais: tecidos de algodão e tecido sintético;

c) além desses dois materiais, ela utiliza materiais secundários, certamente importantes para a fabricação das roupas, mas não significativos em termos econômicos quando comparados com os gastos com as matérias-primas principais: linha, botões e etiquetas;

d) existem ainda dois tipos de material de embalagem: envelope de plástico e caixa de papelão;

e) a empresa produz três tipos de peças de vestuário: camisa social de algodão, camisa esporte de tecido sintético e uma bermuda que emprega os dois materiais;

f) as seções produtivas são as seguintes: preparação dos tecidos, corte, separação, fabricação 1, fabricação 2, acabamento e embalagem;

g) os outros componentes da empresa são: administração central, administração industrial e administração comercial. A administração industrial engloba, além da diretoria e do *staff*, o setor de compras de materiais, o almoxarifado, a manutenção e o setor de produção de energia;

h) a combinação de produção, por causa do mercado de matérias-primas e comercial e das próprias características operacionais de cada produto, é a seguinte: camisas de algodão 30%, camisa esporte 60% e bermudas 10%;

i) os critérios para a determinação dos custos são os seguintes:

1. apropriar os custos de mão de obra na base de 2, 6, 2, respectivamente, para camisas sociais, camisas esportes e bermudas;

2. os custos dos materiais principais são identificados aos produtos por meio dos seguintes quantitativos:

Produtos	Quantitativos para a produção de 12 unidades						
	Algodão	Sintético	Linha Carretel	Botões	Etiqueta	Plástico	Caixa
Camisa social	18 m	15 m	2	144	12	12	1
Camisa esporte	6 m	4 m	1,5	48	12	12	1
Bermuda			1	24	12	–	1

Perdas normais de materiais: algodão – 2%; sintético – 3%; materiais secundários – 5%, embalagem – 5%.

3. as despesas dos setores administrativos (função-meio) (não considerar o setor de produção de energia) são atribuídas aos produtos

com base nas horas de mão de obra direta consumidas em cada tipo. As despesas dos setores operacionais (função-fim) são atribuídas aos produtos na base das horas-máquinas consumidas em cada tipo de produto;

4. o custo do setor de fornecimento de energia é atribuído aos produtos na seguinte proporção: camisa social 3, camisa esporte 4 e bermuda 3. Essa proporção já está calculada há muito tempo pelo pessoal das operações e retrata o consumo de energia realizado pelos produtos.

Os outros dados operacionais e financeiros coletados foram os seguintes:

a) O setor de compras informou os novos preços dos insumos:

Insumos	Medida	Preços por unidade
Tecido de algodão	metro	$ 32,00
Tecido sintético	metro	40,00
Linha	carretel	8,00
Botão	500 unidades	30,00
Etiqueta	milheiro	100,00
Envelope de plástico	50 unidades	16,00
Caixa de papelão	unidades	3,00

b) As horas de mão de obra direta e as horas-máquina estimadas para a produção foram as seguintes:

Produtos	Setores operacionais – quantitativos para 12 unidades							Totais
	Preparação	Corte	Separação	Fabricação 1	Fabricação 2	Acabamento	Embalagens	
C. Social	2 hmod	1 hm	1 hmod	2 hm	3 hm	4 hmod	1 hm	7 hmod 7 hm
C. Esporte	3 hmod	1 hm	1 hmod	1,5 hm	2,5 hm	2 hmod	0,5 hm	6 hmod 5,5 hm
Bermuda	1 hmod	0,5 hm	0,5 hmod	1 hm	1,5 hm	2 hmod	0,5 hm	3,5 hmod 3,5 hm
							Totais	16,5 hmod 16 hm

Convenção: hmod = horas de mão de obra direta
hm = horas de máquina

c) Na verdade, cada setor de produção tem custos diferentes por hora, de mão de obra direta. Apenas para não alongar demasiadamente a solução deste problema (já bastante trabalhoso, embora simplificado em relação ao exemplo de onde retiramos os dados), vamos informar que a hora de mão de obra direta e mais todos os custos relacionados montam a $ 3,00 por hora.

Modelos de Determinação dos Custos dos Produtos e dos Serviços **63**

d) Estes dados vêm da contabilidade. São as despesas e os custos de funcionamento de cada setor da empresa. O quadro informativo é o seguinte:

Setores operacionais:

Preparação	Corte	Separação	Fabricação 1	Fabricação 2	Acabamento	Embalagem	Total
$ 40.000	$ 20.000	$ 30.000	$ 100.000	$ 120.000	$ 80.000	$ 60.000	$ 450.000

Setores administrativos e auxiliares:

Central	Industrial	Comercial	Compras	Almox.	Manut.	Prod. de energia	Total	Total sem Prod. de energia
$ 100.000	$ 50.000	$ 78.000	$ 15.000	$ 8.000	$ 24.000	$ 12.000	$ 287.000	$ 275.000

As despesas e os custos, cujos totais estão relacionados acima, são compostos dos seguintes itens: pessoal mais custos relacionados, aluguéis, facilidades, despesas com veículos, materiais, gasolina, eletricidade, seguros, alimentação, treinamento, supervisão, transporte, despesas médicas e materiais de expediente.

e) A administração comercial estima que as vendas atingirão 10.000 dúzias no próximo período.

Poderíamos completar o problema e até chegar a estabelecer por quanto cada caixa com 12 unidades de cada produto teria que ser vendida, levando em consideração todas as despesas relacionadas às vendas e a taxa de lucro desejada. Mas este, no momento, não é nosso propósito. Alguns problemas mais completos estão no *Livro de Exercícios*.

PLANILHA DE CUSTOS – PARA 12 UNIDADES DE PRODUTO PRONTO

Elementos de custos	Custo/ preço unitário	Unidade de medida	Camisa social		Camisa esporte		Bermudas		Totais
			Qtivo	Custo	Qtivo	Custo	Qtivo	Custo	
Materiais de produção									
Tecido de algodão	32,00	Metro	18 m	576,00	–	–	6 m	192,00	
Tecido sintético	40,00	Metro	–	–	15 m	600,00	4m	160,00	
Materiais secundários									
Linha	8,00	Carretel	2	16,00	1,5	12,00	1	8,00	
Botões	30,00	500 unidades	144	8,64	48	2,88	24	1,44	
Etiquetas	100,00	Milheiro	12	1,20	12	1,20	12	1,20	
Material embalagem									
Envelope plástico	16,00	50 unidades	12	3,84	12	3,84	–	–	
Caixa de papelão	3,00	unidade	1	3,00	1	3,00	1	3,00	
Perdas tecido algodão		2%	–	11,52	–	–	–	3,84	
Perdas tecido sintético		3%	–	–	–	18,00	–	4,80	
Perdas mat-secund.		5% (1)	–	1,29	–	0,80	–	0,53	
Perdas mat. embal.		5% (2)	–	0,34	–	0,34	–	0,15	
Total custo materiais				621,83		642,06		374,96	
Mão de obra direta	3,00	hora	7 horas	21,00	6 horas	18,00	3,5 horas	10,50	16,5 horas
Custo direto unitário			–	642,83	–	660,06	–	385,46	
Horas-máquina	–	hora	7 hm	–	5,5 hm	–	3,5 hm	–	16,0 hm
Produção (3)		dúzia	3.000	–	4.000	–	3.000	–	10.000 dúzias
Custo direto total			–	1.928.490	–	2.640.240	–	1.156.380	5.725.110
Despesas dos setores administrativos (4)		R$ 1,00	–	116.670		100.000		58.330	275.000
Despesas dos setores operacionais (5)		R$ 1,00	–	196.880	–	154.690	–	98.430	450.000
Despesas do setor de prod. energia (6)		R$ 1,00	–	3.600	–	4.800	–	3.600	12.000
Custo total de produção		R$ 1,00	–	2.245.640	–	2.899.730	–	1.316.740	6.462.110
Custo unitário total		dúzia	–	748,55	–	724,93	–	438,91	–

Veja notas de (1) a (6) a seguir.

Notas:

1. Materiais secundários	C. Social	C. Esporte	Bermudas	Total
	$ 16,00	$ 18,00	$ 8,00	
	8,64	2,88	1,44	
	1,20	1,20	1,20	
	$ 25,84	$ 16,08	$ 10,64	
Perdas = 5%	1,29	0,80	0,53	
2. Material de embalagem	$ 3,84	$ 3,84	–	
	3,00	3,00	3,00	
	$ 6,84	$ 6,84	$ 3,00	
Perdas = 5%	0,34	0,34	0,15	
3. Combinação de produção	30%	40%	30%	100%
Dúzias	3.000	4.000	3.000	10.000
4. $ 275,000: 16,5 hmod = $ 16.666,70	7 hmod	6 hmod	3,5 hmod	
	$ 116.670	$ 100.000	$ 58.330	
5. $ 450.000: 16,0 hm = $ 28.125,50	7 hm	5,5 hm	3,5 hm	
	$ 191.880	$ 154.690	$ 98,430	
6. $ 12.000: 10 pontos = $ 1.200/ponto	3 pts	4 pts	3 pts .	
	$ 3.600	$ 4.800	$ 3.600	

MODELO INDIRETO REAL

8. Este é o modelo que faz a ligação completa (integrada e coordenada) da Contabilidade de Custos com a Contabilidade Geral. Todas as operações e transações são baseadas em registros da Contabilidade Geral ou, então, as informações de custos é que saem da Contabilidade de Custos para a Contabilidade Geral e nesta são registradas. Além desse fluxo de informações, o modelo baseia-se, para a determinação dos custos, na fórmula geral de custos, Estoque Inicial + Entradas – Estoque Final = Saídas, qualquer que seja o tipo de estoque. Em geral, os três principais estoques são: o estoque de materiais destinados à produção, o estoque de produtos em elaboração e o estoque de produtos acabados. Todos os custos e despesas são históricos. Histórico significa que os custos e as despesas são suportados por documentos hábeis que refletem transações e operações que realmente aconteceram. A última característica, entre as características principais, é que o modelo emprega o critério do custo por absorção. Já vimos, por meio de uma definição introdutória do assunto, que, nesse critério, todos os custos e despesas do setor industrial são levados para o estoque de produtos em processo, direta ou indiretamente. Este modelo é um perfeito e acabado modelo contábil e observa integralmente as normas da legislação societária e fiscal. O próximo modelo, como veremos, é também um modelo que se adapta à contabilidade de modo integrado e coordenado. Entretanto, pode-se deduzir, pelo expressivo número de obras de Contabilidade Geral e de Custos que abordam de preferência o método indireto real, que de fato ele é o modelo provavelmente mais empregado pela maior parte das pequenas e médias empresas, o que no Brasil representa 95%, ou mais, dos estabelecimentos industriais existentes, segundo dados que vêm mantendo-se nas estatísticas oficiais.

9. O exemplo, que vamos usar, será mostrado de várias formas, exatamente para destacar sua característica fundamental de ser um modelo que integra perfeitamente as atividades de produção, controle, custos e contabilidade.

10. Antes de prosseguir, vamos explicar por que denominamos o modelo de "indireto real". Assim, o leitor entenderá melhor o modelo. A determinação dos custos, em qualquer fase do ciclo industrial, é realizada por este método, através dos valores dos estoques (materiais, produtos em processamento e produtos acabados). Esse método é também conhecido em contabilidade como o método do inventário periódico. Os custos (ou as saídas dos vários tipos de estoques) são calculados indiretamente, portanto. Acrescentamos o termo *real* para dar ênfase ao fato de que, contando-se os estoques e avaliando-os por qualquer critério (com base em custos históricos), vamos chegar a valores que estão mais perto da realidade. Comparemos este método com o método explicado anteriormente. Pelo método de engenharia (planilha de custos), vimos que os valores não levam a chancela da contabilidade. Eles são estimações, embora baseadas em conhecimentos práticos das operações. Analisemos um item de material. Por exemplo, a matéria-prima "tecido de algodão". Por experiência e com base em desenhos dos produtos, o pessoal da produção anotou que 12 camisas sociais consomem 18 metros de tecido e que 12 bermudas consomem 6 metros e, ainda, que há, em média, uma perda de 2%. Se não houver periodicamente a contagem e a avaliação do estoque de "tecido de algodão", ou não houver um controle do consumo real por meio de requisições avaliadas, ou por meio de quantitativos, os valores empregados pelo método de engenharia não serão inteiramente confiáveis. Daí por que, algumas vezes, denominamos esse método de "método ideal". Além disso, devemos preocupar-nos com os preços unitários dos insumos, informados pelo setor de compras e pela administração financeira ou de recursos humanos (no caso dos custos – hora de pessoal). Esses são, do mesmo modo, estimações. O Capítulo 8 deste livro ocupa-se do Sistema de Custos-padrão, o qual está baseado, também, em previsões. Por esse sistema, a Contabilidade de Custos, de modo semelhante, prepara uma planilha de custos dos produtos. Esta planilha leva o nome de Cartão de Custo-padrão. De qualquer maneira, como o sistema considera dados previstos – chamados de padrões –, estes devem ser comparados com a realidade. É fato incontestável que, num caso (método de engenharia) como no outro caso (custo-padrão), todas as previsões são feitas para ambientes normais, dentro de condições de eficiência estabelecidas. Podemos fazer uma ligeira analogia com a Química. Quando os químicos estudam o comportamento de certos gases, dizem que os mesmos deverão comportar-se dentro de padrões previsíveis quando as condições de temperatura e pressão forem normais. É o que pode acontecer na fabricação de um produto. Se as condições de "temperatura e pressão" forem diferentes da normalidade, os quantitativos e os custos reais serão diferentes dos previstos. É preciso sempre medir a realidade. Chegamos à conclusão evidente de que o método de engenharia e o método indireto real devem completar-se.

Modelos de Determinação dos Custos dos Produtos e dos Serviços   67

11. A Figura 3.1 apresenta, de forma bem simples, o que acontece na fabricação e venda, desde a aquisição dos recursos produtivos, sua armazenagem e seu consumo até a comercialização dos produtos, passando pela fase de fabricação propriamente dita.

Fornecedores de recursos	Estoques de recursos	Fábrica	Depósito de produtos	Clientes	Disponibilidades
Obrigações assumidas	Materiais de produção Recursos Humanos Tecnologia Instalações Facilidades	Fabricação	Depósito de produtos prontos	Venda	Recebimento de recursos financeiros

Figura 3.1 *Visão global do ciclo de Produção-obrigações-recebíveis.*

12. Podemos visualizar de forma diferente o mesmo fluxo de recursos, agora apresentando os documentos e informes contábeis relacionados a cada uma das fases. A Contabilidade (Geral e de Custos) acompanha de perto toda a movimentação ocorrida no fluxo de fabricação e venda por meio da análise de documentação pertinente.

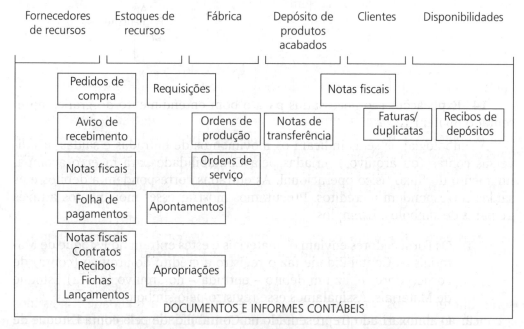

Figura 3.2 *A visão global do ciclo de produção e os documentos básicos.*

13. Com base nos registros, documentos e informes contábeis mencionados, podemos, agora, mostrar as contas do Razão, em contas T, que participam do processo de controle contábil, acompanhando passo a passo o fluxo físico de fabricação e venda.

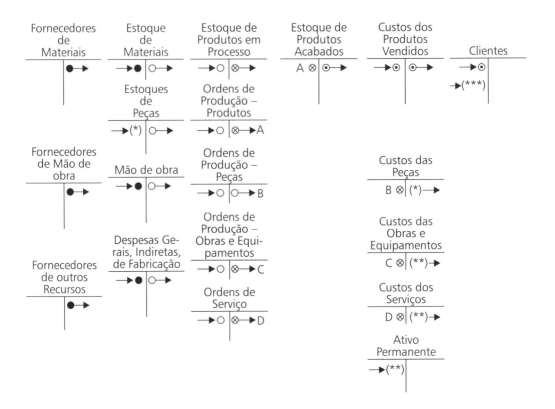

14. Explicações são necessárias para o bom entendimento do gráfico apresentado no item 12.

A simbologia: as setas indicam os movimentos de entradas e saídas nas diversas contas (ou arquivos), criadas pela Contabilidade para fazer o acompanhamento do fluxo físico operacional. As entradas correspondem a débitos e as saídas correspondem a créditos. Procuramos mostrar esses movimentos através de pares de símbolos. Exemplos:

1. Os Fornecedores enviam os materiais e estes entram no Estoque de Materiais. A Contabilidade faz o registro a crédito do arquivo (conta) de Fornecedores e faz um débito – entrada – no arquivo (conta) Estoque de Materiais. Assinalamos esse registro pelo símbolo •.

2. O almoxarifado (representado na Contabilidade pela conta Estoque de Materiais) entrega materiais, por meio de requisições (documentos há-

beis que representam o uso dos materiais) à fábrica, que está representada, na Contabilidade, pela conta Estoque de Produtos em Processo. Esse registro está anotado no gráfico pelo símbolo O.

As contas: a conta Estoque de Produtos em Processo é uma conta de controle, sintética, geral, pois é constituída de contas analíticas que são as Ordens de Produção e de Serviços. A conta Ordens de Produção – Produtos é exclusiva para registrar todos os custos e despesas feitos para a fabricação dos produtos, objeto social da empresa ou uma de suas atividades-fim (a outra atividade-fim é constituída pela venda dos produtos); a conta Ordens de Produção – Peças destina-se a acumular os custos e as despesas necessários para a produção de peças que voltam para o Estoque (recursos produtivos) para serem utilizadas na fabricação dos produtos; a conta Ordens de Produção – Obras e equipamentos tem a finalidade de acumular os custos e as despesas realizados para a fabricação de instalações e de equipamentos para uso próprio da empresa, daí seus custos e despesas, depois de prontas as obras e os equipamentos serem transferidos para uma conta do grupo do Ativo Permanente; a conta Ordens de Serviço tem dois papéis: (a) destina-se a registrar os custos e as despesas necessárias para a feitura de serviços que serão faturáveis para terceiros, portanto geram receitas; e (b) destina-se, também, a registrar os custos e as despesas feitas para a realização de serviços para a própria empresa, tais como um conserto de uma máquina, o conserto do aparelho de ar-condicionado da sala da diretoria e outros dessa natureza.

15. Contabilização do consumo dos recursos produtivos

Estoque de materiais. Quando as requisições indicam (ou definem) o destinatário dos materiais, a Contabilidade de Custos reconhece um custo direto; portanto, os materiais requisitados são chamados de Materiais Diretos. Se as requisições não identificarem o portador do custo, seu destinatário ou quem vai consumir o material requisitado, indicando apenas que o material é de uso comum (geral) na fábrica, servindo para todos os produtos, a Contabilidade de Custos classificará o consumo como Materiais Indiretos e o valor, em lugar de ser debitado à conta Estoque de Produtos em Processamento, será debitado à conta Despesas Gerais (ou Indiretas) de Fabricação.

Mão de obra. Quando o apontamento define onde os operários trabalharam (em que produtos), o valor da Mão de obra será considerado como Mão de obra Direta e será debitado diretamente à conta Estoque de Produtos em Processamento. Quando não há indicação do consumidor do recurso Mão de obra, significando que os operários trabalharam para vários serviços ou produtos, ou trabalham na fábrica, como pessoal de manutenção de equipamentos, de limpeza, de supervisão e outros dessa natureza, a Contabilidade de Custos considera a aplicação como Mão de obra Indireta, levando o valor para a conta Despesas Gerais (ou Indiretas) de Fabricação.

Despesas Gerais (ou Indiretas) de Fabricação. Esta conta é tipicamente uma conta sintética, de controle ou geral. Ela é constituída de dezenas de subcontas que representam o consumo dos recursos produtivos que não se classificam como Materiais Diretos e Mão de obra Direta. São todos os outros recursos que concorrem para a produção cuja identificação com este ou aquele consumidor é difícil. Quais são esses recursos? São os seguintes, entre muitos: salários e encargos do pessoal que não trabalha diretamente na produção ou cujo tempo de trabalho não pode ser identificado facilmente com os produtos fabricados, despesas de manutenção, despesas com segurança, despesas de supervisão, energia, água, aluguéis, serviços médicos, treinamento, transporte de funcionários, alimentação, depreciação e materiais indiretos. Esses custos e despesas são chamados de "indiretos" porque sua apropriação ou alocação aos produtos que estão sendo fabricados é feita através de rateios (mais adiante vamos verificar que a Contabilidade de Custos costuma utilizar taxas de rateio para alocar esses mesmos custos e despesas indiretos aos departamentos – seções, processos, centros, oficinas – em que está dividida a atividade industrial).

16. O problema da Indústria Alta Vitória. Este problema apresenta a determinação do custo dos produtos vendidos quando a Contabilidade de Custos emprega o modelo indireto real. O leitor deve seguir os passos da solução que vão sendo explicados à medida que são tomados. Em primeiro lugar, vamos caracterizar a empresa:

a) a indústria fabrica vários produtos, mas, na solução, vamos mostrar os registros com números globais, sem descer a detalhes por produto;

b) a operação não contém nem a produção de peças para os estoques e uso futuro, nem a produção de equipamentos para uso próprio, nem a realização de serviços que necessitem de registro especial;

c) algumas informações já são dadas, como, por exemplo, os valores dos estoques finais e os valores das Despesas Indiretas de Fabricação que foram rateados;

d) as requisições de materiais e os apontamentos de mão de obra já estão avaliados;

e) a situação inicial da riqueza que vai ser movimentada é dada através do Balanço Patrimonial levantado ao final do período anterior;

f) muitos outros pormenores foram desconsiderados para que a solução não ficasse muito complicada e pudesse mostrar apenas o essencial do método indireto real.

17. Indústria Alta Vitória

Balanço Patrimonial levantado em 31-12-X5 Em $ 1,00			
Ativo		**Passivo + Patrimônio Líquido**	
Caixa	$ 1.000	Duplicatas a Pagar	$ 2.400
Duplicatas a Receber	2.500		
Estoque de Materiais	800		
Estoque de Produtos em Processamento	1.200		
Estoque Produtos Acabados	800		
Equipamentos	$ 3.000	Capital	6.000
Depreciação Acumulada	600	Lucros Acumulados	300
Total	$ 8.700	Total	$ 8.700

18. As operações e transações do mês de janeiro de X6 foram as seguintes:

a)	Compra de materiais a prazo	$ 600
b)	Mão de obra direta paga e aplicada	300
c)	Despesa de Depreciação	300
d)	Despesa com seguro dos equipamentos	100
e)	Comissões aos vendedores	70
f)	Salários do pessoal administrativo da fábrica	50
g)	Despesas da Administração Central	60
h)	Despesas de Propaganda	30
i)	Recebimento de duplicatas de clientes	700
j)	Pagamento de duplicatas de fornecedores	400
l)	Venda a prazo de produtos prontos	1.200
m)	Venda a dinheiro de produtos prontos	400

19. O levantamento dos estoques finais (em 31 de janeiro de X6) e as respectivas avaliações por um dos critérios de avaliação permitidos pela legislação em vigor nessa época forneceram os seguintes valores:

Estoque de materiais	$ 500
Estoque de produtos em processamento	700
Estoque de produtos prontos	1.800

20. Apresentamos a seguir a escrituração realizada, separando os registros feitos nas contas exclusivas da Contabilidade e nas contas em que há a participação da Contabilidade de Custos. Esta é uma forma de fazer. É o que se tem feito na

Indústria Alta Vitória. Entretanto, cada administração contábil aplica o modelo de coordenação e integração que for mais adequado. Os lançamentos correspondem à ordem em que foram apresentadas as transações e operações no item 18.

21. Escrituração na Contabilidade Geral ou Financeira:

Caixa			
SI	1.000	(b)	300
(i)	700	(d)	100
(m)	400	(e)	70
		(f)	50
		(g)	60
		(h)	30
		(i)	400
SF	1.000		

Duplicatas a Pagar			
(i)	400	Si	2.400
		(a)	600
		SF	2.600

Duplicatas a Receber			
SI	2.500	(i)	700
(l)	1.200		
SF	3.000		

Capital	
SI	6.000

Lucros Acumulados	
SI	300

Equipamentos	
SI 3.000	

Depreciação Acumulada	
SI	600
(c)	300
SF	900

Comissões aos Vendedores	
(e) 70	70 (i)

Despesas da Adm. Central	
(g) 60	60 (2)

Despesas de Propaganda	
(h) 30	30 (3)

Vendas		
(4) 1.600	(l)	1.200
	(m)	400

Resultado do Período		
(2)	1.150	1.600 (4)
(1)	70	
(2)	60	
(3)	30	
Saldo	290	

Escrituração na Contabilidade Financeira e na Contabilidade de Custos:

Estoque de Materiais	
SI 800	SI 800 (n)
SF 500 (r)	

Materiais Aplicados		
(n) 800	(r)	500
(q) 600	(u)	900

Estoque de Produtos em Processamento	
SI 1.200	SI 1.200 (o)
(s) SF 700	

Compras		Custo dos Produtos Fabricados		Estoque de Produtos Acabados	
(a) 600	(q) 600	(o) 1.200	(s) 700	SI 800	SI 800 (p)
		(u) 900	(y) 2.150	(t) 1.800	
		(v) 300			
		(x) 450			

MOD		Custo dos Produtos Vendidos		DIF	
(b) 300	(v) 300	(p) 800	(t) 1.800	(c) 300	(x) 450
		(y) 2.150	(z) 1.150	(d) 100	
				(f) 50	

22. A Demonstração do Resultado do Período retrata os registros efetuados na conta Resultado do Exercício na forma de relatório que é mais compreensível pelos usuários da Contabilidade.

Indústria Alta Vitória

Demonstração do Resultado do Exercício findo em 31-1-X6		Em $ 1,00
Vendas		1.600
(–) Custo dos Produtos Vendidos:		
Estoque Inicial de Produtos Acabados	$ 800	
(+) Custo dos Produtos Fabricados (anexo A)	2.150	
(–) Estoque Final de Produtos Acabados	1.800	1.150
Lucro Bruto		450
(–) Despesas Comerciais:		
Comissões aos Vendedores	70	
Despesas de Propaganda	30	
(–) Despesas da Administração Central	60	160
Lucro Líquido do Período		290

Anexo A – Demonstração do Custo dos Produtos Fabricados		
Estoque Inicial de Produtos em Processamento		1.200
(+) Custo Fabril:		
Custo dos Materiais (consumidos) (Anexo B)	900	
Mão de obra Direta	300	
Despesas Indiretas de Fabricação	450	1.650
(–) Estoque Final de Produtos em Processamento		700

Anexo B – Demonstração do Custo dos Materiais Consumidos		
Estoque Inicial de Materiais		800
(+) Compras de Materiais	600	
(–) Estoque Final de Materiais	500	100
(=) Custo dos Materiais Consumidos		900

23. Conhecendo o lucro líquido do período, a Contabilidade Geral pode levantar a nova situação da riqueza, em 31 de janeiro de X6, apresentando-a por meio do Balanço Patrimonial.

Balanço Patrimonial levantado em 31 de janeiro de X6Em $ 1,00				
Ativo			**Passivo + Patrimônio Líquido**	
Caixa		1.090	Duplicatas a pagar	2.600
Duplicatas a Receber		3.000		
Estoque de Materiais		500		
Estoque de Produtos em processo		700		
Estoque de Produtos Acabados		1.800		
Equipamentos	3.000		Capital	6.000
Depreciação Acumulada	900	2.100	Lucros Acumulados	300
			Resultado do Período	290
Total do Ativo		9.190	Total do Passivo + PL	9.190

24. O Balanço Patrimonial apresenta os Lucros Acumulados do início do período e o Resultado alcançado no período.

25. Algumas observaçõs devem ser apresentadas para que o método indireto real seja inteiramente compreendido. Essas observações se referem ao cálculo de algumas informações que não foram explicitadas e a algumas extensões e particularidades do ciclo operacional que não foram apresentadas. Abrangendo apenas as informações, extensões e particularidades mais relevantes, vamos considerar:

a) os critérios de avaliação dos estoques finais;

b) os critérios de avaliação das unidades de materiais que são comprados durante o período;

c) o cálculo dos valores da mão de obra direta;

d) o modo como as despesas indiretas de fabricação são apropriadas aos produtos ou aos departamentos (setores) em que se divide a atividade industrial.

A Contabilidade de Custos apoia-se na departamentalização das atividades para proceder à alocação das despesas indiretas de fabricação, primeiramente para os componentes organizacionais e destes para os produtos. Esta rotina de apropriação de despesas e custos indiretos admite várias abordagens, inclusive a abordagem que é a base do critério de custeio por atividades (ABC). Quando a Contabilidade de Custos está empregando qualquer abordagem em que as despesas e os custos indiretos fabris são alocados a portadores, como os setores, os produtos e as atividades, dizemos que o critério de custeio é o critério do custo por absorção.

INFORMAÇÕES ADICIONAIS PARA O MÉTODO INDIRETO REAL

A. Organização e contabilização dos materiais

O fluxo de atividades, avaliação, informação e contabilização, apresentado na Figura 3.3, retrata como se processa basicamente o controle dos materiais usados na indústria.

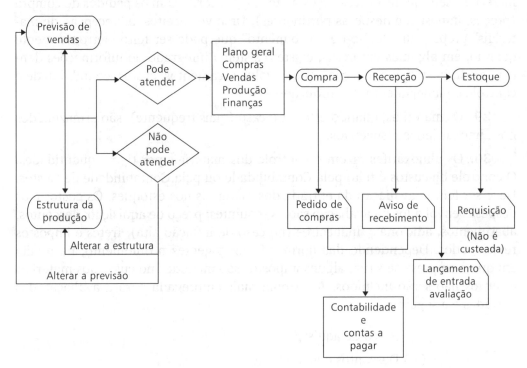

Figura 3.3 *Fluxo de atividades.*

26. Tudo começa no orçamento. Há inicialmente a previsão de vendas, feita na área comercial. Os quantitativos de vendas são analisados pelo pessoal da produção que verifica se a estrutura de fabricação pode atender às necessidades de vendas. Se atender, a equipe formada pelo comprador, pelo gerente financeiro, pelo gerente industrial e pelo gerente comercial elabora o plano geral de vendas, produção, compras e financeiro.

27. À medida que a produção necessita, e de acordo com o planejamento, o comprador emite os pedidos de compras de materiais para os fornecedores. Essa ação se insere no contexto geral chamado normalmente de "administração de materiais". Modernas técnicas de produção e de administração passaram a exigir novos modelos de compras, armazenamento e utilização dos materiais. As técnicas mais divulgadas são aquelas que foram desenvolvidas, com sucesso, no Japão: Controle da Qualidade Total, *just in time*, Administração Integrada por Computação, Fabricação por células, Terceirização e tantas outras. Essas técnicas podem ser estudadas em algumas obras especializadas, cujos dados se encontram na Bibliografia.

28. Os materiais são recebidos por uma atividade denominada comumente de "recepção de materiais" que tem a finalidade de examinar a qualidade dos materiais, seus quantitativos, se estão todos de acordo com os pedidos de compra (preços, impostos e despesas pertinentes). Uma vez aceitos, a "recepção de materiais" prepara um "aviso de recebimento" que pode ser feito eletronicamente quando, em algumas empresas, existe o sistema integrado de informações dentro da administração industrial, que envolve orçamentos, custos, contabilidade e controle e planejamento da produção.

29. Os materiais, quando este for o caso (mais frequente), são armazenados nos almoxarifados respectivos.

30. Os almoxarifes fazem o controle dos materiais por tipo e quantidades. O controle de custos é feito pela Contabilidade ou pela Contabilidade de Custos. Deve ser feita a avaliação da entrada dos materiais nos estoques. Os custos e as despesas envolvidos na avaliação são os seguintes: preço de aquisição, descontos, abatimentos, adicionais financeiros (no caso de inflação alta), fretes e impostos relacionados. Dependendo das normas legais vigentes no momento, na região em que a empresa se situa, alguns impostos são incluídos no custo dos materiais e outros não serão incluídos. A fórmula mais empregada para a avaliação das entradas é a seguinte:

Preço de aquisição

(–) Descontos e abatimentos

(+) ou (–) Impostos relacionados

(+) Fretes (despesas de transporte)

(+) Adicionais financeiros

Valor líquido das entradas

31. Quando a produção necessita de materiais, alguém da área industrial que tem autoridade para tanto emite uma "requisição de materiais" que contém basicamente os seguintes dados: tipos de materiais, quantidades, unidades de medida, destinação (produto, setor ou qualquer outro objeto de custeio). Essa requisição autoriza o almoxarife a entregar a seu portador os materiais necessários. As requisições são preparadas em diversas cópias, dependendo do sistema que está sendo empregado. Uma das cópias segue para Contabilidade de Custos.

32. De acordo com o modelo que está sendo apresentado (modelo indireto real), as requisições não são valorizadas, isto é, não são custeadas. O modelo indireto real é adotado pelas indústrias de pequeno e médio porte, em que os recursos burocráticos não estão disponíveis com facilidade. O custeamento das requisições (saídas dos estoques para o consumo) exige um esforço administrativo considerável. Resta a esses pequenos e médios empreendedores e a outros, ainda que de porte maior, que adotam o mesmo modelo não mais por falta de recursos humanos, materiais e de organização, mas em virtude da própria natureza do negócio e das operações, levantar o custo do material consumidor por via indireta, isto é, através da avaliação dos estoques inicial e final do período que está sendo estudado. Essa via indireta é exatamente a base do método indireto real. O que acontece com o estoque de materiais acontece do mesmo modo com o estoque de produtos em processamento e o estoque de produtos acabados cujas saídas respectivas (custo dos produtos fabricados e custo dos produtos vendidos) são avaliadas indiretamente através dos saldos inicial e final desses estoques.

33. Quando as requisições indicam claramente que o destinatário dos materiais é determinado produto, os materiais passam a ser chamados de materiais diretos. Quando isso não acontece, ou seja, quando os materiais são requisitados para um setor onde vão servir para a produção de vários produtos, eles são denominados de materiais indiretos cujo valor será debitado a uma conta intitulada "Materiais Indiretos" que vai fazer parte integrante da conta geral, de controle, sintética, "Despesas Indiretas de Fabricação". Esta última conta ganha diversos nomes. A terminologia vai depender de cada contador. Entre eles, os mais comuns são: Despesas Gerais de Fabricação, Custos Indiretos de Produção, Gastos Gerais de Produção. Analisaremos essa conta, com mais detalhes, mais adiante, ainda nesse capítulo. Fizemos menção ao produto como sendo o destinatário, porque esse é o caso mais comum. Entretanto, mesmo que o destinatário fosse um componente organizacional, a Contabilidade de Custos poderia denominar a operação de "material direto" desde que o objeto do custeio (a coisa, cujo custo o contador de custo quer determinar) seja o próprio componente organizacional. Esse custo se tornaria indireto quando a Contabilidade de Custos precisasse alocá-lo aos custos dos vários produtos que tivessem sido fabricados naquele componente, durante o período.

B. Organização e Contabilização da Mão de obra

O fluxo de atividades, avaliação, informação e contabilização, apresentado na Figura 3.4, retrata como se processa, basicamente, o controle da mão de obra usada na indústria.

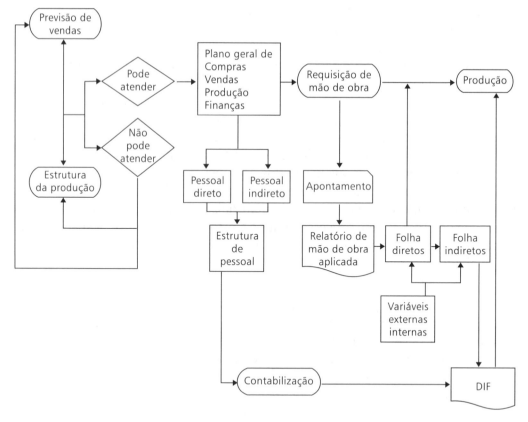

Figura 3.4 *Fluxo de controle de mão de obra.*

34. Volte ao item 25, deste capítulo. O controle da mão de obra, que nada mais é do que um recurso produtivo, ou um fator de produção, começa exatamente como um dos itens do trabalho orçamentário.

35. Uma vez aprovados os quantitativos do orçamento, a área industrial estrutura-se em termos de pessoal, tanto de pessoal que vai atuar diretamente na produção (batizado de mão de obra direta), quanto de pessoal que vai atuar nas atividades de auxílio à produção e na administração geral (chamado de mão de obra indireta). *É importante lembrar aqui mais uma vez o problema da terminologia.* Quando estamos falando em direta e indireta em relação à mão de obra, há uma razão para esse tratamento, neste momento. Estamos supondo que o objeto do custeio seja o produto. Nesse caso, todos os recursos (aqui a mão de obra) que podem ser identificados, facilmente, com o produto são denominados de "diretos". Caso contrário, quando não se consegue identificar os recursos que estão sendo aplicados na produção, com o produto, cujo custo estamos querendo determinar, batizamos esses recursos de "indiretos". Quando o enfoque (ou o objeto) é diferente, por exemplo, se estamos querendo determinar o custo de um setor da fabricação, os termos técnicos adquirem outra significação.

Modelos de Determinação dos Custos dos Produtos e dos Serviços **79**

36. Então, estamos, neste capítulo, supondo que nosso objeto de custeio é o produto. Fixe bem essa hipótese, porque toda a explanação é baseada nela.

37. À medida que a produção se desenvolve, os recursos vão sendo requisitados. Acontece a requisição também com a mão de obra. Os operários são chamados a intervir. Qualquer que seja o processo (manual, mecânico ou eletrônico), o controle do emprego da mão de obra nas diversas atividades (produtos, setores auxiliares, serviços) é feito através do apontamento. O apontamento vai dizer-nos quanto tempo (ou em que atividade, apenas) determinado operário gastou na operação. No fim do dia (ou em outro momento qualquer, isso vai depender das necessidades de controle por parte da gerência), o apontador (homem ou máquina) soma as horas gastas de cada operário e as analisa, passando essas informações para um relatório que é enviado para a Contabilidade de Custos. Como se percebe, hoje, com o emprego amplo dos computadores, toda essa operação de controle é feita automaticamente. Cada empresa monta seu próprio sistema de informações integrado. Assim como aconteceu com os materiais, o sistema integrado vai envolver, de modo simultâneo, as atividades contábeis, de custos, de orçamento e de pessoal.

38. Os quantitativos de mão de obra (direta ou indireta) deverão ser custeados. Para a mão de obra direta, normalmente, se usam as horas. Para a mão de obra indireta, são usados os valores mensais. É necessário que algum componente administrativo se encarregue desses cálculos. Tanto pode ser um setor da Administração de Pessoal, como a própria Contabilidade de Custos. O cálculo tem que levar em consideração diversas variáveis: internas e externas. As variáveis internas são as medidas físicas, como as horas gastas em retrabalho, na manutenção dos equipamentos e das instalações, na preparação das máquinas, no controle de qualidade, nos diversos serviços, em treinamento, em trabalhos extraordinários, em trabalho noturno, tempo ocioso e no serviço médico, além dos salários de cada empregado. Como variáveis externas, estamos considerando as obrigações sociais e trabalhistas impostas pela legislação pertinente. As obrigações sociais e trabalhistas mais comuns são: 13° salário, férias e abonos, descanso remunerado, feriados e outros da mesma natureza.

39. Se a administração preferir, pode optar por incluir no custo da mão de obra algumas despesas que normalmente fazem parte do rol das despesas indiretas de fabricação. São as despesas relacionadas aos planos de aposentadoria, à assistência médica e social para os empregados e para seus dependentes, à alimentação, ao transporte, à educação, às creches para os filhos menores, seguros, clubes e outras referentes a benefícios sociais que a empresa sustenta por iniciativa própria ou por imposição legal.

40. O relatório principal é a folha de pagamentos. É sempre preferível que a empresa mantenha duas folhas separadas. Uma delas destinada a contemplar apenas seus operários diretos e outra que envolve o restante do pessoal da área de produção. Ambas as folhas devem identificar cada operário (direto ou indireto), local onde trabalha, seja num centro, setor ou departamento, seja em determinado produto (se a identificação por produto for possível e necessária).

41. Um exemplo simples de uma folha de pagamentos poderia ter a seguinte forma e conteúdo:

Operários Código – Nome – Função – Depto.	Horas	Remuneração	Descontos	Líquido
001　　João F.　Soldador　Solda	190	$ 580	+ 30	$ 550
Totais	32.500	$ 15.680	$ 1.200	$ 14.480

A remuneração poderá englobar salário bruto, extraordinários, prêmios e outros itens. Os descontos são os seguintes: contribuição do empregado para a previdência social, para a previdência privada (se houver), adiantamentos, imposto de renda na fonte, outras contribuições de livre escolha do empregado (seguro, plano de assistência médica, clube).

As outras despesas relacionadas à mão de obra e que correm por conta da empresa estão relacionadas no item 38. Algumas despesas que decorrem de obrigações trabalhistas são pagas semestralmente ou anualmente. São elas, entre outras, o 13º salário e as férias. A Contabilidade de Custos contabiliza como despesas de um mês (é o exercício mais comum entre as empresas) 1/12 dos valores do 13º salário e das férias, creditando as contas respectivas de provisão. Ao final do exercício, quando os totais do 13º salário e das férias já foram debitadas ao custo das operações, a Contabilidade de Custos dá baixa nas provisões e credita Caixa ou Bancos, pelo pagamento. Uma das maiores preocupações do contador de custos é fazer o débito de todos os custos da mão de obra nos custos dos produtos ou aos custos de outro objeto qualquer.

42. A seguir, apresentamos um exemplo numérico simples da coleta, do cálculo e da contabilização da mão de obra e dos custos a ela relacionados.

Modelos de Determinação dos Custos dos Produtos e dos Serviços **81**

Suponhamos que a contabilidade tenha recebido as informações abaixo sobre a folha de pagamentos e outros relacionados ao pessoal.

a) Da folha: salários brutos – mão de obra direta – $ 500.000

Deduções – adiantamentos feitos: $ 40.000, previdência por conta do empregado (10%), Imposto de Renda a ser descontado na fonte (3%), previdência privada autorizada pelos empregados: $ 5.000, contribuição dos empregados para o clube dos funcionários: $ 6.000, adiantamentos a empregados: $ 40.000, dedução para o plano de seguro-saúde: (0,7%). Atenção: as taxas das deduções são fictícias. Para os descontos obrigatórios (previdência e Imposto de Renda), é preciso consultar o responsável pela Seção de Pessoal da empresa para identificar as taxas vigentes na ocasião, além de outras obrigações sociais e trabalhistas.

b) Parte do empregador dos encargos sociais e trabalhistas: Previdência Social (25%), FGTS (8%), outros encargos (2%).

c) Parte do empregador na contribuição para o funcionamento da previdência privada: $ 2.500.

d) Custos relacionados à administração de pessoal: educação e treinamento: $ 15.000, vestuário: $ 2.000, alimentação: $ 30.000, transporte: $ 2.000 e assistência médica: $ 2.000.

e) Provisão para o 13º salário e para as férias: a serem calculadas.

CONTABILIZAÇÃO

Registro da folha de pagamentos

Débito – Salários	$ 500.000	
Crédito – Salários a pagar		$ 380.500
Contribuições da Previdência Social a recolher		50.000
Imposto de Renda na fonte a recolher		15.000
Adiantamentos a receber		40.000
Previdência privada (do empregado) a recolher		5.000
Clube dos funcionários a recolher		6.000
Seguro-saúde a recolher		3.500

Registro das provisões – 13º salário e férias

Débito – Salários	$ 75.277	
Crédito – Provisão para 13º salário		$ 56.458
Provisão para férias		18.819

Registro dos encargos sociais e trabalhistas devidos pelo empregador:

Débito – Salários	$ 177.500	
Crédito – Contribuição da Previdência Social a recolher		$ 125.000
FGTS a recolher		40.000
Previdência privada a recolher		2.500
Outros encargos sociais e trabalhistas a recolher		10.000

Registro dos custos relacionados à administração de pessoal

Débito – Despesas indiretas de fabricação	$ 51.000	
Educação e treinamento	15.000	
Vestuário	2.000	
Alimentação	30.000	
Transporte	2.000	
Assistência médica	2.000	
Crédito – Caixa, bancos ou provisões		$ 51.000

Cálculo da provisão para o 13º salário: total da folha e mais os encargos sociais e trabalhistas devidos pela empresa: $ 677.500.[1] Como o 13º salário é um salário a ser pago no mês de dezembro, faz-se a provisão mensal de 1/12 do total da folha mais encargos: $ 677.500/12 = $ 56.458.*

Cálculo da provisão para férias: total da folha mais encargos: $ 677.500. Como o empregado tem direito ao gozo de férias de um mês todo ano, a provisão será de 1/12 de $ 677.500 e mais 1/3 do resultado.

1/12 de $ 677.500	=	$ 56.458
1/3 de $ 56.125	=	18.819
Total	=	$ 75.277

A parcela a ser adicionada de 1/3 sobre o resultado é fictícia. O estudante deverá pesquisar junto a praticantes, na ocasião, para saber da existência desse acréscimo.

Observação: A contabilidade enviará para a Contabilidade de Custos todas as informações referentes a esses registros.

C. Organização e Contabilização das Despesas Indiretas de Fabricação

As Despesas Indiretas de Fabricação correspondem ao consumo dos outros recursos produtivos que não se enquadram como "materiais diretos" e "mão de obra direta". A Contabilidade de Custos e a Contabilidade estabelecem várias contas para o registro desse consumo bastante variado. Todas essas contas fazem parte de uma conta geral, chamada, em Contabilidade, de conta sintética ou de

---

[1] $ 500.000 + $ 125.000 + $ 2.500 + $ 10.000 + $ 40.000 = $ 677.500.

Modelos de Determinação dos Custos dos Produtos e dos Serviços **83**

controle. O próximo capítulo deste livro dedica-se ao estudo desse terceiro elemento do custo de produção. Neste capítulo, vamos apresentar apenas alguns aspectos necessários para o entendimento do que estudamos até agora.

43. A atividade de produção tem uma estrutura física e organizacional que vai atender a determinada capacidade de trabalho. São os equipamentos, as máquinas, as instalações, a organização e a tecnologia. Esses recursos são colocados à disposição da produção que vai necessitar deles. À medida que os recursos são utilizados (consumidos), surgem as despesas. Entretanto, em Contabilidade de Custos, por muitas razões, o consumo desses vários recursos produtivos é tratado de modo peculiar. As razões são: a normalização, o planejamento e o controle das despesas indiretas. O que se faz é, como decorrência do processo orçamentário ou de estimações, estabelecer as previsões desses consumos para o período seguinte de acordo com a atividade produtiva estimada, medida normalmente por uma variável que a represente (horas de mão de obra, unidades produzidas, horas-máquina ou outra mais adequada). Esse procedimento dá origem a uma taxa de Despesas Indiretas de Fabricação, chamada de taxa normal de absorção, de taxa predeterminada ou de taxa de liquidação, que é aplicada sobre a quantidade real da variável quantitativa escolhida. Assim, a Contabilidade de Custos apresenta dois totais das Despesas Indiretas de Fabricação (DIF): DIF estimadas e DIF aplicadas. As DIF aplicadas serão debitadas ao custo de produção (ao Estoque de Produtos em Processamento) com crédito à conta DIF Aplicadas. A Contabilidade de Custos ganha, com esse procedimento, maior poder de planejamento, controle e normalização do nível das DIF em cada período. As DIF reais, que estão sendo registradas pela Contabilidade à medida que vão ocorrendo, cujo total exato é, geralmente, conhecido após o fechamento do período, serão comparadas com as DIF aplicadas para se calcular a variação total e, consequentemente, sua análise. À medida que as DIF são definidas, por exemplo, como DIF fixas e DIF variáveis, as variações são mais detalhadas, acompanhando as definições, dando, portanto, mais poder informativo às análises.

44. Vejamos um exemplo simples. Suponhamos que estamos trabalhando numa concessionária autorizada de veículos. Exatamente na parte de serviços. O esquema a seguir retrata melhor a contabilização das DIF. Poderíamos, neste caso, chamá-las mais corretamente de Despesas Indiretas de Serviços. A oficina é subdividida em dois departamentos de serviços: (a) Departamento de Mecânica e (b) Departamento de Lanternagem. Além desses departamentos (chamados de operacionais, ou de departamentos relacionados à atividade-fim), a oficina ainda dispõe de dois departamentos auxiliares (Administração e Materiais). Antes do início do período, tanto os departamentos operacionais como os departamentos auxiliares fazem as estimativas de suas despesas próprias (que a Contabilidade de Custos está chamando de Despesas Indiretas de Serviços porque o objeto do custeio, neste caso, é formado pelas Ordens de Serviço). *Apenas como lembrança* *do que já falamos anteriormente sobre os cuidados com a terminologia*: essas despesas são indiretas em relação aos serviços executados, mas são despesas diretas em relação aos custos dos departamentos. Elas poderiam ser divididas em fixas e variáveis. Não vamos, porém, fazê-lo para não tornar a explicação muito detalhada. As previsões de despesas são as seguintes:

	Departamentos			
Despesas	Administração	Materiais	Mecânica	Lanternagem
Indiretas próprias	$ 2.400	$ 600	$ 1.800	$ 2.100

As variáveis operacionais que melhor refletem a atividade de cada um dos Departamentos são as seguintes:

	Departamentos			
Variáveis	Administração	Materiais	Mecânica	Lanternagem
Números de funcionários	–	10	20	20
Quantidade de requisições	–	–	20	30
Horas de mão de obra	–	–	60	–
Horas-máquina	–	–	–	40

De acordo com os dados apresentados, a Contabilidade de Custos pode, não só estabelecer as taxas normais de absorção de DIF, como também, proceder à transferência dos totais das despesas de serviços dos departamentos de apoio para os departamentos operacionais.

Vamos agora fazer, ainda em termos de previsão, a determinação das despesas indiretas de cada departamento operacional.

Despesas indiretas de fabricação		Departamentos			
Discriminação	Total	Administração	Materiais	Mecânica	Lanternagem
Indiretas próprias	$ 6.900	$ 2.400	$ 600	$ 1.800	$ 2.100
De acordo com o número de funcionários	–	(2.400)	480	960	960
Subtotal	6.900	–0–	1.080	2.760	3.060
De acordo com a quantidade de requisições	–	–	(1.080)	432	648
TOTAL	6.900	–	–	$ 3.192	$ 3.708

Modelos de Determinação dos Custos dos Produtos e dos Serviços **85**

De posse desses dados, ainda estimados, vamos determinar as taxas normais de absorção a serem usadas no próximo período para que os departamentos operacionais transfiram suas despesas para os Ordens de Serviço que a oficina abrirá para controlar os serviços a serem feitos para os clientes.

Cálculo das taxas de absorção	Departamentos	
	Mecânica	**Lanternagem**
Despesas indiretas próprias e recebidas dos departamentos de apoio variável que reflete a atividade do departamento de serviço (operacional)	$ 3.192 ÷ 60 horas de MOD = $ 53,20	$ 3.708 ÷ 40 horas de máquina = $ 92,70

Até aqui, operamos em data anterior ao período em que as atividades serão analisadas pela Contabilidade de Custos.

Suponhamos agora que o período começou e que as atividades da oficina se desenvolveram mais ou menos de acordo com o planejado.

	Departamentos			
Despesas reais	**Administração**	**Materiais**	**Mecânica**	**Lanternagem**
Indiretas próprias	$ 2.500	$ 720	$ 1.500	$ 2.400

	Departamentos			
Variáveis reais	**Administração**	**Materiais**	**Mecânica**	**Lanternagem**
Número de funcionários	–	10	20	20
Quantidade de requisições	–	–	30	70
Horas de mão de obra	–	–	70	–
Horas-máquina	–	–	–	50

Faremos agora o mesmo que fizemos anteriormente em relação aos dados estimados. Vamos transferir as despesas indiretas reais dos departamentos de apoio para os departamentos de serviço.

Despesas Indiretas de Fabricação		Departamentos			
Discriminação	**Total**	**Administração**	**Materiais**	**Mecânica**	**Lanternagem**
Indiretas reais próprias	$ 7.120	$ 2.500	$ 720	$ 1.500	$ 2.400
De acordo com o número de funcionários	–	(2.500)	500	1.000	1.000
Subtotal	7.120	–	1.220	2.500	3.400
De acordo com o número de requisições	–	–	(1.220)	366	854
TOTAL	$ 7.120	–	–	2.866	4.254

A oficina trabalhou durante o período apenas duas Ordens de Serviço (1 e 2), anotando os seguintes quantitativos:

	Ordens de Serviço	
	Número 1	Número 2
Materiais diretos requisitados	$ 300	$ 250
Mão de obra aplicada	420	800
Horas de mão de obra	70	–
Horas-máquina	–	50

De acordo com os dados das horas, a Contabilidade de Custos pode determinar os valores das despesas indiretas aplicadas a cada Ordem de Serviço durante o período.

	Ordem de Serviço nº 1	Ordem de Serviço nº 2
Taxa de absorção × variável	70h × $ 53,20 = = $ 3.724	50h × 92,70 = = $ 4.635

Comparemos os totais das despesas indiretas aplicadas com as despesas indiretas reais

Despesas indiretas reais	$ 2.866 + $ 4.254 =	7.120
Despesas indiretas aplicadas	3.724 + 4.635 =	8.359
Variação total		$ 1.239

A variação total será analisada. Essa análise se destina a controlar as despesas indiretas e a controlar o desempenho dos departamentos. A análise será explicada no próximo capítulo. O mais importante até aqui é integrar o controle das despesas indiretas de fabricação (ou de serviços) aos esquemas que estamos mostrando, pertinentes ao método indireto real.

D. Procedimentos de contabilização dos inventários periódico e permanente

O método indireto real que estamos estudando emprega o procedimento contábil chamado de "inventário periódico". O método direto real, que apresentaremos mais adiante, neste mesmo capítulo, usa o procedimento do "inventário permanente". É muito fácil distinguir um procedimento do outro. O "inventário periódico" calcula as saídas dos estoques, ou seja, os custos dos materiais consumidos, os custos dos produtos fabricados e os custos dos produtos vendidos, para mencionar apenas os mais importantes, através da contagem e avaliação (por qualquer dos critérios disponíveis) dos saldos inicial e final desses estoques. O "inventário permanente" (ou perpétuo) calcula as saídas dos estoques através da avaliação imediata das requisições de materiais, dos relatórios de produção e dos relatórios de vendas. Em termos de escrituração, o procedimento "periódico" usa as contas Estoques e Compras de Materiais, enquanto o procedimento "perpétuo" emprega as contas Estoques e Custo dos Produtos Vendidos.

45. Os gráficos a seguir ajudam a entender o que estamos apresentando, ou seja, como os dois procedimentos trabalham.

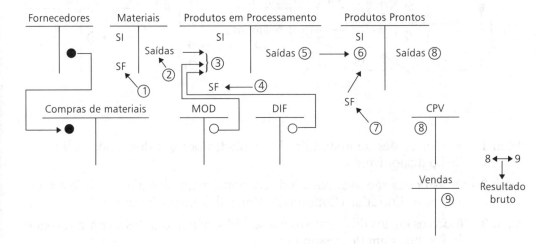

Passo 1 – Contagem do estoque final.
Avaliação.

Passo 2 – Pela fórmula EI + Entradas – EF, calculamos os valores das saídas dos estoques de materiais, que tanto podem ser considerados materiais diretos ou materiais indiretos e tanto podem ser destinados a um componente organizacional, para a fabricação, para um dos produtos, para um serviço, para a produção de peças ou para a realização de uma obra do ativo permanente.

Passo 3 – Todos os recursos são debitados ao processo fabril.

Passo 4 – O saldo final de produtos em processamento é avaliado.

Passo 5 – Pela fórmula (idêntica à anterior) EI + Custos dos fatores de produção consumidos (não esqueça de que um deles é exatamente a parcela das DIF aplicadas) – EF, calculamos os custos dos produtos fabricados.

Passo 6 – Os custos dos produtos fabricados são debitados ao Estoque de Produtos Prontos; são as entradas.

Passo 7 – O saldo final de produtos prontos é avaliado.

Passo 8 – O custo dos produtos vendidos é determinado pela fórmula (ainda é a mesma)

EI + Custo dos produtos fabricados – EF.

Passo 9 – Há a comparação com o valor das Vendas e descobre-se se foi ou não um bom negócio, através do resultado, se positivo ou negativo.

PROCEDIMENTO DO INVENTÁRIO PERMANENTE

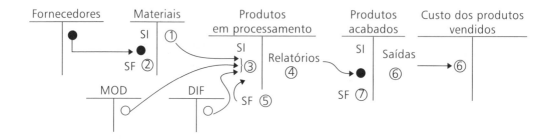

Passo 1 – As requisições de materiais são avaliadas por um dos critérios de avaliação disponíveis.

Passo 2 – Os estoques são avaliados indiretamente pela fórmula (ainda é a mesma) EI + Entradas (Compras) – Custo das Requisições = EF.

Passo 3 – Todos os custos dos recursos consumidos são debitados à conta Estoque de Produtos em Processamento.

Passo 4 – Os relatórios de produção são avaliados (por um dos critérios de custeio disponíveis e do interesse da administração).

Passo 5 – Os estoques finais são avaliados pelo emprego da fórmula EI + Entradas (Custo fabril) – Custo dos produtos fabricados = EF.

Passo 6 – Os produtos vendidos são avaliados por um dos critérios disponíveis.

Passo 7 – Os estoques finais são avaliados indiretamente pela fórmula EI + Custo dos Produtos Fabricados – Custo dos Produtos Vendidos = EF.

46. Exemplo de contabilização dos movimentos no estoque de materiais pelo procedimento do inventário periódico.

a) Saldo inicial de materiais: 500 unidades a $ 10,00 cada .... $ 5.000

b) Compra dos fornecedores: 1.000 unidades a $ 10,00 cada ... $ 10.000
(Observe que os preços de compra não mudaram. Mais adiante, em outros exemplos, vamos admitir que há variação de preços.)

c) Contagem do estoque final e respectiva avaliação: 800 unidades a $ 10,00 cada unidade .... $ 8.000

Contabilização através das contas T:

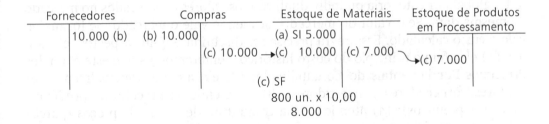

47. Exemplo de contabilização dos movimentos no estoque de materiais pelo procedimento do inventário permanente.

a) Saldo inicial de materiais: 500 unidades a $ 10,00 cada... $ 5.000

b) Compra de fornecedores: 1.000 unidades a $ 10,00 cada $ 10.000

c) Custeio das requisições de materiais: 700 unidades a $ 10,00 cada $ 7.000

Contabilização através das contas T:

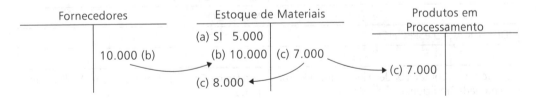

E. Critérios de avaliação de estoques (ou das saídas dos estoques, caso seja empregado o procedimento do inventário permanente)

48. Existem critérios baseados em custos reais (ou históricos) e critérios baseados em custos diferentes dos reais. Quando a empresa adota um dos primeiros, é porque está interessada, provavelmente, na determinação de sua rentabilidade, está desejando preparar as demonstrações contábeis de uso exclusivamente externo e está observando as imposições fiscais, societárias e das Normas Brasileiras de Contabilidade. Quando a empresa adota um dos critérios integrantes do grupo dos "diferentes dos reais" é porque está interessada no processo de controle, planejamento e tomada de decisões, e normalmente tais critérios entram no cálculo e na formação de informações de uso exclusivamente interno.

49. Há uma regra, apresentada há muito anos, que atrapalha um pouco o quadro didático exposto a seguir. Por isso, colocamos a regra no meio, entre os dois grupos de critérios. É a regra do "custo ou mercado, o que for mais baixo". A

Contabilidade de Custos avalia os estoques finais (sobretudo de materiais) pelo custo (qualquer que seja o critério, baseado no custo histórico) e compara o resultado, global por categoria ou individual, com os valores encontrados no mercado na mesma data. Se o valor do mercado for menor, vale o mercado. Se for maior, vale o custo calculado. Essa regra precisa ser discutida. Alguns aspectos relevantes: (1) ela afeta o princípio do custo histórico. Lembremo-nos que este é um dos Princípios Fundamentais de Contabilidade; (2) ela atende principalmente aos credores, fornecedores e investidores; (3) ela atende ao preceito da prudência (antecipa prejuízos); (4) atende a uma conjuntura de queda de preços (parece até que foi criada para atender a um ambiente de depressão e recessão); (5) o valor de mercado é sempre subjetivo; e (6) não está em sintonia com o Princípio Fundamental de Contabilidade da Continuidade, ou seja, de que a empresa não vai "fechar suas portas".

CRITÉRIOS DE AVALIAÇÃO DE ESTOQUES OU DE SAÍDAS

A. Com Base em Custos Reais	B. Com Base em Custos √ Reais
PEPS – (FIFO)	ESTIMADO
UEPS – (LIFO)	PADRÃO
MÉDIO MÓVEL	REPOSIÇÃO (NIFO)
FIXO	MERCADO
IDENTIFICAÇÃO ESPECÍFICA	
Usados na Contabilidade Financeira Externa – chamada Tradicional	Usados na Contabilidade Gerencial. Analítica, Interna
Finalidades – Determinação da rentabilidade, avaliação do patrimônio – Apresentação nas demonstrações de uso externo	*Finalidades* – Planejamento, Controle, Tomada de Decisões – uso interno

---

REGRA ESPECIAL

Custo ou mercado, o que for mais baixo

50. Como se nota, foram apresentados apenas quatro critérios com base em custos reais ou históricos: PEPS (Primeiro a entrar, primeiro que sai), UEPS (Último a entrar, primeiro que sai), Custo Médio (que tanto pode ser fixo ou móvel) e Identidade Específica, porque são os mais empregados e divulgados. Qualquer dos critérios, independentemente de sua organização, se baseia em custos reais. A Contabilidade não inventa nada. Eles são custos que estão registrados em documentos válidos. São objetivos. Portanto, os critérios desse grupo podem ser

Modelos de Determinação dos Custos dos Produtos e dos Serviços **91**

usados para avaliar os estoques que vão integrar as demonstrações contábeis de uso legal. Há uma boa quantidade de livros que apresentam as rotinas para o emprego desses critérios. Ao final deste capítulo, apresentamos alguns desses livros. Cumpre lembrar que o critério mais usado é o critério do custo médio. Custo médio móvel, se a empresa adotar o procedimento do inventário permanente. Custo médio fixo, se a empresa adotar o procedimento do inventário periódico.

F. Exemplo prático para ilustrar o emprego do método indireto real

51. Os dados a seguir são da Empresa Farol Velho. Eles são referentes ao mês de junho.

> Estoques iniciais: Materiais diretos: $ 4.000
> Produtos em Processo: $ 5.000
> Produtos Acabados: $ 3.500
> Compras de materiais a prazo: $ 3.000
> Mão de obra direta paga: $ 5.000
> Energia: $ 200
> Água: $ 100
> Depreciação de equipamentos: $ 300
> Seguros dos equipamentos: $ 350
> Materiais Indiretos: $ 120
> Mão de obra indireta paga: $ 250
> Estoques finais: Materiais Diretos: $ 2.500
> Produtos em Processo: $ 6.500
> Produtos Acabados: $ 3.200
> Vendas de Produtos: $ 13.000
> Salários da Administração: $ 1.500
> Comissões aos vendedores: $ 800
> Depreciação de móveis e Utensílios da Administração: $ 100
> Propaganda: $ 200

Além desses dados, devemos considerar que, na Empresa Farol Velho, as Despesas Indiretas de Fabricação são aplicadas à produção, por estimação, na base de 30% do valor da Mão de obra Direta aplicada.

Recursos Produtivos		Produção		Área Comercial	
Materiais Diretos		**Produção em Processamento**		**Produtos Acabados**	
SI 4.000	(g) 4.000	SI 5.000	(j) 5.000	SI 3.500	3.500 (o)
		(l) SF 6.500			
(f) SF 2.500				(n) SF 3.200	

Compras de Materiais

(a) 3.000	(h) 3.000

Materiais Diretos Aplicados

(g) 4.000	(f) 2.500
(h) 3.000	(i) 4.500

Custo dos Produtos Fabricados

(d) 5.000	(l) 6.500
(e) 1.500	(m) 9.500
(i) 4.500	
(j) 5.000	

Mão de obra Direta

(b) 5.000	(d) 5.000

DIF Reais

(c) 1.200	

DIF aplicadas

	(e) 1.500

Custo dos Produtos Vendidos

(o) 3.500	(n) 3.200
(m) 9.500	

Vendas

	(p) 13.000

Explicação para o melhor entendimentos dos registros.
SI – Saldo inicial   SF – Saldo final

a) compra de materiais a prazo. O débito é feito na conta Compras de Materiais. O crédito não aparece, mas está registrado na conta Fornecedores;

b) pagamento da mão de obra direta. O crédito está feito na conta Bancos;

c) os pagamentos, os compromissos e as provisões relacionados às despesas estão debitados nas contas analíticas da conta geral Despesas Indiretas de Fabricação Reais (DIF reais). Os créditos respectivos estão lançados nas contas Bancos, Fornecedores, Depreciação Acumulada e outras provisões;

d) a mão de obra direta é creditada como débito direto à produção, na conta Custo dos Produtos Fabricados;

e) as DIF Aplicadas são calculadas na base de 30% do valor da Mão de obra Direta e debitadas diretamente à produção, na conta Custo dos Produtos Fabricados;

f) o registro do valor do estoque final da conta Materiais Diretos (somente quando se emprega o método indireto real) é feito do seguinte modo:

Débito – Materiais Diretos $ 2.500

Crédito – Materiais Diretos Aplicados $ 2.500

g) o registro da baixa do estoque inicial é feito do seguinte modo:

Débito – Materiais Aplicados $ 4.000

Crédito – Materiais Diretos $ 4.000

h) a transferência do valor debitado durante o período à conta Compras é creditada e debitada à conta Materiais Diretos Aplicados;

i) o saldo da conta Materiais Diretos Aplicados à Produção é creditado e debitado à conta Custos dos Produtos Fabricados;

j) o registro do valor do estoque inicial da conta Produtos em Processamento é feito do seguinte modo:

Débito – Custo dos Produtos Fabricados $ 5.000

Crédito – Produtos em Processamento $ 5.000

l) o registro do valor do estoque final é feito do seguinte modo:

Débito – Produtos em Processamento $ 6.500

Crédito – Custo dos Produtos Fabricados $ 6.500

m) a conta Custo dos Produtos Fabricados é creditada pelo total, e o valor é debitado à conta Custo dos Produtos Vendidos;

n) o registro do valor do estoque final de Produtos Acabados é um débito à conta Produtos Acabados e um crédito à conta Custo dos Produtos Vendidos: $ 3.200;

o) a baixa do estoque inicial de produtos acabados é um crédito à conta Produtos Acabados e um débito à conta Custo dos Produtos Vendidos: $ 3.500;

p) o valor de vendas é creditado à conta Vendas de Produtos: $ 12.000

Observações importantes: (a) As contas usadas são basicamente as seguintes: Materiais Diretos, Materiais Diretos Aplicados, Mão de obra Direta, Despesas Indiretas de Fabricação reais, Despesas Indiretas de Fabricação aplicadas, Produtos em Processamento, Custo dos Produtos Fabricados, Produtos Acabados, Custo dos Produtos Acabados e Vendas. (b) As contas que representam concretamente os saldos dos estoques, apresentadas nas demonstrações contábeis, são: Materiais Diretos, Produtos em Processo e Produtos Acabados. (c) As contas que representam os custos nas diversas fases são: Materiais Diretos Aplicados, Custo dos Produtos Fabricados e Custo dos Produtos Vendidos. (d) As contas representativas das DIF devem ser jogadas uma contra a outra no fechamento contábil para que surja o valor da variação total das DIF. Essa variação pode ser uma subestimação das DIF (chamada de DIF subaplicadas), quando as DIF reais são maiores do que as DIF aplicadas, ou pode ser uma sobrestimação (chamada de DIF sobreaplicadas) quando as DIF aplicadas são maiores do que as DIF reais. Vamos ver, no próximo capítulo, que essa variação total deve ser analisada para que a gerência possa exercer melhor controle das operações, dos próprios custos e do aproveitamento da capacidade instalada. Em termos contábeis, a variação total será dividida proporcionalmente entre os saldos das contas Produção em Processamento, Produtos Acabados e Custo dos Produtos Vendidos, caso ela seja substancial (relevante). Caso não seja relevante, a Contabilidade de Custos vai aplicá-lo à conta Custo dos Produtos Vendidos.

Há ainda a observar que os valores dos estoques finais foram calculados através do processo já explicado: a contagem física ou contábil e a respectiva avaliação ou por PEPS (FIFO – *first in, first out*, em inglês), ou por UEPS (LIFO – *Last in, first out*, em inglês), ou pelo método do custo médio-fixo.

QUADRO PRÁTICO PARA CÁLCULO DOS DIVERSOS CUSTOS

	Materiais Diretos	Produtos em Processamento	Produtos Acabados
(+) Estoque Inicial	$ 4.000	$ 5.000	$ 3.500
(+) Entradas	3.000	11.000	9.500
(–) Estoque Final	2.500	6.500	3.200
(=) Custo, consumo, saídas	4.500	9.500	9.800

Outros recursos:

Mão de obra Direta   5.000

Despesas Indiretas de
    Fabricação Aplicadas   1.500

EMPRESA FAROL VELHO DEMONSTRAÇÃO DO RESULTADO DO PERÍODO TERMINADO EM 30%		
VENDAS		$ 13.000
(–) CUSTO DOS PRODUTOS VENDIDOS		9.800
RESULTADO BRUTO		$ 3.200
(–) DESPESAS COMERCIAIS E ADMINISTRATIVAS		
Salários da Administração	$ 1.500	
Depreciação de M & Utensílios	100	
Propaganda	200	
Comissões aos Vendedores	800	2.600
Resultado Líquido		+ 600

MODELO DIRETO REAL

52. O método direto real é aquele usado pelas empresas de grande porte porque a Contabilidade de Custos custeia todas as saídas dos estoques à medida que essas saídas vão ocorrendo. Batizamos o método de "direto real" porque o crédito às contas de estoque pelo consumo é feito direta e imediatamente nas contas de estoques e porque o que sai dos estoques é, *a priori,* realmente o que está sendo consumido. Nesse caso, o custo do consumo de materiais, o custo dos produtos fabricados e o custo dos produtos prontos, somente para lembrar os três estoques mais comuns, não são feitos de modo indireto (através dos estoques finais).

53. Os gráficos seguintes apresentam esquematicamente as rotinas do método direto real. Vamos usar o mesmo exemplo numérico do item 50:

Materiais Diretos		Produção em Processo		Produtos Acabados	
SI 4.000	(i) 4.500	SI 5.000	(m) 9.500	SI 3.500	(q) 9.800
(a) 3.000		(d) 5.000		(m) 9.500	
SF 2.500		(e) 1.500		SF 3.200	
		(i) 4.500			
		SF 6.500			

Mo direta		Custo dos Produtos Vendidos	
(b) 5.000	(d) 5.000	(q) 9.800	

DIF Reais		DIF Aplicadas		Vendas	
(c) 1.200			(e) 1.500		(p) 13.000

54. Aproveitamos as mesmas letras. Como se pode notar, os registros (i), (m) e (q) representam as saídas dos três estoques. O consumo e os custos já estão determinados. Consequentemente, os saldos finais dos estoques serão determinados inteiramente pela fórmula padrão: EI + Entradas – Custo/Consumo/Saída = EF. Por este método não é necessário praticar os lançamentos (f), (g), (h), (j), (l), (n) e (o), como foram praticados pelo Contador de Custos, quando empregou o método indireto real. É claro que este método não elimina a necessidade da contagem física periódica e respectiva avaliação dos estoques. Essa contagem e avaliação são muito necessárias. Entretanto, durante o período, a Contabilidade de Custos, pelo método direto real terá permanentemente disponíveis os custos de produção, o consumo dos materiais de produção e os estoques calculados contabilmente.

4

Despesas Indiretas de Fabricação – Conceitos Básicos

OBJETIVOS DO CAPÍTULO

O capítulo apresenta os conceitos básicos de despesas indiretas de fabricação, chamando a atenção, particularmente, para as várias formas de apropriação dessas despesas a seus portadores, precisamente a seus consumidores, que são os produtos, os serviços, as atividades e os departamentos. São apresentadas, assim, as diversas bases fundamentadas no volume de atividade: como as unidades produzidas, a quantidade de material consumido, as horas de mão de obra direta. O capítulo enfatiza que uma das maiores preocupações da Contabilidade de Custos sempre, ao longo do tempo, foi o cuidado e a atenção dados ao trabalho de apropriação dessas despesas a seus portadores e seu controle, no sentido de acompanhar o desempenho das operações com a finalidade de reduzir os custos. Todas as formas praticamente são antigas e há longo tempo estão sendo aplicadas. Algumas, embora concebidas anteriormente, estão sendo agora desenvolvidas e aplicadas.

CONCEITOS BÁSICOS

1. As Despesas Indiretas de Fabricação são denominadas de vários modos: há uma combinação dos termos abaixo relacionados:

Primeiro termo	Segundo termo	Terceiro termo
Gastos	Gerais	De Fabricação
Custos	Indiretos	Industriais
Despesas		De Produção

Combinando-se esses oito termos, podemos ter, usadas por diversos autores e praticantes, nada mais nada menos do que 15 denominações diferentes. Qual é a certa? Ninguém pode dizer: "A que eu uso é a mais correta." Aqui, neste livro, usamos a combinação Despesas Indiretas de Fabricação. Já explicamos os motivos, em Capítulo anterior. *Despesas*, porque todo Contador, ao classificar um gasto, normalmente se utiliza do termo *despesa*. É o que chamamos de "classificação natural" ou "classificação por natureza". O Contador está definindo o gasto de consumo de acordo com sua natureza. E, como todo o gasto de consumo é feito, em última análise, para a obtenção de receita, ele será sempre conceituado como uma despesa. O termo *indiretas* significa que as despesas são comuns a várias atividades, setores e produtos, dependendo do objeto de nosso custeio. Portanto, precisam ser rateadas para que se determine o custo daquilo que se quer custear. *Fabricação* é o termo que indica que as despesas refletem gastos de consumo feitos na área industrial (fabril ou de produção), tanto em suas atividades-meio como em suas atividades-fim.

2. Em termos contábeis, as despesas indiretas de fabricação são um conjunto de contas (arquivos) diferentes que espelham os gastos de diversas naturezas realizados por diversos objetos, participantes do processo industrial (ou da prestação de serviços, se estivermos considerando uma empresa prestadora de serviços). Exemplos: os salários do pessoal fabril, mas que não são considerados como operários diretos, os respectivos encargos, as despesas de manutenção, de segurança, médicas, de treinamento, de alimentação, de transporte, de supervisão, de planejamento e controle, de comunicações, de materiais de expediente, de materiais de limpeza, os aluguéis, as depreciações e amortizações, entre muitas outras. Há uma conta geral, de controle, sintética, intitulada "Despesas Indiretas de Fabricação" que absorve todas essas contas analíticas.

3. As Despesas Indiretas de Fabricação percorrem uma longa caminhada contábil até chegarem aos custos dos produtos. O primeiro passo é debitar às contas respectivas todos os gastos de consumo realizados pelo processo de produção. Em seguida, o contador de custos debita diretamente aos departamentos ou às atividades as despesas que são facilmente identificadas a cada um desses componentes. Como terceiro passo, faz-se a apropriação, através de rateios, dos valores que não foram ainda transferidos, para os componentes da organização industrial (os departamentos ou as atividades). O quarto passo se dá quando o Contador de Custos apropria as despesas dos setores de apoio e de administração para os próprios setores de apoio e de administração e para os setores operacionais, em que os produtos são fabricados ou os serviços são realizados. Depois, o Contador de Custos apropria (às vezes, chamamos de distribuição ou alocação) as despesas dos setores operacionais aos vários produtos que foram fabricados naquele determinado período. Como se vê, o caminho é longo e difícil. Difícil, por quê? O Contador de Custos deve estar bastante familiarizado com as operações para decidir quais os critérios (ou bases de rateio) que serão empregados para fazer o rateio (a distribuição ou transferência) das despesas em cada um dos passos descritos.

De que modo o Contador de Custos estabelece esses critérios? Este é um dos trabalhos nobres da Contabilidade de Custos, porque vai depender desses critérios a determinação dos custos de operação dos diversos componentes, atividades e produtos. O Contador de Custos emprega nesse trabalho seus conhecimentos de matemática, estatística e das operações. Veremos, mais adiante, como é feita a escolha das bases de rateio. O leitor já deve ter sentido que, ao realizar toda essa caminhada contábil, o Contador está empregando o critério básico denominado "custeio por absorção", porque está fazendo com que os produtos absorvam todas as despesas de fabricação, não importa de que natureza sejam elas. Dois aspectos importantes podem ser anunciados agora, embora, neste mesmo capítulo, vamos ter a oportunidade de conhecê-los melhor.

4. O critério do custeio baseado em atividades (chamado de Custeio ABC) é uma forma que o contador de custos emprega para apropriar as despesas de fabricação, primeiramente em relação a algumas atividades significativas, como preparação de máquinas, ordens de produção, pedidos de compras, requisições aos almoxarifados, ordens de manutenção, recebimento de materiais e outras. As despesas assim divididas serão, então, apropriadas aos produtos (ou serviços) finais, por meio das quantidades dos indicadores que refletem as atividades mencionadas. Fazendo uso dessas atividades, este último e derradeiro passo espelha o fenômeno representado pelos produtos. A base lógica do custeio é exatamente esta: as atividades consomem os recursos (representados pelas despesas indiretas de fabricação) e os produtos (ou serviços) consomem essas atividades. Finalidades, vantagens, desvantagens e oportunidades de emprego desse critério de custeio, bem como exemplos práticos de aplicação, serão vistos mais adiante.

5. As despesas indiretas de fabricação, dependendo das necessidades dos diversos níveis gerenciais, podem ser analisadas de outras maneiras. Atualmente, as empresas estão muito preocupadas com o controle da qualidade de seus produtos e serviços, chegando mesmo a buscar a qualidade em todas suas atividades-meio. Para alcançar esses objetivos, as empresas atuam em diversos campos. Um dos campos é a busca de informações. A Contabilidade de Custos está envolvida, modernamente, em estudar as despesas de fabricação (e até de outras funções) referentes às diversas atividades relacionadas à questão da qualidade, para produzir informações que apontem as ações que podem ser suprimidas ou cujos custos podem ser reduzidos. Um dos livros, já produzidos no Brasil, por estudioso brasileiro, que apresenta, de forma clara, esse assunto, é o livro do professor Antonio Robles Junior, *Custos da qualidade*: uma estratégia para a competição global, editado pela Editora Atlas. Esse livro é resultado de sua tese de doutoramento defendida na Universidade de São Paulo.

6. A Figura 4.1 destina-se a apresentar os principais aspectos, de um ponto de vista global, do trabalho de cálculo, apropriação, contabilização e controle das despesas indiretas de fabricação num determinado período.

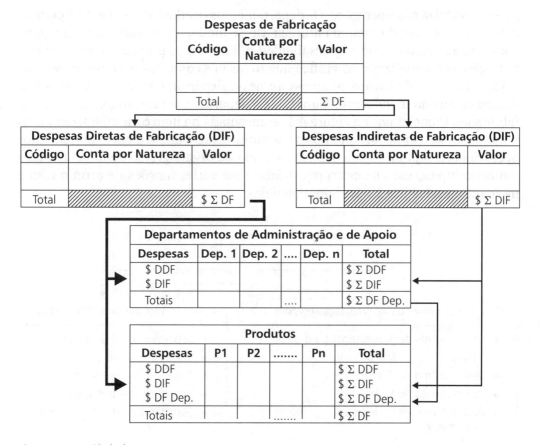

Convenções e Símbolos:

───── As despesas são debitadas diretamente aos componentes (objetos de custeio) da organização.

───── As despesas são rateadas para os componentes (objetos do custeio) através das bases de rateio.

$ Σ DF = Total das despesas de fabricação do período em estudo
$ Σ DDF = Total das despesas diretas de fabricação do período
$ Σ DIF = Total das despesas indiretas de fabricação do período

Figura 4.1 *Principais partes da apropriação, contabilização e controle das DIF.*

DEPARTAMENTALIZAÇÃO

7. A departamentalização é resultado de um estudo feito pela administração da empresa, que leva em conta as várias especialidades e as diversas atividades ou funções. É a divisão do trabalho baseada na capacidade específica de cada pessoa ou grupo de pessoas. A departamentalização se destina a separar as atividades de uma empresa de acordo com a natureza de cada uma delas, procurando

maior eficiência nas operações. Os departamentos resultantes são centros onde se realizam operações da mesma natureza. Desse modo, a administração faz a delegação de autoridade e de responsabilidades. Em termos práticos, a departamentalização está visualizada no gráfico que todos nós conhecemos: o organograma. A Contabilidade de Custos se aproveita dessa departamentalização de funções, dentro da atividade industrial, para fazer a departamentalização das despesas de fabricação. Como vimos na Figura 4.1, apresentada no item 6, as atividades fabris estão divididas em departamentos de administração e apoio e em departamentos operacionais. Veja na Figura 4.2 um exemplo de organograma de uma atividade industrial típica, em que estão registradas suas várias funções de acordo com a natureza e especificação de cada uma delas.

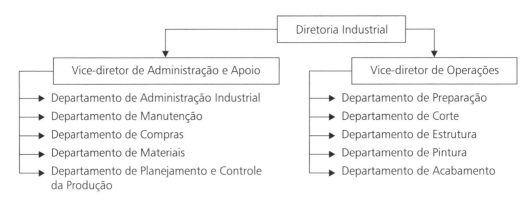

Figura 4.2 *Organograma de uma diretoria industrial*.

8. Cada um dos retângulos e setas da Figura 4.2 representa uma função fabril. E cada uma delas tem um responsável – um diretor, dois vice-diretores e dez gerentes departamentais. **Atente para o fato de que esse organograma é fictício e que cada empresa faz a sua departamentalização. Muito embora existam sempre funções comuns a todas empresas (sobretudo as funções da atividade-meio: Administração e Apoio), cada empresa divide seu trabalho naquelas atividades que mais lhe convêm. Em sua empresa, você certamente terá uma divisão diferente.**

RESPONSABILIDADES FÍSICAS E CONTÁBEIS

9. Os encarregados de cada uma das funções do organograma têm sempre duas responsabilidades básicas: a responsabilidade física, objetiva, e a responsabilidade contábil. A responsabilidade física diz respeito às finalidades da função, isto é, relaciona-se às suas atividades-fins. Exemplos: o gerente do Departamento de manutenção tem que fazer a manutenção preventiva, periódica e eventual das máquinas, equipamentos e instalação da atividade industrial; o gerente de materiais tem que se preocupar pela guarda em bom estado, em quantidade adequada e com segurança dos materiais de produção e de uso; o gerente do departamento de preparação tem que preparar os materiais para a produção, e assim por diante. Para que cada um atenda as suas responsabilidades físicas, é preciso usar os recursos, normalmente caros e escassos. O uso dos recursos dá origem aos gastos de consumo e estes se classificam como despesas. A responsabilidade pelo melhor uso dos recursos (materiais, dinheiro, homens, instalações e tecnologia) é do encarregado de cada uma das funções. Essa é a responsabilidade contábil. Na medida em que o consumo dos recursos vai sendo feito, a Contabilidade Geral e a Contabilidade de Custos acompanham esses gastos, registrando-os e acumulando-os nas diversas contas de despesas indiretas de fabricação. **Atenção: aqui cabe uma observação. Temos que distinguir os gastos que são feitos para o funcionamento de cada componente da organização dos gastos realizados pelos componentes, mas que são destinados exclusivamente para a fabricação dos produtos ou para a realização dos serviços (caso estejamos tratando de uma empresa prestadora de serviços). Por exemplo: os materiais consumidos podem ser de dois tipos. Os materiais que se destinam a compor o produto e os materiais que são consumidos pelos componentes para se desincumbirem de sua missão. Acima, quando falamos em consumo de recursos e mencionamos "materiais" e "homens", estávamos referindo-nos aos recursos *usados somente pelos componentes organizacionais e não pelos produtos*.** Observe a Figura 4.3 e compreenderá perfeitamente essa distinção fundamental.

Figura 4.3 *Recursos, gastos e consumidores.*

A responsabilidade contábil é realizada através de quatro ações: (1) a previsão do consumo, portanto, dos gastos; (2) a autorização do consumo; (3) a realização do consumo, portanto, incorrendo realmente em gastos; e (4) controle dos gastos. Esta última ação, feita pelo encarregado da função, caracteriza o controle contábil e administrativo. A ação de controle é realizada pela previsão (ação nº 1), pelo conhecimento da realidade, pelo cálculo da diferença entre a previsão e o real (chamada de desvio), pela análise das causas desse desvio e pelas providências para sua correção. A Contabilidade e a Contabilidade de Custos têm papel preponderante nessa ação de controle. Elas acumulam as despesas realizadas por componente, comparam as despesas reais com as previstas, analisam os desvios e sugerem as medidas corretivas.

CRITÉRIO DO CUSTEIO POR ABSORÇÃO

10. As despesas indiretas de fabricação percorrem aquele caminho longo, indicado no item 3. Na verdade, se desejássemos concluir imediatamente o trabalho de fazer a absorção pelos produtos de todas as despesas de fabricação, poderíamos ter encurtado o caminho. A partir das contas naturais das despesas de fabricação, analisaríamos o total, por grupo ou individualmente, e faríamos a transferência direta para os produtos através do emprego de um critério de rateio baseado em alguma medida de volume. Por exemplo, poderíamos fazer chegar as despesas de fabricação aos produtos usando as horas de mão de obra direta que cada um consumiu, o que é uma medida muito empregada. Veja o exemplo:

Suponhamos que a Empresa Industrial Guarabira, num determinado período, tenha realizado as seguintes despesas de fabricação:

Salários e encargos do pessoal indireto	$ 20.000
Materiais indiretos	3.000
Aluguel	2.000
Depreciação	1.000
Seguros	2.000
Total	$ 28.000

A empresa fabricou três produtos, através de três Departamentos Operacionais, G, B e R. Os produtos Guara, Rabi e Bira consumiram 200, 300 e 400 horas de mão de obra direta, respectivamente. Os Departamentos de Apoio e Administração eram os seguintes: Administração, Materiais e Manutenção.

Sem levar em conta os materiais diretos e a mão de obra direta, já debitados ao custo de cada um dos produtos, tais custos foram acrescidos de uma parcela das despesas indiretas de fabricação (total de $ 28.000) com base nas horas de mão de obra direta de cada produto.

A distribuição proporcional do todo ($ 28.000) foi feita do seguinte modo:

Produtos	Horas de MOD	Despesas Indiretas
Guara	200 horas	$ 5.600
Rabi	300 horas	8.400
Bira	500 horas	14.000
Totais	1.000 horas	$ 28.000

Assim foi feita a distribuição, percorrendo um caminho muito mais curto e muito mais ligeiro.

Entretanto, a Contabilidade de Custos fica sem saber quanto custou a operação de cada departamento, tanto os de administração e apoio como os de produção. Além disso, o critério do custeio por absorção é um critério fiscal, pois é mais do agrado dos empresários e gerentes e, à primeira vista, está de acordo com os Princípios Fundamentais de Contabilidade (Princípio da Competência).

As despesas de salários e encargos do pessoal indireto podem ser facilmente identificadas aos departamentos em virtude da lotação desse pessoal. O quadro a seguir mostra a identificação das despesas.

	Admi-nistração	Mate-riais	Manu-tenção	G	B	R
Despesas de Salários e Encargos	$ 2.000	$ 1.500	$ 2.500	$ 4.000	$ 5.500	$ 4.500

As demais despesas têm que ser rateadas. As bases de rateio estabelecidas foram as seguintes: despesas de aluguel = com base nos metros quadrados de área ocupada de cada departamento; despesas de materiais indiretos = quantidade de requisições de materiais; despesas de depreciação = custo original do ativo imobilizado de cada departamento; despesas de seguros = custo original do ativo imobilizado de cada departamento.

As medidas acumuladas ao longo do período foram as seguintes:

	Total	Adminis-tração	Mate-riais	Manu-tenção	G	B	R
Área ocupada em m²	2.000	100	200	250	450	350	650
Quantidade de requisições	10.000	100	200	300	2.500	3.200	3.700
Custo original do ativo	$ 12.000	$ 480	$ 600	$ 1.320	$ 1.200	$ 4.800	$ 3.600

O contador de custos estabeleceu a seguinte rotina para a distribuição das despesas entre os departamentos: o Departamento de Administração transfere suas despesas para os demais departamentos, mas não recebe despesa de nenhum deles; as despesas do Departamento de Materiais são distribuídas para os demais (exceto o Departamento de Administração) e não recebe despesas de nenhum deles e o Departamento de Manutenção transfere suas despesas somente para os Departamentos Operacionais. **Esse tipo de procedimento é chamado, em Contabilidade de Custos, Método Direto de Distribuição. Sua lógica é simples: um departamento serve aos demais, mas não recebe nenhum serviço deles. Como se pode notar, é um procedimento que não representa a realidade, porque os Departamentos de Apoio e de Administração prestam serviços entre si. Entretanto, esse procedimento é usualmente empregado.**

Resta ao Contador de Custos analisar os trabalhos executados em cada departamento e verificar quais os que recebem menos serviços dos demais. E, com base nesses estudos, estabelecer a ordem em que deve ser feita a distribuição. Quando os departamentos prestam serviços entre si, diz-se, em Contabilidade de Custos, que há uma reciprocidade de prestação de serviços. Na verdade, é a situação mais encontrada na vida real. Nesse caso, a Contabilidade de Custos vai adotar um procedimento que aceita a reciprocidade e calcula corretamente a distribuição das despesas de fabricação atendendo a reciprocidade. Esse procedimento será estudado em seguida. Antes, devemos terminar a distribuição das despesas da Empresa Industrial Guarabira porque a gerência não aceitou os resultados da distribuição feita diretamente das contas de despesas para os custos dos produtos, sem passar pelo caminho longo, constituído pelos departamentos.

11. Devemos estabelecer o quadro auxiliar dos rateios.

	Total	Adminis-tração	Mate-riais	Manu-tenção	G	B	R
Área ocupada em m²	2.000	100	200	250	450	350	650
Percentagens	100%	5,0	10,0	12,5	22,5	17,5	32,5
Quantidades de requisições	10.000	100	200	300	2.500	3.200	3.700
Percentagens	100%	1,0	2,0	3,0	25,0	32,0	37,0
Custo original dos ativos	$ 12.000	480	600	1.320	1.200	4.800	3.600
Percentagens	100%	4,0	5,0	11,0	10,0	40,0	30,0

12. Com base no quadro auxiliar, o rateio das despesas de fabricação para os departamentos seria o seguinte:

	Distribuição das Despesas de Fabricação						
	Total	Adminis-tração	Mate-riais	Manu-tenção	G	B	R
Aluguel	$ 2.000	100	200	250	450	350	650
Materiais Indiretos	3.000	30	60	90	750	960	1.110
Depreciação	1.000	40	50	110	100	400	300
Seguros	2.000	80	100	220	200	800	600
Totais	$ 8.000	250	410	670	1.500	2.510	2.660

13. Uma vez feito o rateio das despesas de fabricação a partir das contas por natureza chegando aos departamentos, a Contabilidade de Custos conhece as despesas de fabricação por departamentos. Fica faltando apurar um pouco mais, realizando a transferência de um departamento para outro, segundo a rotina preestabelecida pela Contabilidade de Custos, denominada de Método Direto de Distribuição. Essa distribuição vai mostrando passo a passo as despesas totais de cada departamento. Essas informações são significativas, apesar da apropriação valer-se de rateios. Os rateios são procedimentos arbitrários que não representam a realidade. A Contabilidade de Custos se preocupa em estabelecer rotinas cada vez mais consentâneas e bases de rateio cada vez mais realistas. Não é uma tarefa muito fácil. O conhecimento das despesas de um departamento facilita o planejamento e o controle das operações e das próprias despesas, facilita a tomada de certas decisões (por exemplo, quanto à terceirização), integra os custos com a Contabilidade e faz com que os produtos ou as atividades tenham seus custos determinados pelo uso que esses produtos ou atividades fazem da estrutura geral e das estruturas, em particular, dos departamentos.

14. Os procedimentos para a distribuição das despesas de fabricação dos departamentos entre si (adotando o método direto contábil) podem ser melhor visualizados por meio da Figura 4.4 a seguir.

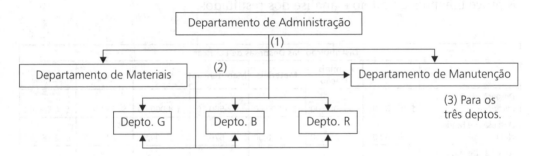

(1) Distribuição com base na quantidade de funcionários de cada um dos outros departamentos.
(2) Distribuição com base na quantidade de requisições feitas pelos outros departamentos.
(3) Distribuição com base na quantidade de horas trabalhadas em serviços de manutenção.

Figura 4.4 *Distribuição das despesas-rotina*.

O quadro auxiliar de rateio apresenta as bases de distribuição em percentagens para facilitar o procedimento.

	Quadro auxiliar de rateio					
	Total	Materiais	Manutenção	G	B	R
Quantidade de funcionários	100	5	10	20	30	35
Percentagens	100%	5	10	20	30	35
Quantidade de requisições	9.700	–	300	2.500	3.200	3.700
Percentagens	100%	–	3,1	25,8	33,0	38,1
Horas de manutenção	500 h	–	–	100 h	150 h	250 h
Percentagens	100%	–	–	20%	30%	50%

Curso de Contabilidade de Custos • Leone e Leone

Considerando as rotinas de distribuição, o quadro auxiliar de rateio e o quadro das despesas de fabricação de cada departamento (incluindo, também, as despesas de salários e encargos), podemos montar um esquema para fazer a distribuição pelo **método direto contábil**. Esse método é conhecido ainda por método de distribuição em cascata. Assinalamos no esquema uma linha para que o leitor visualize a cascata. Note que o Contador de Custos estabeleceu uma ordem de distribuição para evitar a distribuição recíproca.

O quadro a seguir apresenta a distribuição final das despesas de fabricação. O total das despesas vai acabar ficando nos três departamentos produtivos – G, B e R. Note a linha cheia indicando a cascata e a dificuldade em realizar esse procedimento. Antes do amplo emprego dos computadores, os contadores de custos faziam essa distribuição manualmente. Imaginem uma fábrica que tenha 80 contas de despesas, 15 departamentos de apoio, 10 departamentos de produção e 50 produtos! O que fazer? Por meio de programas arquitetados para realizar o procedimento, fica muito mais fácil. De qualquer modo, embora o trabalho mecânico possa ser feito pela máquina de modo mais ligeiro e muito mais correto, resta ao Contador de Custos o trabalho nobre de estabelecer as bases de rateio, os procedimentos de rateio e análise dos resultados.

Distribuição das Despesas de Fabricação							
	Total	Adminis-tração	Materiais	Manutenção	G	B	R
Despesas de Salários Encargos	$ 20.000,00	$ 2.000,00	$ 1.500,00	$ 2.500,00	$ 4.000,00	$ 5.500,00	$ 4.500,00
Despesas de Fabrica-ção-outras	8.000,00	250,00	410,00	670,00	1.500,00	2.510,00	2.660,00
Total das Despesas de Fabricação	28.000,00	2.250,00	1.910,00	3.170,00	5.500,00	8.010,00	7.160,00
Rateio das despesas do Depto. Administração		(2.250,00)	112,50	225,00	450,00	675,00	787,50
Subtotal	28.000,00	–	2.022,50	3.395,00	5.950,00	8.685,00	7.917,50
Rateio das despesas do Depto. Materiais			(2.022,50)	62,70	521,81	667,43	770,56
Subtotal	28.000,00			3.457,70	6.471,81	9.352,43	8.718,06
Rateio das despesas do Depto. Manutenção				(3.457,70)	691,54	1.037,31	1.728,85
Totais	$ 28.000,00				$ 7.163,35	$ 10.389,74	$ 10.446,91

Figura 4.5 *Quadro da distribuição das DIF.*

15. A Figura 4.5, que pode refletir as despesas de fabricação reais, será confrontada com o quadro que apresenta as mesmas despesas de fabricação constantes de Orçamentos ou Estimações. Os desvios serão calculados, indicando suas grandezas e as contas e os departamentos onde aconteceram, permitindo que os diversos níveis gerenciais exerçam um melhor controle sobre o desempenho econômico de cada componente (de cada objeto do custeio).

Despesas Indiretas de Fabricação – Conceitos Básicos **107**

MÉTODO QUE LEVA EM CONTA A PRESTAÇÃO RECÍPROCA DE SERVIÇOS

16. O exemplo anterior apresentou uma situação em que há prestação recíproca de serviços. Isto é, os departamentos auxiliares prestam serviços entre si e para os departamentos operacionais. Entretanto, a Contabilidade de Custos empregou um método de distribuição de despesas entre os departamentos que ignorou esse fato. Vamos apresentar a partir deste momento um método que aceita a distribuição recíproca de serviços entre os departamentos auxiliares. O exemplo prático será extraído de um artigo que escrevemos para a *Revista do Conselho Regional de Contabilidade do Estado do Rio Grande do Sul* (nº 67, out./dez. 1991). Outros exemplos poderão ser encontrados em várias obras, principalmente entre os livros de Contabilidade de Custos e de Contabilidade Gerencial editados nos Estados Unidos. Aqui entre nós, temos o nosso livro de Custos publicado pela Editora Atlas, *Custos-Planejamento, Implantação e Controle*, primeiro volume, e o livro de Sérgio de Iudícibus, também da Editora Atlas, *Análise de custos*. Na mesma Revista de Contabilidade, mencionada anteriormente, encontramos um artigo do professor Rudolf Ornstein, intitulado *Custos de serviços mútuos de centros de apoio* (*Revista do CRCRS*, nº 26, 1980).

17. A Cia. ABC Industrial tem seu setor fabril organizado do seguinte modo: Departamentos de Serviços: Reparos e Manutenção, Força e Administração e Departamentos Operacionais: Fabricação e Montagem.

18. A Contabilidade nos informou as despesas de fabricação já distribuídas para cada um dos departamentos:

	Reparos e Manutenção (Rem.)	Força (F)	Administração (Adm.)	Fabricação (Fab.)	Montagem (Mon.)
Despesas de fabricação	$ 2.000	$ 8.000	$ 20.000	$ 40.000	$ 50.000

19. O trabalho da Contabilidade de Custos é determinar o custo de operações de cada um dos departamentos, levando em conta a prestação de serviços, isto é, quanto cada departamento utilizou dos serviços dos outros departamentos de apoio. Na verdade, a Contabilidade de Custos está "atingindo dois alvos com um tiro só". Primeiro, calcula os custos de operação de cada departamento e, segundo, calcula os custos dos produtos ou serviços que fabrica ou realiza. O método que leva em conta a reciprocidade se baseia ainda no critério do custeio por absorção.

20. Para fazer a distribuição das despesas, o Contador de Custos deve estabelecer quais as bases do rateio. Este é um trabalho complexo e demorado. É preciso analisar as operações de cada um dos departamentos de apoio para descobrir quais as variáveis que descrevem melhor a prestação dos serviços. Algumas bases de rateio são conhecidas e empregadas amplamente, outras devem ser investigadas. Os departamentos podem ter bases próprias. O contador de Custos não pode, simplesmente, adotar numa empresa, num departamento, ou num item de despesa, o mesmo procedimento que empregou em outra empresa ou departamento. É necessário uma investigação minuciosa. É preciso que alguém (ou algum setor) colete os dados e os acumule de forma organizada. Supomos que exista em nossa empresa fictícia – a Cia. ABC Industrial – um setor de estatística que tenha essa importante atribuição. Porque sem os quantitativos arrumados das variáveis que constituem as bases de rateio, ninguém poderá fazer um razoável trabalho de apropriação de despesas.

21. O setor de estatísticas definiu as unidades e já coletou e organizou seus quantitativos, por departamento:

a) O serviço prestado para os demais departamentos pelo Departamento de Reparos e Manutenção (Rem) é medido pelos homens-hora apontados em cada trabalho:

	F	Adm.	Fab.	Mon.	Total
Homens-hora consumidos em trabalhos para cada um dos departamentos	800	400	1.200	1.600	4.000

b) O serviço prestado para os demais departamentos pelo Departamento de Força (F) é medido pelo consumo de kwh em cada um dos departamentos:

	Rem.	Adm.	Fab.	Mon.	Total
kwh consumidos em cada departamento	1.200	600	1.800	3.600	7.200

c) O serviço prestado para os demais departamentos pelo Departamento de Administração é medido em termos do número de empregados lotados em cada um dos departamentos:

	Rem.	F	Fab.	Mon.	Total
Número de empregados	200	300	500	1.000	2.000

22. Todos nós sabemos que, qualquer que seja o método que emprega procedimentos de rateio, os resultados apresentados não representam com fidelidade o que acontece em termos de prestação de serviços. O Contador de Custos deve estar consciente dessa fraqueza ao relatar, para os diversos níveis gerenciais, as informações de custos decorrentes de exercícios de rateios.

23. A Figura 4.6 apresenta a reciprocidade na prestação de serviços. Siga as setas. A linha cheia representa a prestação de serviços feita pelo Departamento de Reparos e Manutenção. A linha pontilhada representa a prestação de serviços do Departamento de Administração para os outros dois departamentos de apoio. A linha tracejada representa os serviços prestados pelo Departamento de Força para os outros dois.

Figura 4.6 *Esquema de prestação de serviços.*

24. O quadro abaixo é indispensável para o procedimento contábil de apropriação das despesas de fabricação entre os departamentos. Ele é baseado nas unidades de medida acumuladas e organizadas pelo setor de estatística.

Razões que indicam a prestação de serviços entre os departamentos de apoio e a prestação de serviços para os departamentos operacionais

	Rem.	F	Adm.	Fab.	Mon.	Total
Homens-hora	–	800	400	1.200	1.600	4.000
Razão	–	1/5	1/10	3/10	2/5	1
Kwh consumidos	1.200	–	600	1.800	3.600	7.200
Razão	1/6	–	1/12	1/4	1/2	1
Número de empregados	200	300	–	500	1.000	2.000
Razão	1/10	3/20	–	1/4	1/2	1

Observe que existem claros no quadro. Devemos entendê-los. O Departamento de Reparos e Manutenção somente aponta horas que são trabalhadas em serviços prestados para os demais departamentos. Não aponta as horas trabalhadas em serviços feitos para si mesmo. O Departamento de Força só anota as quantidades de kwh consumidos pelos outros departamentos; os kwh consumidos por ele mesmo não são considerados. O mesmo procedimento acontece com o Departamento de Administração.

25. Com base no quadro anterior, determinamos as equações das despesas de cada um dos departamentos.

Reparos e Manutenção   R = $ 2.000 + 1/6 F + 1/10 A
Força   F = $ 8.000 + 1/5 R + 3/20 A
Administração   A = $ 20.000 + 1/10 R + 1/12 F

R, F e A representam o total das despesas de cada departamento de apoio depois que recebem as despesas dos outros departamentos.

26. Assim, matematicamente, temos as equações que formam um sistema de três equações com três incógnitas. Esse sistema pode ser resolvido no "dedão", como se diz na gíria. Basta empregar qualquer um dos métodos tradicionais sobejamente conhecidos por qualquer aluno do curso colegial. Entre os métodos temos as soluções algébricas: métodos de adição, substituição e comparação, determinantes e matrizes. Apliquemos qualquer um deles. Os resultados serão os seguintes:

Despesa total de:

Reparos e Manutenção	R = $ 6.250
Força	F = $ 12.500
Administração	A = $ 21.667

27. A partir desses totais podemos fazer a apropriação das despesas. Veja o quadro a seguir.

Mapa demonstrativo da apropriação das despesas dos departamentos de apoio para os departamentos operacionais, atendendo à reciprocidade da prestação de serviços entre os departamentos de apoio.

Elementos	Rem.	F	Adm.	Fab.	Mon.
Despesas debitadas previamente	$ 2.000	$ 8.000	$ 20.000	$ 40.000	$ 50.000
Distribuição das despesas de reparos	($ 6.250)	$ 1.250	$ 625	$ 1.875	$ 2.500
Distribuição das despesas de força	$ 2.083	($ 12.500)	$ 1.042	$ 3.125	$ 6.250
Distribuição das despesas de administração	$ 2.167	$ 3.250	($ 21.667)	$ 5.417	$ 10.833
Totais	zero	zero	zero	$ 50.417	$ 69.583

Vimos que todas as despesas dos departamentos de apoio foram finalmente apropriadas aos departamentos operacionais. A partir destes resultados, a Contabilidade de Custos poderá apropriar as despesas aos produtos que são fabricados por esses dois departamentos produtivos.

28. Quando o número de departamentos de apoio aumentar não será mais possível resolver manualmente o sistema de equações. Se a empresa tiver dez setores de apoio, com prestação recíproca de serviços, teremos um sistema de dez equações com dez incógnitas! Nesse caso vamos utilizar-nos dos recursos mecânicos. No artigo mencionado anteriormente, publicado na *Revista do Conselho Regional de Contabilidade do Estado do Rio Grande do Sul*, apresentamos dois procedimentos, ambos com o emprego de matrizes.

29. O professor Iudícibus, em seu livro *Análise de custos*, apresenta um exemplo bem mais elaborado. Ele dividiu as despesas em fixas e variáveis. Com isso, a gerência da empresa imaginada por Iudícibus pode tomar uma decisão importante entre duas alternativas disponíveis: (a) gerar energia internamente ou (b) comprar a energia de uma empresa. O professor Iudícibus mostra a solução com o emprego de uma calculadora avançada HP-28. Em nosso artigo da *Revista do CRCRS*, mostramos como a calculadora realiza o trabalho com o emprego do cálculo matricial.

30. Na planilha Recíproca.xls, preparamos as células para resolução do exemplo da Cia. ABC Industrial.

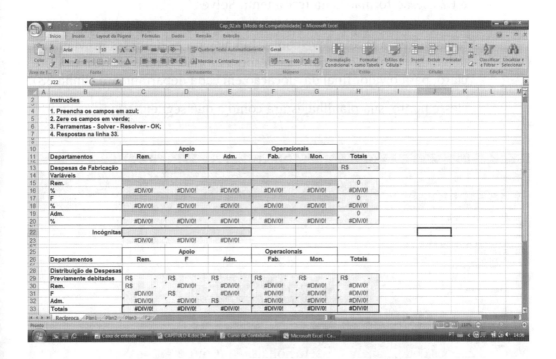

Para utilizá-la, basta seguir as instruções nas linhas de 4 a 7. A seguir, explicamos os passos da montagem da planilha:

1. Crie uma tabela com os dados de entrada: despesas de fabricação (item 18) e quantitativos das variáveis que constituem a base do rateio (item 21). Na nossa planilha, as despesas estão na linha 13, e os quantitativos, nas linhas 15, 17 e 19, todas pintadas de azul.

2. Crie uma coluna com os totais das despesas e dos quantitativos. Na nossa planilha, essa coluna é a coluna H.

3. Crie linhas para os percentuais: o percentual de cada quantitativo é o quociente entre o valor do quantitativo e a soma dos quantitativos da variável. Por exemplo, o percentual de 16,7% para o quantitativo do departamento de Força na variável homens-hora consumidas é o quociente entre 1.200 e 7.200. Na nossa planilha, os percentuais estão nas linhas 16, 18 e 20, pintadas de amarelo.

4. Reserve três células para as incógnitas R, F e A (item 25). Na nossa planilha, essas células são as células C22, D22 e E22, pintadas de verde.

5. Insira o lado direito das equações para R, F e A (item 25) nas células logo abaixo das células reservadas para as incógnitas. Na nossa planilha, essas células são as células C23, D23 e E23, pintadas de amarelo. As equações (igualdades) entre as células C22 e C23, D22 e D23 e E22 e E23 serão formadas na ferramenta Solver.

6. Crie outra tabela para apresentação dos valores finais em cada departamento. Essa tabela deve conter linhas para as despesas previamente debitadas (linha 29), para as despesas totais (linhas 30, 31 e 32) e, claro, para o valor final da alocação em cada departamento (linha 33).

Nesse ponto, sua planilha estará como a que segue:

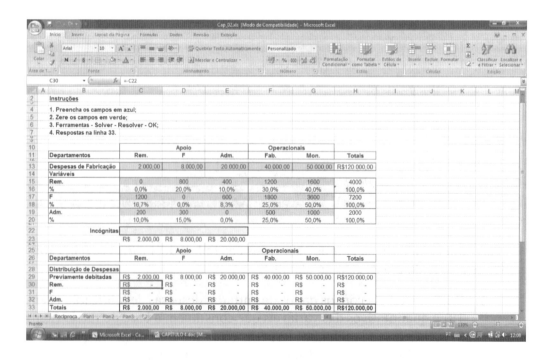

7. Com a planilha pronta, abra a ferramenta Solver e preencha os espaços Células variáveis, selecionando as células de C22 a E22, e Submeter às

restrições, inserindo as restrições de igualdade (equações) descritas no passo 5.

8. Aperte em Resolver e, em seguida, em OK. Na planilha, você terá os resultados na tabela dos valores finais, em concordância com os resultados e tabela dos itens 26 e 27.

TAXAS PREDETERMINADAS

31. Cada um dos departamentos de apoio e de operações tem suas despesas de fabricação. Lembre-se que não estamos considerando entre as despesas de fabricação os materiais destinados à produção (materiais diretos) e nem as despesas de mão de obra relacionadas aos operários diretos (mão de obra direta). Depois que as despesas de fabricação dos departamentos de apoio são transferidas para os departamentos operacionais, pelo emprego de qualquer um dos dois métodos apresentados neste capítulo, estes últimos departamentos terão dois tipos de despesas de fabricação:

	Departamentos operacionais				
	Total	Dep. 1	Dep. 2	. . . .	Dep. n
Despesas de fabricação diretas					
Despesas de fabricação provenientes dos Deptos. de apoio					
Totais					

Os totais de despesas de fabricação dos departamentos produtivos deverão ser passados para os custos dos produtos fabricados por eles por meio de critérios de rateio. As bases para o rateio deverão ser aquelas que melhor representem o consumo, pelos produtos ou serviços, das facilidades (recursos indiretos) de cada departamento. Cada produto ou serviço, na sua jornada de fabricação ou realização, vai utilizar-se dos recursos de produção disponíveis de cada um dos departamentos operacionais. Entre os recursos disponíveis vamos encontrar os materiais indiretos, a mão de obra indireta, a supervisão, a área fabril, os equipamentos, as ferramentas, a tecnologia, os serviços médicos, de alimentação, de treinamento e de transportes, entre outros. O consumo desses recursos (facilidades) origina os gastos e despesas de fabricação. A Contabilidade de Custos encontra sérias dificuldades para identificar o uso dos recursos e seus consumidores. Portanto,

114 Curso de Contabilidade de Custos • Leone e Leone

deve se valer de rateios, ou, para alguns estudiosos e praticantes, de uma distribuição proporcional. Podemos mesmo chamar esse processo de identificação, apropriação e controle das despesas de fabricação indiretas e o uso gerencial das informações produzidas como "administração das despesas de fabricação".

Por que usar taxas predeterminadas?

32. Por várias razões os contadores de custos preferem atribuir aos custos dos produtos e serviços valores estimados das despesas indiretas de fabricação. Entre elas, podemos citar as mais significativas: (1) É muito difícil, às vezes até mesmo impossível, determinar a parcela exata das despesas indiretas departamentais que deve ser atribuída a cada um dos produtos ou serviços produzidos; (2) O valor total das despesas de fabricação departamentais contabilizado num determinado período será conhecido após o encerramento do mês, mesmo com o emprego cada vez mais amplo dos recursos dos sistemas computacionais. Na maioria das empresas, o total das despesas só é conhecido, em média, após o décimo dia útil do mês (caso a administração divida o tempo das operações em períodos mensais, o que é bem comum). Não é muito aconselhável que a Contabilidade de Custos espere, em média, quase uma quinzena, após o encerramento do período, para ter o valor real dos custos dos produtos e serviços; (3) Quando uma parte considerável das despesas indiretas de fabricação é fixa diante das variáveis operacionais – esse fenômeno é cada vez mais comum – e quando, ao mesmo tempo, há uma significativa flutuação na atividade produtiva (greves, paradas para reparos, recessão, sazonalidade nas vendas, falta de materiais ou, ao contrário, aconteça algum fato imprevisto que obrigue a empresa a trabalhar mais, alcançando o emprego total de sua capacidade instalada de produção), os custos unitários de produção refletirão essa flutuação. Nesses casos, caberá à Contabilidade de Custos expurgar dos custos os efeitos da flutuação imprevista, para poder prestar aos diversos níveis gerenciais informações que reflitam, antes de tudo, as operações normais.

33. Contabilmente, a administração das despesas indiretas observará os seguintes procedimentos: (1) Cada departamento da empresa – seja de apoio ou operacional – fará a estimação de suas despesas de fabricação (lembre-se, mais uma vez, que não estamos incluindo no rol das despesas de fabricação nem os materiais diretos, nem a mão de obra direta e nem as despesas que possam ser identificadas aos produtos ou serviços, não necessitando empregar os rateios, as chamadas despesas de fabricação diretas). Esse trabalho de estimação é feito antes que o período em estudo se inicie e as previsões são feitas segundo as condições normais em que serão realizadas as operações; (2) É feita a apropriação das despesas de fabricação dos departamentos de apoio para os departamentos ope-

Despesas Indiretas de Fabricação – Conceitos Básicos **115**

racionais. Já vimos esse procedimento neste mesmo capítulo; (3) Para cada departamento produtivo, a Contabilidade de Custos seleciona uma base de rateio: entre essas bases de rateio, as mais empregadas são as unidades produzidas, a quantidade de material direto empregado, a quantidade de horas de mão de obra direta, o valor do material direto e o valor da mão de obra direta. Ainda neste capítulo, analisaremos as bases de rateio e sua lógica. O pessoal operacional faz a estimação dos quantitativos de cada base de rateio, para o próximo período, de acordo com o nível de atividade que espera executar; (4) A divisão das despesas estimadas de cada departamento pelo quantitativo estimado da base de rateio determina a taxa predeterminada de absorção das despesas que será utilizada para debitar a produção durante o período em estudo; (5) As despesas de fabricação de cada departamento serão debitadas aos produtos que passam pelos departamentos pela multiplicação da taxa predeterminada pela quantidade real da base de rateio selecionada; (6) Enquanto a Contabilidade de Custos está realizando a aplicação das despesas de fabricação aos produtos, a Contabilidade registra as despesas de fabricação que vão realmente acontecendo, em cada departamento; (7) É feita a apropriação das despesas de fabricação reais de cada departamento de apoio para os departamentos produtivos, observando a mesma rotina mencionada no item (2), acima; (8) A Contabilidade de Custos compara as despesas de fabricação que foram aplicadas à produção do período pelo emprego da taxa predeterminada com as despesas de fabricação reais. As diferenças são analisadas e, em termos puramente contábeis, são debitadas ou creditadas (se forem desfavoráveis ou favoráveis, respectivamente) aos saldos dos estoques de produtos em processamento e de produtos acabados e ao custo dos produtos ou serviços (caso estejamos trabalhando numa empresa de prestação de serviços, dispensando, é claro, os saldos dos estoques por não existirem) se as diferenças forem substanciais. Caso as diferenças sejam irrelevantes, serão ajustadas contra a conta "Custo dos Produtos (ou Serviços) Vendidos"; (9) A análise das diferenças é a parte mais importante do que estamos chamando de "administração das despesas de fabricação indiretas". Ela vai revelar os desvios causados pelas diferenças nas estimações, pela eficiência da mão de obra direta (caso estejamos analisando o desempenho de uma fábrica com mão de obra intensiva) e pelo emprego da capacidade produtiva instalada; (10) A Contabilidade de Custos poderá separar as despesas de fabricação departamentais em fixas ou variáveis, ganhando com isso um maior grau de detalhe na análise das diferenças.

34. O gráfico da Figura 4.7 descreve os procedimentos apresentados no item anterior.

Junho	Julho	Agosto
	Período em que será analisado o desempenho das operações.	
Os departamentos estimam suas despesas de fabricação. Faz-se a apropriação das despesas estimadas para os departamentos operacionais. Os departamentos operacionais estimam suas programações medidas em termos de bases de rateio. São as DIF estimadas.	Os departamentos operacionais registram os quantitativos reais de suas bases de rateio. Faz-se a multiplicação dos quantitativos pela taxa predeterminada de DIF. Surgem as DIF Aplicadas.	A Contabilidade conhece aproximadamente no décimo dia útil, em média, o total das despesas de fabricação reais incorridas durante o mês de julho. Faz-se a apropriação das despesas reais dos departamentos de apoio para os departamentos operacionais.
DIF Estimadas Programação estimada (base de rateio selecionada) = taxa predeterminada de DIF	A Contabilidade Geral acumula em contas departamentais as despesas de fabricação que vão realmente acontecendo.	Faz-se a comparação do total das despesas reais com o total das despesas de fabricação aplicadas. É feita, em seguida, a análise das diferenças para identificar suas causas. Aparecem as variações causadas pelas diferenças entre as DIF estimadas e as DIF reais, pela eficiência ou ineficiência no uso dos recursos de produção e pelo uso real da capacidade produtiva instalada.
Em resumo: **DIF Estimadas**	**DIF Aplicadas**	**DIF Reais**

Figura 4.7

TRATAMENTO DA VARIAÇÃO TOTAL ENTRE AS DIF REAIS E AS DIF APLICADAS

35. Quando o total das DIF Reais for maior do que o total das DIF Aplicadas, diz-se que houve uma subavaliação das DIF ou uma subaplicação ou uma subestimação. Quando o total das DIF Reais for menor do que o total das DIF Aplicadas, diz-se que houve uma sobreavaliação, sobreaplicação ou sobre-estimação. Se a variação for substancial, a Contabilidade de Custos a distribui, contabilmente, entre os valores dos saldos dos estoques de Produtos em Processo e de Produtos

Acabados e para o saldo da conta do Custo dos Produtos Vendidos. Se a diferença não for substancial, ou seja, for irrelevante, a Contabilidade de Custos faz o ajustamento diretamente na conta Custo dos Produtos Vendidos. Os exemplos que seguem mostram como a Contabilidade de Custos procede na prática.

Dados comuns:

Valor dos saldos finais dos estoques e da conta Custo dos Produtos Vendidos:

Custo dos Produtos Vendidos: $ 3.300.000

Saldo da conta Estoque de Produtos Acabados: $ 450.000

Saldo da conta Estoque de Produtos em Processamento: $ 1.250.000

DIF estimadas: $ 300.000 (resultante do somatório das estimações dos departamentos operacionais ou da estimação de apenas um departamento operacional – este valor não é debitado ao custo da produção realizada no período, sendo necessário, entre outras aplicações, para o cálculo da taxa predeterminada de DIF).

DIF aplicadas: $ 320.000 (resultante da aplicação da taxa predeterminada ao total das unidades de medida que representa a produção, ou seja, as bases de volume ou de rateio – o valor calculado será debitado ao custo da produção do período).

Primeiro caso:

DIF reais: $ 325.000 (resultante do somatório de todos os saldos das diversas subcontas da conta geral DIF departamentais decorrentes da contabilização das despesas reais do período).

Segundo caso:

DIF reais: $ 315.000 (a mesma definição posta no primeiro caso).

Definição:

No primeiro caso há uma subaplicação ou uma subestimação: DIF reais > DIF aplicadas. A diferença é de $ 5.000. Isso significa que o custo de produção foi subestimado. É preciso corrigir. O custo dos produtos do período ficou aquém da realidade, isto é, a estimação foi menor.

No segundo caso, há uma sobreaplicação ou sobrestimação: DIF aplicadas > DIF reais. A diferença é de $ 5.000. Isso significa que o custo de produção foi sobrestimado. O custo dos produtos do período ficou além da realidade, isto é, a estimação foi maior. É preciso, ainda, corrigi-lo.

Regra:

Suponhamos que o valor de $ 5.000 seja considerado não relevante.

Contabilização do ajustamento:

Primeiro caso:

Estoque de Produtos em Processamento		Estoque de Produtos Acabados		Estoque de Produtos Vendidos	
1.250.000		450.000		3.300.000	
				(b) 5.000	

DIF Aplicadas		DIF Reais	
	320.000	325.000	
(a) 320.000			(a) 320.000
			(b) 5.000

Desse modo, o Custo dos Produtos Vendidos ficará corrigido pela diferença entre os dois tipos de DIF.

É necessário lembrar que a diferença entre os valores de DIF será estudada no próximo capítulo, sendo objeto de uma análise acurada para saber as origens do desvio. A Contabilidade de Custos deverá preparar um Relatório das Variações de DIF para que a gerência as analise e tome as providências que se fizerem necessárias para a correção das operações.

Segundo caso:

Estoque de Produtos em Processamento		Estoque de Produtos Acabados		Custo dos Produtos Vendidos	
1.250.000		450.000		3.300.000	
					(b) 5.000

DIF Aplicadas		DIF Reais	
	320.000	315.000	
(a) 320.000			(a) 320.000
		(b) 5.000	

Desse modo, o Custo dos Produtos Vendidos estará corrigido.

Regra:

Suponhamos que o valor de $ 5.000 seja considerado relevante.

Nesse caso, será necessário fazer uma distribuição proporcional da diferença de $ 5.000 entre os saldos das contas dos Estoques e do Custo dos Produtos Vendidos.

Veja como se faz:

Saldos das Contas	Valor	%	Distribuição da diferença
Produtos em Processamento	$ 125.000	25	$ 1.250
Produtos Acabados	45.000	9	450
Custo dos Prod. Vendidos	330.000	66	3.300
	$ 500.000	100	$ 5.000

Contabilização do ajustamento:

Primeiro caso:

Estoque de Produtos em Processamento		Estoque de Produtos Acabados		Custo dos Produtos Vendidos	
1.250.000		450.000		3.300.000	
(b) 1.250		(b) 450		(b) 3.300	

DIF Aplicadas		DIF Reais	
	320.000	325.000	
(a) 320.000			(a) 320.000
			(b) 5.000

Desse modo, os saldos das contas de estoque e de custo ficam ajustadas pela diferença entre as DIF.

Segundo caso:

Estoque de Produtos em Processamento		Estoque de Produtos Acabados		Custo dos Produtos Vendidos	
1.250.000		450.000		3.300.000	
	(b) 1.250		(b) 450		(b) 3.300

DIF Aplicadas		DIF Reais	
	320.000	315.000	
(a) 320.000			(a) 320.000
		(b) 5.000	

Assim, as contas de estoques e de custo ficam com os seus saldos ajustados pela diferença de $ 5.000 entre as DIF.

BASES DE RATEIO SELECIONADAS

36. As bases de rateio (também chamadas de critérios de rateio ou de bases de volume) são estabelecidas pela Contabilidade de Custos, após um trabalho de análise das atividades de cada departamento, que faz com os responsáveis técnicos pelas operações fabris (ou de serviços, se estivermos trabalhando numa empresa prestadora de serviços). As bases podem ser departamentais (taxa única ou para cada despesa ou grupo de despesas do departamento – a ideia de departamento é muito ampla: pode ser um componente qualquer da organização industrial, como centro, setor, oficina, divisão etc., – ou pode ser uma única taxa para toda a atividade fabril). Se for possível, é conveniente que as taxas sejam departamentais. As DIF podem ser subdivididas em "fixas" e "variáveis". Veremos que essa divisão permite que a Contabilidade de Custos produza, para a gerência, informações mais úteis sobre o desempenho das operações. As taxas predeterminadas podem ser calculadas pelo emprego de uma grande variedade de unidades de medida ou bases de rateio. Aqui reside uma das mais nobres atividades da Contabilidade de Custos. Ela precisa estabelecer a base de rateio que melhor represente a utilização pelos produtos ou serviços, das facilidades (instalações, máquinas, recursos humanos, tecnologia, organização, materiais e outras) colocadas à disposição da fabricação ou da realização dos serviços. As bases de rateio são normalmente vinculadas a medidas de volume ligadas à produção. Não obstante os adeptos do modelo de rateio denominado de *ABC Costing* ou Custeamento por Atividades sublinharem suas virtudes, ainda é muito grande o número de empresas que se utilizam do modelo de rateio apoiado em bases de volume. Lembremo-nos de que o Custeamento por Atividades faz o rateio das despesas por atividades, em primeiro lugar, e depois faz o rateio das atividades para os custos dos produtos ou serviços. De qualquer modo, faz uso de bases de rateio. A imputação das despesas às atividades e destas para os produtos será igualmente indireta e aproximativa. A melhor determinação de custos será sempre aquela em que os custos são considerados diretos.

37. As bases de rateio mais comuns são as seguintes (atente para o fato de que estamos incluindo as "atividades" ou "transações" como uma das bases de rateio com a finalidade de abordarmos o novo critério de custeamento): unidades produzidas (ou qualquer outra relacionada a um quantitativo operacional), horas de máquina, horas de mão de obra direta, custo dos materiais, quantidades de materiais, custo da mão de obra e transações ou atividades. Existem muitas outras bases para se fazer o rateio. Tudo vai depender das características do ambiente produtivo. Cada cenário de produção é um cenário diferente. A Contabilidade de Custos vai aplicar a base (ou bases) de rateio que for mais condizente com as operações, aquela (ou aquelas) que fornecer a mais realística informação de custos e aquela (ou aquelas) que for mais útil para a análise do desempenho das operações. Estamos certos de que o Contador de Custos é bastante perspicaz para adotar a base (ou bases) que seja mais coerente com as condições específicas de cada atividade de fabricação ou de realização de serviço. Isso quer dizer que não deve haver (e nem nunca houve) uma base (ou bases) que fosse usada obrigatoriamente pela Contabilidade de Custos em qualquer ambiente produtivo. Se o ambiente produtivo é intensivo em mão de obra e o valor da mão de obra é um item relevante na estrutura dos custos de produção ou de serviços, a Contabilidade de Custos analisará o emprego da melhor base de rateio que poderá ser provavelmente qualquer uma ligada à mão de obra. No caso em que a empresa seja de capital-intensivo, em que as operações são automáticas, em que a mão de obra, embora importante, não seja relevante em termos econômicos, a Contabilidade de Custos, estamos certos, deverá, como sempre o fez, utilizar a base de volume mais coerente.

UNIDADES PRODUZIDAS OU OUTRO INDICADOR OPERACIONAL FÍSICO

38. O mais simples de todos os critérios é o que tem como base as unidades produzidas. Já vimos anteriormente que a taxa predeterminada de DIF é calculada pelo emprego de uma fração, em que o numerador é o total das DIF estimadas ou orçadas de um departamento, da fábrica como um todo, ou, então, separadas por tipo de despesa e de acordo com seu comportamento, se fixas ou variáveis. O denominador é exatamente a base de volume. A taxa predeterminada tem a seguinte forma:

DIF estimadas (departamento, ou total da atividade industrial)

Volume estimado (programado) de unidades a serem produzidas

Suponhamos que um departamento operacional tenha estimado para o mês de maio o valor de $ 30.000 como Despesas de Fabricação (incluindo despesas diretas e indiretas originadas em outros departamentos) e que, ao mesmo tempo, tenha estimado a produção de 20.000 unidades. A taxa predeterminada será de $ 30.000/20.000 unidades = $ 1,50/unidade. Se o departamento fabricou, na verdade, em maio, 19.000 unidades, então a Contabilidade de Custos aplicará ao custo dessa produção $ 28.500 (19.000 unidades × $ 1.50/unidade). Esse valor aplicado será confrontado, ao final do mês, com o valor real (suponhamos que seja de $ 31.000) e a diferença de $ 2.500 ($ 31.000 − $ 28.500) será analisada para que a administração industrial (ou mesmo do próprio departamento) tenha subsídios para exercer melhor controle sobre suas despesas e suas operações. O critério de rateio com base nas unidades produzidas é satisfatoriamente empregado em departamentos que produzem um único produto ou quando os produtos (se forem dois ou mais) tenham alguma semelhança. Nestes casos, o Contador de Custos naturalmente adotará, antes de tudo, um critério em que fará a homogeneização dos produtos para as finalidades de apropriação das despesas de fabricação comuns. Veja a fabricação de vinhos, como exemplo. A Indústria de Bebidas Ressaca fabrica quatro tipos de vinhos tintos: doce, suave, meio-seco e seco, utilizando a mesma matéria-prima principal, o vinho, comprado fora. Vamos dar números para um melhor entendimento.

Discriminação	Totais	Produtos			
		Doce	Suave	Meio-seco	Seco
Quantidade de litros a serem produzidos		1.000	1.500	2.000	2.500
Quantidade de litros de vinho (matéria-prima) a serem consumidos em cada produção	5.300	800	1.050	1.200	2.250
Valor estimado de DIF = $ 10.600					
Taxa predeterminada de DIF: $ 10.600/5.300 = 2,00/litro					
Valor das DIF Aplicadas	$ 10.600	$ 1.600	$ 2.100	$ 2.400	$ 4.500
Valor estimado de DIF por litro de produto		$ 1,60	$ 1,40	$ 1,20	$ 1,80

Outras formas de apropriação, tendo como base algum fator relacionado ao volume produzido, podem ser estudadas. Por exemplo, atribuir pesos a cada uma das unidades a serem produzidas de forma a se obter uma razoável homogeneidade entre os produtos que atenda às finalidades de apropriação das DIF. Como temos afirmado ao longo da exposição, **o contador de custos procura o critério de rateio que melhor represente o uso que cada produto faz dos recursos comuns colocados à disposição da área fabril para fabricá-los. Caso os vinhos, embora se originem de uma mesma matéria-prima, ao longo do processo produtivo, possam se tornar diferentes em termos de tempo de processamento, da quantidade e da complexidade de preparação e limpeza das máquinas e dos métodos de produção, o Contador de Custos, habilidoso e sensível, trabalhando sempre em conjunto com o pessoal técnico de fabricação, saberá adotar outro critério que melhor se adapte às condições operacionais.**

CRITÉRIO COM BASE NO CUSTO DO MATERIAL DIRETO A SER CONSUMIDO

39. O pessoal técnico de fabricação já sabe que há uma correspondência significativa entre o uso dos recursos comuns e o custo do material direto de cada produto. Mesmo assim, o contador de custos empregará instrumentos estatísticos que possam ratificar essa correspondência, ou, em termos científicos, a correlação entre as duas variáveis: custo do material direto e Despesas Indiretas de Fabricação. A aritmética continua, do mesmo modo, muito simples.

DIF estimadas do departamento (ou da fábrica) ÷
Custo estimado dos materiais diretos a serem consumidos

O contador de custos deve estar sempre atento. Os procedimentos operacionais e as características dos produtos devem ser analisados periodicamente. Suponha que um dos materiais importantes de um dos produtos, tenha, por condições transitórias do mercado vendedor, subido de preço. Enquanto perdurar esse fato, o contador de custos não poderá continuar a empregar o custo do material direto como denominador da fração que determina, de modo generalizado, na fábrica, a taxa de rateio. É preciso estudar outra forma de rateio que expurgue a influência da mudança de preço. A explicação para o cuidado é simples. Suponhamos que temos dois produtos fabricados pelo Departamento Zeta: Zinho e Zico. Pelos estudos feitos pela Contabilidade de Custos, o custo do material direto usado em cada um dos produtos é uma medida satisfatória do uso dos recursos comuns indiretos. O total das DIF tem sido, em média, igual a $ 14.000 e o custo do material direto unitário de cada produto tem sido, normalmente, de $ 1,20 e de $ 2,30, respectivamente. No mês passado, a produção foi de 1.000 unidades de Zinho e de 1.000 unidades de Zico. O custo total (só do material direto) foi de $ 1.200 e de $ 2.300, respectivamente, para Zinho e Zico. Suponhamos que as DIF reais foram de $ 14.000 no mês passado. Nesse caso, o valor das DIF atribuído a cada um dos produtos foi de:

$ 14.000/$ 3.500 = $ 4,00 de DIF para cada $ 1,00 de material direto.

Para Zinho: $ 4,00 × $ 1.200 = $ 4.800

Para Zico: $ 4,00 × $ 2.300 = $ 9.200

Os valores iguais a $ 4.800 e a $ 9.200, de DIF, para Zinho e Zico devem representar o que cada um dos produtos consome dos recursos comuns do Departamento Zeta.

Suponhamos que, no mês em curso, os preços dos materiais diretos usados pelo produto Zinho tenham subido, como consequência de um fenômeno natural, econômico, militar ou político, de natureza provavelmente transitória, mas que deve ser levado em conta.

Os nossos números são os seguintes: custo do material direto unitário para Zinho = $ 3,60 e para Zico = $ 2,40. A produção do mês foi praticamente igual à do mês passado: Zinho, 1.020 unidades e Zico, 1.050 unidades. De acordo com essas quantidades, os totais do custo do material direto para cada produto serão: para Zinho: 1.020 unidades × $ 3,60/unidade = $ 3.672; para Zico: 1.050 unidades × $ 2,40/unidade = $ 2.520. O total das DIF departamentais do mês em curso foi de $ 14.500. De acordo com a base de rateio, as DIF separadas por produto serão determinadas através de uma distribuição proporcional que leva em conta os totais dos custos de material direto de cada um dos produtos. Teremos, nesse caso:

Discriminação	Produtos		
	Totais	Zinho	Zico
Custo total de material direto	$ 6.192	$ 3.672	$ 2.520
% do material direto de cada produto em relação ao total	100,00%	59,30%	40,70%
Distribuição das DIF para os produtos com base na % de cada um	$ 14.500	$ 8.599	$ 5.901
Custo unitário de DIF: Para Zinho: $ 8.599/1.020 unidades Para Zico: $ 5.901/1.050 unidades		$ 8,43	$ 5,62

Vamos comparar os resultados referentes às operações do mês passado com os resultados alcançados no mês corrente.

Distribuição das DIF – mês passado	$ 4.800	$ 9.200
Distribuição das DIF – mês corrente	8.599	5.901

Como se vê, apesar de a produção em unidades ser praticamente a mesma (ou seja, a combinação ou mistura de produtos 1.000 e 1.000, no mês passado, e 1.020 e 1.050, no mês corrente), as parcelas das DIF de cada produto ficaram alteradas significativamente. Os resultados do mês corrente não espelham corretamente o uso dos recursos comuns pelos dois produtos.

CRITÉRIO COM BASE NO VALOR DA MÃO DE OBRA DIRETA

40. Tanto este critério quanto o próximo são baseados na mão de obra direta. Quando as operações de fabricação exigem uma grande participação da mão de obra, quando não existem equipamentos de alto custo (original, manutenção e operação) e quando as taxas salariais horárias não apresentam grandes discrepâncias, os critérios do volume de mão de obra devem ser melhor analisados para se verificar se eles estão produzindo informações que não representam a realidade. Se as condições acima não estão presentes, os critérios possuem uma boa lógica. O tempo gasto na fabricação e, consequentemente, os valores de mão de obra direta que têm relação com esse tempo, oferecem uma medida bem razoável do uso dos recursos de produção comuns (as Despesas Indiretas de Fabricação) pelos produtos que estão sendo fabricados. A maioria dos itens que formam as Despesas Indiretas de Fabricação deve ter relação com o tempo.

CRITÉRIO COM BASE NAS HORAS DE MÃO DE OBRA DIRETA

41. Este critério de alguma maneira elimina a desvantagem apontada no item 40, referente à discrepância entre as taxas salariais horárias. Como é uma medida operacional quantitativa, fica isenta dos problemas causados pelas unidades monetárias. A aritmética continua.

$$\text{Taxa predeterminada de DIF} = \frac{\text{DIF estimadas (ou orçadas) pela fábrica ou pelo departamento}}{\text{Horas estimadas de mão de obra direta da fábrica ou do departamento}}$$

O emprego desse critério obriga a Contabilidade de Custos a manter, por produto, linha de produto, serviço, processo, fase operacional ou outra unidade em que se divida a atividade produtiva, as horas de mão de obra direta. **Não custa mais uma vez lembrar que o contador de custos deverá perceber que uma base de rateio não está representando mais a realidade quando as condições operacionais não estão coerentes com o fundamento do critério de rateio. Por exemplo, quando o contador de custos notar que uma unidade relacionada à mão de obra direta não espelha o que realmente acontece nas operações quanto ao consumo pelos produtos ou atividades dos fatores comuns de produção, nos casos em que o fabrico e seu controle estejam sendo feitos de modo automático, sem o concurso preponderante do homem, como operário, ele, naturalmente, encontrará outra unidade de medida mais condizente com o novo cenário. Entretanto, qualquer medida que se relacione com o tempo de produção, ainda é muito empregada.** Apesar desse fato, sabemos que há uma tendência, por causa do emprego maciço de computadores e sistemas, de novas técnicas de produção e controle, de novas exigências do mercado em termos mundiais de produtos mais baratos e de melhor qualidade, de evolução dos ambientes industriais para situações em que há intensa automação. Inicialmente, a Contabilidade de Custos prefere usar o critério das horas de máquinas como a base mais condizente com os novos cenários. Os valores de mão de obra, porque perdem sua importância relativa, devem ser considerados como mais um item de despesas indiretas de fabricação. Façamos um pequeno exemplo para ilustrar o emprego das horas de mão de obra direta com base de rateio das DIF aos produtos (ou serviços). Os dados são os seguintes:

Despesas Indiretas de fabricação estimadas do departamento: $ 18.000;

Horas de mão de obra direta estimadas de acordo com a programação da produção para o próximo mês: 30.000 horas; Taxa predeterminada de DIF (a ser empregada na produção efetiva do mês seguinte): $ 18.000/ 30.000 horas de mão de obra direta = $ 0,60/hora de mão de obra direta;

Produção do mês: Produto Alpha = 3.000 unidades, consumindo 22.000 horas de mão de obra direta;

Produto Beta = 5.000 unidades, consumindo 14.000 horas de mão de obra direta;

Fazendo a aplicação das DIF aos produtos, pelo emprego da taxa predeterminada, teremos os seguintes custos de DIF: para Alpha = $ 0,60/hora de mão de obra direta × 22.000 horas de mão de obra direta = $ 13.200; para Beta = $ 0,60/hora de mão de obra direta × 14.000 horas de mão de obra direta = $ 8.400. O total das DIF Aplicadas no mês ($ 13.200 + $ 8.400 = $ 21.600) será comparado com as DIF Reais para efeitos de análise das operações e dos desvios. Como também em relação ao total de 30.000 horas de mão de obra direta programadas e ao total real de 36.000 horas de mão de obra direta.

CRITÉRIO COM BASE NAS HORAS DE MÁQUINA

42. A sistemática é a mesma. A Contabilidade de Custos acumula e organiza as despesas de fabricação por departamento e, se possível, por máquina ou grupo de máquinas semelhantes, que serão os centros de custos. A administração do departamento acumula as horas de máquina do departamento, da máquina ou do conjunto de máquinas. Esses dois montantes (despesas e horas) podem ser do passado, do presente ou do futuro. Para o estabelecimento da taxa predeterminada, os montantes se referem a dados de previsão. Para o custeamento dos produtos, emprega-se o montante real das horas de máquina. Para análise e controle do desempenho das operações e das próprias despesas, emprega-se o montante real das despesas de fabricação. A fração é constituída pelo seguinte indicador:

$$\text{Taxa predeterminada de DIF} = \frac{\text{DIF estimadas do departamento, da máquina ou do conjunto de máquinas}}{\text{Horas de máquina do departamento, da máquina ou do conjunto de máquinas}}$$

Este critério é aplicado nos casos em que a fabricação usa itensiva e extensivamente a máquina ou o conjunto de máquinas para realizar operações muito semelhantes e quando as despesas de fabricação são relacionadas diretamente com o uso da máquina, como despesas de depreciação, manutenção, energia. Esta base de volume está sendo amplamente empregada atualmente.

CRITÉRIO COM BASE NAS ATIVIDADES OU TRANSAÇÕES

43. As despesas de fabricação, neste caso, serão atribuídas, direta ou indiretamente, às atividades e não mais aos departamentos ou funções. As atividades fabris mais usadas são a preparação de máquinas, a programação de produção (ordens de produção), inspeções e movimentação de materiais (pedidos de compra, recepção e requisição). A quantidade de transações a ser estabelecida vai depender da importância de cada uma delas e das finalidades a serem atendidas pelo critério de rateio. As despesas de fabricação são separadas por atividade ou transação. O critério tende a oferecer informações de custos mais úteis para o planejamento e a tomada de decisões relacionadas à implantação de novos métodos de produção e de administração. O fundamento lógico do critério está na ideia de que certos itens significativos das despesas de fabricação podem não se correlacionar com o volume de atividades, que é o julgamento normal que serve de base aos critérios de rateio anteriormente analisados. O que governa esses itens de despesas, em algumas fábricas modernas, são alguns fatores (chamados de direcionadores de custos) relacionados muito mais a algumas características dos produtos e das operações de produção. Se esse fenômeno está ocorrendo, o contador de custos normalmente examinará a conveniência de alterar seus sistemas de rateio. Em resumo, o critério está amparado no conceito de que as atividades ou transações consomem os recursos comuns (as despesas de fabricação) e que os produtos ou serviços consomem as atividades ou transações. De qualquer maneira, a Contabilidade de Custos terá que estar bem organizada para praticar o rateio das despesas para as atividades e transações e o rateio das atividades e transações para os produtos ou serviços. Voltaremos a este critério mais adiante.

QUAL A MEDIDA DE CAPACIDADE A SER ADOTADA?

44. Lembremo-nos de que a taxa predeterminada de DIF é resultante de uma fração em que o numerador é o montante estimado das DIF para um determinado período e o denominador é o fator que governa as DIF. O montante do fator governante pode tomar várias grandezas. A grandeza do fator governante vai influenciar sobremaneira o montante da taxa predeterminada e esta vai influir de modo muito significativo nos custos dos produtos e dos serviços. Assim, é preciso muito cuidado ao selecionar qual a sua medida. O fator governante está intimamente ligado à medida da capacidade de fabricação ou de realização de serviços. Por exemplo, o denominador de maior clareza é formado pelas unidades produzidas. Vamos tomá-lo como nossa unidade de medida da capacidade de fabricação. Com base nas unidades produzidas, podemos imaginar algumas significativas grandezas que podem ser usadas como denominador da taxa predeterminada.

Capacidade teórica – Uma fábrica pode fabricar teoricamente 100.000 unidades por mês. Isto quer dizer que não ocorrem empecilhos. É um número ideal.

Capacidade prática – Sabendo-se que a fábrica praticamente não opera sua capacidade ideal ou teórica, a capacidade prática leva em consideração alguns empecilhos normais, como interrupções inevitáveis, reparos, os fornecedores atrasam as entregas de materiais, problemas de mão de obra e interrupções de fornecimento de algumas facilidades como energia e água. O denominador baseado na capacidade prática já é admissível para muitas finalidades.

Capacidade normal – Esta grandeza é a mais usada. Ela é resultante de um estudo de longo prazo, em que os altos e baixos de produção eventuais são eliminados, restando uma capacidade estável. Com isso, a taxa predeterminada fica, também, estável. As análises dos desvios entre as DIF Reais e as DIF Orçadas e as DIF Aplicadas são mais fáceis de entendimento e de utilidade pela gerência. A Contabilidade de Custos (e muito mais a Contabilidade, de onde procede) não pode conviver com custos de produtos mais altos e causados por medidas de capacidade que variam de um exercício para outro. Os custos dos produtos podem variar de acordo com as próprias operações e não por causa de meros denominadores de fórmulas de rateio. Aliás, essa é uma das preocupações maiores do contador de custos quando se esforça para ter uma taxa de absorção das DIF normalizadora. O emprego de taxas normalizadoras tem a vantagem de ressaltar as variações de capacidade – tanto a capacidade não utilizada como as situações em que a empresa atua em níveis menores do que sua capacidade. Este último caso só acontece quando o contador de custos usa a medida de capacidade normal ou prática.

45. O valor do numerador da taxa predeterminada também deve merecer cuidados especiais. O montante das despesas estimadas ou reais das DIF pode ser separado em despesas fixas e variáveis. Quando isso acontece, as análises das variações de DIF ficarão mais úteis para gerência. No caso em que acontecer uma substancial flutuação no nível de atividade (ou seja, na utilização da capacidade), os custos de produção ficarão mais baixos ou mais altos, exatamente por causa da parte fixa das Despesas de Fabricação. Esses resultados devem ser bem analisados. A Contabilidade de Custos deve tratar desses desvios com muita atenção. Veremos esse ponto, e outros relacionados, mais adiante, no próximo capítulo.

CRITÉRIO DO CUSTO POR ABSORÇÃO E CRITÉRIO DO CUSTO VARIÁVEL OU DIRETO

46. Quando o numerador da taxa predeterminada inclui todas as despesas de fabricação, sem se importar sejam elas fixas ou variáveis, diz-se que a Contabilidade de Custos emprega o critério do custeio por absorção. Isto é, os custos dos produtos ou dos serviços estão absorvendo todas as despesas de fabricação

Despesas Indiretas de Fabricação – Conceitos Básicos **129**

indiretas. Cumpre lembrar que o critério do custo por absorção é o critério legal, como, também, é o critério adotado pelas normas contábeis. Quando o numerador separa as DIF em fixas e variáveis, a Contabilidade de Custos poderá empregar o critério do custo direto ou variável, porque já dispõe dos dados organizados para esse fim. Esta obra somente cuidará de empregar, em seus exemplos práticos e problemas a serem resolvidos, o critério do custeio variável, a partir do momento em que necessitar apresentar o papel dos custos nos processos de planejamento e de tomada de decisões. Dissertaremos sobre a partição dos custos e das despesas de acordo com sua variabilidade diante de variáveis operacionais tomadas como referência, quando tratarmos, no próximo capítulo, do comportamento dos custos e das despesas.

TAXAS ÚNICAS DE DIF OU TAXAS DEPARTAMENTAIS

47. É aconselhavel usar sempre taxas departamentais. Entretanto, como é um procedimento dispendioso, requerendo uma boa organização dos dados físicos e monetários, o contador de custos deverá verificar se é viável o uso de taxas diferenciadas por departamento. Vejamos o que pode ocorrer.

Suponha uma empresa industrial que tem dois departamentos operacionais – Fabricação 1 e Fabricação 2 – e que fabrica dois produtos (Urbi e Orbi). Os dados operacionais e contábeis são os seguintes:

	Totais	Depto. Fabricação 1	Depto. Fabricação 2
Despesas Indiretas de Fabricação:	$ 720.000	$ 120.000	$ 600.000
Horas de máquina gastas na fabricação de uma unidade de cada produto:			
Urbi	10 h	8 h	2 h
Orbi	10 h	2 h	8 h

Unidades produzidas no mês: Urbi 10.000 unidades

Orbi 10.000 unidades

A capacidade normal de cada departamento é de 200.000 unidades.

Vamos utilizar o procedimento da taxa única. Nesse caso, a taxa predeterminada da fábrica é calculada do seguinte modo, se empregarmos como base de volume as horas trabalhadas de máquina em cada departamento e seu somatório para a empresa como um todo:

Taxa única = $ 720.000/200.000 horas de máquina = $ 3,60/hora de máquina

Aplicando essa taxa a cada uma das produções, vamos ter os seguintes custos de produção (considerando, em princípio, que só existem as despesas de fabricação):

Urbi – 10.000 unidades × (8h + 2h) × $ 3,60/hora de máquina = $ 360.000

Orbi – 10.000 unidades × (2h + 8h) × $ 3,60/hora de máquina = $ 360.000

Como se pode observar, os custos são exatamente iguais. Acontece que pelo princípio da causação, esses resultados não correspondem à realidade, pois o produto Urbi deve ter um custo bem menor que o produto Orbi porque se utiliza muito menos dos recursos comuns do Departamento de Fabricação 2, que é muito mais caro. Enquanto isso, o produto Orbi se utiliza muito mais dos recursos do Departamento de Fabricação 1, que é muito menos dispendioso.

Por aí se vê que é aconselhável o uso de taxas diferenciadas, quando as despesas de fabricação dos departamentos são bem diferentes entre si.

Vamos aplicar as taxas diferenciais.

Depto. 1 – $ 120.000/100.000 h = $ 1,20/hora

Depto. 2 – $ 600.000/100.000 h = $ 6,00/hora

Produtos:

Urbi – Depto. 1 – 10.000 unid. × 8 h/unid. = 80.000 h
Depto. 2 – 10.000 unid. × 2 h/unid. = 20.000 h

Orbi – Depto. 1 – 10.000 unid. × 2 h/unid. = 20.000 h
Depto. 2 – 10.000 unid. × 8 h/unid. = 80.000 h

Calculando os custos de DIF dos dois produtos, teremos:

Urbi – Depto. 1 – 80.000 h × $ 1,20/h = $ 96.000
Depto. 2 – 20.000 h × $ 6,00/h = $ 120.000
Total $ 216.000/10.000 unidades = $ 21,6/unid.

Orbi – Depto. 1 – 20.000 × $ 1,20/h = $ 24.000
Depto. 2 – 80.000 × $ 6,00/h = $ 480.000
Total $ 504.000/10.000 unidades = $ 50,40/unid.

TOTAL Geral $ 720.000

Despesas Indiretas de Fabricação – Conceitos Básicos **131**

Como se vê, o produto Orbi é muito mais caro do que o produto Urbi, uma vez que se utiliza mais tempo (e, consequentemente, de recursos mais caros) do departamento cujas DIF são mais altas.

Chamamos a atenção para alguns detalhes:

1. Caso usássemos a taxa única e se a quantidade total de produção do produto Urbi (por exemplo) não fosse totalmente vendida (suponhamos que tivéssemos vendido apenas 50% da produção), ficariam no estoque de produtos acabados 5.000 unidades de Urbi. Assim, estaríamos inventariando (ativando) $ 180.000 de despesas indiretas de fabricação. Era preciso analisar muito bem esses resultados, uma vez que grande parte dos itens das despesas indiretas de fabricação são itens praticamente fixos, que se repetem em cada um dos períodos (semanas, meses ou anos).

2. Caso usássemos as taxas diferenciadas e, ainda, se a quantidade total de produção do mesmo produto Urbi não fosse totalmente vendida (suponhamos ainda que tivéssemos vendido apenas 50% da produção), ficariam no estoque de produtos acabados 5.000 unidades de Urbi. Assim, estaríamos, também, inventariando $ 108.000 de despesas indiretas de fabricação. A ativação seria bem menor apenas pelo fato de que as taxas diferenciais oferecem uma melhor aproximação da realidade, no caso ilustrado acima.

3. De qualquer maneira, os lucros obtidos pelas operações seriam bem diferentes. O lucro obtido quando usamos a taxa única (no caso aqui exposto) será maior do que o lucro obtido quando usamos taxas diferenciadas, porque a ativação das despesas periódicas, fixas e repetitivas será bem maior para o primeiro caso.

4. Um critério bem mais correto, embora muito mais trabalhoso, seria identificar as despesas indiretas de fabricação mais relevantes (aqui o conceito de relevância é puramente monetário, isto é, alguns itens de despesas quando somados alcançarão um valor bem alto em relação ao total de todos os itens juntos). O contador de custos faria a análise desses itens relevantes diante das bases de volume que guardassem com eles uma melhor correlação e usaria taxas diferenciadas por item de despesa. Esse procedimento exige um trabalho de análise estatística mais profundo. No capítulo 4 do livro de nossa autoria, editado pela Editora Atlas, intitulado *Custos, planejamento, implantação e controle*, apresentamos os procedimentos utilizados para se chegar à identificação dos itens relevantes e de sua fórmula face à base de volume selecionada, através dos métodos estatísticos disponíveis e mais empregados.

5. Como afirmamos em muitos trechos deste livro e principalmente neste capítulo, foi sempre, ao longo do tempo e em vários países, uma grande preocupação dos contadores a identificação dos custos comuns e

gerais (indiretos, de fabricação) aos custos dos produtos, dos departamentos, das atividades, enfim, aos seus portadores, isto é, àqueles que se utilizam dos recursos comuns disponíveis na fabricação, excluindo os custos diretos (materiais diretos e mão de obra direta). Há atualmente uma grande "ebulição" em torno de "novos" procedimentos, que na verdade são procedimentos bem antigos, já formalizados no passado, e que já vêm sendo usados em muitos países pela Contabilidade de Custos.

6. No próximo capítulo, vamos analisar mais detidamente cada um desses procedimentos. O procedimento exposto aqui, a que chamamos de "método em cascata", fez a distribuição das despesas comuns e gerais de fabricação aos produtos pelo caminho longo. Isto é, as despesas foram identificadas ou apropriadas aos departamentos. Em seguida, as despesas dos departamentos de auxílio ou de serviços e apoio foram apropriadas aos departamentos operacionais e destes foram atribuídas aos produtos ou serviços fabricados ou realizados. Esse procedimento é muito antigo. É amplamente usado. Ele se aproxima muito do método das seções homogêneas, usado nos países da Europa continental. É preciso definir bastante bem o que são e quais são as seções homogêneas.

Outro método é denominado de método das unidades de produção. Este é muito simples. Ele pode ser usado em casos especiais em que a produção não é muito diversificada, em que os poucos produtos são semelhantes. Em resumo, o contador de custos estabelece uma unidade de medida que tenta refletir a produção dos vários produtos e dos vários departamentos, homogeneizando-os. As despesas de fabricação são, então, divididas pelo total da produção medida em termos dessa unidade-padrão. Esse quociente é então utilizado para custear todos os produtos e todos os departamentos, se necessário.

Outra forma é separar os custos comuns e gerais pelas atividades (aqui é necessário utilizar-se de bases de rateio) e em seguida apropriar os custos das atividades aos produtos ou serviços na medida em que estes se utilizam das atividades, através de indicadores denominados de "direcionadores de custos". Uma outra forma de fazer o custeio dos produtos em cenários onde as técnicas de produção são modernas, acompanhadas por técnicas de controle mais ajustadas, como é o caso, por exemplo, de ambiente JIT (*just-in-time*), é aquele que os americanos do norte denominam de *"backflushing" costing*. Esse procedimento de custeio é aplicado, principalmente, para a determinação dos custos dos materiais, nos casos em que o ciclo de produção é muito curto, em que não existem estoques.

Artigos e livros, entre antigos e mais novos, que se dedicam ao estudo desses procedimentos são os seguintes:

Despesas Indiretas de Fabricação – Conceitos Básicos **133**

a) LAWRENCE, H. Hammer; WILLIAM, K. Carter; USRY, Milton F. *Cost Accounting*. 11. ed. Cincinati: South-Western, 1994.

A obra trata do procedimento *backflushing costing* em seu Capítulo 10 e também trata, com alguma extensão e profundidade, o procedimento denominado de *Activity-Based Costing* (Custeio ABC) no Capítulo 14. E apresenta os modelos tradicionais de apropriação dos custos comuns gerais (despesas indiretas de fabricação) nos Capítulos 12 e 13.

b) ALLORA, Franz. *Engenharia de custos técnicos*. São Paulo: Pioneira, 1985.

Esta obra é muito didática. Apresenta os diversos tipos de apropriação dos custos comuns e gerais, através de exemplos simples, chamando a atenção para as vantagens e desvantagens de cada um dos procedimentos. A finalidade última da obra é apresentar o Sistema das Unidades de Produção.

c) MARGERIN, Jacques; AUSSET, Gérard. *Comptabilité analytique – outil de gestion, aide à la decision*. 5. ed. Paris: Editions d'Organisation, 1984.

Na terceira parte da obra, seus autores apresentam os vários procedimentos para a apropriação dos custos gerais e comuns de fabricação. No item 3.4, analisam em profundidade o sistema de custos por seções homogêneas, que é o sistema aprovado pelo Novo Plano Contábil Francês.

d) KLAUSER, Ludwig J. M. *Custo industrial*. São Paulo: Atlas, 1960.

A obra apresenta o sistema denominado de "Mapa de Localização de Custos". O procedimento é semelhante ao custo das seções homogêneas e ao procedimento divulgado pela maioria dos livros norte-americanos baseados no critério do custeio por absorção. Este é o critério que fundamenta os exemplos deste nosso capítulo.

e) Artigos do professor Carlos Antonio De Rocchi, da Universidade Federal de Santa Maria, no Estado do Rio Grande do Sul. Trabalhos publicados na *Revista de Contabilidade do Conselho Regional de Contabilidade do Rio Grande do Sul*. Os trabalhos tratam dos sistemas de custeio antigos (RKW, Mapa de Localização de Custos e Unidades de Produção) e "novos", como o Custeio ABC.

f) Artigos do professor Dr. Olivio Koliver, da Universidade Federal do Rio Grande do Sul, apresentados na *Revista de Contabilidade do Conselho Regional de Contabilidade do Rio Grande do Sul*. Os trabalhos desenvolvem temas ligados à apropriação dos custos indiretos, dos próprios conceitos de custos indiretos, dos "novos" modelos de custeio, principalmente o custeio ABC.

5

Despesas Indiretas de Fabricação – Análise e Controle

OBJETIVOS DO CAPÍTULO

Este capítulo tem vários objetivos. Todos relacionados à melhor compreensão da natureza das despesas indiretas de fabricação. Uma das finalidades do capítulo é continuar o que estudamos no capítulo precedente. A análise e o controle das despesas indiretas de fabricação por si só já são úteis aos diversos níveis gerenciais. Muito mais significativos em termos de entendimento do que está ocorrendo nas operações são os usos que a Contabilidade faz dos resultados da análise. Esse é um dos pontos básicos do capítulo.

Outro objetivo é mostrar o que são os métodos estatísticos de análise das despesas indiretas de fabricação consideradas como despesas mistas (parte variável e parte fixa), como esses métodos são empregados, quando devem ser empregados, quais as hipóteses a eles subjacentes, e como o desenvolvimento de sua execução é ajudado enormemente pelos computadores e outros instrumentos de cálculo. O capítulo objetiva apresentar, de forma mais didática do que profunda, o método dos mínimos quadrados (a regressão linear simples) e, principalmente, o significado de cada um dos indicadores apresentados nos relatórios de computador, quando se usam os diversos aplicativos disponíveis.

O QUE ESTUDAMOS NO CAPÍTULO ANTERIOR

1. Já vimos o que são as Despesas Indiretas de Fabricação. É preciso lembrar sempre que essas despesas representam o consumo de uma variedade de recursos de fabricação que está à disposição do pessoal de produção. Portanto, são várias despesas. Além disso, muitas delas, uma vez que se referem ao consumo de re-

Despesas Indiretas de Fabricação – Análise e Controle **135**

cursos de estrutura, são comuns às várias atividades operacionais (atividades, departamentos, produtos e serviços), são indiretas e repetitivas, isto é, no próximo período elas acontecem de novo.

Estudamos como essas despesas são reunidas, como elas são calculadas, como são contabilizadas, como são apropriadas aos objetos de custeio (através de taxas predeterminadas e de critérios de rateio) e como as variações entre as DIF reais e as DIF aplicadas são dispostas pela Contabilidade, dependendo se são relevantes ou não. "Um dos maiores problemas na estimação dos custos – para atender ao estabelecimento dos preços de venda e de avaliação dos estoques – é encontrar um modo lógico e confiável de apropriar as despesas indiretas aos produtos." (Veja Hirsch, 1988:79)

Entretanto, até agora não separamos as Despesas Indiretas de Fabricação em fixas, variáveis e mistas. Como consequência, não separamos as despesas mistas. (Despesas mistas são as despesas que têm uma parte variável e uma parte fixa – exemplo: as despesas de manutenção.) A atividade de manutenção tem sempre uma estrutura a que podemos chamar de "pronta-para-servir", ou PPS. Essa estrutura realiza despesas. Estas despesas são, portanto, despesas fixas, que são repetitivas, que ocorrem dentro de cada período, mesmo que a atividade de manutenção não tenha realizado nenhum serviço. Um mínimo de organização é necessário ou uma quantidade mínima de recursos deve estar sempre disponível, a fim de ser consumida para atender às condições PPS. Além deste mínimo, que é fixo, as despesas vão variar na medida em que há alguma atividade. Veja o exemplo muito simples de um cursinho de vestibular. O Curso Dirigido. Este curso foi instalado para dar uma boa revisão em Biologia, Física-Química e Matemática, três áreas muito procuradas pelos estudantes. Cada uma das áreas tem sua própria administração, formada pelos respectivos professores-especialistas. Cada administração preparou sua programação, em termos de quantidade provável de candidatos que vão se inscrever. A administração geral do Curso Dirigido, com base nessa programação, adquiriu e contratou recursos que serão utilizados indistintamente pelas três áreas. E cada área vai consumir recursos adicionais na medida em que a atividade se desenvolve. O quadro a seguir oferece os dados físicos e monetários da atividade desenvolvida durante os três meses de preparação anteriores ao período do vestibular.

| | Curso Dirigido | | | |
| | Dados físicos e monetários de out./nov./dez. | | | |
	Total	Biologia	Física-Química	Matemática
Programação em termos de número de alunos	1.000	200	300	500
Recursos fixos e comuns adquiridos e contratados pelo Curso	$ 80.000	–	–	–
Recursos gerais consumidos na medida em que as atividades se desenvolveram	$ 100.000	–	–	–
Quantidade real de alunos	1.200	360	240	600

Uma outra informação muito importante: O Curso Dirigido tinha a seguinte tabela:

Para a área de Biologia: $ 200,00 por aluno.

Para a área de Física-Química: $ 180,00 por aluno.

Para a área de Matemática: $ 180,00 por aluno.

Ao final do trimestre, a Administração Geral quer saber, por áreas, quanto foi o lucro total e individualizado, considerando que as despesas foram somente as que estão registradas no quadro anterior.

É preciso fazer uma apropriação das despesas. As despesas fixas somaram $ 80.000. Estas devem ser apropriadas de acordo com a programação que cada coordenação fez em sua área. Isso é lógico. O curso adquiriu e contratou os recursos comuns com base nas informações dadas pelas respectivas áreas. As áreas teriam que cumprir o que programaram, em termos de alunos.

As despesas que aconteceram depois, na medida em que as atividades se desenvolveram, devem ser distribuídas de acordo com o número real de alunos, pois os recursos adicionais aconteceram por causa dessa quantidade de alunos.

Vamos fazer o cálculo das despesas:

| | Curso Dirigido | | | |
	Total	Biologia	Física-Química	Matemática
Recursos comuns	$ 80.000	$ 16.000	$ 24.000	$ 40.000
Recursos adicionais	$ 100.000	30.000	20.000	50.000
Total	$ 180.000	$ 46.000	$ 44.000	$ 90.000
Quantidade real de alunos	1.200	360	240	600
Despesa por aluno (arredondada)	$ 150,00	$ 128,00	$ 183,00	$ 150,00
Preço da matrícula		$ 200,00	$ 180,00	$ 180,00
Lucro por aluno		$ 72,00	($ 3,00)	$ 30,00

Como se pode notar, uma vez feita a apropriação das despesas, levando em conta as despesas fixas (relacionadas à condição PPS), área de Física-Química deu um prejuízo "inesperado" de $ 3,00 por aluno.

Em virtude desse fato e de muitos outros, vamos, neste capítulo, verificar como as despesas indiretas de fabricação devem ser classificadas de acordo com seu comportamento diante de unidades de volume, ou de atividade, tomadas como referência e como os desvios da realidade em relação à estimação são analisados e determinam quais as causas desses desvios para poder melhor informar à administração o que está ocorrendo em relação ao desempenho operacional.

DESPESAS INDIRETAS DE FABRICAÇÃO DEPARTAMENTAIS

2. No capítulo anterior, conseguimos estabelecer uma taxa única para toda a empresa, ou departamentais, das despesas indiretas de fabricação. A partir deste ponto, vamos considerar que as despesas de fabricação já foram separadas por departamento. Estudaremos apenas um departamento.

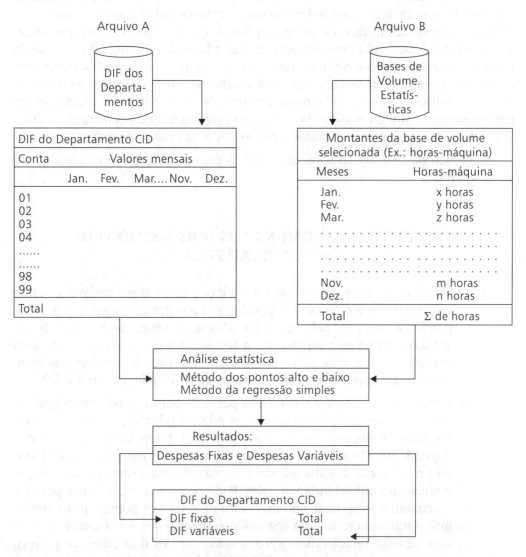

Figura 5.1 *Esquema do uso dos métodos de separação.*

Os passos básicos são os seguintes: (a) relacionar, mês a mês (período a período), todas as despesas indiretas do departamento; (b) classificar as despesas pela sua relevância monetária; (c) analisar o total das despesas relevantes, de cada mês, em relação a uma base de volume geral para o departamento, em cada mês, no sentido de descobrir o comportamento do total das despesas face à variação dessa base de volume (tal procedimento pode ser usado, mas cumpre dizer que é muito difícil definir-se um comportamento, total e único, que possa ser de alguma utilidade; é aconselhável que se estabeleçam taxas para cada uma das despesas consideradas relevantes); (d) o total das despesas, em geral, tomará a forma de uma relação matemática quanto à base de volume selecionada; (e) a fórmula matemática indicará a parte fixa das despesas indiretas e a parte variável dessas despesas, tudo em comparação com a base de volume; (f) de posse da fórmula (que será sempre revisada para se verificar se as condições permanecem as mesmas), o contador de custos poderá analisar o comportamento do total das despesas indiretas e passar a fornecer informações mais úteis à gerência do departamento, incluindo a análise das variações provenientes do confronto entre as DIF, calculadas por meio da fórmula, com as DIF que realmente ocorreram.

O gráfico da Figura 5.1 apresentou de forma visual a rotina que acabamos de descrever.

CONSIDERAÇÕES COMUNS AOS DOIS MÉTODOS DE ANÁLISE ESTATÍSTICA

3. a) Qualquer análise que se faça da relação entre duas variáveis, sendo uma considerada como independente e a outra considerada como de pendente, começa pela colocação das duas séries de pontos em um gráfico cartesiano. Não importa a técnica que esteja sendo usada para predizer as despesas, o gráfico de dispersão (que é o gráfico que estamos mencionando) é um instrumento de análise imprescindível.

b) Dependendo da figura que os dois pares de pontos produzirem graficamente, o contador pode deduzir que há uma relação considerável entre a variável independente e aquela que ela influencia, que é a variável dependente. Ou que não há nenhuma relação. Nesse caso, o contador terá que procurar, entre as bases de volume mais comuns, qual a que pode ser a variável independente. Pode acontecer que a figura permita ao contador empregar não mais este método dos pontos alto e baixo, mas o outro método – da regressão simples – que é bem mais exato e oferece uma relação mais aproximada entre os dois pares de pontos, mesmo que a série de pares de pontos não esteja *sobre* uma linha reta, mas que esteja *em torno* de uma linha reta.

c) Caso haja uma relação razoável, do ponto de vista do contador de custos, entre a variável que ele tomou como base (a variável independente, que está governando a variável dependente) e a variável, no caso o item de despesa de fabricação, que ele quer analisar, o contador poderá prosseguir, empregando ou o método dos pontos alto e baixo ou o método dos mínimos quadrados (que é a regressão simples). O conhecimento da origem dos termos é crucial para o entendimento dos méto-

Despesas Indiretas de Fabricação – Análise e Controle **139**

dos estatísticos. Aliás, conhecer os motivos que levaram os especialistas a batizar elementos, métodos, sistemas e processos, princípios, critérios e convenções em qualquer ciência, principalmente aplicada, é "gênero" de primeira necessidade para qualquer estudioso dessa ciência.

d) Se os pontos relacionados a cada par de observações (no caso, as observações seriam a base de volume escolhida para servir de variável independente e o item de despesa que está sendo analisado no sentido de separá-lo em duas partes – a fixa e a variável) estiverem sobre uma linha reta ou muito próximos de uma linha reta fictícia, segundo julgar o contador de custos, ou o estatístico que estiver auxiliando na análise, possibilidade de ajuda técnica que deve ser sempre considerada (Horngren, 1972:821), é normal o emprego do método dos pontos alto e baixo. Muito embora se reconheça que o método ofereça resultados aproximados da realidade, que vai depender consideravelmente da posição dos pontos intermediários.

e) Mesmo que os pontos não estejam muito próximos de uma linha reta fictícia, mas, pelo seu julgamento, o contador de custos achar que há uma razoável relação que seja útil para a análise e que os resultados sejam confiáveis, ele pode empregar o método dos mínimos quadrados. A Estatística já desenvolveu artifícios que cercam de confiabilidade os resultados obtidos pelo emprego do método dos mínimos quadrados. O contador de custos deve conhecer esses artifícios. Mesmo que não saiba seus fundamentos científicos e nem saiba como empregá-los, o contador de custos deve saber como usar as informações que eles proporcionam.

f) Em capítulo anterior, neste livro, nós já definimos o que são custos variáveis, custos fixos e custos mistos (ou seja, custos semivariáveis e custos semifixos). As despesas indiretas de fabricação, que estamos analisando agora, podem ser classificadas, do mesmo modo, em despesas fixas, variáveis e mistas. Os conceitos anteriores se ajustam com perfeição aos conceitos de despesas fixas, variáveis e mistas. As ideias mais importantes, que devem ser sublinhadas, são as seguintes: (1) o comportamento das despesas (como também dos custos) deve ser considerado "dentro de uma faixa especial de volume" e (2) o comportamento das despesas (e dos custos) deve ser considerado "dentro de um período de tempo definido".

g) O que quer dizer "uma faixa especial de volume"? Tanto as despesas fixas como as despesas variáveis observam um comportamento definido dentro de uma faixa especial de volume. "Volume" significa a medida da base, ou da variável independente, que foi tomada como referencial. Suponhamos que uma determinada fábrica, ou um departamento dentro dessa fábrica, opere normalmente dentro de uma faixa de sua capacidade de 30.000 a 80.000 unidades. As despesas de fabricação, e bem assim todos os seus custos de produção, quando analisadas, revelarão um comportamento bem definido dentro dessa faixa de volume de atividade. Se a fábrica, ou o departamento, produzir abaixo de 30.000 unidades ou acima de 80.000 unidades, o comportamento dos custos e das despesas poderá ser diferente. Portanto, para chegar a um resultado confiável, é necessário que se estude o comportamento de qualquer despesa (ou custo) dentro de um intervalo específico do volume da base (ou variável) que foi selecionada. Muitos exemplos podem ser apresentados. Numa escola, que é uma atividade que todos conhecem muito bem, a variável que será tomada como base para a análise de suas despesas será o número de alunos-hora. Isto é, a quantidade de alunos multiplicada pelo tempo que cada aluno passa dentro da escola. A escola pode ter uma capacidade ideal de 30.000 alunos-hora: que tanto pode ser 300 alunos que passam, em média, 100 horas cada um, por mês, na escola, como 500 alunos que passam 60 horas cada um dentro da escola. Ou uma outra combinação qualquer dessas duas quantidades. A escola, na prática, tem disponíveis recursos (em termos de materiais, espaço, equipamentos, mão de obra, instalações, facilidades, organização e tecnologia) suficientes para atender de 0 a 25.000 alunos-hora. Acima de 25.000 alunos-hora, é muito difícil trabalhar por causa da demanda normal. Caso se chegue a trabalhar com um volume acima dessa capacidade, imediatamente a escola terá que conseguir recursos adicionais e, sobretudo, eventuais. Com isso, o montante de suas despesas alcançará níveis inconstantes. Abaixo de 5.000 alunos-hora, a escola não poderá jamais chegar, pois trabalhará "no vermelho", isto é, terá prejuízo. Ela terá que reduzir custos e despesas. Espera-se que seja uma situação passageira. Portanto, seus custos e despesas terão montantes irregulares. A faixa correta para se analisarem os custos é a faixa em que há normalidade nas operações. No caso da escola, será de 5.000 a 25.000 alunos-hora. O que acontece com a escola, acontece com outras unidades industriais e de prestação de serviços, tais como laboratórios, estaleiros, gráficas, hospitais, hotéis, restaurantes, empresas de consultoria e tantas outras. Essa preocupação terá o contador de custos caso esteja ele adotando qualquer um dos critérios conhecidos de custeio. Se o contador de custos, por força de solicitações dos níveis gerenciais, tiver que analisar o comportamento dos custos e das despesas, diante de níveis de fabricação de produtos ou de realização de serviços, de níveis de trabalho de departamentos ou de atividades, ele deverá definir ou conhecer os intervalos normais onde se realizam a fabricação, os serviços e os trabalhos dos departamentos e das atividades, medidos por unidades de volume estabelecidas. Verifique a Figura 5.2 que serve para visualizar o que foi tratado nos parágrafos anteriores, a respeito da "faixa de volume" ou do "intervalo relevante de volume".

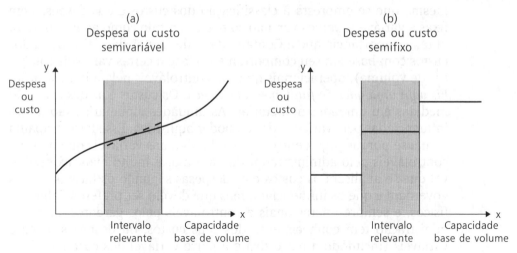

Figura 5.2 *Intervalos relevantes.*

h) O que quer dizer "um período de tempo determinado"? Essa expressão só se relaciona com as despesas (ou custos) fixas. As despesas fixas (ou a parte fixa das despesas mistas) referem-se a um certo período de tempo. Porque elas podem mudar, em seu total, de um período para outro. Vamos supor que estejamos analisando as seguintes despesas: IPTU (Imposto Territorial Urbano), Seguro dos Equipamentos e das instalações fabris e o contrato de manutenção dos equipamentos feito com uma empresa especializada. Durante o ano X1, a empresa pagou $ 10.000 pelo IPTU, $ 12.000 como prêmio de seguros e $ 6.000 pelo contrato de manutenção. Para o ano X2, o IPTU aumentou para $ 12.000, os seguros aumentaram para $ 13.000, mas o contrato de manutenção baixou para $ 5.500. Como se pode ver, os montantes das despesas de X2 não são iguais aos montantes do ano X1. O contador de custos deve prestar muita atenção às despesas (ou custos) que, apesar de fixas em um determinado período, podem mudar de valor em um outro período. O quadro a seguir mostra os dados anteriores de forma organizada.

	Ano X1	Ano X2
IPTU	$ 10.000	$ 12.000
Seguro dos equipamentos	12.000	13.000
Contrato de manutenção	6.000	5.500

i) Por que é tão importante analisar as despesas mistas para saber quanto é sua parte fixa e quanto é sua parte variável? A importância é a mesma que se empresta à classificação dos custos e das despesas em fixas e variáveis. Vamos ver, não só neste capítulo como ao longo desta obra, a importância que a Contabilidade de Custos dá à dicotomia dos custos com base em seu comportamento face a certas variáveis (ou bases de volume), operacionais que são controláveis pela administração. *Eis aqui uma questão fundamental e lógica.* Os custos e as despesas são medidas em unidades monetárias. As unidades monetárias são muito influenciadas pela variação de seu poder aquisitivo. Esse fato atrapalha a análise porque joga dentro do estudo algumas variáveis que não são controláveis pelo administrador da empresa. É muito mais aconselhável que se analisem os custos e as despesas segundo os fatores que os governam e que os influenciam, mas que devem ser preferencialmente físicos, e sempre operacionais e controláveis pelos gerentes. Se a administração tem conhecimento dos seus custos, ou despesas, fixos e variáveis (incluindo a parte fixa e a parte variável dos custos mistos) e dos fatores governantes que os comandam, ela terá condições especiais para montar indicadores de gestão, ou informações gerenciais, que a ajudarão a desincumbir-se com maior eficácia e eficiência de suas funções. Essas funções são distintas. Nós podemos classificá-las em três grandes grupos: (a) fazer previsões com base em fundamentos lógicos, (b) tomar decisões em bases racionais e (c) estudar o desempenho da empresa, de departamentos, processos ou atividades, alicerçada em informações confiáveis. Uma outra lista de funções gerenciais que se socorrem das informações produzidas pela divisão das despesas (ou custos) em fixas e variáveis, incluindo a análise das despesas mistas, para serem realizadas em sua plenitude, é a seguinte: (1) estabelecer as taxas predeterminadas e proceder às análises das variações; (2) preparar os orçamentos flexíveis e respectivas análises; (3) empregar o sistema de custeamento variável e usar a contribuição marginal; (4) realizar as análises do ponto de equilíbrio e estudar as relações custo-volume-lucro; (5) fazer análises dos custos diferenciais; (6) preparar informações para decisões de curto prazo; (7) fazer a análise de investimentos em ativos de longa duração; (8) analisar a rentabilidade das atividades comerciais por territórios, por clientes, por produtos ou linha de produtos.

MÉTODO DOS PONTOS ALTO E BAIXO

4. No desenvolvimento do exemplo prático que vamos apresentar, o leitor saberá por que o método tem esse nome. O método também pode ser denominado de método "dos custos extremos". (Veja Wajchman, 1982:12.)

Vamos imaginar um exemplo que tem relação com a atividade de compras. O contador de custos suspeita que as despesas da atividade de compras guardam forte relação com a quantidade de pedidos de compras. Ele colhe nos registros contábeis e nos registros estatísticos (todos certamente transformados em arquivos de computador) os seguintes dados para os primeiros sete meses do período X1:

Dados colhidos nos arquivos contábeis e estatísticos

Meses Primeiro período de X1	Quantidade de pedidos de compras	Despesas da atividade de compras
Janeiro	130	$ 310
Fevereiro	100	220
Março	105	250
Abril	140	320
Maio	135	320
Junho	90	230
Julho	120	280

Seguindo a orientação apresentada neste capítulo, o contador de custos deverá verificar se a suspeita tem algum sentido. Ele fará o gráfico cartesiano (Figura 5.3), onde colocará os pares de pontos.

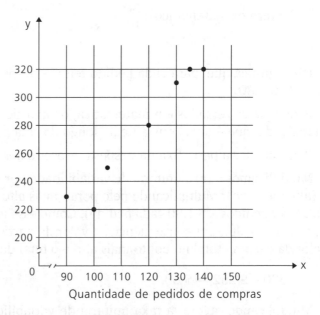

Figura 5.3 *Relação entre quantidade de pedidos e despesas da atividade.*

O contador de custos tinha razão. Os pares de pontos estão muito próximos de uma linha reta presumida. Isso significa que há uma razoável relação entre a quantidade de pedidos e as despesas da atividade de compras.

Em termos matemáticos, pode o contador de custos determinar a fórmula que representa a linha reta presumida. Nada mais é do que a equação dessa linha reta.

Vamos pegar os pontos alto e baixo:

	Quantidade de pedidos	Despesas da atividade
Ponto mais alto	140	$ 320
Ponto mais baixo	90	230
Diferenças	50	$ 90

Significa que, enquanto a quantidade de pedidos aumenta, a despesa da atividade de compras também aumenta. O aumento é de $ 90.

Tendo em vista esse resultado, podemos fazer a seguinte **regra de três**:

Para um aumento no número de pedidos de 50, houve um aumento nas despesas de $ 90; então, para um aumento de 1 pedido, haverá um aumento nas despesas de $ x.

$$\text{Em termos matemáticos: } \frac{50}{90} = \frac{1}{x} \qquad x = \frac{90}{50} = 1,80$$

Isso significa que, para cada pedido feito, a despesa da atividade de compra cresce de $ 1,80.

Para aqueles versados em matemática, o valor de $ 1,80 é a taxa unitária de variabilidade, que é uma constante ao longo da reta presumida ou fictícia.

Para calcular a parte fixa da despesa, procedemos da seguinte forma:

Multiplicamos a taxa unitária de variabilidade por qualquer um dos dois pontos (alto ou baixo). Multiplicando pelo ponto mais alto, encontraremos o valor de $ 252 (140 pedidos × $ 1,80 cada pedido). Como esse valor é a parte total variável no ponto mais alto, por consequência, o valor da parte fixa será a diferença entre o valor da despesa total no ponto mais alto e o total da parte variável.

$ 320 – $ 252 = $ 68.

Multiplicando, agora, a taxa unitária de variabilidade pelo ponto mais baixo teremos o valor de $ 162 (90 pedidos × $ 1,80 cada pedido). A parte fixa da despesa será encontrada diminuindo esse valor do total das despesas no ponto mais baixo.

$ 230 – $ 162 = $ 68.

Despesas Indiretas de Fabricação – Análise e Controle   **145**

Como se pode notar, em ambos os casos, o valor fixo é sempre o mesmo. Não poderia deixar de ser, pois estamos supondo que os pontos alto e baixo pertencem à mesma linha reta, cuja taxa de variabilidade (ou em matemática: o coeficiente angular da reta) é de $ 1,80.

A equação da linha reta suposta, ou a fórmula da despesa da atividade de compras quando tomada em relação à variável "quantidade de pedidos", é a seguinte:

Despesa da atividade de compra = $ 68 + $ 1,80 × quantidade de pedidos.

Esse exemplo considerou, como um todo, as despesas da atividade de compras, mas poderíamos descer a detalhes, considerando cada um dos itens relevantes que compõem aquele total. Com certeza, teríamos que selecionar para cada item de despesa sua base de volume que indicasse uma razoável correlação. Poderia até mesmo ser a quantidade de pedidos.

Vamos supor que a gerência estivesse preparando o orçamento das despesas de fabricação para o mês de agosto de X1. Ela teria que, no caso das despesas da atividade de compras, estimar o número provável de pedidos para o mês de agosto de X1. Por hipótese, a atividade de compras estimou 125 pedidos.

Aplicando a fórmula, ou a lei que governa as despesas com base no número de pedidos, teríamos:

Despesa ao nível de 125 pedidos = $ 68 + $ 1,80 × 125 = $ 225.

Portanto, teríamos conseguido **fazer uma previsão dentro de bases lógicas**.

Mais adiante, quando procedermos a uma análise mais apurada das variações entre as despesas estimadas, as despesas aplicadas e as despesas reais, vamos verificar, na verdade, a importância da determinação da parte variável e da parte fixa das despesas de fabricação mistas.

O contador de custos deve estar alerta com relação às fraquezas do método dos pontos alto e baixo. Ele, na verdade, traduz a realidade quando todos os pontos caem com exatidão sobre a linha reta. Não sendo assim, é aconselhável que se levem em conta suas debilidades. O exemplo apresentado é revelador. Apesar de contarmos com sete pares de dados, o método leva em consideração apenas dois pontos, afirmando que eles traduzem o comportamento total dos custos diante do parâmetro, dentro de sua faixa efetiva de volume. Fora da faixa efetiva de volume, o comportamento pode não ser o mesmo. Mas, mesmo dentro da faixa efetiva de volume, pode não acontecer como mostra o método dos pontos alto e baixo. Os pontos que estão entre os pontos alto e baixo, de acordo com o gráfico, mostram que eles não estão em cima da linha reta teórica (suposta ou ajustada). O ponto decorrente do encontro das observações 100 pedidos e $ 220 está distante da linha reta. O método dos pontos alto e baixo, assim, parece ter as mesmas desvantagens da média de dois pontos. Em caso de dúvida, é aconselhável que o contador de custos use o método dos mínimos quadrados. Este método já foi muito trabalhoso. Agora, com o uso extensivo dos micros, a aplicação do método tornou-se muito fácil.

MÉTODO DOS MÍNIMOS QUADRADOS

5. Mais adiante, neste mesmo item, vamos mostrar por que o método é denominado de "mínimos quadrados" e por que a chamada "linha de regressão simples" se baseia nele. Entendendo esses motivos, ficaremos conhecendo muito mais a lógica dessa técnica, que é empregada com frequência. Em essência, o que o Contador e o Administrador querem é estabelecer um modelo que lhes diga, com relativa confiança, qual será o valor de uma despesa num futuro próximo, levando em conta o valor de uma variável (que, às vezes, tomaremos a liberdade de chamar de "parâmetro", apenas atendendo a necessidades didáticas) operacional, controlável e mais fácil de determinar-se.

O exemplo mostrado explica o "método dos pontos alto e baixo" – quantidade de pedidos de compras (a variável operacional, controlável, fácil de determinar, ou o "parâmetro") e as despesas de atividade de compras, que são a outra variável, no caso a variável dependente (ela varia de acordo com a variação da quantidade de pedidos de compras). O fato é que o método dos pontos alto e baixo não nos dá uma confiança razoável, quando os pontos não estão muito próximos da linha reta teórica. A regressão simples nos permite encontrar uma aproximação melhor para a reta teórica. Veremos, mais adiante. Portanto, diante dessa ideia, podemos dizer que a regressão exprime relações passadas através de uma fórmula que será usada para prever despesas futuras (Corcoran, 1978:47). De qualquer modo, estamos vendo que, ainda como os demais métodos, a "regressão linear simples" está baseada em observações ocorridas. É muito importante que o Contador de Custos analise essas observações para ajustá-las, eliminando, sempre que puder, aquelas observações que "poluem", porque são resultados de condições operacionais atípicas. Por exemplo: paradas na fábrica por causa de falta de energia, de greves, de falta de matéria-prima, da aquisição de materiais que apresentam defeitos ou que estão fora das especificações dos pedidos e muitas outras situações que torcem os "parâmetros".

6. A ideia básica da linha de regressão linear simples é achar a reta que melhor aproxima os pares de pontos observados. Pelo método dos mínimos quadrados, encontramos a reta que minimiza a soma dos quadrados das diferenças entre as observações realizadas e os pontos correspondentes que estarão sobre a reta. Não se assuste, leitor, com essas afirmações. O importante é não desanimar. Vá em frente. Parece complicado, mas o leitor vai ver que não é; é muito fácil.

Voltemos ao exemplo numérico que usamos quando apresentamos o "método dos pontos alto e baixo". Vamos desenhar de novo o gráfico (Figura 5.4), desta vez, aumentando-o para melhor visualizar o que estamos querendo mostrar.

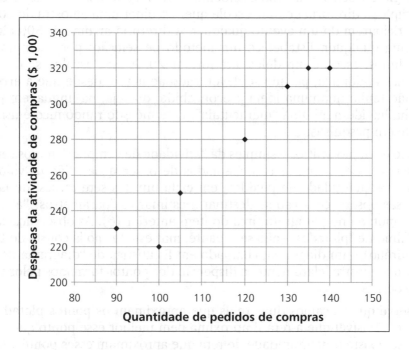

Figura 5.4 *Relação entre quantidade de pedidos e despesas de atividade.*

De acordo com o que está exposto, é fácil verificar que parece haver uma razoável relação entre "a quantidade de pedidos de compras" e "as despesas da atividade de compras". Recordando: a quantidade de pedidos de compras é a variável independente (também chamada "explicativa"), ou seja, é a variável que parece influenciar ou determinar as despesas da atividade de compras, as quais, daí, constituem o que denominamos de variável dependente. Dizemos, ainda, que a despesa da atividade de compras é uma **função** da quantidade de pedidos de compras. De forma simbólica, os matemáticos escrevem Y = f(x), onde no nosso estudo Y é uma função linear ou afim.

Note que estamos sempre enfatizando que **parece haver uma relação** entre as variáveis. Sabemos que podem existir outras variáveis independentes, que estão determinando o comportamento da variável dependente. Assim, os estatísticos preferem adicionar um outro termo aleatório ou randômico na equação: Y = a + b × + e, onde o termo "e" é o termo randômico, que está ali para indicar que podem haver outros fatores que influenciam Y, por obra do acaso. Esse termo representa, em linguagem estatística, as contribuições não controláveis, aleatórias, frutos do acaso, ou seja, "e" é uma variável aleatória que, provavelmente, terá uma distribuição normal. Aleatório, no Dicionário, significa tudo que é dependente de acontecimentos futuros e incertos, tudo que está sujeito ao acaso, tudo que é contingente, fortuito, casual. A palavra *random* origina-se da língua inglesa e seu significado é semelhante à ideia do nosso termo "aleatório". Por exemplo, a diretoria de uma escola quer escolher uma amostra de 20 alunos para participarem de um evento qualquer. A diretoria arruma os 500 alunos de uma forma qualquer. Estabelece um método de seleção: por exemplo, de 25 em 25 alunos, escolhe um deles, até formar 20. A essa escolha se dá o nome de escolha randômica, porque se deveu tudo ao acaso, desde que a arrumação inicial não tenha nenhuma ideia preconcebida, ou seja, na linguagem popular, não tenha havido nenhuma "maracutaia". Esse método randômico é usado amplamente em pesquisas.

7. No exemplo prático e simples da "atividade de compras", temos sete pares de números. Esses números são chamados de observações. São os valores das despesas e a quantidade de pedidos, em cada um dos sete meses, de janeiro a julho. Essas observações vão se destinar a estimar os "parâmetros" "a" e "b" da equação anotada no parágrafo final do item anterior (6). As observações devem ser inicialmente "plotadas" (não se espante, mas este termo já consta do Dicionário do Aurélio) num diagrama, chamado em Estatística de "diagrama de dispersão", porque mostra, claramente, a dispersão dos pontos formados pelos pares de observações.

Observe que traçamos duas retas que aproximam os pontos plotados anteriormente. É visível que a reta B aproxima bem melhor esse ponto que a reta A. Como essa, existe uma infinidade de reta que aproximam esses pontos. Algumas bem próximas dos pontos, outras nem tanto. O que buscamos é a reta que melhor aproxima esses pontos. E essa reta é obtida pelo método dos mínimos quadrados. Uma vez tendo essa reta e a expressão matemática que a define, teremos a função linear (ou afim) que melhor retrata o comportamento das despesas da atividade de compras a partir da variável quantidade de pedidos de compra.

O método dos mínimos quadrados funciona da seguinte forma: tomemos por base a reta B. Entre cada ponto observado e a reta existe uma distância chamada de erro, que denotaremos por "e". O mesmo pode ser feito para a reta A e, claramente, perceberemos que as distâncias – os erros – são de maior tamanho. É intuitivo pensarmos em ter uma reta que faça com que a soma dos erros seja a menor possível, isto é, seja o mínimo possível. No entanto, analiticamente, como os erros para baixo da reta são tidos como negativos, e os erros para cima da reta, como positivos, a soma dos erros negativos e positivos seria nula. Por isso, devemos usar a soma dos quadrados dos erros: com esse procedimento, os erros negativos são positivados e os erros positivos continuam positivos. Assim, se Σe^2 for pequena, a reta estará mais próxima dos pontos observados do que se Σe^2 for grande. Quanto menor essa soma, mais próxima dos pontos observados estará a reta.

O que se faz, então, como dissemos, é somar o quadrado das diferenças (dos erros "e"). Essa soma tem que ser mínima (e é sempre positiva). Os parâmetros "a" e "b", que identificam a reta que passa por uma região em que a soma dos quadrados das diferenças é mínima, são os parâmetros que se deseja determinar. Em suma, toda essa explicação é para mostrar que o objetivo final em estimar a reta de regressão é descobrir os valores dos parâmetros "a" e "b", tais que a soma dos quadrados das diferenças (ou dos erros "e", aleatórios) seja mínima.

Vamos mostrar como se chega algebricamente a esses parâmetros. Para aqueles que são versados em Matemática, ou que se lembram do que estudaram, fica claro que a metodologia passa pelo cálculo diferencial. Existem livros de Matemática e de Estatística, principalmente aqueles que se preocupam em mostrar o uso dos instrumentos quantitativos para a solução de problemas empresariais, que apresentam essa dedução algébrica. Alguns o fazem de forma mais compreensível do que outros. Na bibliografia, relacionamos alguns desses livros. No Capítulo 10, também chegamos a mostrar alguma coisa de bem inteligível a respeito do cálculo diferencial, sobretudo do cálculo das derivadas.

8. Vamos apresentar as fórmulas, que são soluções das equações normais e que determinam os parâmetros "a" e "b". Vamos mostrar como usar esses estimadores (é como os estatísticos denominam os parâmetros). Em nosso livro de Custos, editado pela Editora Atlas (Leone, 1994), dedicamos uma boa parte dele para a apresentação que denominei, na época, de "uma teoria comportamental de custos". Nesse capítulo, estudamos com alguma atenção a linha de regressão linear simples.

As equações normais são as seguintes:

$$a = \frac{\Sigma y}{n} - b \; \frac{\Sigma x}{n}$$

$$b = \frac{n\Sigma(xy) - (\Sigma x)(\Sigma y)}{n\Sigma(x^2) - (\Sigma x)^2}$$

Elas assustam? Como temos poucas observações (no exemplo, são apenas sete), podemos usar, ainda, embora com algum esforço manual, uma folha de trabalho que determina os valores que integram as fórmulas.

Observações	x = Quantidade de pedidos	Y = Despesas	x – y	x^2	y2
Janeiro	130	$ 310	40.300	16.900	96.100
Fevereiro	100	220	22.600	10.000	48.400
Março	105	250	26.250	11.025	62.500
Abril	140	320	44.800	19.600	102.400
Maio	135	320	43.200	18.225	102.400
Junho	90	230	20.700	8.100	52.900
Julho	120	280	33.600	14.400	78.400
TOTAIS	$\Sigma X = 820$	$\Sigma Y = 1.930$	$\Sigma(xy) = 230.850$	$\Sigma(x^2) = 98.250$	$\Sigma Y^2 = 543.100$

A equação que explica a influência da variável independente sobre a variável dependente, e que é exatamente a equação da reta teórica que passa pelos pontos que ficam numa região especial (os parâmetros "a" e "b", calculados pelas equações normais, aparecem agora), é a seguinte, para o exemplo que estamos apresentando:

$$Y = 21{,}205212 + 2{,}172638\, X$$

onde X indica a quantidade de pedidos e Y, o total das despesas da atividade de compras.

Baseados na amostra acima é que determinamos os valores a = 21,205212 e b = 2,172638.

Essa é a equação da regressão linear simples e permite entender e estimar, com razoável precisão (veremos no próximo parágrafo como medir essa precisão), o valor de Y (despesas da atividade de compras), dado um valor de X (quantidade de pedidos de compra). O gráfico a seguir apresenta a dispersão dos pontos observados e a reta dos mínimos quadrados.

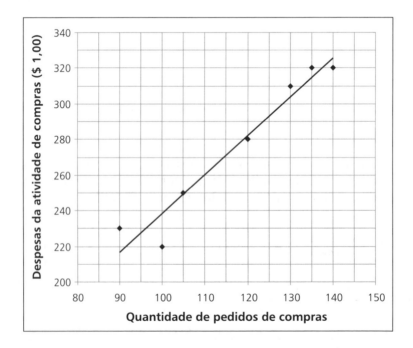

Os valores de "a" e de "b" poderiam ser calculados manualmente, com o emprego das equações normais indicadas e por meio dos valores determinados na tabela anterior.

Entretanto, preferimos utilizar os recursos do EXCEL para obter esses parâmetros e outros resultados para a reta de regressão que nos permitem usá-la com maior segurança. Mais adiante, no parágrafo 12, vamos interpretar cada parâmetro e mostrar como devem ser utilizados. Por enquanto, vamos às contas.

A análise de regressão pode ser feita de três formas no EXCEL. Todas elas são apresentadas na planilha Regressão.xls. Vamos fazê-las novamente, para tanto, use a planilha Regressão_Montagem.xls.

Primeiramente, é preciso inserir a tabela com os dados observados na planilha. Isso já foi feito. Em seguida, reserve as células para os parâmetros que estamos buscando. Isso também já foi feito: pusemos na coluna B o nome do parâmetro e reservamos, ao lado, na coluna C, a célula para o valor do parâmetro.

Para calcular a correlação, posicione o cursor na célula C12, clique no ícone Inserir Função (logo acima da coluna B), denotado por "f_x", selecione a categoria Estatística e a função CORREL.

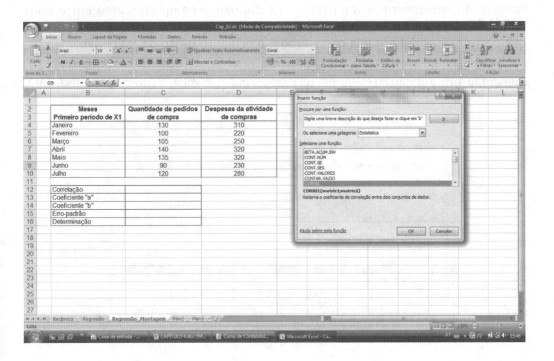

Insira os valores da variável Quantidade de pedidos de compra (células C4 a C10) no espaço Matriz1, os valores da variável Despesas da atividade de compras (células D4 a D10) no espaço Matriz2 e aperte em OK.

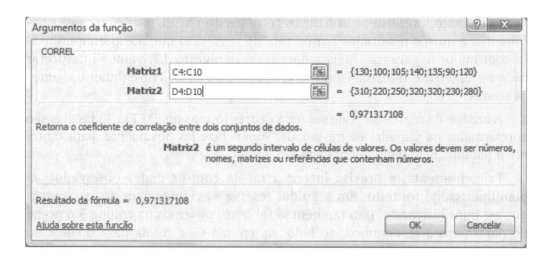

Você verá que o resultado 0,97137108 estará na célula reservada para o parâmetro correlação.

O cálculo do coeficiente de correlação não é imprescindível para a análise de regressão, mas é ele que nos dá "subsídios" ou o "aval" para irmos adiante: não faz sentido encontrarmos uma reta para traduzir o comportamento entre duas variáveis se essas duas variáveis não forem fortemente correlacionadas. É por isso que costumamos dizer que a correlação é o primeiro passo da regressão.

Para calcular o coeficiente angular "a", posicione o cursor na célula C13, clique em Inserir Função e selecione, na categoria Estatística, a função INCLINAÇÃO.

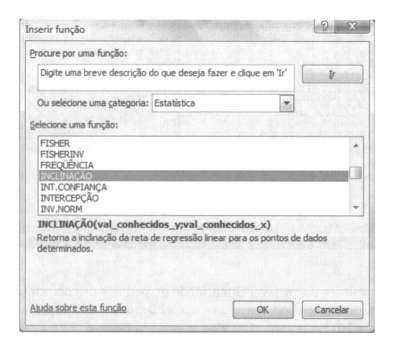

Insira os valores da variável Despesas da atividade de compras (células D4 a D10) no espaço Val_conhecidos_y, os valores da variável Quantidade de pedidos de compra (células C4 a C10) no espaço Val_conhecidos_x e aperte em OK. O valor 2,172638436 estará na célula reservada para ele.

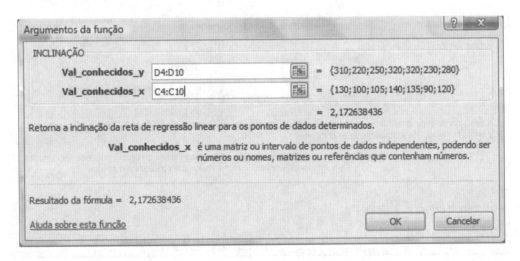

Observe que, conforme construção do problema, a variável dependente Y são as despesas da atividade de compras, e a variável independente X são as quantidades de pedidos de compra.

Para calcular o coeficiente linear "b", posicione o cursor na célula C14, clique em Inserir Função e selecione, na categoria Estatística, a função INTERCEPÇÃO.

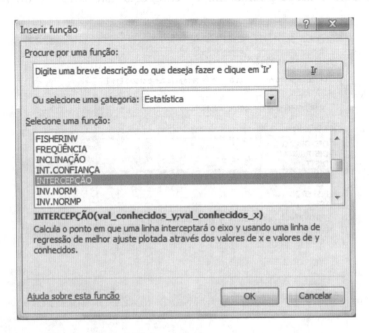

Insira os valores da variável Despesas da atividade de compras (células D4 a D10) no espaço Val_conhecidos_y, os valores da variável Quantidade de pedidos de compra (células C4 a C10) no espaço Val_conhecidos_x e clique em OK. O valor 21,20521173 estará na célula reservada.

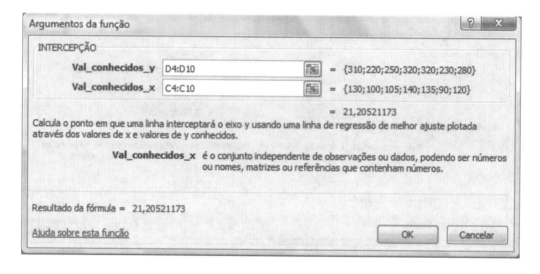

Da mesma forma que para a obtenção de coeficiente angular, a variável dependente Y são as despesas da atividade de compras, e a variável independente X são as quantidades de pedidos de compra.

Para calcular o erro-padrão da estimativa, posicione o cursor na célula C15, clique em Inserir Função e selecione, na categoria Estatística, a função EPADYX.

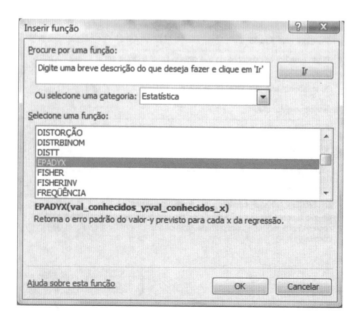

Despesas Indiretas de Fabricação – Análise e Controle 155

Insira os valores da variável Despesas da atividade de compras (células D4 a D10) no espaço Val_conhecidos_y, os valores da variável Quantidade de pedidos de compra (células C4 a C10) no espaço Val_conhecidos_x e aperte em OK. O valor 11,13874595 estará na célula reservada.

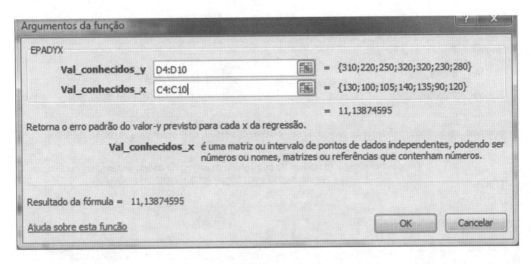

Como ainda estamos trabalhando no mesmo modelo de regressão, a variável dependente Y continua sendo as despesas da atividade de compras, e a variável independente X, as quantidades de pedidos de compra.

Para calcular o coeficiente de determinação, posicione o cursor na célula C16, clique em Inserir Função e selecione, na categoria Estatística, a função RQUAD.

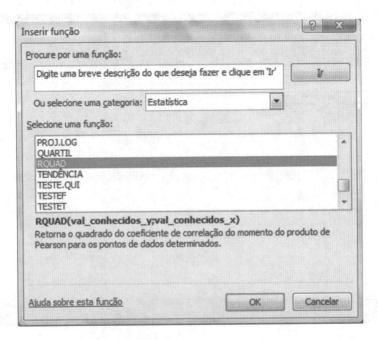

Insira os valores da variável Despesas da atividade de compras (células D4 a D10) no espaço Val_conhecidos_y, os valores da variável Quantidade de pedidos de compra (células C4 a C10) no espaço Val_conhecidos_x e aperte em OK. O valor 0,943456925 estará na célula reservada.

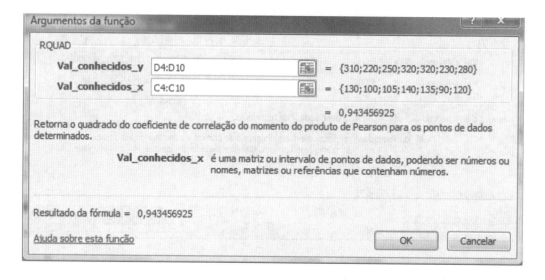

Mais uma vez, a variável dependente Y são as despesas da atividade de compras, e a variável independente X, as quantidades de pedidos de compra.

Após essas etapas, sua planilha deve estar da seguinte forma:

A segunda forma de proceder à análise de regressão é pela ferramenta Análise de Dados. No EXCEL 2003, essa ferramenta está na aba Ferramentas; no EXCEL 2007, fica na aba Dados.

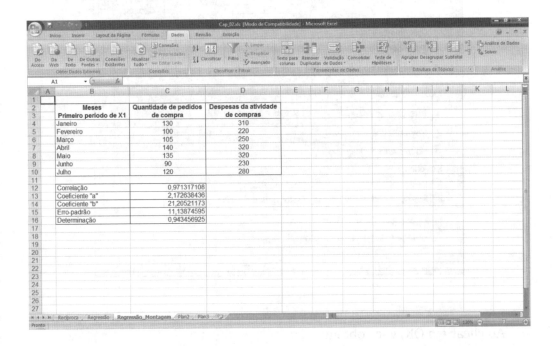

Ao selecioná-la, busque a ferramenta Regressão.

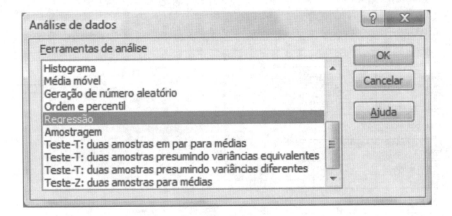

No espaço Intervalo Y de entrada, insira os valores observados da variável Y (D4 até D10) e, no espaço Intervalo X de entrada, insira os valores observados da variável X (C4 até C10). Escolha o Intervalo de saída a partir da célula B18, para a direita e para baixo, inserindo B18 no espaço Intervalo de saída.

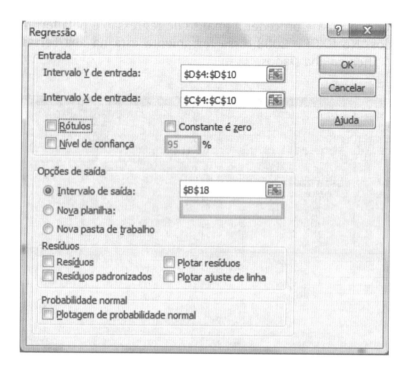

Ao clicar em OK, você obtém:

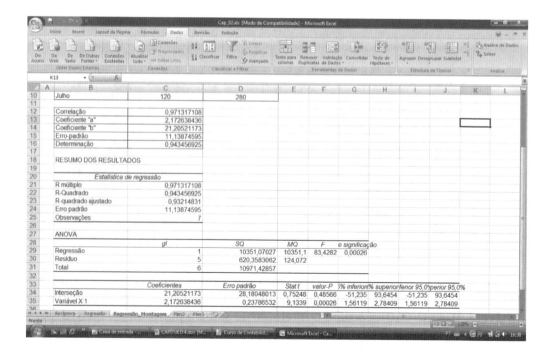

Nesse RESUMO DOS RESULTADOS, temos todos os parâmetros e resultados necessários. Conforme comentamos, vamos mostrar os cálculos e interpretá-los nos próximos parágrafos. Mas veja que, de uma única vez, obtivemos a correlação (R múltiplo), a determinação (R-Quadrado), o erro-padrão da estimativa, os coeficientes angular (Variável X1) e linear (Interseção), além da ANOVA e de resultados para os testes de hipóteses sobre os parâmetros.

A terceira forma de calcular a reta de regressão pelo EXCEL é plotando o gráfico e inserindo a linha de tendência. Vamos lá:

Selecione as células de C2 até D10 e clique em inserir gráfico de dispersão na opção Dispersão Somente com Marcadores.

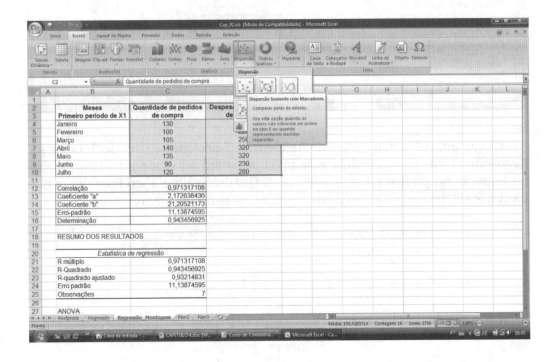

Com o resultado do gráfico, clique com o botão direito do mouse em qualquer um dos pontos azuis, de forma que apareça a seguinte janela:

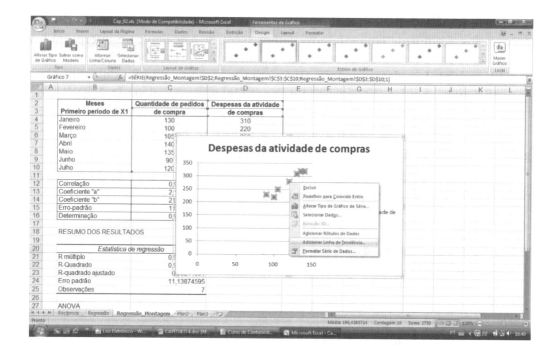

Clique em Adicionar Linha de Tendência. Selecione o Tipo de Tendência/Regressão Linear (por *default*, é esse tipo que estará selecionado) e marque Exibir Equação no gráfico e Exibir valor de R-Quadrado no gráfico (aqueles com o EXCEL 2003 devem abrir a aba Opções para essas últimas marcações).

Clique em Fechar para obter o resultado final.

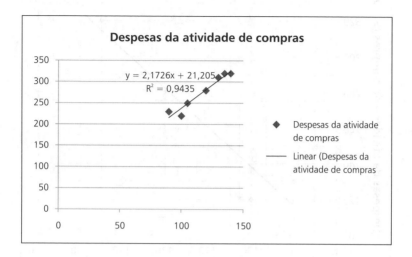

Por esse procedimento, obtemos a equação da reta e o coeficiente de determinação.

A vantagem dos primeiros e terceiros métodos está em termos resultados dinâmicos, isto é, qualquer alteração nos dados de entrada da planilha se reflete na alteração automática dos resultados. No terceiro método ainda é possível calcularmos a aproximação por diferentes linhas de tendência (não só a linear). As desvantagens são: no primeiro método, temos que criar um a um os parâmetros e coeficientes, no terceiro método, só temos a reta e a determinação (não temos o erro-padrão) e, em ambos, só é possível proceder à regressão linear simples. Não é possível termos mais de uma variável independente (explicativa).

As vantagens do segundo método são: temos tudo que importa de uma única "tacada" e é possível criarmos modelos de regressão linear múltipla, isto é, modelos com mais de uma variável explicativa. As desvantagens são: os resultados são estáticos (se mudarmos a entrada, temos que repetir o procedimento para atualização dos resultados) e só permite a regressão linear.

9. Mesmo que haja uma boa base lógica no cálculo dos parâmetros da reta teórica, ainda assim os estatísticos preferem usar testes adicionais e alguns outros indicadores específicos para conferir maior segurança na linearidade das variáveis, para que a equação possa ser usada no planejamento, controle e tomada de decisões, no dia a dia empresarial.

Já vimos que um dos indicadores mais usados, e que consta da saída do micro (e das calculadoras manuais), é o coeficiente de determinação.

Voltemos ao gráfico apresentado no item 8.

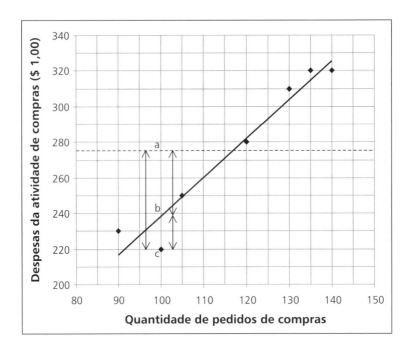

Examinemos o valor observado de Y, no ponto "c", correspondente ao valor da variável independente de 100 pedidos de compras. O valor observado de Y, como se vê no gráfico com facilidade, é marcado pela distância do ponto "c" ao eixo horizontal, eixo das abscissas, é igual a 220.

O ponto "a" também está na linha dos 100 pedidos de compra, entretanto na altura da média de despesas, isto é, Y = 275,7. Verificamos que a distância "ca" representa o desvio do valor observado de Y em relação à média de todos os valores de Y. É exatamente essa distância que o coeficiente de determinação quer explicar, por meio da variável independente X = 100.

Vamos analisar melhor o segmento "ca".

Como ele é formado? Primeiramente, verificamos que o segmento "ba" é a diferença entre o valor teórico (ajustado) de Y (que cai sobre a linha teórica de regressão) e a média dos valores de Y. Podemos dizer que essa distância está explicada pelo valor da variável independente. Em segundo lugar, verificamos que a distância "cb" – a diferença entre o valor observado de Y e o seu valor teórico, que está em cima da linha de regressão – não tem explicação. É exatamente o erro aleatório "e", sobre o qual comentamos no item 7.

Podemos anotar na forma de uma igualdade:

ca = ba + cb

Verifiquemos, mais uma vez:

ca = desvio do Y observado em relação à média dos Y;

ba = desvio entre o valor de Y, que está em cima da reta teórica, e a média dos Y observados; esse desvio é explicado pelo montante da variável independente;

cb = a parte não explicada; é o desvio entre o valor de Y observado e o valor de Y que está sobre a reta, que são os erros "e".

Os estatísticos somam os quadrados de todos os "ca" (os sete casos do exemplo). A essa soma dá-se o nome técnico de "**a soma dos quadrados das diferenças entre os valores de Y e a média dos Y**", abreviando-o para "**soma dos quadrados total**".

A mesma coisa eles fazem para as diferenças "ba" e "cb", chamadas, respectivamente, de "**a soma dos quadrados da regressão**" e "a soma dos quadrados residuais, ou erros" e que provam que ca = ba + cb.

Ou, então, a soma dos quadrados total = soma dos quadrados dos desvios que são explicados pelos valores de X + soma dos quadrados dos desvios que não são explicados (devido aos erros).

O coeficiente de determinação é a proporção entre a soma dos quadrados dos desvios que são explicados em relação à soma dos quadrados dos desvios totais.

Assim:

$$\frac{\text{Coeficiente de}}{\text{determinação}} = \frac{\text{soma dos quadrados dos desvios que são explicados}}{\text{soma dos quadrados dos desvios total}}$$

Examinemos os resultados da proporção mencionada. Os resultados devem estar entre 0 e 1, pois o numerador é parte do denominador.

Se o resultado for igual a 1, isto significa que todos os desvios estão explicados pelas variações na variável independente X. Se o resultado for igual a zero, significa que não há explicação linear (isto é, o comportamento da variável Y não é função linear da variável X). Daí se deduz que, quanto mais perto de 1 for o resultado da proporção (ou seja, do coeficiente de determinação), mais confiança terá o analista de que há uma adequada relação linear entre as duas variáveis e que, tomando-se em conta apenas esse indicador e o gráfico, a equação da linha de regressão pode ser usada pela Administração.

Analisando, no gráfico, a dispersão dos Y reais em relação à linha teórica de regressão, e levando em consideração a lógica do cálculo do coeficiente de determinação, é fácil concluir que, quanto menor a dispersão dos pontos reais em relação à regressão, melhor será o coeficiente de determinação, ou seja, mais perto de 1 estará seu valor. Ao contrário, quanto mais distantes se encontrarem os Y reais, mais perto de zero estará o coeficiente de determinação.

Em Estatística, o símbolo usado para identificar o coeficiente de determinação é "r^2". Há uma fórmula que facilita o cálculo manual do coeficiente de determinação.

$$r^2 = \frac{b[\Sigma XY - \dfrac{1}{n}(\Sigma X)(\Sigma Y)]}{\Sigma Y^2 - \dfrac{1}{n}(\Sigma Y)^2}$$

Essa fórmula é assustadora. Entretanto, se voltarmos à folha de trabalho apresentada no item 8, destinada ao cálculo dos parâmetros (ou coeficientes da reta de regressão), e tomarmos o valor do parâmetro (ou coeficiente) "b" da reta, podemos calcular, manualmente, o valor do coeficiente de determinação "r", de nosso exemplo prático.

$$r^2 = \frac{2,17\left[230.850 - \dfrac{1}{7}(820 \times 1.930)\right]}{543.100 - \dfrac{1}{7}(1.930)^2}$$

= 0,94346 (ver RESUMO DOS RESULTADOS do EXCEL)

O coeficiente de determinação é igual a 0,9434. Isto significa que, levando-se em conta a lógica do coeficiente de determinação e os valores observados, nos sete meses, 94,34% da variação mensal das despesas da atividade de compras é explicada pela variação na quantidade de pedidos de compras. Ou seja, a quantidade de pedidos pode ser tomada como um bom direcionador de despesas. E, ainda, no dizer do prof. Gordon Schillingalw, a quantidade de pedidos parece ser o fator governante das despesas da atividade de compras.

10. Como consequência da definição do coeficiente de determinação r^2, o coeficiente de correlação passa a ser a raiz quadrada do coeficiente de determinação. Este coeficiente de correlação tem como símbolo a letra "r".

No caso prático, que está sendo estudado, r = 0,97132 (ver RESUMO DOS RESULTADOS do EXCEL). O coeficiente de correlação, ou simplesmente "correlação", indica que há uma forte relação linear entre as duas variáveis. No entanto, há uma ligeira diferença entre esses dois coeficientes.

Em nosso livro, já citado (Leone, 1994:156), apresentamos essa diferença começando por definir o que é a regressão linear. "Enquanto que a regressão se preocupa em estudar o modelo matemático que define a relação entre duas ou mais variáveis, a correlação vai preocupar-se em determinar o **grau** dessa relação. Em última análise, a correlação verifica o **grau** da relação e a regressão define **como** as variáveis se relacionam." Mais adiante, caracterizamos o coeficiente de determinação como a medida da proporção, na qual os desvios da variável independente explicam os desvios da variável dependente.

11. Vamos estudar outro indicador muito importante, usado pelos estatísticos para verificar o nível de confiança que deve ser depositado na equação de regressão. É o "**erro-padrão da estimativa**".

A fórmula é análoga à fórmula do desvio-padrão. O erro-padrão da estimativa é indicado pelo símbolo "se".

A fórmula do erro-padrão da estimativa é a seguinte:

$$se = \sqrt{\frac{\text{soma dos quadrados dos desvios que não são explicados}}{n - 2}}$$

O denominador da fração, que se encontra dentro do radical, é "n-2". A letra "n" representa o número de observações: sete, em nosso exemplo. Subtrai-se desse valor sete a quantidade 2, porque dois são os parâmetros da reta. (Se você deseja estudar com mais profundidade o assunto, inclusive porque se usa n-2, sugerimos consultar um bom livro de Estatística, pois nosso livro não comporta essa explicação, que é muito longa, e demandaria o conhecimento de muitos aspectos que não cabem num livro de Contabilidade de Custos).

Então,

$$s = \sqrt{\frac{620,3583}{7 - 2}}$$ ← proveniente do RESUMO DOS RESULTADOS do EXCEL = 11,13874598

Quanto maior for a soma dos quadrados dos desvios que não são explicados, maior será o erro-padrão de estimativa. Esse resultado pode indicar que os pontos observados estão muito distantes da reta teórica. Significa que os dados não podem ser usados. Quanto maior o erro-padrão, menor será a confiança nos dados e na própria linha de regressão, que, como se vê, foi calculada com base nos valores observados.

O que está indicando, em nosso caso, o valor igual a 11,13874598 ou, simplesmente, 11,14?

O valor se isoladamente não é conclusivo. Ele depende muito da unidade de medida do problema: em nosso exemplo, foi a unidade monetária $ 1,00. É necessário ter outra medida que não varie com a unidade do problema e possa fazer uma aferição entre o que está explicado e o que é relacionado ao acaso. Esta medida é constituída pelas somas dos quadrados, já citadas. Se observarmos uma razão bastante conhecida, denominada de distribuição F de Snedecor, teremos uma resposta para a credibilidade da reta (com uma variável independente). Veja a razão

$$F = \frac{\text{Soma dos quadrados da regressão}}{\text{Soma dos quadrados residual}} = \frac{ba}{se^2}$$

que tem distribuição F com 1 e n-2 graus de liberdade.

Em nosso exemplo, como se $= 11,13874598$, portanto,

$$F = \frac{10.351,07027}{124,07166} = 83,42816$$

Para saber se o valor de F $= 83,42816$ é significativo (ou seja, é estatisticamente útil), a ferramenta de análise de dados Regressão do EXCEL calcula a probabilidade associada a valores maiores do que 83,42, encontrando 0,0003. A regra de decisão é que quando essa probabilidade estiver abaixo de 0,05, o modelo de regressão linear será útil ao nível de 5%, ou seja, em nosso exemplo, a reta de regressão tem um poder de explicação muito mais forte do que os fatores aleatórios para aferir a variação que ocorrerá na variável "despesas da atividade de compras". Nesse caso, acham os estatísticos que é muito provável que a reta de regressão calculada esteja apta a atender a finalidades gerenciais, inclusive às finalidades de predição. **Note que todos os valores constam do RESUMO DOS RESULTADOS do EXCEL.**

12. Vamos, então, resolver um pequeno problema gerencial. Suponhamos que a administração de compras esteja prevendo que, em agosto (no próximo mês), haverá, com muita possibilidade, 130 pedidos de compras. A gerência de compras, de posse da equação da reta, certamente fará uso dela para prever quanto terá de despesas, pelo menos dentro de um intervalo confiável.

Vamos calcular:

Y $= 21,20512 + 2,172638$ X, onde X $= 130$ pedidos

Y $= \$ 303,6482$

Entretanto, a gerência deseja saber qual a probabilidade de tal valor acontecer. Vamos supor que a gerência já estabeleceu que deseja que esse valor previsto tenha um nível de confiança de 95%.

Se a distribuição dos valores observados em torno da reta de regressão assumir um comportamento aderente a uma curva normal de probabilidades, podemos inferir que o valor das despesas da atividade de compras estará no intervalo limitado inferiormente pela estimativa pontual 303,6482 menos o erro-padrão da estimativa e limitado superiormente pela estimativa pontual mais o erro-padrão da estimativa, com 95% de confiança. Mais detalhadamente, a previsão é de que as despesas fiquem no intervalo:

$\$ 303,6482 + 11,1387 = \$ 314,7869$.....limite à direita

$\$ 303,6482 - 11,1387 = \$ 294,5094$.....limite à esquerda

Em outras palavras: assumindo uma distribuição normal para a variável despesas da atividade de compras, haverá 95% de confiança de que essas despesas ficarão dentro do intervalo acima, se a quantidade de pedidos estiver em torno de 130 pedidos de compras. Quanto maior for o nível de confiança, por exemplo, um nível de 99%, o intervalo será bem maior. Note ainda que quanto maior for o erro-padrão de estimativa, mais largo será o intervalo de confiança.

A análise de regressão tem uma limitação: nossas estimativas só valem quando o valor assumido para a variável X estiver dentro da faixa de valores observados. Para o caso anterior, a quantidade de pedidos de compra deve ficar entre 90 e 140 unidades. Fora desse intervalo, chamado de intervalo relevante, não podemos estabelecer as estimativas de despesas com o mesmo grau de explicação. O modelo de regressão aqui estudado é um modelo de interpolação e não de extrapolação.

Nesse ponto, já temos condições de interpretar os coeficientes da reta de regressão: o que significa, na prática, o coeficiente angular? O que significa, na prática, o coeficiente linear?

O coeficiente angular expressa o acréscimo em valores monetários nas despesas da atividade de compras para o acréscimo de uma unidade na quantidade de pedidos de compra, desde que essa quantidade respeite o intervalo relevante. Assim, para cada unidade a mais na quantidade de pedidos de compra, aumenta-se as despesas dessa atividade em $ 2,1726.

O coeficiente linear expressa as despesas da atividade de compras independente da quantidade de pedidos, desde que essa quantidade se mantenha no intervalo relevante.

Observe que não podemos dizer que, no caso de termos número de pedidos igual a zero, teremos uma despesa para essa atividade igual a $ 21,2052. Não sabemos o que acontece fora do intervalo relevante. Assim, o coeficiente não é o custo fixo dessa atividade. O coeficiente linear é o custo fixo (independente da quantidade de pedidos de compra), desde que o número de pedidos fique no intervalo relevante.

CONTROLE DO DESEMPENHO DA EMPRESA OU DE UM COMPONENTE OPERACIONAL ATRAVÉS DA ANÁLISE DAS VARIAÇÕES DAS DESPESAS INDIRETAS DE FABRICAÇÃO

13. A conta (ou o arquivo) definida como Despesas Indiretas de Fabricação representa, em resumo: (a) uma quantidade expressiva de itens de despesas; (b) itens de despesas que têm um comportamento diferente quando confrontados com alguma base de volume, representativa de uma operação ou atividade; (c) itens de despesas fixas que medem o consumo da capacidade instalada, ou seja, representam o consumo da estrutura fixa da empresa ou de um componente; (d) itens de despesas variáveis que representam com maior ou menor eficiência o consumo de recursos adicionais disponíveis.

14. Inicialmente, vamos apresentar dois exemplos, cuja simplicidade está, entre muitas causas, no fato de que vamos empregar um total de despesas indiretas de fabricação, sem dividi-lo em despesas fixas e variáveis. O primeiro exemplo é o caso de um pequeno Hotel. As despesas não serão denominadas de "despesas indiretas de fabricação", mas, apenas "despesas fixas" ou "despesas de estrutura".

O CASO DO HOTEL SEM ESTRELAS

15. O Hotel Sem Estrelas tem uma capacidade instalada de 50 apartamentos. Para atender a essa quantidade de apartamentos, quando lotados, a empresa utiliza recursos fixos: empregados, equipamentos e instalações, manutenção preventiva, alguns tipos de materiais, administração, serviços de terceiros e serviços auxiliares e outros. O gasto com o uso desses recursos dá origem a uma despesa fixa, para um determinado período, de $ 3.000. Nesse caso, a taxa de despesas, para esse período, será de $ 60 ($ 3.000 ÷ 50 apartamentos) por apartamento. Vamos supor que, nesse período, a realidade tenha sido a seguinte: foram alugados 45 apartamentos e as despesas fixas somaram $ 2.800. Vamos verificar o desempenho do hotel, analisando apenas o que aconteceu com as despesas fixas. As despesas que foram contabilizadas ao custo de operação do hotel são chamadas de despesas fixas aplicadas e montaram a $ 2.700 ($ 60 × 45 apartamentos). A variação total do uso dos recursos fixos foi igual a $ 100, ($ 2800 – $ 2.700), desfavoráveis, uma vez que as despesas fixas reais foram maiores do que as despesas fixas aplicadas (estimadas com base num valor real de ocupação do hotel = os 45 apartamentos). Essa variação total poderá ser desmembrada em duas variações para que a administração do hotel possa melhor medir e analisar o desempenho da atividade nesse período.

A variação de estimação, de previsão ou de orçamento = despesas reais – despesas estimadas = $ 2.800 – $ 3.000 = $ 200. Essa variação é, em princípio, favorável, porque as despesas reais foram menores do que as despesas orçadas ou estimadas. Como administrar essa variação? A Contabilidade do hotel monta, antes que o período a ser estudado se inicie, uma relação igual à seguinte:

Despesas Indiretas de Fabricação – Análise e Controle **169**

Relação de despesas estimadas para o próximo período, com base numa ocupação de 50 apartamentos	
	Total de despesas
Empregados	
Equipamentos e instalações (depreciações e outras)	
Material de limpeza	
Manutenção preventiva	
Materiais	
Administração	
Serviços de terceiros	
Serviços auxiliares	
Outras	
Total	$ 3.000

Uma vez o período terminado, a Contabilidade tem condições de montar a mesma relação, agora contendo as despesas que realmente aconteceram.

Relação de despesas reais (registradas) relacionadas ao período	
Empregados	
Equipamentos e instalações (depreciação e outras)	
Manutenção preventiva	
Materiais	
Administração	
Serviços de terceiros	
Serviços auxiliares	
Outras	
Total	$ 2.800

A diferença entre as Despesas Fixas estimadas e as Despesas Fixas reais (que realmente ocorreram no período em estudo) montou a $ 200 ($ 3.000 – $ 2.800). A gerência do hotel pode analisar o que aconteceu, comparando, conta por conta, tanto da primeira quanto da segunda relação. Essa comparação vai indicar quais foram as contas que mais concorreram para essa diferença que, apesar de ser favorável, deverá ser investigada.

A variação de volume (também denominada de ocupação ou de capacidade) é calculada do seguinte modo: (quantidade de apartamentos disponíveis – quantidade de apartamentos realmente ocupados) × Taxa de despesas. No exemplo numérico do Hotel Sem Estrelas, essa variação foi de $ 300, desfavorável. Desfavorável, por quê? Porque o hotel tem uma capacidade de 50 apartamentos e só ocupou, durante o período, 45 apartamentos. Houve uma variação desfavorável, em termos físicos, de cinco apartamentos vazios, que não geraram receita. Como cada apartamento tem uma despesa fixa de $ 60 cada um, isso significa que o hotel gastou $ 60 inutilmente, porque não houve cobertura em termos de receita para fazer face a essas despesas. A gerência do hotel deve investigar as causas que determinaram essa capacidade não aproveitada. As causas podem ser as mais diversas. Problemas de estação, problemas específicos do hotel, que devem ser estudados, problemas de marketing (publicidade e promoções) e problemas nos preços, entre muitos outros.

Sendo assim, em termos estritamente contábeis e aritméticos, a variação total foi de $ 100, desfavorável. Assim dividida: Variação de ocupação = $ 300, desfavorável, e variação de orçamento = $ 200, favorável.

Uma outra forma de analisarmos o que aconteceu com relação às despesas de estrutura, é aplicarmos um gráfico amplamente usado pelos estudiosos de custos, chamado de "modelo de duas variações".

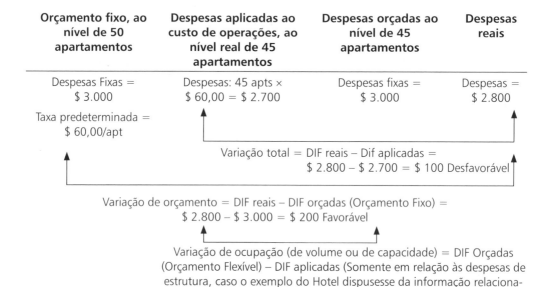

Observe que, no caso em que, como neste exemplo, existem apenas as despesas fixas, tanto o orçamento flexível (despesas orçadas ao nível de 45 apartamentos), como o orçamento fixo, ao nível de 50 apartamentos, apresentam valores iguais para as despesas fixas ($ 3.000). A faixa efetiva de volume, como se disse, vai de 20 apartamentos até 50 apartamentos. Portanto, dentro dessa faixa de volume (intervalo relevante), as despesas fixas permanecem num mesmo patamar.

Um outro modo de apresentar-se a análise é através de um gráfico cartesiano, onde o eixo horizontal representa a capacidade apenas para um intervalo relevante e o eixo vertical destina-se a apontar os níveis de despesas correspondentes. Estamos, por hipótese, julgando que o hotel trabalha normalmente dentro do intervalo marcado pelo nível inferior de 20 apartamentos e pelo nível máximo de 50 apartamentos (sua capacidade total). Dentro desse intervalo, as despesas podem ser analisadas. Isso significa que as despesas fixas, de estrutura, dentro do intervalo, permanecerão sempre no mesmo nível de $ 3.000. Vejamos a Figura 5.5, que é uma forma bastante didática de apresentação.

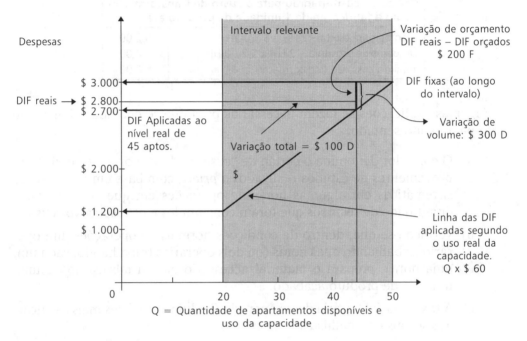

Figura 5.5 *Análise de DIF.*

O CASO DA SEÇÃO FABRIL – ANÁLISE DAS DUAS VARIAÇÕES, INCLUINDO A VARIAÇÃO DA EFICIÊNCIA

16. O segundo exemplo é de uma oficina dentro de uma fábrica, ou seja, de uma seção fabril.

Uma seção (ou oficina de preparação de materiais) tem uma capacidade de 4.000 homens-hora para um mês de operações. Logo se vê que o trabalho é intensivo em mão de obra já que a Contabilidade de Custos, em conjunto com o pessoal das operações, estabeleceu a medida da capacidade de produção em homens-hora. Isto significa, em termos práticos, que a oficina tem 20 homens que trabalham 200 horas por mês. Para que esse pessoal possa trabalhar, a oficina estabeleceu uma estrutura que custa, por mês, $ 8.000. Nesse caso, cada homem-hora custa $

2,00 ($ 8.000 ÷ 4.000 homens-hora), em termos de custos de estrutura. A oficina estabeleceu (mais uma vez alertamos para o fato de que o contador de custos trabalha em conjunto com o pessoal de operações – se não houver essa participação recíproca, provavelmente não serão implantadas medidas de controle de ampla aceitação) o seguinte cartão de custos-padrão para a preparação de materiais que se destinam à fabricação de uma unidade de produto acabado:

Cartão de custo-padrão para o custo de transformação Para a fabricação de 1 unidade de produto acabado	
Mão de obra direta – 2 HH a $ 1,00/HH	$ 2,00
Despesas de estrutura – 2 HH a $ 2,00/HH	4,00
Total do custo de transformação	$ 6,00

Algumas explicações se fazem necessárias para que se entenda o Cartão de Custo-padrão apresentado:

a) O contador denomina o cartão de "custo-padrão" porque os dados são provenientes de estudos realizados *a priori*, com base em observações sistemáticas em algumas horas de operações em que se verificou a quantidade de recursos que foram consumidos e os respectivos custos.

b) Verificou-se que, dentro de condições normais de operações, um operário trabalhando duas horas (ou dois operários trabalhando, cada um, uma hora), prepara o material necessário para a fabricação de uma unidade de produto acabado.

c) A taxa salarial horária desse operário (incluindo salários mais os encargos sociais e trabalhistas respectivos) é de $ 1,00.

d) Como as operações são intensivas em mão de obra, os recursos da estrutura são usados ao mesmo tempo que o operário executa seu trabalho. É como se o operário estivesse se valendo de uma grande "ferramenta" para executar seu serviço. Essa "ferramenta" é a estrutura fixa que está a sua disposição. Se ele consome dois homens-hora para fazer uma unidade de produto, então a "ferramenta", ou a estrutura é, também, consumida em dois homens-hora.

e) Entretanto, a estrutura é um recurso mais caro. Ela custa, por homem/hora, $ 2,00, conforme se determinou *a priori*, dividindo-se o total dos custos da estrutura ($ 8.000) pela quantidade de unidades que representa a capacidade operacional resultante dessa mesma estrutura (4.000 homens-hora).

f) Essa estrutura, ou essa capacidade operacional traduzida em homens-hora, deve ser totalmente utilizada. Caso não o seja, surgirá a capacidade ociosa, não produtiva, que não gerará serviços ou produtos faturáveis.

Vamos ver o que aconteceu, na verdade, num determinado mês. A oficina trabalhou 3.700 homens-hora, preparando materiais para a fabricação de 1.800 unidades de produto acabado. Como se disse no primeiro parágrafo deste mesmo item 2, o exemplo é simples porque não divide os custos em fixos e variáveis. Estamos considerando que todos os custos são fixos. Não se preocupe com os termos. Nestes dois casos, custos e despesas são termos que definem o mesmo elemento, não havendo, portanto, diferença entre essas duas denominações.

Uma outra informação, vinda da Contabilidade, nos diz que as DIF Fixas reais montaram a $ 8.200.

Vejamos o que aconteceu em termos de análise das operações.

Vamos aplicar, ainda, o "modelo das duas variações". O gráfico abaixo destaca as duas variações de DIF fixas.

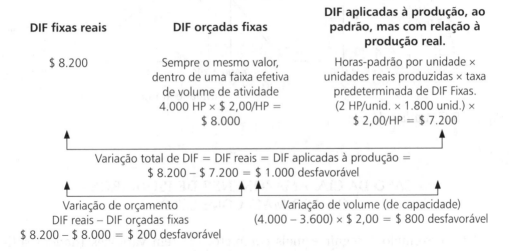

Podemos acrescentar o cálculo da variação de eficiência das DIF Fixas (provavelmente causada pela variação de eficiência na mão de obra direta).

Variação de volume de DIF fixas = (4.000 HP – 3.700 HP) × $ 2,00 = $ 600, desfavorável.

Nesse caso, estamos afirmando que dentro da variação de volume ($ 800), calculada pelo modelo de duas variações, está embutida uma variação de eficiência de DIF causada pela ineficiência do operário direto.

Então, chegaremos a essa variação.

Variação de eficiência de DIF Fixas = (3.700 – 3.600) × $ 2,00/HP = $ 200, desfavorável.

Esta variação é calculada do mesmo modo como se calcula a variação de eficiência da MOD, quando se usa o sistema de custo-padrão.

O gráfico cartesiano (Figura 5.6) ajuda a entender melhor o cálculo dessas variações.

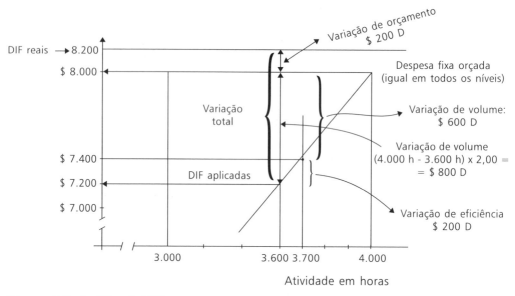

Figura 5.6 *Análise de DIF.*

O CASO DA CIA. AMAZONENSE DE ISQUEIROS – O CASO MAIS COMPLETO

17. O exemplo a seguir é mais completo. Ele tem variáveis (dados) suficientes para uma análise mais detalhada. As despesas de fabricação estão divididas em despesas fixas e despesas variáveis. Na verdade, para muitas empresas, principalmente as de porte menor, essa informação é difícil de ser obtida. Como consequência desse fato, é que mostramos os dois exemplos anteriores, nos quais as despesas foram consideradas como despesas de estrutura e em ambos os casos foram ainda tratadas como despesas fixas. Outro motivo de ter apresentado dois casos em que as despesas são tratadas desse modo é de ordem didática. Eles são mais simples e representam um degrau imprescindível, a nosso ver, para o entendimento de um exemplo completo.

O PAPEL DO ORÇAMENTO FLEXÍVEL

18. É necessário apresentar, antes de mais nada, um exemplo de orçamento flexível. Vamos nos aproveitar do caso da Cia. Amazonense de Isqueiros. A em-

Despesas Indiretas de Fabricação – Análise e Controle **175**

presa trabalha normalmente dentro de uma faixa relevante de volume que vai de 5.000 a 10.000 horas de MOD.

Orçamento flexível (bastante resumido) para três níveis de atividade:			
	Níveis de atividade		
	5.000 horas	**8.000 horas**	**10.000 horas**
Despesas variáveis:			
Materiais indiretos	$ 1.000	$ 1.600	$ 2.000
Mão de obra indireta	1.500	2.400	3.000
Despesas semivariáveis:			
Manutenção – parte variável	2.000	3.200	4.000
Energia – parte variável	500	800	1.000
Manutenção – parte fixa	8.000	8.000	8.000
Energia – parte fixa	200	200	200
Despesas fixas:			
Seguros dos equipamentos	9.000	9.000	9.000
Depreciação dos equipamentos	12.800	12.800	12.800
Resumo:			
Despesas variáveis	5.000	8.000	10.000
Despesas fixas	30.000	30.000	30.000
• Taxa predeterminada das despesas variáveis – DIF variáveis orçadas/quantidade de horas a cada nível	$ 1,00	$ 1,00	$ 1,00
• Taxa predeterminada das despesas fixas – DIF fixas orçadas/quantidade de horas a cada nível	$ 6,00	$ 3,75	$ 3,00

O Cartão de Custo-padrão, só para as DIF, referente à produção de uma unidade de produto acabado (ao nível de 10.000 horas de MOD). Consideramos que cada unidade de produto acabado (um isqueiro) gaste uma hora de MOD.

	DIF orçadas	**Taxa de DIF por hora de MOD**
DIF variáveis	$ 10.000	$ 1,00
DIF fixas	30.000	3,00

O Orçamento Flexível revela de forma explícita a diferença que existe entre as finalidades da Contabilidade de Custos: (a) determinação da rentabilidade (para tanto deve-se determinar o custo dos produtos) e (b) controle das operações. O Orçamento Flexível atende, de preferência, a esta última finalidade. Observe que, para cada nível de atividade, as despesas de fabricação por hora são muito diferentes: $ 6,00, $ 3,75 e $ 3,00. O total das despesas de fabricação fixas permanece constante dentro do intervalo relevante.

Os dados reais relativos ao mês que estamos analisando foram os seguintes:

Horas de MOD realmente trabalhadas	9.500
Foram fabricados 9.400 isqueiros	
Horas-padrão que deveriam ter sido consumidas	
9.400 unidades × 1 hora de MOD/unidade	9.400
DIF variáveis reais	$ 9.600
DIF fixas reais	$ 30.000

Contabilmente, o procedimento para o registro das operações acima relacionadas é o seguinte, através das contas T (ou arquivos):

Despesas variáveis reais		Produtos em processo	
(1) 30.000		(2) $ 9.400	
		(2) $ 28.200	

Despesas fixas reais	
(1) 9.600	

Várias contas (Disponibilidades, Provisões e Obrigações)		Variação total das DIF variáveis	
	$ 39.600 (1)	D $ 200	

DIF aplicadas – variáveis		Variação total das DIF fixas	
	$ 9.400 (2)	D $ 1.800	

DIF aplicadas fixas	
	$ 28.200 (2)

Note que os custos da produção foram debitados pelas despesas aplicadas, calculadas na base da produção real, ou seja 9.400 horas × ($ 1,00 + $ 3,00).

Há uma variação total determinada pela diferença entre o total das DIF aplicadas (37.600) e as DIF reais ($ 39.600) que é igual a $ 2.000, desfavoráveis. Essa diferença é que deverá ser analisada para que o contador de custos possa dar à gerência informações pormenorizadas das causas do desvio de $ 2.000, que influenciou de forma negativa o resultado do período.

Vamos analisar as variações de DIF aplicando os dois modelos mais usados:

Modelo das duas variações

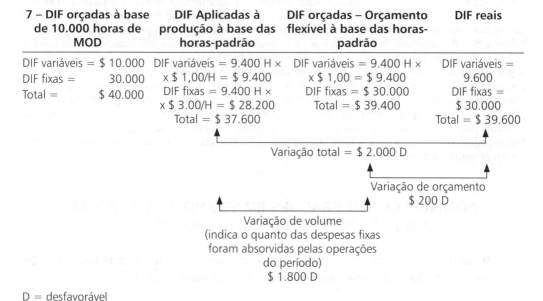

D = desfavorável

Modelo das três variações:

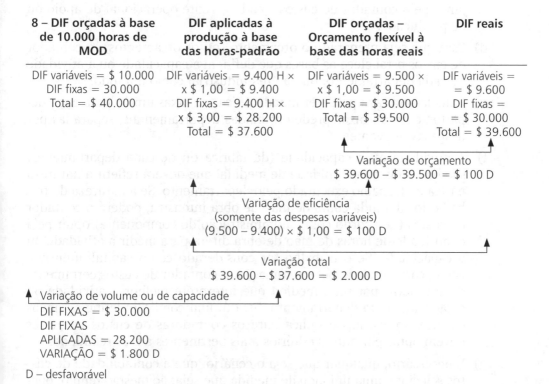

D – desfavorável

9 – Na nota de rodapé à página 281, Horngren (Horngren, 1972) diz que alguns contadores são favoráveis ao cômputo da variação de volume na base da diferença entre as DIF orçadas (orçamento fixo) e as DIF calculadas, multiplicando-se a quantidade de horas reais trabalhadas pela taxa predeterminada de DIF fixas. A variação que resta (horas reais – horas-padrão) × taxa predeterminada de DIF é algumas vezes chamada de variação de eficiência de DIF fixas, que vem a ser a medida do uso ineficiente ou desperdício de recursos por causa da variação das horas de MOD. A separação da variação de volume tenta, na verdade, fazer a distinção entre as despesas decorrentes do mau uso dos recursos e das despesas decorrentes da não utilização dos recursos. Entretanto, Horngren acha que esse refinamento não é necessário na maioria dos casos porque (a) a curto prazo, o total das despesas fixas não se altera por mudança de eficiência e (b) se o orçamento usa as horas-padrão como base, a variação de volume é calculada com mais lógica comparando-se as horas-padrão trabalhadas com o valor do denominador que foi usado como base para estabelecer a taxa predeterminada de DIF.

ALGUMAS CONSIDERAÇÕES EM TORNO DO CONTROLE DAS DESPESAS INDIRETAS DE FABRICAÇÃO

19. a) Primeiramente, a fábrica, ou cada um de seus departamentos (de apoio ou de produção), deve preparar um orçamento de suas DIF.

b) Esse orçamento (ou orçamentos) relaciona as despesas de fabricação relevantes.

c) Tanto a ação (a) quanto a ação (b) decorrem de estudos feitos em conjunto pelo contador de custos e cada gerente operacional de apoio ou de produção.

d) Para que seja preparado o orçamento (ou os orçamentos), o contador de custos estabelece as bases que definem a capacidade ou a atividade de cada departamento, ou da área industrial como um todo.

e) Calcula-se a taxa predeterminada única, ou taxas únicas para cada departamento ou taxas predeterminadas departamentais, separadas por despesas relevantes.

f) A atividade ou a capacidade (da fábrica ou de cada departamento) são baseadas numa unidade de medida, que deverá refletir a natureza básica do trabalho executado pelo departamento. Se a natureza do trabalho for definida como de mão de obra intensiva, poderá o contador de custos (de acordo com a administração do componente) optar pela quantidade de horas de mão de obra direta para medir a atividade ou a capacidade. Se o trabalho for considerado como capital-intensivo, isto é, caracterizado pela automação, o contador de custos certamente deverá optar por uma medida que interprete melhor a atividade ou a capacidade do departamento. Esta última condição define os novos cenários industriais e indica para os contadores de custos que estes devem optar por outros critérios mais pertinentes a essa realidade.

g) É necessário, qualquer que seja o cenário, que a contabilidade de custos selecione uma unidade de medida que seja, ao mesmo tempo, operacional, física, de fácil determinação e controlável. Se a unidade escolhida for a quantidade de horas-máquina, o número de requisições, a quantidade de materiais, a quantidade de ordens de produção, o número de vezes em que há preparação de máquinas, a quantidade de corridas de fabricação, a quantidade de horas de mão de obra direta ou umas tantas outras, a Contabilidade de Custos deve ter certeza que ela seja de fácil determinação e controlável pelo consumidor das despesas indiretas de fabricação.

h) Salientemos que (esses procedimentos serão estudados no próximo capítulo) a escolha poderá recair numa unidade de medida que represente alguma equivalência. Tal fato pode ocorrer quando a fábrica, ou um departamento, produzir um produto ou alguns produtos de natureza semelhante, como, por exemplo, uma fábrica de bebidas que produz alguns tipos de bebida utilizando a mesma matéria-prima em cada uma delas. Suponhamos que a Indústria DL de Artefatos de Couro fabrique cinco tipos de produto utilizando o mesmo tipo de couro, que requer, no processo produtivo, praticamente os mesmos passos e que tenha quase os mesmos problemas para cada um dos produtos. Nesse caso, o contador de custos poderá usar uma medida de equivalência entre os produtos com base na quantidade de couro que entra em cada produto. Vejamos:

Produtos	Quantidade de couro	Equivalência em relação ao produto A
A	1 metro	1 A
B	4 metros	4 A
C	2 metros	2 A
D	3 metros	3 A
E	0,5 metro	0,5 A
Total		10,5 A

Como se nota, toda a produção tem uma única unidade de medida. Tal medida facilita muito os cálculos e os controles. Entretanto, só poderá ser usada em casos muito especiais.

As DIF poderão ser apropriadas a cada produto com base na sua medida equivalente ao produto A.

Várias unidades de medida podem ser imaginadas, algumas mais criativas do que outras, algumas mais sofisticadas do que outras, mas todas, sem exceção, têm um ponto em comum: são unidades arbitrárias que não refletem com precisão o que acontece no processo produtivo. Costumamos alertar nossos alunos de que o modelo exato, ideal e perfeito só será encontrado nas "indústrias" celestiais, onde tudo, supostamente, deve correr dentro dos padrões mais rigorosos. O que o contador de custos (sempre em conjunto com a Administração) deseja é achar a base mais coerente dentro das circunstâncias em que trabalha o departamento ou a empresa.

20. Outras reflexões podem ser apresentadas. A variação relevante, não importa se favorável, deverá ser investigada. O que é uma variação relevante? O contador de custos deverá estabelecer a convenção da relevância de acordo com as necessidades da gerência, segundo as características das operações e com base em dados históricos. Alguns autores americanos apresentam, no entanto, outras maneiras mais sofisticadas (com base em modelos estatísticos) para a determinação dos limites máximo e mínimo dentro dos quais os desvios podem ser considerados normais. Os livros de Contabilidade de Custos escritos por professores americanos, já citados, ensinam como estabelecer esses padrões. Acima ou abaixo desses limites, o desvio será considerado relevante e merecerá ser analisado.

Costumamos dizer que o contador de custos deve estar muito familiarizado com as operações. Considerando tal exigência, o contador de custos deverá trabalhar dentro da fábrica, o mais perto possível das operações, tendo contato direto com elas. Assim, ele poderá, em princípio, em seus relatórios de desempenho e de análise das variações detectadas, apontar algumas das causas dos desvios. Inclusive, deverá apontar os setores responsáveis pelas variações. Depois que o contador de custos releva as variações e aponta possíveis causas e responsabilidades, cabe aos responsáveis de cada atividade ou departamento analisar as variações e apontarem suas causas, incluindo, como não pode deixar de ser, as medidas a serem tomadas para corrigir esses desvios. As causas podem ser fortuitas, eventuais, aleatórias ou erráticas e podem ser sistemáticas ou repetitivas. O Prof. Eliseu Martins, em sua obra (Martins, 1990:294), afirma que o fundamental na análise das variações é a localização da razão das diferenças. A mesma afirmação fazem dois professores universitários americanos (Copeland e Dascher, 1978:390). Os montantes das despesas indiretas de fabricação são caudatários, isto é, eles se movem como decorrência de mudanças, erros, tomadas de decisão, critérios de avaliação e de outras causas originadas nas operações. É difícil estereotipar que um determinado desvio seja proveniente de uma ação particular e exclusiva. Às vezes, os desvios são causados por duas ou mais condições operacionais. Vamos forçar um pouco e tentar colocar certas causas de modo estanque e ligadas exclusivamente a uma determinada origem. Mas fica claro que não é bem isso o que acontece na vida real. As causas se entrelaçam. O que causa o câncer no pulmão? Alguém dirá: "certamente é o tabagismo". Em princípio, é a conclusão imediata do analista. No entanto, a causa pode ser o *stress*, apenas. Acontece que quem está "bem estressado" certamente será um "bom" fumante.

Se acontecer uma variação relevante de volume, quais as causas que poderiam ser, em princípio, apontadas? Pode ter origem nas condições do mercado, peculiaridades até certo ponto incontroláveis pela gerência, na falta de maior agressividade por parte de vendedores, na falta de energia, na falta de material de produção, no pessoal mal treinado. Se a variação de eficiência for detectada, é porque está acontecendo um padrão muito apertado, um rendimento baixo dos operários e das máquinas, ainda por causa de pessoal mal treinado, nas máquinas mal preparadas e muitas outras. Se for o caso de termos que analisar as causas da variação de orçamento, certamente deveríamos, em primeiro lugar, investigar os desvios ocorridos em cada item de despesa. Essa investigação inicial nos levaria a descobrir outros indícios e pistas.

Não é preciso dizer que os procedimentos de atribuição de despesas aos departamentos e destes para os produtos, os dados físicos que formam as bases de rateio, a unidade de medida que tomamos como referência para definir a atividade ou a capacidade na fórmula de cálculo e uso da taxa predeterminada e todas as variáveis que estão intervindo no trabalho de cálculo de custos e de controle, devem ser revisados constantemente. Não podemos nos esquecer que as condições operacionais sofrem alterações. Este alerta serve para qualquer procedimento, sejam todos os que estejam agrupados sob o grande "guarda-chuva" que é o critério do custeio por absorção (ou custo completo), inclusive o critério do custeio com base em atividades (ABC), sejam aqueles que os franceses denominam, com muita propriedade, de "critérios de custos parciais", onde está incluído o critério do custeio variável. O contador de custos deve estar consciente dessas mudanças.

Para um entendimento mais profundo e mais amplo do assunto deste capítulo, sugerimos consultar as obras selecionadas e apresentadas a seguir.

KOLIVER, Olivio. Os custos indiretos como chave de qualificação dos sistemas de apropriação dos custos. In: *Revista de Contabilidade do Conselho Regional de Contabilidade do Rio Grande do Sul*, nº 47, jan./mar. 1987.

_____. As técnicas de apropriação dos custos indiretos. In: *Revista de Contabilidade do Conselho Regional de Contabilidade do Rio Grande do Sul*, jul./set. 1993.

No primeiro artigo, o Prof. Koliver mostra o papel importante da classificação dos custos em diretos e indiretos para o controle das operações e para a determinação dos custos dos objetos da Contabilidade de Custos.

No segundo trabalho, o Prof. Koliver faz um estudo muito esclarecedor, embora esteja limitado ao tamanho de um artigo, que comenta as várias técnicas de apropriação dos custos indiretos. O Prof. Koliver apresenta interessantes colocações. O estudo dessas técnicas será o objeto do nosso próximo capítulo.

MARTINS, Eliseu. *Contabilidade de custos*. 4. ed. São Paulo: Atlas, 1990.

No Capítulo 26, o Prof. Eliseu mostra como se calculam as variações das despesas indiretas de fabricação (que ele denomina de custos indiretos de fabricação), adotando abordagem diferente, dotada de grande poder de análise e de informação.

HORNGREN, Charles T. *Cost accounting*. 3. ed. Madri: Prentice-Hall International, 1972.

O Prof. Horngren é um dos mais destacados estudiosos de Contabilidade de Custos. Sua obra tem duas características fundamentais: é didática e é compreensível. Os capítulos 8 e 9 tratam dos Orçamentos Flexíveis e da análise das variações das DIF. O Capítulo 12 apresenta as várias técnicas de apropriação e o Capítulo 24 estuda os vários instrumentos da Estatística que ajudam a Contabilidade de Custos a separar os custos em fixos e variáveis, principalmente analisando o comportamento dos custos mistos.

IUDÍCIBUS, Sergio de. *Análise de custos*. São Paulo: Atlas, 1988.

O Prof. Iudícibus é um dos autores de livros de custos que aborda, de forma extremamente objetiva e simples, a aplicação dos instrumentos de Matemática e de Estatística, usando alguns recursos modernos de calculadora e de aplicativos de computador na solução de problemas práticos. O Prof. Iudícibus mostra como a Contabilidade de Custos consegue fazer a apropriação dos custos indiretos no caso da prestação recíproca de serviços entre os departamentos auxiliares, como se deve entender e usar o *output* dos aplicativos, observando os indicadores que revelam o grau de confiança nos resultados da análise. Ele aplica esses recursos no emprego do método dos mínimos quadrados. Neste capítulo, nós apresentamos apenas problemas que são resolvidos pelo emprego da linha de regressão simples. Em nosso livro, editado pela Editora Atlas, intitulado *Custos – planejamento, implantação e controle*, nós dedicamos inteiramente o Capítulo 4 a tentar apresentar, do modo mais didático que conseguimos, o uso dos métodos quantitativos para a determinação do comportamento dos custos, principalmente os indiretos, diante de unidades de medidas operacionais, quantitativas, controláveis e de fácil cálculo, tomadas como referência. Nós nos preocupamos em apresentar os indicadores que determinam o grau de confiabilidade dos resultados obtidos pelo emprego dos recursos quantitativos.

HAMMER, Lawrence; CARTER, William K.; USRV, Milton F. *Cost accounting*. 11. ed. Cincinati: South Western Publishing, 1994.

Essa obra é representativa dos excelentes estudos feitos pelos professores americanos. A característica básica é a apresentação bem inteligível de problemas complicados. Os capítulos 12, 13 e 14 apresentam a conceituação, o cálculo, a contabilização e o controle das despesas indiretas de fabricação. O Capítulo 14 mostra o critério de custeio denominado ABC.

ALLORA, Franz. *Engenharia de custos técnicos*. São Paulo: Atlas, 1985.

O Prof. Allora nos mostra um outro lado da questão da apuração de custos. Ele é muito didático quando imagina um exemplo prático de uma indústria metal-mecânica cujos custos são apurados por diversas técnicas de custeio. Ao final, faz uma análise comparativa dos resultados apurados. Abordamos essas diversas técnicas em nosso livro.

CORRAL, L. C.; PAULO, E.; DIAS FILHO, J. M. *Análise multivariada*. São Paulo: Atlas, 2007.

KAPLAN, Robert S. *Advanced management accounting*. Englewood Cliffs, New Jersey: Prentice Hall, Inc., 1982.

Esses dois últimos livros tratam profundamente de regressão linear, tanto simples, quanto múltipla. Vale a pena consultá-los, uma vez que há premissas essenciais para o uso dessa técnica que não foram tratadas neste livro (que não se propõe a tanto aprofundamento).

6

Sistemas de Acumulação

OBJETIVOS DO CAPÍTULO

Este capítulo apresenta alguns dos diversos modos de custear produtos, processos, departamentos e atividades. Os sistemas de custeamento têm várias finalidades além de sua finalidade principal que é a de levantar o custo do objeto que está sendo estudado. Conforme o que apresentamos no Capítulo 1, os objetos de custeio são, entre muitos, os seguintes: a própria Empresa, seus produtos ou serviços, seus componentes organizacionais (departamentos da atividade-meio, departamentos da atividade-fim), as atividades, os estudos especiais, os planos alternativos, os estoques, os serviços não faturáveis, as campanhas, as promoções e os segmentos da atividade de distribuição. Com que finalidades a Contabilidade de Custos deseja levantar os custos desses objetos? Tradicionalmente, para determinar a rentabilidade do objeto, quando for o caso, e para determinar o custo dos estoques que farão parte integrante dos elementos patrimoniais apresentados em certos momentos pelo Balanço. Outras finalidades, ainda muito significativas, devem ser anotadas: o controle dos custos de cada um dos objetos e das respectivas operações ou atividades, a análise dos custos dos objetos para auxiliar a gerência nas funções de planejamento e tomada de decisões. Custear significa acumular os custos próprios de cada objeto, organizá-los e analisá-los, com a finalidade de compor informações diferentes para atender finalidades gerenciais diferentes. A acumulação dos custos fabris (é desses custos que vamos tratar, muito embora o que apresentaremos sirva para qualquer outra atividade dentro da empresa ou para qualquer entidade) é realizada basicamente através de dois sistemas: o sistema de custos por Ordem de Produção e o sistema de custos por Processo. Os tipos de custos que são acumulados podem ser custos históricos, estimados ou padrões. A escolha vai depender das necessidades gerenciais e do tipo de objeto de custeio. Os critérios para fazer a acumulação podem ser normalmente de dois tipos: critério do custo por absorção ou critério do custo direto ou variável. Alguns estudiosos e praticantes os chamam de custeio integral e custeio parcial. Quando a gerência deseja controlar os custos indiretos, o faz através dos centros de responsabilidade, onde há sempre um responsável pelas suas atividades. Este tipo de custeamento será estudado no próximo capítulo. Quando, em alguns casos, as condições de fabricação e as características dos produtos ou serviços permitirem ou indicarem, podemos aplicar modelos mais práticos e mais simples de custeamento e que ofereçam informações muito úteis: é o caso do modelo de custeamento denominado de Unidades de Esforço de Produção, que será analisado neste Capítulo. O próximo Capítulo apresentará, de forma didática, o conceito de custeamento com base em atividades (em inglês, ABC), no estágio em que nós o conhecemos hoje.

CONCEITOS BÁSICOS

1. Os sistemas de acumulação de custos destinam-se a coletar os dados de custos, direta ou indiretamente, identificados com algum objeto de custeio, a organizá-los de forma a que possam contribuir para o desenvolvimento de informações que se destinam ao atendimento de alguma necessidade gerencial diferente ou especial.

2. Assim sendo, os sistemas de custos podem tomar várias formas, dependendo da informação que desejam produzir. Os sistemas de custos podem empregar vários tipos de dados de custos (inclusive de dados não monetários). Os sistemas de custos podem ser implantados parcialmente, se assim indicarem as circunstâncias.

3. Os dois sistemas básicos de acumulação de custos que se destinam a custear produtos e serviços são os seguintes: o sistema de custeamento por Ordem de Produção e o sistema de custeamento por processo. Estes dois sistemas são empregados amplamente e produzem informações para a determinação da rentabilidade (o custo dos produtos ou serviços vendidos), informação dirigida à Demonstração de Resultados do Exercício e para a avaliação de estoques de fim de período (informação que vai compor o Ativo do Balanço Patrimonial). A diferença fundamental entre os dois sistemas está no objeto do custeio. Enquanto que para o sistema de Ordens de Produção o objetivo é determinar o custo do produto ou serviço, para o sistema por processos, a finalidade primeira é acumular o custo dos processos.

4. Qualquer sistema de acumulação de custos (ou de determinação dos custos) pode empregar, dependendo dos tipos de informações que deseja produzir, tanto o critério do custeio por absorção (que os europeus chamam de custeio pleno ou integral) como o critério do custeio direto ou variável (chamado, ainda, de custeio parcial). A diferença básica entre os dois critérios está no que cada um julga que sejam custos inventariáveis ou não. Para o critério do custo por absorção, todos os custos fabris devem ser inventariáveis, isto é, devem ser tratados como custo dos produtos ou dos serviços. Quando os custos não são diretamente indentificados aos produtos ou serviços, eles serão debitados a esses objetos através de rateios. Existem recentes normas para o emprego do critério do custo por absorção que estão considerando como inventariáveis custos que até agora eram considerados como não inventariáveis, por exemplo, alguns custos relacionados à atividade de compra de materiais e outros custos identificados com as atividades de estocagem desses materiais (Usry, 1994:82). Para os procedimentos do emprego do custeio direto somente serão inventariáveis os custos que forem variáveis e diretos com algum "parâmetro" identificado com as operações de fabricação. Os demais custos, mesmo relacionados à atividade fabril, que não estejam nas condições referidas, serão considerados como não inventariáveis, isto é, serão tratados como custos relacionados ao período.

5. Até agora vimos que existem dois sistemas básicos de acumulação de custos: o sistema de custeio por Ordens de Produção (que chamaremos daqui para frente apenas como sistema de OP) e o sistema de custeio por Processo. Como cada um deles pode trabalhar tanto com o critério do custo por absorção, como com o critério do custo direto ou variável, então teremos quatro tipos diferentes de sistemas, que se referem a quatro combinações possíveis.

Critérios de custeio	Sistemas de acumulação de custos	
	Por OP	Por processo
Absorção	1	2
Direto ou variável	3	4

Podemos, ainda, aumentar a quantidade possível de sistemas de acumulação de custos diferentes, informando que eles empregam normalmente tipos diferentes de custos: reais, estimados e padrões. Os sistemas de acumulação que empregam custos reais destinam-se quase que exclusivamente a determinar o custo dos produtos e serviços para as finalidades de cálculo do lucro individualizado, para a avaliação de estoques para demonstrações de uso externo, para o estabelecimento de preços de venda em produtos e serviços por encomenda e para comparações com informações de custos previsionais (estimados e padrões). Os sistemas de acumulação de custos que empregam custos, ditos previsionais (estimados para empresas de produção não padronizada, não repetitiva e padrões, para as empresas de produção contínua, cujos produtos não são diferenciados), têm por finalidade o controle dos custos e das operações e o planejamento das atividades.

Agora, teremos as seguintes combinações possíveis:

Sistemas de Acumulação de Custos

Critérios de custeio	Por OP			Por processo		
	Custos reais	Custos previsionais		Custos reais	Custo previsionais	
		Estimados	Padrões		Estimados	Padrões
Absorção	1	2	3	4	5	6
Direto ou variável	7	8	9	10	11	12

6. Segundo uma pesquisa feita nos Estados Unidos, em 1987, por Robert A. Howell e outros (Ursy, 1994:82), cujo título foi "Management Accounting in The New Manufacturing Environment", sob o patrocínio do Institute of Management Accountants, foi indicado que nos contratos entre governo e indústrias, envolvendo equipamentos e instalações de defesa, onde é preponderante a fórmula "custo mais lucro", os custos reais são os mais empregados e que, nos demais casos, as indústrias usam mais os custos-padrão e preferem empregar o critério do custo por absorção.

7. Além desses dois sistemas básicos de custeamento, direcionados para o custeio de produtos e serviços, existe ainda um outro divulgado pelo Prof. Franz Allora (Allora: 1985), e que é objeto de artigos encontrados em periódicos brasileiros e de alguns trabalhos de dissertação e tese (consulte bibliografia ao final deste capítulo). O sistema é denominado de Unidades de Esforço de Produção. Este sistema já é usado há algum tempo em países europeus e obteve divulgação internacional através dos trabalhos de Georges Perrin, que criou a unidade GP para a determinação dos custos dos produtos em indústrias com algumas características especiais. A Unidade GP ou Unidade de Esforço de Produção (UEP ou, simplesmente, UP) homogeneiza a fabricação de uma variedade de produtos. Calculando-se para cada tipo de operação sua quantidade de UP – que representa a soma de vários esforços: o esforço humano, o esforço dos equipamentos, o esforço dos recursos, o esforço de energia, e outros esforços –, multiplicando-se essa quantidade de UP pela quantidade de horas, por exemplo, que cada um dos produtos, mesmo diferentes, consome em cada tipo de trabalho, chega-se a um total de UP para um determinado período. Somando-se, para um período, as despesas e custos gerais, de difícil identificação a cada produto, e dividindo-se o total encontrado pela quantidade total de UP, determina-se o valor unitário da UP. Uma vez que se tem o total de UP por produto, fica fácil determinar o quanto esse produto consumiu dos custos e despesas gerais (indiretas) de fabricação. Mais adiante, teremos a oportunidade de apresentar mais detalhes da aplicação desse sistema.

8. Outra maneira de atribuir os custos indiretos aos produtos é denominada de Custeio ABC. ABC quer dizer *Activity-Based Costing*. Ou, em português, custeamento (ou custeio) baseado em atividades. O próprio nome tem a simplicidade de indicar o que é feito. Os custos e despesas gerais (indiretas) de fabricação são apropriadas, através de bases de rateio, chamadas pelos adeptos do critério de "direcionadores de custos", às diversas atividades em que se divide a operação fabril. Quanto maior é a quantidade de atividades, melhores são as informações e mais útil é a análise. O que fica mais difícil, porém, é a descoberta dos direcionadores de custos, como também a relação entre eles, os diversos tipos de itens de custos e despesas e as próprias atividades que deverão "receber" tais custos e despesas. Uma vez que as atividades estejam custeadas, a Contabilidade de Custos emprega novos direcionadores de custos (outra vez, novas bases de rateio) que espelham os usos que os diversos produtos e serviços fazem das atividades, para fazer a nova apropriação de custos. O critério do custeio ABC é aplicado em empresas automatizadas, em que as relações de uso dos diversos fatores de produção são diferentes, onde o processo é caracterizado por células de fabricação. Nas células de fabricação, máquinas e homens se juntam para atender às mais variadas atividades. Não seria adequado o emprego, nesse tipo de processamento, dos modelos de apropriação das despesas indiretas aos produtos fabricados adotados pelas fábricas atuais, apoiados em bases relacionadas com os volumes de produção. No próximo capítulo, vamos apresentar alguns exemplos simples, práticos e, sobretudo, didáticos, para que se possa entender a lógica do critério, sua aplicação, os resultados e as vantagens para a gerência.

9. Mesmo nas fábricas modernas, ainda é válida a determinação das despesas e custos por centros de responsabilidade. Um centro de responsabilidade é um componente operacional ou de apoio que tem duas responsabilidades básicas: (1) a responsabilidade objetiva, isto é, aquilo que o responsável pelo centro tem que fazer. Por exemplo, em um hospital, o centro de hemodiálise. Seu responsável tem que realizar a limpeza do sangue. Essa é a responsabilidade objetiva, também chamada de física. Para que isso aconteça, é necessário que o responsável pelo centro disponha de recursos, cujo consumo é traduzido em unidades monetárias. Ele tem que gastar esses recursos dentro de um padrão de eficiência. Ele tem que controlar esses gastos. Há que se fazer um orçamento. O orçamento é comparado com a realidade. Os desvios são detectados. A análise dos desvios é feita e são tomadas providências para corrigir suas causas. Todo esse trabalho é denominado de responsabilidade contábil. Esse é um modo prático de se controlarem as despesas e os custos. Cada qual é responsável pelos custos e despesas que realiza. Essa é a filosofia do sistema de custeamento pela responsabilidade. Vamos mostrar, no próximo capítulo, um caso prático de aplicação do sistema de custos pela responsabilidade.

10. Há casos em que se adota um sistema híbrido de custeamento. É muito frequente. O consumo dos fatores de produção deve ser avaliado e debitado diretamente aos departamentos ou aos produtos e serviços. Isso é o que se faz, normalmente, em todos os sistemas apreciados anteriormente. O consumo é traduzido por custos reais. Nos casos em que se usa, concomitantemente, o critério

do custo-padrão, o consumo e seus custos são previstos. Na maioria das vezes, em primeiro lugar por questão de tempo, as despesas indiretas de fabricação – mesmo quando se usam custos reais para os outros fatores de produção materiais e mão de obra – são estimadas e aplicadas ao custo de produção ou ao custo dos departamentos, aparecendo, aí, figura do sistema híbrido de custeamento. Esse sistema já foi visto no capítulo anterior, quando estudamos o terceiro elemento do custo de produção – as despesas indiretas de fabricação.

11. Vamos resumir, no quadro a seguir, alguns dos mais divulgados sistemas de custeamento deferenciados pelas suas finalidades, pelos tipos de custos empregados e pelos critérios básicos adotados. Serão objeto de análise neste capítulo os Sistemas de Acumulação de Custos que empregam custos reais e o custo por absorção. Em outros capítulos, serão estudados os Sistemas que empregam os custos-padrão e os critérios de análise, bem como o custeado por responsabilidade e o custeio ABC. No Capítulo 9 será estudado o critério de Custeio Direto e Variável.

Sistemas de acumulação de custos:

Sistema de custos por OP

Sistema de custos por processo

Sistema de custos pela responsabilidade

Tipos de custos:

Custos reais

Custos-padrão

Custos estimados

Critérios de custeio:

Custo por absorção

Custeio direto ou variável

Critérios de análise:

Custeio baseado em atividades (ABC)

Unidades de esforço de produção (UEP ou UP)

SISTEMA DE ACUMULAÇÃO DE CUSTOS POR ORDEM DE PRODUÇÃO (OP)

12. Denominação. Chamar o Sistema de "Custos por OP" não significa que o sistema somente se destina a acumular os custos de produção. Observe que é um termo genérico que deseja envolver todos os sistemas de acumulação de custos que se baseiam nos mesmos procedimentos do sistema de ordens de fabricação adotado por qualquer empresa industrial que trabalhe sob o regime de encomendas específicas dos clientes, em que os produtos são diferenciados ou em que são fabricados em lotes específicos. É preciso que fique desde logo muito clara a característica básica das atividades, fabris ou de serviços, que indicam a adoção do sistema de custos por OP. Os produtos, tarefas ou serviços devem ser bastante diferenciados uns dos outros. A administração está interessada em saber os custos de um produto, de uma tarefa ou de um serviço, independentemente de saber dos custos de outras operações. Nós convivemos em nossa vida com esse tipo de problema, mesmo que não trabalhemos na Contabilidade de Custos das empresas com as quais nos relacionamos. São vários os exemplos do cotidiano. Vamos apresentar dois deles.

a) A Sra. Godess Belíssima, dona de um ateliê de costura, leva seu carro para fazer uma revisão para uma dessas oficinas autorizadas. Seu carro exige trabalhos específicos, diferentes dos trabalhos de outros veículos que estão sendo revisados pela oficina naquele momento. Imediatamente, o assistente técnico ou recepcionista que a atende abre uma Ordem de Serviço, que tem um número. A Ordem de Serviço vai identificar o carro e sua proprietária. Além desses dados, a OS vai discriminar os serviços que devem ser feitos no veículo. Essa OS é o que nós estamos denominando genericamente de OP. Então, a oficina autorizada, nesse caso, vai acumular os custos e as despesas relacionados com a revisão do carro pertencente à Sra. Godess segundo um sistema de acumulação de custos por OS". O serviço é específico. É diferente dos demais serviços em andamento.

b) A Marcenaria Vila Real, cujo proprietário é o Sr. Antonio, é bem equipada e trabalha produzindo produtos de alta qualidade. Ela fica na Rua da Matriz. O Sr. Antonio foi chamado para fazer um serviço de marcenaria – uma cozinha moderna – no luxuoso apartamento da Sra. Benquista Soteropolitana. Chegando lá, a Sra. Benquista forneceu ao Sr. Antonio todas as características da cozinha: tamanho, número de estantes, de portas, de gavetas, tipo da madeira, desenho, disposição, tipos das ferragens e outros dados. Portanto, como se vê, era um serviço específico. O Sr. Antonio tomou nota de tudo e foi para sua empresa. Lá, em conjunto com seus colaboradores, montou um orçamento, codificando-o como Orçamento 47/96. Alguns dias mais tarde, o Sr. Antonio voltou ao apartamento de D. Benquista para apresentar o orçamento da obra. Depois de alguns ligeiros acertos, como normalmente ocorre, a D. Benquista aprovou o orçamento, as condições de pagamento e os prazos de entrega. O Sr. Antonio retornou a sua oficina e pôs-se a trabalhar no Serviço nº 47/96, que identificava, entre os muitos serviços que estava realizando para outros clientes, a cozinha da Sra. Benquista. O Serviço nº 47/96 nada mais é do que uma Ordem de Produção. A oficina do Sr. Antonio, que talvez nem soubesse o que era Contabilidade de Custos, trabalhava sob encomenda e acumulava os custos de acordo com o "sistema de acumulação por obra". Ele, simplesmente, mantinha um arquivo que intitulou como Serviço nº 47/96, em que, além de anotar o orçamento aprovado pela cliente, ia anotando todos os custos e despesas que ia fazendo, relacionados à fabricação da cozinha da Sra. Benquista.

13. Definição. O Sistema de Custos por OP é um sistema no qual cada elemento de custo é acumulado separadamente, segundo ordens específicas de fabricação, emitidas pela área industrial, de serviços ou comercial. A cada Ordem de Produção (lembre-se que este termo é genérico) é atribuído um código que identifica o trabalho, ou o serviço, a ser executado. Todos os documentos relacionados às operações e transações que envolvem a Ordem de Produção, sobretudo o consumo dos fatores de produção ou de realização do serviço, devem ser identificados à Ordem de Produção por meio daquele código. Assim é feito na oficina autorizada com as Ordens de Serviço e assim é feito na marcenaria Vila Real, com as obras a serem realizadas. Em qualquer atividade fabril ou de realização de serviços, onde os produtos ou os serviços são diferenciados, onde são perfeitamente identificados, onde são produzidos ou realizados de acordo com recomendações específicas dos clientes, os procedimentos de acumulação de custos são idênticos aos procedimentos apresentados pelo sistema de ordens de produção (OP). Alguns exemplos de empresas que certamente se utilizam do sistema de acumulação de custos e despesas por OP, além das duas já mencionadas, no item 11, podem ser apresentadas.

A Brighton & Spencer Auditores Independentes, uma firma de fama internacional, denomina os serviços prestados aos clientes por *Job* (em português, "tarefa"). Cada cliente recebe um *Job*, codificado. É como se fosse um arquivo onde são registradas todas as operações relacionadas ao serviço prestado para aquele determinado cliente. Os serviços podem tomar a forma de uma auditoria especial, do diagnóstico de uma situação, de uma simulação, da reformulação de um setor, do inventário geral de fim de ano, da análise do desempenho operacional e outros.

A Gráfica Operacional Alto Astral recebe encomendas de clientes. As mais variadas: convites para casamento, "santinhos" para políticos, em época de eleições, cartões de visita, preparação de jornais para, por exemplo, grêmios e diretórios estudantis, cartazes de publicidade e muitas outras. Para cada cliente, a Gráfica abre uma Ordem de Serviço, onde vai registrando todos os custos e despesas necessários para a feitura da encomenda.

A Doceria Beijo Açucarado prepara bolos, tortas, salgadinhos, salpicões, *buffet* completo, docinhos de acordo com os pedidos dos clientes. Para cada pedido, a administração (ou o contador de custos) abre uma Encomenda, que será numerada e que identificará o serviço e o cliente. Nesse "arquivo", que ela chama de "encomenda" (que se assemelha à OP, de uma fábrica), vai acumulando todos os custos e despesas que são feitos para a preparação do serviço.

A Empresa Industrial de Máquinas e Equipamentos Brian e Lowell SA, especializada na produção de equipamentos de grande porte, recebe encomendas de outras empresas para fabricar motores, transformadores, máquinas, prensas, locomotivas. Os produtos são bem definidos e o tempo de produção é longo. A Brian e Lowell abre Ordens de Fabricação para cada encomenda. Cada Ordem de Fabricação, além de acumular os custos e despesas, é um verdadeiro *dossier*, que arquiva toda a vida dos produtos, incluindo orçamentos, fluxo de caixa, desenhos, manuais, problemas encontrados e soluções respectivas, fluxogramas e cronogramas, enfim, tudo o que vai sendo feito para produzir os produtos.

O Estaleiro Naval Cisne Branco constrói navios e faz reparos. Cada navio a ser construído ganha um código. Esse código, nesse estaleiro, recebe o nome de "Casco". Por exemplo, o Casco 095 é para fabricar a graneleira Maria Amélia. Tudo o que diz respeito à fabricação desse barco é registrado, de forma organizada, inclusive cronologicamente, no "arquivo" Casco 095. A Contabilidade de Custos se aproveita desse código para registrar contabilmente gastos, despesas, custos e perdas relacionados às operações de fabricação do navio Maria Amélia. O estaleiro também recebe navios para fazer reparos. Para cada serviço, o estaleiro abre uma Ordem de Reparos, onde vai registrando tudo o que acontece com cada serviço. É muito comum que o estaleiro fabrique peças que são utilizadas na fabricação e nos reparos de muitos navios. A produção abre uma Ordem de Produção que se refere à fabricação de uma "batelada" dessas peças. Os custos e as despesas vão sendo registrados nessa OP e a "batelada" vai para o estoque de materiais. Esses materiais vão ser requisitados mais tarde, quando forem necessários. O registro no estoque de materiais será feito pelo custo de fabricação das peças da "batelada". Às vezes, o próprio estaleiro fabrica suas próprias máquinas, que produzem peças para os navios ou que preparam a matéria-prima que será consumida na fabricação dos barcos. Esse fato ocorre muito em outras fábricas. A produção abre uma Ordem de Obra, não só para autorizar a produção da máquina, como, também, para que se registrem nela todos os acontecimentos relacionados a sua fabricação. Quando a máquina fica pronta, a Contabilidade a registra como um Ativo Imobilizado, dentro do grupo do Permanente, no Ativo da Empresa. Acontece muitas vezes que uma parte do estaleiro sofra uma "pane". Por exemplo, no sistema de ar-condicionado da diretoria financeira. O estaleiro tem, em sua produção, operários especializados nesse determinado assunto. Caso haja uma situação favorável, em que tais especialistas estejam com tempo disponível, eles são destacados para fazer o reparo na área administrativa. A Contabilidade de Custos pode, se achar que o reparo é relevante, abrir uma Ordem de Serviço que vai definir como Ordem de Serviço não faturável, isto é, são despesas e custos que vão ser realizados, mas que não trarão, pelo menos direta e rapidamente, receita para o estaleiro.

14. Características básicas do sistema. O Sistema de acumulação de custos por OP, como o próprio nome indica, vai diferenciar-se dos outros sistemas de acumulação de custos em virtude de alguns pontos.

a) O Sistema identifica a produção de produtos diferentes e de lotes de produtos durante o processo de fabricação.

b) As várias Ordens de Produção se assemelham a "arquivos" que são utilizados para acumular os consumos dos fatores de produção. Os materiais e a mão de obra são acumulados de forma direta, sem "rodeios e circunlóquios". As despesas gerais, comuns, são registradas através de absorção, conforme vimos no Capítulo 5. Daí porque são chamadas de despesas indiretas. Os americanos do norte, muitas vezes, denominam essas despesas de *overhead*.

c) O custo de fabricação final é determinado somente quando a ordem de produção é fechada, isto é, quando a fabricação chega ao seu término. Se a Contabilidade assim o desejar, para atender as exigências da administração e dos clientes, pode levantar os custos em qualquer estágio. Portanto, o sistema não depende de levantamentos periódicos de estoques. E nem tem ligação com o encerramento dos livros contábeis. Exemplos simples: (1) a Empresa de Ônibus Flecha Ligeira S.A., sediada em Camanducaia, está prestando um serviço para o clube dos empregados da Indústria de Triciclos Capricoli. Eles estão aproveitando as férias coletivas da indústria e alugaram três confortáveis ônibus para visitarem as Cataratas do Iguaçu e alguns recantos do sul do Brasil. A viagem começou no dia 17 de maio e vai até o dia 15 de junho. A Contabilidade de Custos da Empresa Flecha Ligeira abriu uma Ordem de Serviço para identificar o serviço que estará sendo prestado ao clube dos empregados da Triciclos, onde "jogará" todos os custos e despesas dessa prestação de serviços. No dia 31 de maio, quando a Flecha Ligeira encerra seus livros contábeis para apuração de resultados e levantamento das demonstrações, a Ordem de Serviço relacionada ao passeio dos empregados da Triciclos vai ficar em aberto. Essa Ordem de Serviço não vai acompanhar o fechamento da Contabilidade. Mesmo porque o serviço ainda não foi completado. (2) A Fábrica Pesada de Equipamentos está fabricando três turbinas iguais para a Usina de Chapadão dos Bugres. A produção começou no dia 3 de maio. De acordo com o cronograma de produção, os produtos serão entregues à Usina somente no dia 10 de junho do ano seguinte. Portanto, a fabricação vai durar mais de 12 meses. No dia 31 de dezembro, a Fábrica Pesada levanta suas demonstrações contábeis. A ordem de produção das três turbinas ficará em aberto, com seus custos e despesas inventariados, até que a obra seja concluída em 10 de junho. (3) Há o exemplo, ao contrário. Suponha que a Sociedade de Manutenção de Equipamentos receba um pedido do Governo estadual para reparar os aparelhos de ar-condicionado da Secretaria de Administração. O serviço começa a ser realizado em 5 de julho e termina no dia 25 de julho. É uma Ordem de Serviço que teve curta duração. Suas receitas foram comparadas com seus custos e despesas e o lucro foi apurado. Não foi preciso chegar ao fim do exercício contábil.

d) O custeamento por Ordem de Produção (OP) é empregado em empresas onde a produção é descontínua e cujos produtos, lotes (bateladas) ou serviços podem ser perfeitamente identificados no processo de fabricação ou de realização dos serviços. Isso é muito comum em empresas que produzem produtos ou serviços não padronizados ou não repetitivos.

e) O sistema é burocrático. Ele exige uma adequada organização administrativa e fabril. Todas as transações e operações, e respectivos documentos, têm que observar rigorosamente a codificação dos produtos e dos serviços que estão sendo realizados. As transações e operações comuns que se relacionam indistintamente a cada um dos produtos ou serviços deverão ser analisadas cuidadosamente para que se faça sua identificação estimada pelo melhor método possível. O sistema é minucioso.

15. Diversos tipos de Ordens de Produção. Como dissemos, o termo Ordens de Produção é uma designação genérica. Os outros tipos de Ordens de Produção são os seguintes (alguns deles já foram exemplificados no item 12): Ordens de Serviço, Ordens de Obras, Ordens de Tarefa, Ordens de Serviços não faturáveis, Ordens de Fabricação, Ordens para o Estoque e *Jobs*.

16. Cartão de Custo (ou a própria OP) é a base do Sistema. Na Contabilidade de Custos de grande parte das Empresas, cujas características operacionais obrigam-nas a adotarem esse Sistema de acumulação de custos, a OP tem um formato mais ou menos uniforme. Ela é desenhada para registrar a maior parte dos dados relevantes, que serão necessários para auxiliar a gerência a atender as suas funções de planejamento e controle.

Vamos apresentar uma Ordem de Produção típica de uma empresa industrial que fabrica produtos de acordo com encomendas dos clientes. A OP é das mais simples.

Empresa Industrial de Máquinas e Equipamentos Brian & Lowell BR-634, s/n Distrito Industrial de Comeribe	Ordem de Produção *943-X6* **Data da encomenda: 3-2-X6** Início: 18-2-X6 Data estimada de término: 18-6-X6

Produto: Fresadeira 6435
Especificações: Consultar anexo 1
Quantidade: 5 unidades

Materiais: Orçamento $ 4.850 (ver detalhes na Planilha Orçamentária – Anexo 2)

Data: Requisição (Anexo 3)   Custo

(Aqui a Contabilidade de Custos vai registrando as requisições. Os detalhes das requisições como tipo do material, unidade, quantidade, custo unitário (caso seja um material relevante em termos contábeis) estão no Anexo 3.)

Mão de obra – Orçamento $ 3.900 (ver detalhes na Planilha Orçamentária – Anexo 2)

Data: Relatório (Anexo 4)   Custo

(Aqui a Contabilidade de Custos vai registrando os relatórios de mão de obra. Os detalhes do trabalho efetuado como qualificação do operário, horas de trabalho, departamentos, taxa horária e custo estão no Anexo 4.)

Despesas Indiretas de Fabricação Aplicadas: Orçamento $ 6.700 (ver Planilha Orçamentária – Anexo 2)

Data: Horas de mão de obra direta   Taxa predeterminada   Custo

(Neste espaço, a Contabilidade de Custos registra as horas de mão de obra direta cronologicamente – porque o critério de rateio das DIF, para este tipo de equipamento, é o total de horas – e multiplica pela taxa predeterminada (taxa de absorção). O contador pode lançar mão de um anexo (que daria o número 5) no qual registraria os valores departamentais das DIF.)

Custo de produção total comparativo:

	Reais	Orçados	Variações
Materiais			
Mão de obra			
Despesas indiretas de fabricação			
Totais			

Outras informações como Preço de Venda, outros custos e despesas e o lucro obtido poderão ser encontrados no verso da OP ou à parte, no Anexo 6.

Algumas observações sobre as Ordens de Produção:

a) O desenho apresentado é de uma OP que vai acompanhar a fabricação de um produto feito sob encomenda. É apenas um exemplo. Cada empresa desenhará seu próprio modelo de acordo com suas necessidades e de acordo com os recursos burocráticos disponíveis. As empresas de prestação de serviços, que realizam trabalhos de acordo com as especificações dos clientes, também devem usar um tipo qualquer de Ordem de Produção (que vão chamar de Ordem de Serviço, certamente).

b) A OP, se os dados estiverem disponíveis, deverá apresentar os valores orçados, estimados ou padronizados do uso dos fatores de produção. Como, normalmente, as empresas que adotam o sistema de acumulação por OP são empresas que trabalham produtos intermitentes e diferenciados, elas usam os custos orçados ou estimados. Em situações especiais, como o atendimento de uma encomenda para fabricar uma grande quantidade de produtos iguais – no caso das bateladas, especialmente para retornarem aos estoques de materiais para uso futuro nos produtos diferenciados – a empresa pode usar, se necessário, os custos-padrão.

c) Os produtos são fabricados passando por diversos departamentos (ou seções) operacionais como, também, utilizam-se dos serviços dos departamentos (seções) de apoio. Se for necessário para um melhor controle das operações, a OP pode conter dados do consumo dos recursos produtivos (diretos e indiretos) por departamento.

d) Muitas vezes, partes do produto podem ser fabricadas por terceiros, dentro da empresa ou fora dela. Essas operações e seus custos devem aparecer na OP em destaque.

17. Contabilização do Sistema. É uma contabilização bastante simples, em termos conceituais, embora exija um razoável trabalho administrativo, na medida em que a Gerência precisa de informações mais detalhadas.

a) As Ordens de Produção (lembre-se sempre que esta é uma designação genérica) acabam se constituindo, normalmente, nas subcontas da conta geral, de controle, nossa conhecida, chamada "Produção em Processo" (Produção em Elaboração ou Produção em Andamento). Um gráfico explica melhor. Vamos supor que a Brian & Lowell S.A. esteja trabalhando num certo período três tipos diferentes de produtos: as Ordens de Produção 942-X6, 943-X6 (cuja OP está apresentada no item 15) e 944-X6. Acompanhe o fluxo das operações pelo gráfico da Figura 6.1 a seguir:

b) Os recursos, quando consumidos, são valorizados e debitados às respectivas Ordens de Produção (Obras ou Serviços) que os requisitaram. Na medida em que cada tipo de produção for terminada, ou parte dela (se os dados estiverem disponíveis e se a gerência ou o cliente assim o exigirem), as Ordens de Produção respectivas serão creditadas, e os débitos serão feitos nas contas dos clientes. As contas dos clientes ficam, geralmente, sob a "jurisdição" da área comercial.

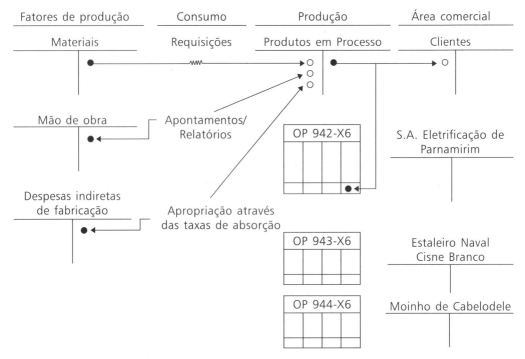

Figura 6.1 *Fluxo de informações – Sistema de Custos por OP.*

18. Casos em que o Sistema de Acumulação de Custos por OP é usado. Apesar de já termos apresentado, ao longo da exposição até este ponto, algumas empresas que usam o Sistema por OP, vamos apresentar, de modo genérico, quais as condições que devem estar presentes para que a gerência da empresa se "sinta confortável" com o emprego do Sistema.

a) Quando um número pequeno de unidades de produto (ou umas poucas "bateladas" de produtos ou peças) está sendo produzido.

b) Quando cada unidade de produto, ou uma pequena quantidade deles, ou uma "batelada" são identificados ou distinguidos.

c) Quando há uma clara definição da data de início da produção e, sobretudo, da data de seu término.

d) Quando os produtos ou as bateladas são produzidas de acordo com especificações dos clientes, portanto são produtos heterogêneos.

e) Quando a empresa estiver suficientemente organizada a ponto de possibilitar que a maior parte dos recursos produtivos sejam identificados com cada uma das produções na medida em que forem sendo consumidos.

19. Vantagens e desvantagens do sistema. As principais vantagens são as seguintes: (a) permite que a Contabilidade de Custos identifique, tão logo a produção tenha terminado, o lucro dos produtos, uma vez que na maior parte das vezes há um contrato de fabricação em que consta o preço de venda; (b) As Ordens de Produção anteriores vão formar um arquivo de grande utilidade, onde a Contabilidade de Custos pode buscar dados para a elaboração de planilhas orçamentárias de produtos que possuam alguma semelhança com alguns já fabricados pela empresa; (c) permite que a Gerência possa controlar os custos de produção sem a necessidade de fazer inventários dispendiosos e demorados; (d) na fabricação de encomendas de alto custo, as empresas fabricantes costumam obter, junto aos próprios clientes, financiamentos para realizar determinadas fases da produção. Os custos acumulados em cada Ordem de Produção já são um dado precioso para que a Administração possa estabelecer as bases quantitativas desses financiamentos; (e) A implantação do sistema obriga a que as empresas tenham um razoável nível de organização interna e disciplina, sem o que não poderão identificar operações, recursos e custos com cada um dos produtos que está sendo fabricado.

As principais desvantagens são as seguintes: (a) as despesas burocráticas são elevadas. Uma boa organização interna exige o consumo de recursos; (b) os custos acumulados são custos históricos, salvo as Despesas Indiretas aplicadas que, por força de sua aplicabilidade, são estimadas constantemente. Em casos de inflação anual acima de 20%, que é o nível estipulado pelos organismos internacionais para identificar uma situação de alta inflação, que polui os dados monetários traduzidos pela moeda fraca, é necessário que a Contabilidade de Custos empregue certos instrumentos especiais para fazer a atualização dos custos antigos. Esses cuidados são necessários principalmente quando as encomendas são de longo prazo. Os Custos históricos não devem ser eliminados, eles devem ser mantidos em paralelo com os custos atualizados; (c) a empresa somente conhecerá os custos reais de produção das encomendas quando estas ficarem prontas.

20. Vamos apresentar um **exemplo prático**, inteiramente resolvido, para que o leitor possa acompanhar, passo a passo, sua resolução. Vamos escolher, de novo, a Brian & Lowell S.A.

a) No dia 31-5, a Contabilidade tinha em seus registros os seguintes estoques:

- Materiais de Produção: 5.000 unidades a $ 2,00 a unidade
- Produção e Processo: A OP nº 942/X6, cujo desenho resumido é apresentado a seguir:

Brian & Lowell – OP 942-X6 – Para a produção de 6 fresadeiras

Materiais	Mão de obra	DIF	Total
$ 2.500	$ 3.000	$ 3.600	$ 9.100

- Produtos acabados: 2 fresadeiras, provenientes da OP 942-X6, custo total de $ 2.000 cada uma.

b) Durante o mês de junho de X6, a Brian & Lowell fez as seguintes operações (seria muito importante que anotássemos as datas em que essas operações foram realizadas. Para efeitos práticos, no entanto, vamos considerar que as transações e operações a seguir estão, aproximadamente, em ordem cronológica):

1. Comprou uma nova quantidade de materiais de produção (5.000 unidades a $ 3,00 a unidade = $ 15.000 – o mesmo que estava no estoque em 31-5). Siderurgia Bola Redonda, que deu o prazo de 30 dias para pagamento, sem acréscimos.

2. A Brian & Lowell pagou $ 2.500 de salários mais encargos aos operários, sendo que desse total, $ 300 eram relacionados aos operários indiretos.

3. As demais despesas indiretas de fabricação (entre energia, depreciação, alimentação, serviço médico, treinamento, supervisão, água, seguros e outros itens) reais, pagas ou provisionadas, somaram $ 4.600. Esse total só é conhecido no dia 10 do mês seguinte. Para fazer a apropriação das despesas indiretas de fabricação às diversas obras em andamento no mês, a empresa utiliza a taxa de absorção de $ 2,00 por $ 1,00 de mão de obra direta. De acordo com meses anteriores, o total das despesas indiretas de fabricação tem variado com o valor pago à mão de obra direta.

4. Durante o período foram abertas mais duas ordens de produção: a OP 943-X6 e a OP 944-X6.

5. As requisições de materiais de produção, durante o mês, somaram 7.000 unidades. A empresa adota o custo médio móvel para custear saídas e saldos do estoque de materiais. De acordo com as requisições, a OP 942-X6 requisitou 3.000 unidades, a OP 943-X6 requisitou 2.500 unidades e a OP 944-X6, 1.500 unidades.

6. O apontamento, ou o relatório mensal de mão de obra, registrou as horas de trabalho direto: para a OP 942-X6: 200 horas; para a OP 943-X6, 350 horas e para OP 944-X6, 450 horas.

7. As sobre ou subaplicações das Despesas Indiretas de fabricação devem ser registradas diretamente na conta Custo das Mercadorias Vendidas.

8. A OP 942-X6 foi completada no período e seus custos foram debitados à conta Produtos Acabados. Isto é, os produtos, cuja fabricação estava sendo registrada e controlada pela OP 942-X6, foram produzidos completamente e transferidos para a área comercial.

9. Os produtos fabricados pela OP 942-X6 foram entregues ao cliente que pagou a importância de $ 25.000, sendo $ 10.000, em dinheiro e o restante em 30 dias.

Diante desses fatos contábeis, a Contabilidade de Custos deverá calcular o custo total e detalhado das Ordens de Produção, sobretudo da OP 942-X6, que foi completada e vendida. A Contabilidade de Custos deverá passar para a Contabilidade Geral as informações necessárias para que se realize a escrituração das operações industriais. A Contabilidade Geral, de posse de dados e informações, deverá determinar o resultado (lucro ou prejuízo) da operação relacionada à fabricação e venda dos produtos cujo controle se fez pela OP 942-X6.

Solução parcial do problema: parte que cabe à Contabilidade de Custos. (Na Empresa Brian & Lowell, a Contabilidade de Custos e a Contabilidade Geral estão integradas e coordenadas entre si, mas cada uma desenvolve, a seu modo, suas atribuições específicas.)

Na Contabilidade de Custos

Custeio dos recursos consumidos	Produção
Materiais:	Ordens de Produção

Materiais	
SI – 5.000 u x $ 2,00/u = $ 10.000 C – 5.000 u x $ 3,00 = $ 15.000	7.000 u x $ 2,50/u = $ 17.500

Custo médio móvel –
(a cada aquisição faz-se o cálculo de um novo custo médio)

$ 10.000 ──▶ 5.000 u
$ 15.000 ──▶ 5.000 u
$ 25.000   10.000 u

$ 25.000/10.000 u = 2,50/u

Mão de obra	
$ 2.500	$ 2.200 MOD $ 300 DIF reais

MOD = $ 2.200 ÷ 1.000 h = $ 2,20/h
OP 942 = 200 h x $ 2,20 = $ 440
OP 943 = 350 h x $ 2,20 =   770
OP 944 = 450 h x $ 2,20 =   330
                          $ 2.200

DIF Aplicadas
$ 4.400

OP 942 = $ 440 x 2 = $ 880
OP 943 =   770 x 2 = 1.540
OP 944 =   990 x 2 = 1.980
                    $ 4.400

Brian & Lowell OP 942-X6 Para fabricar cinco fresadeiras tipo Clinton 2B					
Discriminação	Materiais	MOD	DIF	Total	
SI Requisições 3.000 u x $ 2,50 Apontamento Apropriação	$ 2.500 7.550	$ 3.000 $ 440	$ 3.600 $ 880	$ 9.100 7.500 440 880	
Totais				$ 17.920	──▶CMF

Brian & Lowell OP 943-X6 Para fabricar um torno Power					
Discriminação	Materiais	MOD	DIF	Total	
Requisições Apontamento Apropriação	$ 6.250	$ 770	$ 1.540	$ 6.250 770 1.540	
Totais				$ 8.560	──▶Estoque

Brian & Lowell OP 944-X6 Para fabricar duas máquinas furadeiras MAM 6					
Discriminação	Materiais	MOD	DIF	Total	
Requisições Apontamento Apropriação	$ 3.750	$ 990	$ 1.980	$ 3.750 990 1.980	
Totais				$ 6.720	──▶Estoque

Fresadeiras OP 942-X6			
Saldo inicial CMF Saldo final	2 Fresadeiras 5 Fresadeiras 7 Fresadeiras	$ 4.000 17.920 $ 21.920	──▶CMV

Na Contabilidade Geral

Lançamentos

1. Compra de materiais

D – Materiais
C – Caixa e bancos ou fornecedores $ 15.000
(Esta informação detalhada – quantidade e custo unitário – vai para a Contabilidade de Custos.)

2. Pagamento de salários

D – Salários
C – Caixa e bancos $ 2.500
(A folha de pagamentos vai para a Contabilidade de Custos.)

3. Materiais consumidos

D – Produção em processo
C – Materiais $ 17.500
(Esta informação vem da Contabilidade de Custos, com as seguintes informações:

Debitar as OPs:	OP 942-X6	$ 7.500
	OP 943-X6	6.250
	OP 944-6	3.750
	Total	$ 17.500

4. Apropriação de mão de obra

D – Produção em processo
C – Salários $ 2.200
(Para registro da mão de obra direta – A informação provavelmente estará na folha de pagamentos.)

5. Despesas gerais

D – Despesas indiretas de fabricação
C – Salários $ 300
(Para registrar somente a mão de obra indireta.)
D – Despesas indiretas de fabricação
C – Caixa e bancos ou fornecedores ou provisões $ 4.600
(Esta informação será enviada para Contabilidade de Custos, o mais detalhada possível – por conta natural e por departamento.)

6. Apropriação de DIF

D – Produção em processo
C – Despesas indiretas de fabricação aplicadas $ 4.400
(Esta informação vem da Contabilidade de Custos. A Contabilidade de Custos aplicou a taxa de absorção de $ 2,00
de DIF para cada $ 1,00 de MOD.)

7. Produção completada

D – Produtos acabados
C – Produção em processo $ 17.920
(Esta informação vem da Contabilidade de Custos. É o fechamento de OP 942-X6, com todos os seus custos acumulados.)

8. Venda da produção

D – Custo de vendas
C – Produtos acabados $ 21.920

9. Venda da produção

D – Contas a receber $ 15.000
D – Caixa e bancos 10.000
C – Vendas 25.000

10. Ajuste da aplicação das DIF   D – Custo de vendas
                                        C – Despesas indiretas de fabricação aplicadas $ 500
                                        (Esta informação é fornecida pela Contabilidade de Custos.)

11. Ajuste da aplicação das DIF   D – Despesa indiretas de fabricação aplicadas
                                          C – Despesas indiretas de fabricação $ 4.900
                                          (A Contabilidade Geral encerra as duas contas.)

Cálculo do lucro ou prejuízo na produção e venda das cinco Fresadeiras

Vendas		$ 25.000
(–) Custo de vendas	$ 21.920	
(–) Ajuste de DIF	500	22.420
Lucro		2.580

21. Vamos apresentar o desenvolvimento do problema (ou seja, o que se faz, na prática, nas empresas que adotam o sistema de acumulação de custos por OP) de duas maneiras, esperando, com isso, proporcionar uma melhor e mais rápida compreensão por parte dos leitores.

Uma visão geral do Sistema, através das contas T

Contas do Razão Geral	Materiais		Produtos em processo		Produtos acabados		Custo de vendas	
	SI	Consumo	SI		SI		CMV	
	Compras		MD	CMF	CMF	CMV		
	SF		MOD		SF			
			DIF					
			SF					

Contas analíticas				
	Razão analítico de materiais	Razão analítico de produtos em processo	Razão analítico de produtos acabados	Razão analítico de custos de vendas
	Ficha de estoque	Ordem de produção	Ficha de estoque	Conta por produto

Documentos originais				
	Faturas e notas fiscais	Requisições	Notas de transferência	Notas fiscais
		Relatório de mão de obra	Notas fiscais	Relatório de vendas
		Apontamento	Relatório de vendas	
		Mapa de apropriação de DIF		

Observe que estamos reproduzindo o que foi mostrado em capítulo anterior, quando estudamos o Método Indireto Real, que fazia a integração entre Custos e Contabilidade.

As siglas são as mesmas empregadas na explicação do Método Indireto Real:

SI – Saldo Inicial; SF – Saldo Final; MD – Material direto; MOD – Mão de obra Direta; DIF – Despesas Indiretas de Fabricação; CMF – Custo das Mercadorias Fabricadas; CMV – Custo das Mercadorias Vendidas.

Uma visão geral do sistema através de um mapa demonstrativo dos registros contábeis

Operação/Transação	Registro contábil	Razonetes	Documentos originais
1. Estoques iniciais		Fichas de estoque Ordens de produção	
2. Compra de materiais	D – Materiais C – Fornecedores ou caixa e bancos	Fichas de estoque	Notas fiscais ou recibos de fornecedores
3. Consumo de materiais	D – Produtos em processo C – Materiais	Fichas de estoque Ordens de produção	Requisições
4. Pagamento de operários	D – Salários C – Caixa e bancos		Cartões de ponto
5. Apropriação de salários	D – Produtos em processo C – Salários	Ordens de produção	Fichas de apontamentos
6. Despesas indiretas reais	D – DIF Reais C – Caixa e bancos ou fornecedores ou provisões	Contas de DIF departamentais	Notas fiscais, recibos ou lançamentos
7. Despesas indiretas aplicadas	D – Produtos em processo C – DIF aplicadas	Ordens de produção	Mapa de rateios
8. Produção completada	D – Produtos acabados C – Produtos em processo	Ordens de produção Fichas de estoque	Notas de transferência Relatório de produção
9. Venda de produtos (1)	D – Custo de vendas C – Produtos acabados	Fichas de estoque	Notas fiscais/Relatório de vendas
10. Venda de Produtos (2)	D – Caixa e bancos ou clientes ou duplicatas a receber C – Vendas	Clientes Vendas por produto, por linha de produtos, por cliente, por região	Notas fiscais/Relatório de vendas

SISTEMA DE ACUMULAÇÃO DE CUSTOS POR PROCESSO

22. Conceitos básicos. Como foi visto, quando apresentamos a diferença básica entre este Sistema e o Sistema de Custos por Ordem de Produção, a finalidade principal do Sistema é determinar os custos e as despesas relacionados aos processos de produção. A Contabilidade de Custos, em princípio, não está interessada em saber que produto está sendo fabricado. Os custos acumulados no processo operacional, num certo período de tempo (normalmente um mês), são divididos pela produção (em unidades, com mais frequência) do processo no mesmo período para se obter seu custo unitário médio. O processo pode ser uma fase, uma seção, um departamento ou um setor fabril. É necessário que a operação tenha determinadas características para que a Empresa possa empregar, com resultados positivos, o Sistema de Custos por Processo. O gráfico da Figura 6.2 apresenta, com clareza, os conceitos aqui emitidos.

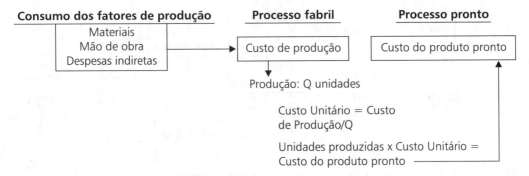

Figura 6.2 *Fluxo de informações – Sistema de Custos por Processo.*

O gráfico da Figura 6.2 é muito simples. Há apenas um processo produtivo e não existem estoques em processamento nem no início do período nem no final.

23. O problema fundamental do processo contínuo. Uma das características básicas operacionais que indicam o emprego do sistema de custos por processo é sua natureza contínua, fabricando produtos semelhantes, em grande quantidade. Vamos supor que estejamos fazendo uma pesquisa numa fábrica de lâmpadas incandescentes. Essa fábrica está produzindo, desde 1970, o mesmo tipo de lâmpada, pelo mesmo processo. O mercado continua comprando o produto. As vendas crescem a cada período. Por que parar a fabricação? A produção destina-se ao estoque de produtos acabados. A fabricação da lâmpada incandescente passa por diversas operações que constituem, cada uma, um dos processos. Se a Contabilidade de Custos da empresa não dividisse a produção de todos esses anos em períodos mensais, que se articulam com a Contabilidade Geral, a empresa até agora não teria tido condições de calcular o custo de uma lâmpada. O que se faz, então? A cada mês, em cada um dos processos, seus próprios custos e despesas são acumulados. O total mensal de cada processo é dividido pelas unidades produzidas pelo processo, para conhecer-se o custo unitário de cada fase e até a fase final. Vamos facilitar o entendimento da produção da lâmpada, mostrando um processo operacional bem simples. É claro que a fabricação de uma lâmpada realiza-se com muito mais fases e peças do que a que será apresentada. Portanto, a produção será dividida em quatro fases distintas, que a Contabilidade de Custos identificará como "os processos". Serão elas: a fabricação da base, a fabricação do filamento e a montagem intermediária, a fabricação do bulbo e a montagem final.

Vejamos a Figura 6.3, que mostra o produto, seus componentes e o processo produtivo contínuo.

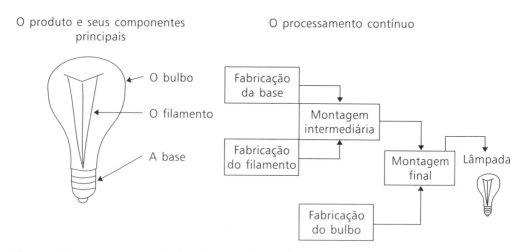

Figura 6.3 *Processo produtivo de uma lâmpada incandescente.*

Como se pode notar, os produtos finais dos processos intermediários serão sempre materiais diretos para o processo seguinte. O último processo é o que fabrica o produto, que será transferido para a área comercial, com seus custos acumulados até essa derradeira fase.

Imaginemos que estamos observando a fabricação da "base" no mês de junho, por exemplo. No dia 1º de junho, às 7 horas da manhã, quando a fábrica começa a funcionar, verificamos que existem "bases" parcialmente prontas no processo produtivo. A fabricação dessas "bases" foi iniciada em maio, mas não terminara, ao findar o expediente do dia 31 de maio. O "processo" vai terminá-las em junho e enviá-las, como material direto, para a montagem intermediária e iniciar a produção de novas "bases". Durante o mês, vai completar algumas centenas de "bases", que serão enviadas para o processo seguinte. Ao final do mês de junho, se alguém for ao processo produtivo de "fabricação das bases", vai notar que algumas das "bases" que foram iniciadas em junho não conseguiram ser terminadas. Ficaram "em processo de fabricação". É necessário considerar todas essas "bases" para calcular quanto foi realmente a produção de "bases", no primeiro processo. Certamente não foi a quantidade de "bases" prontas, transferidas para o processo seguinte, durante o mês. Qual foi, então? Esse é um dos problemas principais na aplicação do sistema de custos por processo. O contador de custos terá que levar em consideração o trabalho que será realizado para completar as "bases" que começaram a ser fabricadas no período anterior, levará em consideração o trabalho feito nas "bases" que começaram a ser fabricadas durante o período corrente e que foram transferidas para o processo seguinte, como também as "bases que foram iniciadas no período mas que não conseguiram ser terminadas, ficando no estoque "em processo", que vai passar para o período seguinte. Esse cálculo se destina a determinar o que os estudiosos e praticantes denominam de "unidades equivalentes", "unidades efetivas" ou "unidades reais". Dividindo-se o total dos custos acumulados no período (ou seja, o custo fabril) pelas unidades equivalentes, ter-se-á o custo unitário do período no processo de fabricação das "bases". Existem algumas situações que serão vistas adiante como: (a) cada fator de produção terá um montante de "unidades equivalentes" diferente; (b) a valoração tanto das unidades prontas transferidas para o processo seguinte, como das unidades que ficaram em processamento no fim do período pode ser feita adotando-se um dos critérios disponíveis apresentados em capítulo anterior. O mais usado, no entanto é o critério do "custo médio", muito embora, em virtude da natureza do processamento contínuo, o critério que deveria ser adotado não fossem as mudanças de preço dos fatores de produção e das alterações normais de rendimento operacional, fosse o critério do "custo PEPS", conforme veremos mais adiante; (c) as perdas, as unidades defeituosas, a adição de materiais, o momento e o ritmo do emprego dos fatores de produção produzem situações que exigem uma atenção cuidadosa e o uso de técnicas especiais.

24. Três situações diferentes. Abstraindo-nos de outros aspectos que podem ocorrer no processamento fabril, vamos analisar três situações diferentes que decorrem da existência ou não de produtos em processamento no início ou no fim do período. As situações são as seguintes: *Primeira*: não existem unidades em processamento nem no início nem no final do período; isto é, os estoques inicial e final do processo são iguais a zero, ou os custos neles acumulados são de pequena monta (a ideia de "pequena monta" vai depender do julgamento especial da administração e da Contabilidade de Custos dentro das circunstâncias). Neste caso, todos os recursos requisitados pela produção foram totalmente (ou quase) empregados na produção completada e transferida para o processo seguinte. *Segunda*: o estoque em processo no início não é significativo em termos econômicos, mas o estoque final é significativo e deve ser custeado. Nesse caso, os recursos admitidos ao processo durante o período foram aplicados na produção completada e transferida e nas unidades que foram iniciadas mas que permanecem ainda em elaboração ao final do período. *Terceira*: existe um estoque significativo de produtos em processamento no início do período, que não foi terminado no período anterior e existem unidades em processamento, de valor considerável, ao final do período. Nesse caso, o custo das unidades completadas e transferidas deverá ser determinado levando-se em consideração o custo do estoque em processamento no início do período e o custo dos recursos requisitados durante o período corrente. As unidades em processamento no final do período também devem receber esse mesmo tratamento: pode ser que elas recebam custos médios do mês anterior e custo médio do mês corrente. Nos exemplos que seguem, não estamos envolvendo nem perdas, nem unidades defeituosas encontradas ao final do processo, nem adições de recursos que possam trazer alguma modificação nas características do produto que está sendo feito, e estamos supondo que os materiais são todos colocados no início do período e que os recursos do custo de transformação (MOD e DIF) vão sendo adicionados ao processo de modo bastante regular, ao longo da fabricação. Essas situações serão estudadas mais adiante. Entretanto, apenas para as finalidades didáticas, vamos nos adiantar e mostrar exemplos do cálculo das "unidades equivalentes ou efetivas", tanto quando a empresa usa o critério do "custo médio", quanto quando emprega o critério do "custo PEPS".

25. Como calcular as "unidades equivalentes". As unidades equivalentes podem ser calculadas de modos diferentes, dependendo do critério de avaliação que vai ser adotado. Os dois critérios mais usados são o critério do "custo médio" e o critério do "custo PEPS". Os exemplos mostram uma situação especial: (a) é o segundo processo, dentro de uma sequência de produção; (b) está dentro da *terceira* situação, mencionada no item 23; (c) são dois tipos diferentes de recursos, que devem ser levados em consideração separadamente, pois atuam de modo diferente no processo de fabricação, os materiais e os custos de transformação – MOD e DIF (no decorrer da explicação dos exemplos, mostraremos os motivos pelos quais separamos esses dois tipos de fatores de produção).

a) *Caso em que a Contabilidade de Custos emprega o critério PEPS*. É necessário que a Contabilidade de Custos recolha dois tipos bem distintos de dados: os dados físicos da Produção e os dados monetários da Contabilidade.

Vamos aos dados físicos

Estoque de produtos em processamento no início do mês de junho – 1.000 unidades, no seguinte estádio de fabricação: Materiais, 100% e Transformação, 50%.

Programação de produção para o mês de junho: 18.000 unidades.

Unidades recebidas em junho do processo número 1: 17.000 unidades.

Unidades completadas e transferidas em junho para o processo número 3: 16.000 unidades.

Unidades em processamento ao final de junho – 2.000 unidades, no seguinte estádio de fabricação: materiais 100% e transformação, 80%.

Vamos aos dados monetários

Custos acumulados no processo no estoque em processamento ao final de maio (portanto, no início de junho) – Materiais: $ 3.000 e Transformação, $ 2.000.

Custo das unidades provenientes do processo número 1, consideradas, naquele processo, como produtos acabados e, neste processo, como materiais: Materiais: $ 11.900, Transformação, $ 5.100;

Materiais requisitados ao almoxarifado pelo processo 2: $ 2.400;

Custos de transformação registrados pela Contabilidade relacionados ao processo 2, durante o mês de junho: $ 1.200.

Observações:

a) Embora estejamos mostrando os dois fatores de produção como duas medidas singulares, na prática, na medida em que a gerência necessite, para as finalidades de melhor controle ou da apuração mais acurada dos custos unitários, inclusive de perdas, estragos e outros fenômenos operacionais, principalmente os materiais, eles são desmembrados. E todas as informações acima acompanham esse desmembramento. Por exemplo, se um dos materiais é um produto químico de alto custo em relação aos demais, a Produção terá que apresentar seu (do produto químico) estádio de fabricação e a Contabilidade terá que fornecer seus dados monetários (do produto químico), se quiser exercer um maior domínio sobre o consumo desse item específico.

b) Muitos exemplos de determinação dos custos de produção, através do emprego do sistema de custos por processo, podem ser estudados na ampla literatura técnica, inclusive na literatura nacional, com obras excelentes, que contêm casos práticos bastante detalhados. Essas obras estão relacionadas ao final desta parte, em que estudamos o Sistema de Custo por Processo.

c) O mesmo caso prático apreciado neste item é usado para evidenciar o emprego do critério do custo médio.

d) Em primeiro lugar, como em todos os problemas de custos, devemos nos familiarizar com as respectivas operações. Embora este caso seja bastante simples, vamos nos familiarizar com ele através de um gráfico, onde o fluxo das operações e o uso dos fatores de produção são evidenciados. O contador de custos deve trabalhar junto às operações para conhecer melhor suas nuances e considerá-las na determinação dos custos de produção. Qualquer alteração no processo produtivo que possa resultar na modificação da forma de uso e controle dos recursos operacionais e em uma nova relação de preponderância econômica de um fator de produção sobre outro, que exijam o desenho de novos procedimentos contábeis, deve ser prontamente detectada e analisada com atenção.

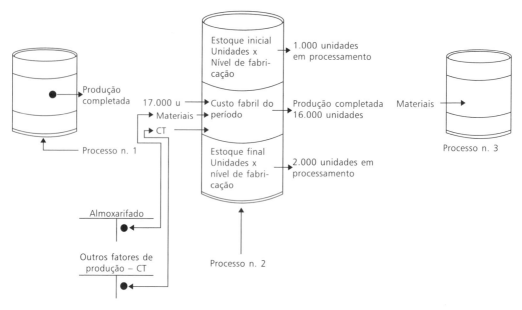

Figura 6.4 *Fluxo do processo.*

Uma vez familiarizados com o processo operacional, como mostra a Figura 6.4, podemos apresentar a solução do problema (isto é, o cálculo do custo da produção completada do 2º Processo para o 3º Processo e do custo das unidades em processamento ao final do período no Processo nº 2) de duas maneiras: a primeira, com o emprego do critério do "custo PEPS" e a segunda, com o emprego do critério do "custo médio".

	Dados físicos		Dados monetários		
	Materiais	CT	Materiais	CT	Total
Estoque inicial					
Materiais: 1.000 u × 100%	1.000	–	$ 2.700	–	$ 2.700
CT: 1.000 u × 50%	–	500	–	$ 1.800	1.800
Total			$ 2.700	$ 1.800	$ 4.500
Trabalho efetivo para terminar as unidades do estoque inicial					
Materiais	zero	–			
CT	–	500			
			$ 39.800	$ 56.500	$ 96.300
Trabalho para iniciar e completar as unidades transferidas no mês para o processo nº 3	15.000	15.000	8.200	13.250	21.450
Unidades equivalentes do mês	15.000	15.500	$ 48.000	$ 69.750	$ 117.750
Estoque final					
Materiais: 2.000 u × 100%	2.000	–			
CT: 2.000 u × 80%	–	1.600			

Cálculo do custo médio do mês passado (estoque inicial)
Materiais = $ 2.700/1.000 u = $ 2,70/unidade
CT   = $ 1.800/500 u   = $ 3,60/unidade

Cálculo do custo médio do mês corrente
Materiais = $ 48.000/17.000 u = $ 2,82/unidade
CT   = $ 69.750/17.100 u = $ 4,08/unidade
Total $ 6,90/unidade

Custo da produção completada e transferida	Materiais	CT	Total
Estoque inicial	$ 2.700	$ 1.800	$ 4.500
Para completar o estoque inicial:			
Materiais 1.000 × 0%	–	–	–
CT 1.000 × 50% × $ 4,08	–	$ 2.040	$ 2.040
Para iniciar e completar 15.000 unidades:			
Materiais 15.000 u × $ 2,82	$ 42.300	–	$ 42.300
CT 15.000 u × $ 4,08	–	$ 61.200	$ 61.200
Total	$ 45.000	$ 65.040	$ 110.040
Custo do estoque final:			
Materiais 2.000 u × 100% × $ 2,82	5.640	–	$ 5.640
CT 2.000 u × 80% × $ 4,08	–	$ 6.528	$ 6.528
Total	$ 5.640	$ 6.528	$ 12.168

Análise de origem e aplicação de recursos:

Origens			Aplicações	
Estoque inicial	$ 4.500		Estoque final	$ 12.168
Custo fabril:				
Produção recebida	96.300		Produção transferida	110.040
Materiais	8.200	Processo nº 2	Arredondamento por ter calculado os custos médias somente até a segunda casa decimal	
CT	13.250			42
Total	$ 122.250		Total	$ 122.250

b) *Caso em que a Contabilidade de Custos emprega o custo médio*

	Dados físicos		Dados monetários		
	Materiais	CT	Materiais	CT	Total
Estoque inicial					
Materiais 1.000 u × 100%	1.000	–	$ 2.700	–	$ 2.700
CT 1.000 × 50%	–	500	–	$ 1.800	$ 1.800
Trabalho efetivo para terminar o estoque inicial					
Materiais	zero	–			
CT	–	500			
			$ 39.800	$ 56.500	$ 96.300
Trabalho efetivo para completar as unidades transferidas	15.000	15.000	8.200	13.250	21.450
Trabalho efetivo para iniciar as unidades em processamento ao final do período					
Materiais 2.000 u × 100%					
CT 2.000 u × 80%	2.000	–			
	–	1.600			
Total – Unidades equivalentes	18.000	17.600	$ 50.700	$ 71.550	$ 122.250

Custo médio do mês (levando em consideração o custo do estoque inicial):

Materiais $ 50.700/18.000 u = $ 2,817/unidade
CT $ 71.550/17.600 u = $ 4.065/unidade
Total   = $ 6,882/unidade

Cálculo do custo da produção completada:

16.000 unidades × $ 6,883/unidade = $ 110.112

Cálculo da produção em processo ao final do período =
Materiais   2.000 unidades × $ 2,817/unidade $ 5.634
CT   1.600 unidades × $ 4,065/unidade $ 6.504
Total   12.138

Análise de origem e aplicação de recursos

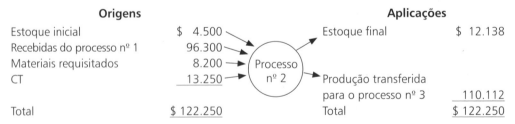

Origens		Aplicações	
Estoque inicial	$ 4.500	Estoque final	$ 12.138
Recebidas do processo nº 1	96.300		
Materiais requisitados	8.200		
CT	13.250	Produção transferida para o processo nº 3	110.112
Total	$ 122.250	Total	$ 122.250

26. Diferença fundamental de tratamento entre os materiais e o custo de transformação. Os materiais normalmente entram no processo de fabricação no início, ou assim são considerados. Os recursos produtivos, considerados como formadores do custo de transformação – a MOD e as DIF – vão sendo adicionadas ao custo de produção na medida em que a produção se desenvolve. Esta é a situação típica.

O caso mais comum já foi mostrado no problema ilustrativo do item 24. Lembre-se que, no problema, quanto às unidades parcialmente prontas, que vinham do mês anterior, existiam dois níveis de acabamento diferentes: (a) para o material, dissemos que as unidades estavam 100% prontas e (b) para a transformação, dissemos que as unidades estavam 50% prontas. O que isso significa, em termos práticos? Em nosso livro, editado pela Editora Atlas (Leone, 1994:299), mostramos um desenho que objetivou ilustrar, na fabricação de cadeiras, exatamente essa diferença de níveis de acabamento entre os dois fatores de produção. Aqui, vamos tentar melhorar o poder explicativo do desenho. Suponha que Você compareça ao Processo nº 2, no dia 1º de junho, às 7 horas, exatamente na hora em que as operações do dia vão começar. Ali você encontra 1.000 unidades em processamento que já estavam por lá desde o final do expediente do dia anterior (dia 31 de maio). Vamos dizer que sejam cadeiras do tipo bem simples, mas um pouco mais sofisticadas que as cadeiras apresentadas, como exemplo, na obra citada de nossa autoria. Vejamos como é composta a cadeira, através da Figura 6.5.

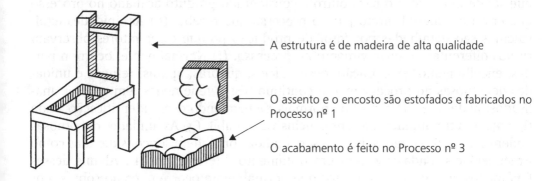

Vejamos o que você encontra no Processo às 7 horas da manhã.

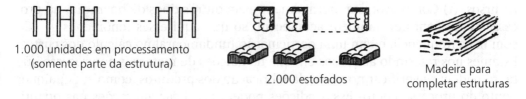

Figura 6.5 *Aspectos da produção de cadeiras.*

O que falta fazer para completar as 1.000 unidades? Falta aplicar a mão de obra e os demais recursos (despesas), cujo conjunto é denominado de Custos de Transformação (ou Custos de Conversão). No caso em questão, as cadeiras, cada uma das 1.000 unidades (ou uma outra combinação qualquer de processo de fabricação), está 50% pronta quanto ao esforço somado de MOD e de DIF.

CARACTERÍSTICAS BÁSICAS DO SISTEMA E CONDIÇÕES QUE INDICAM A IMPLANTAÇÃO

27. Características básicas. (a) Os custos diretos – materiais e mão de obra – são debitados diretamente ao processo, enquanto que as despesas de fabricação são, inicialmente, acumuladas por natureza e depois, através de rateios, são acrescentadas ao processo. (b) Os dados físicos do processo, tais como unidades em processo, nível de completamento, unidades recebidas de processos anteriores, unidades transferidas para processos seguintes, quantitativos de materiais e de mão de obra, são acumulados por processo. (c) Os processos, em termos de Contabilidade, são subcontas da conta geral Produtos em Processamento. (d) O que sai de um processo para outro é considerado produto acabado no processo que envia e material direto para o processo que recebe. (e) As unidades equivalentes são detalhadas por fator de produção porque esses fatores observam ritmos diferentes de envolvimento no processo. (f) Normalmente, ocorrem perdas, encolhimento, evaporação, desperdícios, quebras, aparas, refugos e unidades defeituosas no processamento contínuo. Esses fenômenos têm que ser analisados: podem ser normais ou anormais. Dependendo dessa identificação, cada tipo tem um tratamento diferente, inclusive contábil. (g) As unidades defeituosas podem ser reaproveitadas, podem ser vendidas ou podem ser consideradas como irrecuperáveis. Cada caso tem um tratamento diferenciado. (h) Alguns desses fenômenos operacionais, e outros que normalmente ocorrem, como sobras, por exemplo, podem ser transformados em subprodutos. Além desses casos, existem processamentos contínuos que dão lugar a produtos conjuntos, quando dois ou mais produtos de alto valor comercial são produzidos de um mesmo grupo de recursos. (i) Como ocorrem, normalmente, em outros tipos de operação, no processamento contínuo também acontecem, só que aqui esses fenômenos se dão com mais frequência e têm uma participação fundamental no cálculo dos custos. Estamos nos referindo aos casos em que há adições de materiais ao processo que tanto podem se verificar no início da fabricação dos produtos, como em qualquer ponto do processamento. Essas adições podem provocar alterações nas quantidades dos produtos que estão sendo fabricados, com consequências relevantes nos custos unitários. (g) Os recursos incluídos no processamento, transformados em unidades monetárias, devem estar aplicados na produção boa, na produção defeituosa, nos refugos e sobras, e nos produtos em processamento ao final do período. É o que chamamos de Análise de Origem e Aplicação de Recursos. As origens têm que ser iguais às aplicações. **A maior parte desses fenômenos serão apresentados neste capítulo (alguns já o foram até aqui), através de exemplos muito simples e, quando possível, de forma independente, para um melhor entendimento por parte do leitor.**

Condições que indicam a implantação do sistema. Neste espaço, vale incluir uma citação feita por dois autores americanos (Copeland e Dascher, 1978:190): "A informação de custos é talvez a principal base sobre a qual as decisões de preço e de produção são feitas. Essas decisões estão entre as mais importantes feitas por uma Empresa. Entretanto, não existe nenhuma fórmula-padrão que possa ser usada para indicar que tipos de custos devem ser considerados e de que forma eles devem ser calculados. Para cada tipo de decisão, uma pergunta tem que ser feita: "Que custo e que método de apropriação são relevantes para esta decisão?" A informação a ser produzida vai depender exclusivamente da resposta. Tendo em vista essa importante ideia, as condições são as seguintes: (a) um único produto que é feito de forma contínua e em grande quantidade; (b) produção em massa para o estoque; (c) produtos não diferenciados, padronizados na forma, constituição e em sua fabricação; (d) a produção é dividida em processos, departamentos ou seções independentes umas das outras; (e) quando há facilidade em se determinar os custos e as despesas por processo; (f) quando é possível se levantarem os dados quantitativos de cada processo, mesmo no caso em que se fabriquem, ao mesmo tempo, vários produtos e que esses quantitativos possam se relacionar com os custos e despesas respectivos.

28. Aspectos fortes e fracos do Sistema. Alguns estudiosos preferem denominar de vantagens e desvantagens. Em nosso primeiro livro de Custos, editado pela Fundação Getúlio Vargas, em sua 14ª edição (Leone, 2000:160), apresentamos, também, esses pontos como vantagens e desvantagens. Entretanto, não devemos nos preocupar em apresentar as vantagens e as desvantagens, uma vez que o sistema será empregado sempre que as condições indiquem sua implantação. Os pontos fortes, esses sim, deverão ser conhecidos para que a Administração possa explorá-los. Os pontos fracos, no entanto, devem ser analisados e controlados com cuidado. Os pontos fortes serão, entre muitos, os seguintes: (a) sendo a fabricação padronizada e contínua, a administração fabril passa a dispor de maiores conhecimentos sobre as operações e seus produtos; (b) os custos passam a ser facilmente identificados aos processos, onde muitos deles, considerados como indiretos em relação aos produtos, passam a ser diretos em relação aos processos (departamentos, seções e setores; (c) os documentos que se relacionam com o consumo dos fatores de produção podem ser mais facilmente padronizados, facilitando assim o controle não só monetário como quantitativo dos insumos; (d) os custos-padrão se adaptam melhor, portanto, ao sistema do custeamento por processo; (e) o sistema é muito menos burocratizado que o sistema de ordens de produção; é sempre desejável que as despesas burocráticas resultantes do emprego de um sistema de custos não excedam aos benefícios esperados das informações que serão fornecidas por esse sistema, apesar de reconhecermos ser difícil medir esses benefícios em termos monetários; (e) as informações de custos podem ser conhecidas imediatamente ao final do mês.

Alguns dos pontos fracos, que devem ser bem analisados, são os seguintes: (a) os custos são médios, mesmo quando os critérios adotados são PEPS e UEPS, portanto com todas as limitações das médias; (b) se existirem flutuações de preços, eficiências e ineficiências, capacidade não utilizada, tudo isso fica diluído nos custos unitários médios; (c) as informações produzidas pelo sistema de custos por processo tendem a estar muito relacionadas à rentabilidade dos produtos, entretanto, os contadores de custos devem orientar as informações para as atividades de medição de eficácia e da eficiência dos processos; (d) os custos baseiam-se na estimação dos níveis de fabricação dos produtos em processamento ao final do período; isto pode acarretar informações enganosas, uma vez que os métodos de estimação são arbitrários; (e) uma grande parte dos dados é estimada, como as perdas, a evaporação, as sobras, os desperdícios, as consequências das adições de materiais e outros fenômenos; (f) a programação de produção deve evitar que sejam muito volumosas as quantidades de produtos em processo ao final do período; (g) a separação da fabricação em uma quantidade maior de processos, apesar de tornar excessivo o trabalho burocrático, pode trazer resultados econômicos favoráveis, pois diminuirá consideravelmente o volume dos estoques de unidades em processamento ao final dos períodos em troca de estoques intermediários de produtos parcialmente prontos, mas que estão com 100% de nível de acabamento em relação a todos os fatores de produção.

29. Fenômenos que normalmente ocorrem no processamento contínuo – sua avaliação e seu tratamento contábil.

Vamos repetir o alerta que escrevemos em nosso livro, editado pela Editora Atlas (Leone, 2008:311): "Como não é possível para a empresa eliminar totalmente essas variações, salvo pelo emprego de equipamentos, tecnologia e controles muito dispendiosos, é melhor que a Contabilidade de Custos e a própria produção se cerquem de instrumentos de controle para que esses fenômenos indesejáveis não ocorram em um grau maior do que o planejado, em frequência maior do que a comum e em intensidade maior que a intensidade suportável ou recuperável em termos comerciais. A produção estabelece limites em termos físicos, quantitativos. Ocorrências acima ou abaixo desses limites, dependendo dos montantes, devem ser investigadas. A Contabilidade de Custos fixará padrões ou referências em termos monetários. Quaisquer variações, negativas ou positivas, relevantes deverão acender uma "luz vermelha" para que as causas sejam investigadas. Desse modo, a gerência vai dispor de instrumentos que deverão manter as perdas, os estragos, as unidades defeituosas e as sobras dentro de limites predeterminados, isto é, limites cujos custos possam ser perfeitamente considerados como normais e que possam ser debitados diretamente ao custo dos produtos e serviços faturáveis."

Alguns aspectos devem ser abordados para um melhor entendimento. Em primeiro lugar, há uma grande variedade de ocorrências que resultam em uma grande quantidade de situações diferentes a serem tratadas de modo especial pela Contabilidade de Custos.

Cumpre esclarecer um ponto que, muitas vezes, é mal interpretado. Há uma enorme diferença entre operação e período. Falar de "início ou final" de um processamento não é a mesma coisa que falar de "início ou final" de um período. As ideias são diferentes e independentes. Não há nenhuma relação entre elas. Quando a Contabilidade de Custos fala em início ou fim de um período, está querendo referir-se apenas a dois momentos importantes no calendário. Quando falamos em unidades no início, no fim e no meio de um processamento, estamos dizendo que a fabricação apenas começou, está no meio ou está em seu final. Podemos ter unidades em processamento quase no final de seu estado de fabricação, exatamente no início de um período contábil. Como, também, podemos encontrar, ao final do período contábil, produtos no início de seu processo produtivo. Vejamos um exemplo simples: no início do mês de maio, encontramos 500 unidades em processamento. Essas unidades já estavam quase prontas. Todo o material já tinha sido debitado ao processo, isto é, em termos contábeis, as unidades já estavam 100% prontas quanto ao material. Em relação à conversão, as unidades já estavam 90% prontas. Embora fosse o começo do mês (início de um período), a fabricação das unidades estava em seu término. Vamos ao final do mês de maio. O que encontramos? As unidades que estavam sendo fabricadas, consideradas como estoque final de produtos em processo, estavam num estado de fabricação (nível de acabamento ou fabricação) de 30% tanto para materiais quanto para a conversão.

Vejamos quantas situações diferentes podem existir. Comecemos pelos tipos diferentes de ocorrências, além dos produtos "bons". Temos perdas de toda a ordem. Sobras, estragos, redução de unidades em virtude do próprio processo, unidades defeituosas. Essas ocorrências podem acontecer no início, no meio ou no fim do processo. A grandeza, em termos físicos ou monetários, dessas ocorrências pode ser normal (quando está dentro de limites preestabelecidos pela gerência) e anormal (quando ultrapassa esses limites). As perdas podem alcançar um valor comercial, podem ser retrabalhadas (em alguns casos) ou podem ser consideradas irrecuperáveis tanto para uso como para venda. Além das perdas, temos o fenômeno da adição de materiais ao processamento. Essa adição pode aumentar ou não a quantidade de unidades que estavam sendo produzidas. Elas podem ser adicionadas no início, gradativamente, de tempos em tempos, ou no final do processamento. Cada caso deverá ter um tratamento diferenciado pela Contabilidade de Custos. Como se vê, podem ocorrer dezenas de situações diferentes. A literatura técnica é pródiga em relatar e analisar tais ocorrências. Mas nenhuma consegue apresentá-las todas. Algumas obras tratam do exame aprofundado de alguns tipos, certas obras abordam outros fenômenos. Não temos espaço para examinar os tipos que desejamos. Vamos mostrar alguns, indicar os procedimentos de contabilização para outros, tentando abranger o máximo

216 Curso de Contabilidade de Custos • Leone e Leone

possível. Mas, para não deixar os leitores desejosos de uma familiarização maior com os variados tipos de ocorrências, vamos relacionar uma série de obras boas, disponíveis no mercado, que possam satisfazê-los.

No Quadro a seguir estamos tentando dar uma visão geral de uma grande parte das ocorrências e das várias formas que podem tomar.

Tipo de ocorrência/ fenômeno	Formas diferentes de como podem se apresentar			
	Em relação a determinados limites prees- tabelecidos pela Gerência.	Em relação ao momento em que ocorrem no processa- mento.	Em relação a sua disposição/ao seu tratamento opera- cional.	Em relação aos critérios de avaliação empregados.
Perdas Sobras				
Produtos defeituosos	Normais	No início	Podem ser vendidas	PEPS
Estragos		Gradativamente	Podem ser retraba- lhadas	UEPS
Redução de unidades (evaporação, encolhi- mento e desperdícios)	Anormais	De tempos em tempos	São consideradas irrecuperáveis e	Médio
		No final do processamento	não comercializá- veis	
Adição de materiais				

No caso em que as perdas não alcançam um valor de mercado, isto é, não sejam comercializáveis, dois caminhos podem ser tomados pela Contabilidade de Custos: (1) as perdas podem ser custeadas e creditadas à conta Produtos em Processamento, com débito a uma conta de DIF; (2) as perdas não serão custeadas. Todos os custos do processamento serão atribuídos à produção boa. Portanto, os custos totais e unitários dos produtos bons aumentam.

Existem algumas variantes, que se juntam às muitas já mencionadas. Se as perdas ocorrem no início do processamento e, quando, contabilmente, os materiais já estão debitados ao processo, elas serão custeadas apenas pela parte proporcional dos materiais consumidos.

O primeiro caminho, como mencionado, será adotado quando as perdas sejam consideradas anormais. É necessário que a Gerência controle as perdas substanciais. Isso será feito pela Contabilidade de Custos, ao custeá-las, registrando os custos numa conta destacada de DIF.

O segundo caminho será adotado se a Gerência reconhecer que o valor das perdas é irrelevante, quando são inevitáveis, portanto acontecem normalmente em virtude das próprias características do processamento, e estão dentro dos limites preestabelecidos.

As unidades defeituosas são perdas, também. Só que, com elas, a Gerência ainda tem algumas alternativas operacionais: (a) elas podem ser vendidas como produtos com defeito. Os casos mais conhecidos são as "pontas de estoque"; (b) elas podem ser reprocessadas se os cálculos da Contabilidade de Custos mostrarem que é uma alternativa viável economicamente; (c) elas podem ser consideradas irrecuperáveis e não comercializáveis. Nesse caso, podem ser vendidas como sucata (que é a situação mais comum).

A Contabilidade de Custos, em todos esses casos (e em todos os demais que acontecem no dia a dia), deve fazer sua contabilização adequada. É bom lembrar que a "contabilização" de um fato econômico *não é simplesmente fazer a escrituração*. A "contabilização" *envolve uma série de preocupações*. É **necessário** avaliar a operação ou a transação para que ela possa ser registrada; é necessário saber todos os detalhes da transação, inclusive sua finalidade, para fazer o registro nas contas adequadas; é necessário saber, de antemão, quais as consequências do lançamento contábil nas posições futuras: econômica, financeira, patrimonial e social; é necessário saber de que modo o registro afetará outros elementos do patrimônio e de que maneira a Contabilidade fará seu relato aos níveis gerenciais; é necessário prever as consequências do registro em relação ao pagamento dos impostos; é necessário saber se a definição, a identificação e o registro propriamente ditos estão de acordo com as rotinas estabelecidas; é necessário verificar se o registro não criará dificuldades no futuro para outras operações. Como se vê, é um trabalho de grande responsabilidade. De seu acerto advirá a proposição de informações úteis, oportunas e compreensíveis.

30. Exemplo simples de cálculo das perdas. No Processo 1, no mês de maio, foram iniciadas 10.000 unidades. No início do processamento, há uma perda por causa de evaporação. Durante o mês perderam-se, com isso, 100 unidades. Atente para o fato de que evaporação acontece no início do processamento, não é no início do mês. À medida que a produção é iniciada, há um processo de evaporação. E o início da produção dá-se em vários momentos do período, já que é um processamento contínuo. Outros dados operacionais e contábeis: 9.000 unidades foram completadas e transferidas para o processo seguinte; 900 unidades ficaram em processamento, no final do mês de maio, com os seguintes níveis de acabamento: 100% quanto a materiais e 1/3 quanto ao esforço de conversão (ou transformação); durante o período, o Processo requisitou os seguintes recursos: Materiais, $ 8.000 e Transformação (MOD e DIF), $ 9.500; não existiam unidades em processamento no início do período (do mês de maio).

Podemos calcular todos os custos. Primeiramente, devemos verificar a grandeza econômica das perdas. Se 10.000 unidades foram iniciadas e o custo do material

218 Curso de Contabilidade de Custos • Leone e Leone

requisitado para produzi-las foi de $ 8.000, então significa que os custos total e unitário das 100 unidades perdidas foram iguais a $ 80,00 (# 8.000/ 10.000 unidades × 100 unidades) e $ 0,80/unidade ($ 8.000/10.000 unidades), respectivamente.

Como a perda é insignificante, a Contabilidade de Custos vai ignorá-la para as finalidades de determinação dos custos de produção. Se a perda fosse substancial, seria necessário que a Contabilidade de Custos a custeasse e que esse custo fosse destacado em uma conta de DIF. Desse modo, a Gerência teria a noção da perda em relação aos limites da normalidade e poderia investigar suas causas e, em seguida, tomar as medidas necessárias para corrigir o processamento.

Após essas constatações, vamos calcular os custos de produção, não importa o critério de custeio (se PEPS, UEPS ou Médio), uma vez que, para facilitar os cálculos, não existem unidades em processamento, que certamente teriam trazido, de exercícios anteriores, custos unitários diferentes.

Cálculo da produção equivalente:	Em unidades		Em $ 1,00		
	Materiais	CT	Materiais	CT	Total
Estoque inicial: (zero unidades)	–	–	–	–	–
Produção completada e transferida					
Materiais	9.000		$ 8.000		$ 8.000
CT		9.000		$ 9.500	9.500
Estoque final – unidades					
Materiais (900 × 100%)	900				
CT (900 × 1/3)		300			
Produção equivalente	9.900	9.300	$ 8.000	$ 9.500	$ 17.500

Cálculo do custo unitário do processo:

Materiais	$ 8.000/9.900 unidades = $ 0,8081/unidade
CT	$ 9.500/9.300 unidades = $ 1,0215/unidade
Total	$ 1,8296/unidade

Cálculo do custo das unidades completadas e transferidas:

9.000 unidades × $ 1,8296/unidade = $ 16.466,40

Cálculo do custo das unidades que ficaram em processamento ao final do mês de maio:

Materiais – 900 unidades × $ 0,8081 = $	727,29
CT – 300 unidades × $ 1,0215 = $	306,45
Total	$ 1.033,74

Análise de origem e aplicação de recursos-

Origem		Aplicação	
Estoque inicial	zero	Estoque final	$ 1.033,74
Custo fabril	$ 17.500,00	Produção pronta	$ 16.466,40
Total	$ 17.500,00	Total	$ 17.500,14
Arredondamento	0,14		

CUSTEAMENTO DA COPRODUÇÃO E DA SUBPRODUÇÃO

31. Em todos os tipos de fabricação, acontecem os fenômenos de coprodução, de subprodução e de custos conjuntos. Entretanto, como eles são mais frequentes no processamento contínuo, os autores preferem apresentá-los dentro dos capítulos que estudam os procedimentos e as dificuldades deste tipo de produção.

Antes de passarmos às definições – que são apresentadas, quase que do mesmo modo, por todos os tratadistas (consulte, ao acaso, qualquer das obras listadas na Bibliografia) –, vamos apresentar um dos exemplos mais divulgados pela literatura, reduzindo-o e adaptando-o para os nossos propósitos. Assim o fazemos porque o exemplo já, por si mesmo, trará muitas explicações e o leitor passará, imediatamente, a familiarizar-se com seus aspectos principais, o que vai ajudá-lo no entendimento dos problemas de custeamento e contabilização que serão analisados em seguida.

É o caso de um boi que será cortado em várias partes, como mostra a Figura 6.6. Algumas serão vendidas no mercado, outras serão processadas, para venda posterior. Existem partes que alcançam um ótimo valor de mercado, outras tem um valor de venda bem menor. As partes que são processadas, em outros processos produtivos, certamente trarão algum retorno razoável, por isso sofrem esse procedimento adicional. Algumas partes não terão valor de mercado, serão, simplesmente, vendidas como sucata. Outras partes serão consideradas como perdas. O problema principal de todo o processamento industrial é aproveitar o que puder da matéria-prima ou dos materiais empregados. O objetivo é criar condições operacionais que podem exigir, muitas vezes, altos investimentos (caberá ao contador de custos e aos gerentes industriais decidir) para diminuir cada vez mais o aparecimento de sucatas e de perdas. Os processos fabris podem ser redesenhados ou, então, a área comercial tentará conseguir colocação cada vez melhor no mercado. Analisemos a figura a seguir:

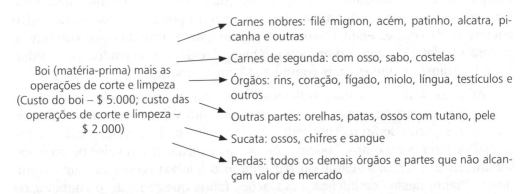

Figura 6.6 *Produtos que são produzidos de uma única matéria-prima.*

O primeiro problema com que se depara o contador de custos é: "como separar o custo do boi e das operações de corte e limpeza entre as diversas partes que constituem os produtos?"

O segundo problema é familiarizar-se com a operação toda para saber o que vai acontecer com cada uma das partes (se serão processadas adiante, se serão vendidas como subprodutos, se serão vendidas como sucata, se serão consideradas, irremediavelmente, como perdas). De acordo com o que se pretende fazer, o contador de custos deverá empregar o critério de custeio e de contabilização mais adequado, levando em conta muitos fatores. Esses fatores serão estudados em conjunto com os gerentes, pois eles é que farão uso das informações de custos.

O caso aqui ilustrado está bastante simples. Outros exemplos poderiam ser citados. Eles estão na literatura e na vida real para quem tiver a oportunidade de conhecê-los. O tratamento do óleo bruto numa refinaria, o tratamento do caju, de onde se fabricam doces, sucos e outras bebidas, de onde se extrai o óleo, de onde são beneficiadas as castanhas para exportação. A indústria da captura das baleias, situada no litoral nordestino, poderia enquadrar-se perfeitamente nesse tipo de operação. A indústria aproveitava todas as partes do animal. Muito pouco sobrava para ser considerado como perda. Existia de tudo: coprodutos, subprodutos e resíduos, os quais eram processados e que se tornavam novos produtos. Convenções internacionais proibiram, por um determinado tempo, a captura desses animais na águas do Nordeste, até que as espécies que por ali passam, em sua viagem de reprodução, consigam se reproduzir em uma quantidade que as proteja da extinção.

32. Definições. Os coprodutos e os subprodutos são *produtos conjuntos*. Esta expressão está traduzida diretamente do inglês *joint products*. Produtos conjuntos são dois ou mais produtos provenientes de uma mesma matéria-prima ou que são produzidos ao mesmo tempo por um, ou mais de um, processo produtivo. Um produto é definido como subproduto por causa de seu pequeno valor comercial comparado com o produto de maior valor, que é classificado como coproduto. Essa classificação não é definitiva. Um subproduto pode tornar-se significativo em termos de vendas, enquanto que um produto, antes tratado como coproduto, poderá ser definido como subproduto. Quem decide é o mercado. Um resíduo pode ser transformado em subproduto e até em coproduto.

Voltemos à figura do boi. Podemos considerar como coprodutos as carnes nobres e as carnes de segunda porque têm um alto valor comercial. Os órgãos e as outras partes serão os subprodutos. Os órgãos podem ser processados em seguida e virar coprodutos. Podem virar pastas e alcançar um valor de mercado significativo. A figura a seguir vai representar o que vai acontecer com os produtos. Diante dessas definições e das ações fabris que seguem, o contador de custos fará a contabilização das operações. Entretanto, antes de tudo, ele terá que apropriar, para cada produto, o custo do boi e as despesas de corte e limpeza. Como fazer? Esse problema acontece em qualquer tipo de operação onde existem custos conjuntos. Há uma diferença entre custos conjuntos e custos comuns, em Contabilidade de Custos. Os custos conjuntos são indivisíveis. Os custos comuns são os nossos conhecidos custos indiretos, que podem ser divididos entre dois ou mais objetos de custeio. A divisão sempre é arbitrária. No caso dos custos conjuntos, a dificuldade é muito maior porque eles são um conjunto indivisível. A grande pergunta é: por que, então, o contador de custos faz a divisão? Os que não conhecem bem a natureza do trabalho da Contabilidade de Custos e suas finalidades, como acontece com a apropriação dos custos indiretos, admitem que a Contabilidade faz coisas que "até Deus duvida". É necessário atribuir os custos conjuntos aos diversos produtos conjuntos, mesmo que o contador de custos saiba que o procedimento é absolutamente irreal, para que se produzam informações que vão atender a diferentes finalidades gerenciais. É importante assinalar que não é o contador de custos que faz a apropriação por sua conta e risco. Ele estuda a situação com o usuário das informações, que nada mais é do que o administrador. O administrador tem conhecimento do que o contador faz. As limitações das informações produzidas pelo método de divisão de custos conjuntos são bastante conhecidas, analisadas e ponderadas. A divisão é necessária para que se tenha informações para o custeio dos estoques de produtos, para que se conheça a rentabilidade dos produtos, para que se possam preparar as demonstrações contábeis de uso corrente. É claro que nem o contador de custos e nem os usuários fazem planos e tomam decisões sobre a produção conjunta, seus custos e lucros, desconhecendo suas grandes limitações. Aliás, a apropriação dos custos, sejam conjuntos, sejam comuns e indiretos, é a grande e tradicional preocupação da Contabilidade de Custos. Há anos, os contadores e os usuários das informações contábeis vêm estudando a melhor maneira de realizar essa imprescindível apropriação que não forme dados inúteis, porque falsos. O próprio critério denominado de Custeio Baseado em Atividades (ABC) é uma tentativa de aperfeiçoar a apropriação dos custos indiretos. Na década de 30, nos Estados Unidos, surgiu um critério, que se dizia mais realístico, que não admitia mais o rateio dos custos indiretos e fixos para o estabelecimento de informações destinadas às funções de planejamento e de tomada de decisões. Foi uma revolução. Era o critério do custeamento direto ou variável (Harris, 1936). Desde aquela data muitas tentativas foram feitas pelos adeptos do novo critério para envolver a produção de todas as informações contábeis para os mais diversos fins. Não houve consenso. Até hoje, o critério do custeio ainda é um critério que faz parte da Contabilidade Gerencial e não é admitido para custear os produtos, os processos e as atividades para fins de determinação de lucros que serão apresentados a interessados externos. Depois dessa digressão, que achamos absolutamente necessária para colocar as coisas em seus devidos lugares, voltemos aos métodos usados para custear os produtos conjuntos.

33. Métodos para custear os coprodutos. As unidades físicas e os valores de mercado (valores de comercialização) são os dois critérios mais empregados que formam as bases dos métodos de alocação dos custos conjuntos para os coprodutos. O exemplo a seguir destina-se a esclarecer alguns dos métodos mais comuns. As unidades físicas tanto podem ser quantidades de produtos como qualquer outra unidade que sirva para representar todos os produtos. O método pode ser baseado em quilos, litros ou metros da matéria-prima principal. Todos os produtos devem ser convertidos a essa mesma unidade de medida. O método baseado em unidades de produtos apresenta uma séria desvantagem quando os produtos são muito diferentes, indicando claramente que alguns coprodutos exigiram, para serem fabricados, maior quantidade de recursos produtivos comuns (ou conjuntos). O método com base no valor de mercado (existem muitas variações) apoia-se na ideia de que os produtos que valem mais no mercado é que devem ser os maiores consumidores dos recursos comuns (conjuntos). Os métodos são arbitrários? É claro que são. Os custos conjuntos são, por sua própria natureza, inseparáveis. Aquele que quiser ampliar a solução, por exemplo, do problema ilustrativo a seguir, poderá verificar que o resultado econômico total, apurado pela aplicação da apropriação dos custos conjuntos, é o mesmo que é apurado sem que haja essa apropriação. Só que, nesta última alternativa, não teremos estoques de produtos acabados e em processo. O que vai existir é apenas a conta Produtos em Processo, contendo todos os custos e despesas ali acumulados. Seu saldo somente será transferido para a conta de Produtos Acabados e para a conta Custo de Vendas, quando os produtos forem fabricados e vendidos totalmente. Alguns contadores de custos "driblam" essa dificuldade, avaliando os estoques de coprodutos pelo seu valor líquido de venda. Este procedimento é um "cobertor curto". Quando conseguimos nos livrar de um desconforto (por exemplo, cobrindo a cabeça para escapar do frio), vamos nos deparar com outro problema (deixamos os pés de fora). Quando os estoques dos coprodutos são avaliados pelo valor de venda (mesmo que seja líquido), este procedimento vai reconhecer lucros antes que os produtos sejam vendidos, com isso obtendo uma antecipação, talvez prematura, de uma boa operação. Uma atitude muito importante que deve ser seguida neste caso em que as alocações são arbitrárias é que o contador de custos precisa adotar o mesmo método sempre. É necessário que mantenha o mesmo método ao longo dos períodos. Seria, na verdade, a adoção definitiva do princípio contábil da manutenção de métodos, que muitos chamam de princípio da uniformidade ou, simplesmente, de "consistência", que vem do inglês *consistency*.

Algumas das mais corriqueiras decisões que são tomadas no dia-a-dia pela gerência – por exemplo, vender o produto (ou alguns deles) no ponto de separação, isto é, logo após ter (ou terem) sido fabricado (ou fabricados) pelo processo conjunto, ou vendê-lo (ou vendê-los) depois que tenha (ou tenham) passado por processamentos adicionais e subsequentes – só podem ser tomadas se são considerados os custos realizados após o ponto de separação, os quais são identificados com o produto (ou cada produto). O problema ilustrativo no item seguinte apresenta essa tomada de decisão, inclusive levando em consideração a receita (ou as receitas) diferencial (ou diferenciais).

34. Imaginemos a seguinte situação: a Indústria Coprodutora é uma empresa que, em seu processo produtivo, tem o Processo nº 1, caracterizado como um "processo conjunto", e que fabrica, nesse Processo, pela utilização dos mesmos recursos produtivos, três coprodutos (assim definidos porque alcançam, no mercado, valores de venda significativos) químicos diferentes: Amiural, Dexprosina e Tilamital. Cada um desses produtos é comercializável no ponto de separação (que coincide exatamente com o fim do Processo nº 1), ou pode sofrer, em seguida, novos e adicionais processamentos. Todos os fatores de produção do Processo nº 1 – Processo Conjunto – são custos conjuntos e somaram, no mês de maio, $ 900.000. Como são custos conjuntos, por natureza, são inseparáveis. Não há possibilidade de fabricar apenas um dos produtos sem fabricar os outros dois ao mesmo tempo. Portanto, os custos conjuntos são realizados de qualquer modo.

Todos os custos e despesas que são realizados após o ponto de separação são variáveis (isto é, ocorrem somente se houver a necessidade do processamento adicional) e são perfeitamente identificáveis com cada processo. A Figura 6.7 mostra o processamento da Indústria Coprodutora. Vale lembrar que esta configuração é apenas um exemplo. O processamento contínuo, inclusive com o aparecimento da coprodução, pode tomar as mais variadas formas. Cabe ao contador de custos familiarizar-se com o processamento de sua empresa para poder estabelecer os métodos de custeio mais adequados. A orientação que estamos dando aqui é básica, é apenas um ponto de partida.

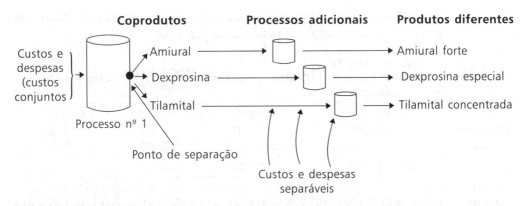

Figura 6.7 *Fluxo do processo de produção.*

Os seguintes dados foram extraídos dos registros da Contabilidade, da produção e das vendas:

Coprodutos	Unidades produzidas no Processo nº 1	Valor total de vendas no ponto de separação	Custos realizados após a separação	Valor total de vendas depois do processamento adicional
Amiural	50.000	$ 1.300.000	$ 64.000	$ 1.500.000
Dexprosina	30.000	360.000	36.000	360.000
Tilamital	20.000	340.000	20.000	400.000
Totais	100.000	$ 2.000.000	$ 120.000	$ 2.260.000

De acordo com os dados acima, vamos fazer o seguinte:

1. Separar os custos conjuntos para cada produto:

   a) segundo o valor de mercado no ponto de separação;

   b) segundo as unidades produzidas;

   c) segundo a proporção transmitida pela engenharia de fabricação que pretende refletir a utilização dos fatores de produção conjuntos de cada produto: 3:5:2, respectivamente, para o Amiural, para a Dexprosina e para o Tilamidal.

2. Estabelecer qual o custo unitário de cada produto, que será o custo indicado para a decisão de vender ou continuar o processamento adicional.

3. Recomendar que produto (ou produtos) deve continuar o processamento adicional, a fim de que o lucro do período seja o maior possível (do mês de maio).

Solução do problema da Indústria Coprodutora:

1. Alocação dos custos conjuntos segundo os métodos propostos.

a) Alocação dos custos conjuntos de acordo com o método dos valores de venda (ou de mercado) no ponto de separação.

Coprodutos	Valores totais de venda no ponto de separação	Custos conjuntos	Produção em unidades	Custos unitários
Amiural	$ 1.300.000	$ 585.000	50.000	$ 11,70
Dexproxina	360.000	162.000	30.000	5,40
Tilamital	340.000	153.000	20.000	7,65
Totais	$ 2.000.000	$ 900.000	100.000	—

Cálculo: $ 1.300.000/2.000.000 × $ 900.000 = $ 585.000, e assim para os outros dois produtos.

b) Alocação dos custos conjuntos segundo o método das unidades produzidas, no ponto de separação

Coprodutos	Unidades produzidas	Custos conjuntos	Custos unitários
Amiural	50.000	$ 450.000	$ 9,00
Dexprosina	30.000	270.000	$ 9,00
Tilamital	20.000	180.000	$ 9,00
Totais	100.000	$ 900.000	$ 9,00/u

Como se pode notar, há uma grande desvantagem na aplicação desse método, pois ele leva a custos unitários iguais. O resultado é esperado porque a ideia, que é subjacente ao método, é de que cada unidade de produto exige os mesmos recursos produtivos conjuntos.

Cálculo: $ 900.000/100.000 unidades = $ 9,00/unidade × 50.000 unidades = $ 450.000, e assim para os demais produtos.

c) Alocação dos custos conjuntos segundo as razões estabelecidas pela engenharia de fabricação.

Coprodutos	Unidades produzidas	Razão	Total de pontos	Custos Conjuntos	Produção em unidades	Custos unitários
Amiural	50.000	3	150.000	$ 397,06	50.000	$ 7,94
Dexprosina	30.000	5	150.000	397,06	30.000	13,24
Tilamital	20.000	2	40.000	105,88	20.000	5,29
Totais	100.000	–	340.000	$ 900.000	100.000	–

Cálculo: $ 900.000/340.000 pontos = $ 2,647/ponto × 150.000 pontos = $ 397,06

2. Os únicos custos unitários que devem ser considerados para tomar essa decisão particular serão os custos unitários calculados levando em conta os custos de cada produto relacionado aos processos adicionais subsequentes. Os custos unitários calculados no ponto de separação, que levam em conta somente os custos conjuntos (inseparáveis, por natureza), só se destinam a determinar a rentabilidade e avaliar os estoques para apresentação em demonstrações contábeis que atende aos usuários externos.

Portanto, os custos unitários que devem ser considerados são os seguintes:

Coprodutos	Custos dos processos	Unidades produzidas	Custos unitários
Amiural	$ 64.000	50.000 u	$ 1,28/u
Dexprosina	36.000	30.000	1,20
Tilamital	20.000	20.000	1,00
Totais	$ 120.000	100.000 u	–

3. A decisão será tomada após a análise dos seguintes fatores (lembre que as informações de custos são uma das informações com que conta o gerente para tomar decisões como esta; ele normalmente recebe informações de outros componentes da empresa, como finanças, engenharia, produção, planejamento, compras, vendas, pessoal, controle de tributos e muitos outros):

	Coprodutos			
	Amiural	Dexprosina	Tilamital	Total
Valor de venda após o processamento adicional	$ 1.500.000	$ 360.000	$ 400.000	$ 2.260.000
Valor de venda no ponto de separação	1.300.000	360.000	340.000	2.000.000
Receita diferencial	200.000	zero	60.000	260.000
Custos diferenciais (somente os custos que se realizam após o ponto de separação)	64.000	36.000	20.000	120.000
Aumento ou (diminuição) nos lucros	$ 136.000	($ 36.000)	$ 40.000	$ 140.000

A decisão, somente levando em conta as informações de custos, será:

a) Os produtos Amiural (este certamente) e Tilamital devem sofrer processamento adicional para, então, serem vendidos.

b) O produto Dexprosina deverá ser vendido no ponto de separação. Se for vendido após o ponto de separação, depois de ser processado adicionalmente, a empresa terá prejuízo econômico. Pelo menos, levando em consideração, como nós não nos cansamos de afirmar, as informações de custos. Outras informações de outros setores podem levar a Gerência a admitir a venda depois do ponto de separação em virtude de benefícios colaterais que essa venda pode trazer para a entidade. Por exemplo, se a Dexprosina Especial for um produto de grande procura no mercado e que eleva a imagem da empresa. Um produto desse tipo pode "empurrar" significativamente as vendas de outros produtos de grande rentabilidade.

35. Métodos de contabilização dos subprodutos. Observem que não estamos falando agora de métodos de custeio. Preferimos adotar o termo "contabilizar" porque este abrange maior número de atividades, de conceituações e de simulações, além, é claro, de incluir o custeio dos subprodutos quando houver necessidade.

Os subprodutos são produtos conjuntos. São classificados como "sub" porque são produzidos em pequenas quantidades (na verdade, muitos estudiosos os consideram como verdadeiras "sobras") e porque não alcançam, no mercado, valores de venda importantes, quando comparados com os valores comerciais (as receitas) dos coprodutos.

Podemos citar alguns exemplos de subprodutos bem conhecidos. No caso do boi, apresentado neste capítulo, no item 31, os ossos, os chifres, o sangue e demais partes que não têm um bom valor de mercado. No caso do óleo bruto, os resíduos que podem ser transformados em graxas, por exemplo. No caso de serrarias, os pedaços de pequeno tamanho. Numa vidraçaria, pedaços de vidro e de outros materiais nobres podem, com pequenas transformações, ser transformados em pequenos produtos que geram alguma receita e que têm como única finalidade reduzir os custos de produção dos coprodutos. Como se vê, é difícil fazer uma separação nítida entre o que é sobra e o que é subproduto, no momento da separação. Na usina de produção de leite e derivados, esses derivados podem ser coprodutos ou sobras. Nas usinas de álcool, o bagaço da cana, o melaço e outros resíduos. Na usina de processamento de castanhas de caju, os pedúnculos (que as pessoas pensam que sejam os frutos propriamente ditos); é com tristeza que vemos, em muitas usinas, o não aproveitamento dessa parte deliciosa, de grande valor nutritivo e econômico, que liga o fruto (a castanha) ao galho.

Alguns aspectos do tratamento contábil dado aos subprodutos devem ser reconhecidos. O Contador de Custos deve empregar, em princípio, o critério da relevância para determinar se um produto conjunto é definido como coproduto ou subproduto, com base em seu valor de comercialização. Ele deve conhecer a operação, para verificar se o subproduto poderá sofrer alguma transformação posterior, ou se simplesmente será vendido. Não importa muito, neste caso, se é subproduto ou sobra. O tratamento contábil será o mesmo. O importante mesmo é que, em se tratando de subproduto ou de sobras, o Contador de Custos não precisará alocar os custos conjuntos. O interesse contábil está na receita líquida que o subproduto ou a sobra pode gerar. Essa receita líquida é que poderá ser tratada de modo diferente. Embora existam vários métodos, praticamente, todos eles se baseiam em apenas dois modos: (a) Tratar as vendas líquidas dos subprodutos como outras rendas. Vamos definir o que se entende por vendas líquidas, neste contexto. É o valor bruto das vendas menos qualquer custo que tenha sido realizado para transformar o subproduto em produto vendável com melhor preço, menos despesas comerciais e despesas administrativas que possam ser facilmente identificadas com o subproduto; e (b) Tratar as vendas líquidas como uma redução dos custos de produção relacionados aos coprodutos. Como se vê, neste caso, não se está atribuindo nenhum valor aos subprodutos para que eles figurem nos estoques de produtos disponíveis para venda.

Para ilustrar os dois métodos, vamos nos valer do seguinte exemplo prático e muito simples:

Suponha que estamos trabalhando na Empresa Industrial Rodrigo S.A. Recebemos de seus vários componentes alguns dados, que deverão ser manipulados por nós para a determinação dos lucros obtidos no período.

O departamento de fabricação, em conjunto com o departamento de contabilidade, enviou os seguintes dados:

Coprodutos – Unidades produzidas............... 20.000
Estoque final 2.000
Estoque inicial........................ zero

Subprodutos – Produção em unidades............ 2.000
Estoque final 600
Estoque inicial........................ zero

Para processar o subproduto, a partir do ponto de separação, a indústria realizou custos no valor de $ 200,00;

Os custos conjuntos, aplicados todos à coprodução, montaram no mês corrente a $ 200.000.

O departamento de vendas, em conjunto, também, com o departamento de contabilidade, enviou os seguintes dados:

Coprodutos – Vendas – 18.000 unidades a $ 15,00 cada

Subprodutos – Vendas – 1.400 unidades a $ 1,50 cada

Os custos comerciais e administrativos identificados com a venda dos subprodutos montaram a $ 420,00.

As demonstrações de resultados levantadas de acordo com os dois métodos mencionados, foram as seguintes:

	Demonstrações de resultados da Empresa Industrial Rodrigo S.A., referentes ao mês corrente.	
	Método A (tratar como Outras Rendas)	Método B (tratar como uma redução do Custo dos Coprodutos)
Vendas dos Coprodutos (18.000 × $ 15,00/u)	$ 270.000	$ 270.000
Menos: Custo dos Coprodutos vendidos (1)	180.000	$ 180.000
Menos: Receita líquida da venda dos subprodutos (2)	1.480	$ 178.520
Resultado bruto	$ 90.000	$ 91.480
Mais: Receita líquida da venda dos subprodutos (2)	1.480	–
Resultado líquido	$ 91.480	$ 91.480
Estoque final de coprodutos 2.000 u × $ 10,00/u	$ 20.000	$ 20.000

Notas explicativas: (1) $ 200.000/20.000 u = 10,00/u × 18.000 u = $ 180.000

(2) Receita líquida proveniente da venda dos subprodutos =

Receita bruta – 1.400 u × $ 1,50/u = ... $ 2.100

Menos – Custos para beneficiar os

subprodutos... 200

Menos – Custos comerciais e administrativos

relacionados aos subprodutos.............. <u>420</u>

<u>$ 1.480</u>

TÉCNICA DAS UNIDADES DE ESFORÇO DE PRODUÇÃO

36. Essa técnica vem sendo divulgada, entre nós, pelo Prof. Franz Allora, da Fundação Universidade Regional de Blumenau, há muitos anos, através de artigos na Revista do IDORT e, mais recentemente (1985 e 1988), em dois livros, que estão relacionados na bibliografia. Segundo esse especialista – engenheiro de profissão –, a técnica foi criada pelo francês George Perrin, também engenheiro. Por esse motivo, o próprio Prof. Allora, em seus muitos artigos, denominou-a de método GP de determinação de custos. Aparentemente, os especialistas, principalmente franceses, tomaram conhecimento dessa técnica através do livro, elaborado por esse engenheiro, editado em 1962, em Paris, pela Dunod, intitulado *Prix de revient et controle de gestion*. Note-se que a técnica não alcançou repercussão. A literatura americana que trata dos sistemas, dos métodos e técnicas de custeio, de nosso conhecimento, não faz nenhuma referência ao método GP ou, como o professor Allora o denomina agora, ao método das Unidades de Esforço de Produção. A literatura técnica francesa especializada em Comptabilité Analitique, apesar de apresentar as várias modalidades de sistemas e de técnicas de custeamento, do mesmo modo não menciona o método GP. Nós tivemos a oportunidade de passar quatro anos na França, estudando Stratégie des Entreprises, na École Superièure des Affaires, em Grenoble, como também fizemos um curso de Comptabilité et Gestion de l'Entreprise no Centre de Perfectionnement à la gestion, intensivo de três meses, cujos participantes eram todos, exceto nós, executivos de empresas francesas, dirigido pelo Prof. Jacques Margerin. Consultamos, durante todo esse tempo, por obrigações curriculares, um grande número de obras e artigos sobre Custos, e não nos lembramos de encontrar qualquer referência ao método GP. Apesar de todas essas constatações, apesar de dois especialistas de grande renome, ambos professores universitários no estado do Rio Grande do Sul, virem a público, através de dois trabalhos de pesquisa (relacionados na bibliografia), apontar significativas falhas de conceituação e de aplicação na técnica em questão, apesar de nós mesmos concordarmos com as conclusões desses dois trabalhos, apesar de não estarmos de acordo com os ataques injustos e equivocados que o Prof. Allora, em seus trabalhos, notadamente no livro editado em 1985, faz à Contabilidade de Custos, à contabilidade em geral e aos contadores, estamos, neste nosso estudo, apresentando a técnica das unidades de esforço de produção por um motivo muito simples. O nosso livro é uma obra didática que pretende formar e informar, portanto não poderia deixar de mencionar as técnicas e os sistemas de custeio existentes, mesmo porque todos têm seus pontos fracos e fortes, ou seja, todos pretendem determinar da melhor maneira os custos e têm a boa intenção de preparar para seus usuários informações as mais úteis e confiáveis possíveis.

Acreditamos, fortemente, que essa seja a intenção da técnica das unidades de esforço de produção. Como fazemos com todas as outras técnicas e com todos os sistemas que apresentamos, vamos, do mesmo modo, mostrar o que é a técnica das unidades de esforço de produção, como ela é desenvolvida, quais são suas finalidades e tentar assinalar seus pontos vantajosos e desvantajosos. Recentemente, uma reportagem apresentada na *Revista Exame* (10 de maio de 1995 – Ano 27, nº 10), sob o título "Despesas na Ponta do Lápis", informa que a empresa "O Boticário" implantou o que nós poderíamos chamar, plagiando o título do estudo do Prof. Robert W. Koehler, da Pensylvania State University (veja a bibliografia), de "estratégia do ataque duplo", o critério ABC e a técnica das unidades de esforço de produção, definindo as suas atribuições: o critério ABC para as despesas comerciais e administrativas e a técnica UEP para as despesas e os custos de fabricação. Segundo a reportagem, o ataque duplo tem dado bons resultados.

A técnica UEP é uma técnica de alocação de custos e despesas, aos objetos do custeio: no caso, os produtos que a empresa fabrica. Como o próprio Prof. Allora reconhece, esse é o maior problema de tudo quanto é método inventado até agora, salvo, a nosso ver, o critério do custeamento direto, conforme estudaremos em outro capítulo. O primeiro passo é o mais importante: o método determina, através de diversos procedimentos técnicos de engenharia, de fabricação e de administração, para cada unidade de trabalho (que pode ser uma máquina ou um grupo de máquinas semelhantes), que o Prof. Allora denomina de "posto de trabalho", as "unidades de esforço de produção" por hora. O Prof. Allora, em seu livro, não explica como se chega a esses montantes, que, na verdade, são os pilares do método. O Prof. De Rocchi, em sua análise, confessa que ainda não conseguiu entender como é determinada essa unidade abstrata. Vamos aceitar as UEPs de cada posto de trabalho. Esperamos que uma UEP represente a unidade de equivalência entre os vários esforços realizados nos diferentes postos de trabalho. Por exemplo, quando, no desenvolvimento da técnica, diz-se que o posto de trabalho "prensagem" tem 18 UEPs e que o posto de trabalho "Moldagem" tem 15 UEPs, isto significa que o posto de trabalho "Prensagem" vale, em termos de esforço de produção, 1,2 vez o posto de trabalho "Moldagem". E essas relações, descobertas entre os diversos postos de trabalho, devem permanecer constantes durante muito tempo. Esta é uma premissa básica do método: a constância entre os custos ou esforços de produção de cada posto de trabalho. O Prof. De Rocchi afirma que "basta observar qualquer empresa moderna e em fase de desenvolvimento ou expansão onde, diariamente, estão-se modificando processos, alterando composições de matérias-primas e desenhos de produtos e que essa dinâmica fatalmente conduzirá a profundas modificações nas estruturas de custos". E nós acrescentaríamos: acontecerão significativas mudanças nas relações entre as UEPs. Para que os nossos leitores possam entender a base sobre a qual a técnica está montada, nós vamos tomar a liberdade de apresentar um exemplo, muito simplório até, mas real. Quando nós começamos a nossa vida profissional, ao sairmos da Faculdade, fomos convidados, por dois amigos que eram proprietários de um hospital de porte médio, para analisarmos os custos do empreendimento e implantarmos um sistema ou uma técnica de custeamento simples, barata e que apresentasse alguns resultados confiáveis. Como todos sabem, um hospital, por menor que seja, tem vários centros de serviço – fins e auxiliares – onde se multiplicam diversas atividades diferentes. Nós definimos os custos e as despesas que podiam ser identificadas, sem maiores problemas, a cada um dos centros de serviço. Mas sobraram muitos custos e muitas despesas que eram comuns aos vários centros auxiliares e de apoio que, por sua vez, atrapalhavam muito a determinação dos custos das atividades-fins do hospital. O que fazer, então? Imaginamos criar uma Unidade de Serviço. Essa Unidade de Serviço seria o menor esforço que poderia ter uma atividade dentro do hospital. E todas as outras atividades seriam definidas em termos dessa Unidade de Serviço, vamos dizer, padrão. Esse trabalho foi feito junto ao pessoal das operações que era formado, sobretudo, pelos especialistas da empresa: seus médicos, enfermeiros e técnicos. Determinamos que a menor Unidade de Esforço seria fazer um curativo no serviço de ambulatório. Então, determinamos, por exemplo, que um eletrocardiograma valia 10 US (Unidade de serviço) e que uma seção de fisioterapia valeria 12 US, e assim por diante. Essa foi a fase principal da técnica, o seu "fulcro". O passo seguinte, talvez o mais fácil, foi definir os custos e as despesas comuns, seus valores e totais num determinado mês. Uma Contabilidade Geral ou de Custos bem organizada dará essas informações sem grandes percalços. O mais difícil, então, foi determinar quanto cada atividade valia em termos de unidades de esforço, ou seja, em termos da nossa unidade de serviço. Chegamos a termos satisfatórios. Mas tínhamos plena consciência de que estávamos agarrados a objetos que não eram muito confiáveis. Porém, não tínhamos outros instrumentos disponíveis. Em seguida, outra barreira: determinamos, em Unidades de Serviço, todos os serviços prestados pelo hospital naquele mês. Com esses dados coletados, organizados, ficou fácil determinar o custo de cada atividade. Os diretores ficaram muito satisfeitos. Pelo menos teriam algumas informações básicas que viessam legitimar, ou não, os preços que estavam cobrando. Mas a festa durou pouco: o serviço de eletrocardiograma adquiriu equipamento mais moderno, assim como novas técnicas de fisioterapia tornaram o trabalho mais eficiente, só para citar aquelas duas que tomamos como exemplo.

Assim, tivemos que procurar novas relações de US entre os serviços. A constância era difícil de ser mantida. Isso provocava desconfiança entre os diretores. Chegamos à conclusão: a técnica é muito interessante, mas suas premissas básicas eram difíceis de determinar, sobravam muitas desconfianças por causa de sua arbitrariedade e as relações entre as atividades em termos de US não permaneciam constantes. Caso se possa atenuar essas desvantagens, a técnica tem muita lógica, é de fácil entendimento, sua implantação, porém, continuará sendo difícil e trabalhosa e não será nenhuma panaceia. É mais uma técnica que vem se somar às demais. Tem sua aplicação mais adequada em determinadas empresas industriais com produção contínua, repetitiva e tipificada. A técnica, pela sua própria natureza, não é aplicável, com o mesmo sucesso, nas atividades comerciais e administrativas. Lembrem do exemplo de O Boticário. O Prof. De Rocchi reconhece, no entanto, que a técnica atende, de forma mais ou menos satisfatória, a algumas solicitações do controle interno. Entretanto, diz ele, sua utilização para orientação de processos decisórios se lhe afigura, de um modo geral, muito limitada; e totalmente impossível em alguns casos. A técnica demanda a análise muito detalhada das operações. É uma técnica que se aproxima muito do critério ABC, que, também, divide as operações em dezenas de atividades pequenas e que devem ser custeadas, o que torna o processo muito arbitrário, se existirem custos e despesas comuns em grande quantidade. A técnica UEP se assemelha, em determinadas fases, ao sistema de custo-padrão. A técnica mostra-se, porém, um método "engessado". Qualquer sistema de custos tem que ser flexível, tem que se amoldar às condições operacionais, tecnológicas e organizacionais, que estão em constante mutação.

Tínhamos a intenção de apresentar um caso prático e simples, sem muitos postos de trabalho, sem muitas informações de padrões e com poucos produtos. Teríamos que nos socorrer do problema ilustrativo, apresentado pelo Prof. Allora em seu livro. É um livro interessante. Ele apresenta, através do mesmo problema prático, os vários métodos correntes de apropriação e determinação de custos, para, no final, fazer uma comparação entre os resultados alcançados por essas técnicas e os resultados obtidos pelo emprego da técnica UEP. Vale a pena consultar o livro, também, para verificar a ideia do autor sobre a utilidade e a organização da Contabilidade de Custos. Apesar de não estarmos de acordo com essas posições, sugerimos que o nosso possível leitor procure o livro do Prof. Allora e julgue por si mesmo.

Na Universidade, onde o Prof. Allora atua como professor dos cursos de Pós-Graduação, foram elaboradas muitas dissertações que apresentam a teoria e a aplicação da técnica das Unidades de Esforço de Produção. São trabalhos de alto nível técnico. Aqueles que se interessarem pelo assunto e desejarem um aprofundamento maior, devem consultar esses trabalhos.[1]

---

[1] Infelizmente, o Prof. Franz Allora já nos deixou. Todavia, o seu filho, Valério Allora, Professor da Universidade em Blumenau, está continuando, com muita competência, trabalhos teóricos e práticos, em torno da ideia de seu pai, que estão nos ajudando bastante no aperfeiçoamento dos sistemas de custos.

Nos próximos capítulos continuaremos a análise de mais alguns sistemas de custeamento. Incluímos o Custeamento por Centros de Responsabilidade, a Técnica do Custeamento Baseado em Atividades (ABC) e o Sistema de Custos-Padrão.

COMENTÁRIOS SOBRE ALGUMAS OBRAS
DEDICADAS AO ASSUNTO

BACKER, Norton; JACOBSEN, Lyle E. *Contabilidade de custos:* um enfoque de administração de empresas. São Paulo: McGraw-Hill do Brasil, 1973, 2 v.

Esse livro está esgotado há muitos anos. Certamente será encontrado em boas Bibliotecas. A edição americana, que temos em mãos, é de 1964. Entretanto, como todos os bons livros didáticos editados nos Estados Unidos, seus autores o revisam periodicamente, atualizando-o. Deve existir uma edição bem mais moderna. O tema é analisado em dois capítulos: 8 e 9. O Capítulo 8 trata propriamente dos procedimentos usuais contábeis para o acompanhamento das operações que caracterizam uma produção contínua. O Capítulo 9 cuida dos problemas decorrentes da Coprodução e da Subprodução. A obra é interessante porque a abordagem é contábil. Além de mostrar os cálculos de custos, os autores preocupam-se em mostrar como a Contabilidade faz o acompanhamento da produção e de seus problemas através do Razão. Os exemplos práticos são abrangentes, mas são apresentados de forma didática.

CAMPIGLIA, Américo Oswaldo; CAMPIGLIA, Oswaldo Roberto P. *Controles de gestão*. São Paulo: Atlas, 1994.

No Capítulo 6, desse livro, há um problema (com a respectiva solução) compreensível que estuda os procedimentos relacionados a uma situação em que há um único produto e vários processos. É interessante a solução porque nela se faz uma integração e coordenação dos Custos com a Contabilidade. Além disso, os autores definem e esclarecem as ideias de "integração" e "coordenação" que fundamentam os dispositivos fiscais de determinação dos custos de produção e da avaliação dos estoques.

CASHIN, James A.; POLIMENI, Ralph S. *Theory and problems of cost accounting*: schaum's outline series. New York: McGraw-Hill, 1978.

É uma obra essencialmente didática, onde são encontradas dezenas de excelentes casos práticos, com as respectivas soluções comentadas. São dois capítulos (5 e 6) que cobrem o assunto do Sistema de Custos por processo.

CORCORAN, A. Wayne. *Costs* – accounting, analysis, and control. New York: John Wiley & Sons, 1978.

Esta obra é muito interessante. Primeiro, porque seu autor tende para as explicações com base nos métodos quantitativos. Segundo, como ele mesmo afima no "Prefácio", a predominância em seu livro é dos "por que" e muito menos dos "como". Isso quer dizer que o autor tenta explicar os conceitos, a filosofia muito mais do que simplesmente ensinar como fazer. Cumpre fazer uma observação à parte: seu capítulo introdutório é sobremodo singular. Vale a pena ler, quem tiver oportunidade. No Capítulo 7, ele trata do Custeamento por Processo. Há um bom exemplo, sem as dificuldades encontradas, no entanto: perdas e unidades defeituosas. Interessante é que o autor soluciona o problema através do cálculo matricial.

HAMER, Lawrence H.; CARTER, Willian K.; USRY, Milton F. *Cost accounting*. 11. ed. Cincinati: South-Western Publishing, 1994.

Os autores apresentam os aspectos básicos do sistema de acumulação de custos por processo, através de uma série de casos de cunho didático. Isto no Capítulo 6. O Capítulo 7 apresenta as ocorrências, sobras, unidades defeituosas, aparas, perdas, desperdícios dentro de uma ótica atual. Esses fenômenos são tratados como problemas relacionados ao assunto da Qualidade. A busca incessante atual, pela qualidade total, trouxe para este lado os problemas que antes eram tratados como custos de produção.

HORNGREN, Charles T. *Cost accounting:* a managerial emphasis. 3. ed. Madri: Prentice-Hall International, 1972.

Em nosso entendimento, esse é um dos melhores livros de Contabilidade de Custos que conhecemos. Em relação ao assunto deste nosso Capítulo, a obra do Prof. Horngren é abrangente. Falta muito pouco para exaurir o tema, no estágio atual de desenvolvimento da Contabilidade de Custos. O Capítulo 16 apresenta a contabilização dos custos dos coprodutos e dos subprodutos. O Capítulo 17 estuda o sistema de custeamento por processo em relação a sua finalidade principal que é a determinação dos custos de produção. No Capítulo 18, Horngren estuda a outra face do sistema: a preocupação com o controle das operações. Portanto, apresenta as ocorrências que caracterizam o processamento contínuo e que devem ser bem administradas: as perdas, as unidades defeituosas, as sobras e os estragos. Duas são as qualidades básicas do livro de Horngren: sua didática e sua abragência. A Editora Atlas traduziu uma das edições desse livro. São dois volumes. A obra pode ser encontrada em Bibliotecas especializadas.

IBRACOM-CRC-SP. *Curso sobre contabilidade de custos*. São Paulo: Atlas, 1992. v. 5.

O Capítulo 5 foi produzido pelos técnicos da Coopers & Lybrand Auditores Independentes. Esse capítulo apresenta, de forma resumida, mas bastante clara, alguns dos pontos mais significativos do Custeamento por Processo: os desenhos dos processos, a avaliação da produção em andamento (equivalentes de produção), os diversos critérios de avaliação (PEPS, UEPS, Médio), as variações nas quantidades produzidas, os desperdícios, os Coprodutos, os Subprodutos e as sucatas. Como é uma obra feita recentemente, já traz algumas informações a respeito dos novos conceitos de produção e controle como de custeio: o ambiente JIT (*Just-in-Time*) e o *Activity-Based Costing*. No Capítulo 8, os técnicos da Price Waterhouse repetem, apresentando, de novo, os problemas contábeis da produção conjunta.

LEONE, George S. Guerra. *Custos*: planejamento, implantação e controle. 2. ed. São Paulo: Atlas, 1994.

Nesse livro (principalmente no segundo volume, que foi dedicado à apresentação de exercícios), o autor preocupou-se em mostrar exemplos práticos (e a teoria, consequentemente) das diversas ocorrências (sobras, estragos e unidades defeituosas), como também de vários casos de adição de materiais. Nesse mesmo capítulo, são estudados os casos de coprodução e subprodução.

_____. *Custos:* um enfoque administrativo. 11. ed. São Paulo: Fundação Getúlio Vargas, 1995.

No Capítulo 6, são apresentados alguns problemas do processamento contínuo, inclusive os procedimentos contábeis para cálculo e registro da coprodução e da subprodução. O primeiro volume contém uma grande variedade de exercícios práticos, cujas soluções completas e totalmente explicadas, estão no segundo volume.

MARTINS, Eliseu. *Contabilidade de custos*. 4. ed. São Paulo: Atlas, 1990.

No Capítulo 12, o autor apresenta alguns problemas especiais da produção contínua. O Capítulo é curto, mas os casos apresentados são extremamente didáticos.

MATZ, Adolph; CURRY, Othel J.; FRANK, George. *Contabilidade de custos*. São Paulo: Atlas, 1973, 3 v.

É uma tradução de uma obra americana. A edição brasileira está esgotada. Acreditamos que seja encontrada nas Bibliotecas. O assunto é exaustivamente analisado. Os autores dedicam a ele três longos capítulos: 12, 13 e 14. São vários os exemplos, muito interessantes e reveladores, dos casos de adição de materiais, em todas as suas variantes. Os autores dedicam grande parte do Capítulo 13 para apresentar casos que chamam de "dificuldades encontradas nos procedimentos contábeis de custo por processo".

PADOVEZE, Clovis Luiz. *Contabilidade gerencial*. São Paulo: Atlas, 1994.

No Capítulo 9, que trata dos Fundamentos da Contabilidade de Custos, o autor apresenta algumas noções do custeamento por processo. Achamos interessante o caso exposto por ele sobre o sistema híbrido de acumulação, em que uma empresa apresenta no processo industrial os dois sistemas de produção: por encomenda e por processo contínuo.

SMITH, Jack L.; KEITH, Robert M.; STEPHENS, William L. *Managerial accounting*. New York: McGraw-Hill, 1988.

Nessa obra, o Capítulo 13 é extenso. Apesar de grande parte dos problemas do processamento contínuo, o que apresenta é didático e muito pormenorizado. É quase uma cartilha. O assunto é apresentado integralmente através de exemplos práticos, alguns curtos e diretos, outros bem extensos e com uma série de explicações a cada passo.

7

Sistemas de Custeamento

OBJETIVOS DO CAPÍTULO

Neste capítulo estudaremos dois sistemas de custeamento. Iniciaremos apresentando o sistema de custeamento pela responsabilidade. Este é um dos "sistemas tradicionais", conforme podemos inferir dos muitos estudos divulgados atualmente que tratam das "novas" técnicas ou critérios de custeamento. O sistema pela responsabilidade é um dos mais simples e diretos e, em nosso entendimento, é de grande utilidade para ajudar a gerência na função de controle dos próprios custos e das operações. Como o próprio nome indica, os custos e as despesas são separados pela "responsabilidade". A Contabilidade, através de seu método lógico e confiável de registro das operações e transações, identifica as despesas e os custos a cada centro de responsabilidade que é dirigido por uma pessoa. Esse responsável tem duas atribuições: alcançar as metas físicas preestabelecidas e consumir a menor quantidade de recursos. O Sistema de Custeamento pela Responsabilidade define o consumo real dos recursos, compara-o com o que foi previsto para acontecer, destaca e analisa os desvios, investigando suas causas e, em alguns casos, se estiver ao alcance do Contador, sugerindo as medidas de correção. A Empresa é subdividida em Centros de Responsabilidade (departamentos, divisões, seções, setores e unidades).

Em seguida, estudaremos o Custeamento Baseado em Atividades (ABC, para os americanos, o que quer dizer Activity-Based Costing). Não confundir com o tradicional procedimento ABC para controle de estoques. São diferentes conceitos. O critério ABC é lógico, tem suas grandes vantagens, mas tem suas limitações. As operações da Empresa, principalmente as operações de fabricação, são subdivididas em atividades que geram despesas e custos. A Contabilidade deverá identificar os custos e as despesas com essa multiplicidade de atividades. Os produtos ou serviços, cujos custos devem ser determinados, consomem as atividades. Esse consumo é definido através de direcionadores de custos ou indutores de custos (que os americanos, e alguns brasileiros, chamam de cost drivers). Apesar de ser um critério que tem bases lógicas, subsistem alguns problemas, como a apropriação, ou identificação, das várias despesas de fabricação às diversas atividades e depois o estabelecimento dos direcionadores de custos, seu controle e emprego. O Capítulo mostrará essas dificuldades e as grandes vantagens incontestáveis que tem o critério, principalmente para alguns tipos especiais de cenários industriais.

SISTEMA DE CUSTEAMENTO PELA RESPONSABILIDADE

Conceitos Básicos

1. O Sistema de Custeamento pela Responsabilidade pratica basicamente a determinação dos custos e das despesas separadamente por centros (departamentos, seções e setores), sua contabilização e a preparação de uma série de relatórios articulados. É um sistema contábil implantado para que as despesas e os custos possam ser controlados pelos responsáveis por esses centros, que são as pessoas que têm a função de administrar suas operações. A Figura 7.1 apresenta, de forma simples, o funcionamento básico do Sistema.

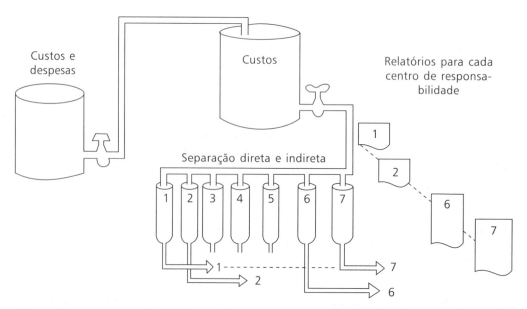

Figura 7.1 *Sistema contábil de relatórios pela responsabilidade.*

É um sistema de custos feito sob medida para cada empresa, porque os custos e as despesas são acumulados e ralatados por nível gerencial de responsabilidade; cada encarregado por uma área (centro) é responsável pelos custos controláveis debitados a sua área. Portanto, logo se deduz que o Sistema de Custos se baseia na organização da empresa, quando esta identifica as áreas de responsabilidade e seus encarregados.

2. O Sistema de Custos pela Responsabilidade tem estreita ligação com as funções de planejamento e controle da administração. Planejamento e Controle andam juntos; um depende do outro, um não funciona sem que também funcione o outro, com a mesma intensidade e ritmo.

Noção de Controle

3. Quando os custos e as despesas são acumulados por centos de responsabilidade, o que se deseja é exercer controle sobre eles e, consequentemente, sobre as operações desses centros. De acordo com uma visão clássica, autocrática, (Usry et al., 1994) há em cada centro de atividades, batizado por centro de responsabilidade, um responsável por esses custos e despesas, que deve ser seu gerente, chefe ou encarregado.

Atualmente, está em moda uma nova ideia, um novo estilo de administração, chamado de gerência participativa, na qual são vários os responsáveis pelo controle das operações e dos custos e despesas de cada área. Quando alguém fala em controle, deve estar pensando numa tentativa de alcançar, em princípio, um empate entre os objetivos e metas preestabelecidos e os resultados conseguidos. A igualdade e os desvios entre objetivos e resultados devem ser bem administrados. Planejamento e Controle são duas ações conjugadas.

Fala a literatura técnica, e parece que, na prática, isso geralmente ocorre, que diversas vantagens resultam da aplicação dos instrumentos de controle. Muitas pessoas trabalham com mais eficiência e eficácia quando sabem que os resultados de suas ações estão sendo controlados. Alguns estudiosos acham que esse fato não traduz a realidade.[1] Outra colocação que não é do agrado de muitos professores e praticantes é afirmar que o passado e o presente ajudam a administrar o futuro.

A série de relatórios contábeis preparada sob a ótica do Custeamento pela Responsabilidade traz em seu bojo, como uma de suas partes mais importantes, os números do passado e do presente, os quais são comparados com os dados planejados e os desvios são calculados e analisados para que se possa corrigir defeitos.

---

[1] *Teoria X e Teoria Y*, de Douglas MacGregor. Apud BALCÃO, Yolanda Ferreira, CORDEIRO, Laerte. In: *O comportamento humano na empresa:* uma antologia. Rio de Janeiro: Fundação Getúlio Vargas, 1971.

Já ouvimos algumas críticas ao trabalho da Contabilidade nesse sentido. Por exemplo, alguns mais irreverentes afirmam que a Contabilidade é um veículo que, durante a noite, usa os faróis voltados para trás. Tal colocação não expressa a realidade. Grande parte dos resultados executados pela Contabilidade, sobretudo pela Contabilidade de Custos, dentro das empresas, para uso de seus administradores, trata dados do passado, do presente e, principalmente, do futuro. Já mostramos aqui neste livro os orçamentos flexíveis. Eles são preparados por uma equipe onde está o pessoal de planejamento e o de custos. Os orçamentos flexíveis nada mais representam do que o ajustamento dos dados planejados às condições reais do presente. Enquanto a ideia de orçamentos é perquirir o futuro, a ideia dos orçamentos flexíveis é olhar o presente. É um paradoxo, mas é a realidade. Voltaremos a este ponto mais adiante. Outra constatação que nos parece bastante lógica é a de que nas médias e grandes empresas é praticamente impossível uma só pessoa controlar todas as operações. É acaciano, mas é fundamental para que se entenda o processo de delegação de autoridade e de responsabilidade. A Contabilidade de Custos nada mais fez senão se aproveitar desse procedimento gerencial para montar o Custeamento pela Responsabilidade.

Noção de Responsabilidade

4. Não há responsabilidade sem autoridade. Desculpem-nos os leitores. Essa afirmação é o óbvio ("ululante", para nos socorrer do famoso Nelson Rodrigues). Entretanto, temos motivos para enfatizá-la. A base do Sistema de Custeamento pela Responsabilidade é debitar os centros de responsabilidades pelos custos e despesas que são controláveis pelo responsável (ou responsáveis) pela visão atual. Os custos e as despesas controláveis são aqueles sobre os quais o responsável pelo Centro tem autoridade para realizá-los.

Vimos anteriormente que devem existir dois tipos de responsabilidade para que um setor da organização ganhe as dimensões de um Centro de Responsabilidade: física (objetiva) e contábil. A responsabilidade física traduz-se pelo conjunto de atribuições relacionadas ao atingimento dos fins a que se propôs o setor organizacional. Há uma delegação de responsabilidades, de cima para baixo, na hierarquia administrativa. Essa delegação é extremamente necessária por um simples motivo: é impossível alguém administrar sozinho todas as responsabilidades de uma média ou grande empresa.

Há, do mesmo modo, o problema das especificações, ou seja "cada macaco no seu galho", para sermos mais diretos.

Verdadeiras "bolas de cristal" estão mostrando que, em futuro não muito remoto, talvez seja possível uma pessoa só, ou um grupo reduzido de pessoas, controlar as várias atividades de uma empresa, por mais distantes que estiverem do centro diretor. Entretanto, hoje, para que os responsáveis pelos centros possam desincumbir-se a contento de suas responsabilidades físicas, é necessário que a alta administração lhes dê autoridade para fazer gastos e consumir recursos. O nível da autoridade tem que estar muito próximo do nível da responsabilidade física.

Ao fazer gastos e consumir recursos, o responsável deverá prestar contas à administração superior: o mestre de uma oficina presta contas ao encarregado de muitas oficinas; este prestará contas ao engenheiro (ou administrador) do departamento; o departamento deverá prestar contas de suas ações e das de seus subordinados a um diretor; e este, por sua vez, fará uma prestação de contas à presidência da empresa. Por aqui se nota que é subjacente à construção do Sistema de Custeamento pela Responsabilidade a ideia de prestação de contas. O conjunto articulado de relatórios contábeis atende a essa finalidade.

Controlabilidade dos Custos

5. Quando falamos em autoridade, nos referimos aos custos controláveis e não controláveis.

Algumas ideias são básicas para se entender o que é um custo controlável para o Sistema de Custo pela Responsabilidade. Para realizar seus objetivos, o encarregado pelo Centro tem autoridade para adquirir e consumir os fatores de produção que sejam necessários, logo, os custos relacionados a essa aquisição e consumo serão controláveis e devem ser debitados ao Centro. Caso o responsável pelo Centro tenha alguma influência em algum outro tipo de custo ele deverá ser debitado pela parte correspondente a sua influência: será um custo, do mesmo modo, controlável. Portanto, custos controláveis são aqueles cujo montante, dentro de determinado período de tempo, pode ser direta ou indiretamente influenciado pelo responsável pelo Centro, e que podem ser facilmente identificados com esse Centro.

Às vezes, para atender a outras finalidades além do controle, o Centro pode ser debitado por outros custos e despesas provenientes de diversos componentes através de rateio. Esses custos devem ser bem analisados para se verificar se o responsável pelo Centro que os recebe tem alguma influência nas ações do componente que os envia. Estes, em princípio, são denominados de custos não controláveis. Não esqueçam da "máxima" existente entre os controladores de custos: "todo e qualquer custo ou despesa é controlável em algum nível gerencial". De acordo com esse "aforismo", é montado o conjunto articulado de relatórios contábeis por centro de responsabilidade, que apresenta os custos que são controlados, desde o nível mais inferior da hierarquia organizacional até alcançar seu nível mais alto. Entre os contadores e administradores permanece aparente e constante o fato de que embora os custos possam ser, de forma conceitual, facilmente definidos como controláveis e não controláveis, na vida real, em muitas situações, essa distinção não é feita com tanta facilidade. Existem, ainda, para dificultar a dicotomia, as superposições.

Vejamos alguns exemplos do exercício da controlabilidade. (1) Os materiais requisitados pelo Centro são tratados como custos controláveis. Entretanto, alguns estudiosos, mais rigorosos em suas análises, acham que somente a parte do custo relacionada à quantidade de materiais deve ser considerada como controlável pelo gerente do Centro. A influência no custo relativa ao preço do material não deve ser da responsabilidade do Centro que usa o material. (2) A controlabilidade é independente da "diretibilidade" e da variabilidade dos custos e das despesas. Um custo pode ser considerado controlável, mas nem por isso deverá ser, automaticamente, um custo classificado, para outras finalidades do custeio, como direto e variável, como pode parecer à primeira vista. Existem custos controláveis que são indiretos e fixos. (3) O salário do encarregado do centro é um custo não controlável, embora seja diretamente debitado ao Centro e considerado como um custo fixo. (4) O custo da energia consumida pelo Centro é de difícil conceituação na prática. Em termos conceituais, ele é considerado não controlável, indireto e variável. Porém, de acordo com a orientação prática, apresentada anteriormente, neste mesmo item, o custo da energia é influenciado pela ação do encarregado pelo Centro que beneficia. Analisaremos o exemplo: A empresa tem três Centros de Responsabilidade: CR 1, CR 2 e CR 3. Para atender às necessidades de energia desses três Centros, a empresa mandou construir uma unidade geradora de energia elétrica. De acordo com as necessidades relacionadas à capacidade prática de cada um dos Centros de Responsabilidade, a unidade geradora deve produzir energia, que distribui nos seguintes montantes: 1.000 kWh para o CR 1, 4.000 kWh para o CR 2 e 5.000 kWh para o CR 3. A unidade geradora apresentou o custo total de $ 5.000 em determinado período. Os custos indiretos, porém variáveis, atribuídos a cada Centro de Responsabilidade, deverão ser um custo controlável. Não levamos em consideração outras variáveis que poderiam ajudar a discernir o problema (Martins, 1987: Cap. 7; Iudícibus, 1988: Cap. 7). Estimamos que os leitores consultem os dois livros que trazem um problema cada um, muito esclarecedores, com algumas variáveis significativas adicionais. (5) Os custos do Departamento de Serviço Médico são atribuídos ao Centro de Responsabilidade. Na Fábrica ABC, os custos do Departamento Médico são atribuídos a cada Centro que usa seus serviços em relação à quantidade de consultas realizadas no mês. O Centro de Custo beneficiado tem influência sobre os custos (pelo menos os custos variáveis) incorridos no Departamento Médico. Logo, será um Custo Controlável. Porque os custos do Departamento Médico, com certeza, variam de acordo com o número de empregados que determinado Centro de Responsabilidade enviou para tratamento durante o mês. Quem tem o controle sobre a movimentação da equipe de operários é o encarregado direto do Centro de Responsabilidade onde se encontram lotados esses operários.

Organograma e Plano de Contas

6. Dois elementos são imprescindíveis para um bom funcionamento do Sistema de Custeamento pela Responsabilidade. O primeiro deles é a Organização. A empresa deverá dispor, quanto maior for seu porte, de uma organização que destaque, com clareza, as linhas de autoridade e subordinação e as atribuições/responsabilidades de cada componente organizacional. É importante que exponha as atividades-meio e as atividades-fim.

Em seguida, e com base, geralmente, no primeiro elemento, a Contabilidade deve ter um Plano de Contas que indique o fluxo das operações, seus custos e despesas. Já se diz, há muito tempo, que a acumulação de custos e despesas que se faz dentro da empresa começa com a classificação dos gastos, dos consumos e das despesas em contas pertencentes a cada um dos componentes (ou Centros de Responsabilidade, se assim forem batizados).

A implantação do Sistema de Custeamento pela Responsabilidade vai valer-se desses dois elementos. O conjunto articulado de relatórios pela responsabilidade observará a Organização, e o conteúdo de cada relatório terá como base a classificação contábil, primária e funcional, das operações e transações, executada com o emprego do elenco de contas do Plano.

Elementos de Controle

7. Os relatórios contábeis que refletem o Sistema de Custeamento pela Responsabilidade são separados por Centros de Responsabilidade e são inicialmente compostos pelos montantes, normalmente mensais, previstos e reais (e respectivos desvios) dos custos e despesas, destacando aqueles definidos como controláveis. Dependendo das circunstâncias operacionais, da disponibilidade de recursos e de dados e das necessidades gerenciais, a Contabilidade de Custos pode adicionar colunas onde apresentará os montantes previstos e reais (e respectivos desvios, sempre) acumulados durante o ano (trimestre ou semestre) até a data de encerramento do último período mensal. Se for ainda necessário, para um controle mais eficaz por parte da gerência, a Contabilidade de Custos pode montar relatórios onde apresente, para um semestre, por exemplo, mês a mês, todos os custos e despesas controláveis. Quanto maior for o período, mais oportunidades a gerência terá de detectar movimentos cíclicos e tendências. São muitos os modelos de relatórios contábeis.

A Contabilidade de Custos, como parte do maior banco de dados existente dentro de qualquer entidade – a Contabilidade –, poderá, em conjunto com os usuários de suas informações – os administradores –, desenhar relatórios especiais que favoreçam o controle. Apesar de não ser um procedimento muito simpático para os integrantes da organização que estão sendo avaliados (portanto deve ser empregado com muita cautela e quando os responsáveis tiverem plena consciência de sua utilidade), a Contabilidade de Custos poderá projetar relatórios que estabeleçam comparações entre Centros de Responsabilidade de mesma natureza. Em alguns casos, sobretudo quando os Centros de Responsabilidade forem operacionais, a Contabilidade de Custos poderá apresentar comparações entre resultados reais e esperados (estimados ou padrões).

A Contabilidade de Custos pode ir muito mais longe. Ela pode acumular dados físicos, quantitativos, operacionais, tais como quilos de material, horas de mão de obra ou de máquinas, número de empregados, número de requisições, quantidade de pedidos de compra, quantidade de Ordens de Produção, número de preparação de máquinas, número de corridas de produção, número de recebimentos de materiais, número de embarques de mercadorias, valores de receita, quantidade de produtos vendidos. Com base nos dados físicos assim acumulados, mês a mês, e por Centro de Responsabilidade, a Contabilidade de Custos poderá preparar mapas de controle com indicadores de desempenho, juntando dado físico com dado físico e dado físico com dado monetário. Esses relatórios são muito bem aceitos pelos usuários, porque os indicadores possuem alto poder informativo. Copeland e Dascher apresentam um estudo baseado em relatórios pela responsabilidade de um Departamento de Análise de Crédito de uma empresa industrial, onde empregam vários tipos de indicadores de desempenho. Com base nos exemplos de indicadores desses relatórios, os contadores de custos podem criar indicadores próprios para centros de responsabilidade, principalmente para os centros operacionais e de apoio à produção.

Conjunto Articulado de Relatórios pela Responsabilidade

8. Para ilustrar o Sistema de Custeamento pela Responsabilidade, temos que imaginar o organograma de uma empresa industrial. Vamos mostrar uma empresa típica com quatro funções básicas e respectivas subdivisões (Figura 7.2).

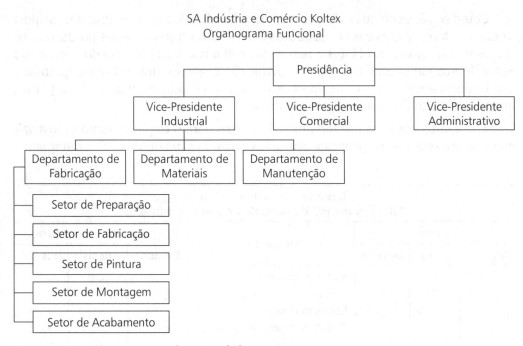

Figura 7.2 *Organograma funcional da empresa.*

Observe que estamos subdividindo apenas o Departamento Industrial, pois precisamos somente dele para ilustrar o Sistema. O que é válido para o Departamento Industrial é válido também para as demais funções da empresa.

9. Imaginemos o Relatório Contábil mensal do Setor de Acabamento.

Setor de Acabamento Relatório mensal de controle de custos e despesas						
Mensais			Elementos	Acumulados até a data		
Orçados	Reais	Desvios		Orçados	Reais	Desvios
			Materiais de produção Mão de obra direta Serviços de terceiros			
			Subtotal			
			Materiais próprios Mão de obra própria Energia Seguros do equipamento Alimentação Atendimento médico Trabalho extraordinário Manutenção			
			Subtotal			
30.000	35.000	5.000	Total	192.000	205.000	13.000

Como se vê, os custos e despesas foram classificados em dois grandes grupos: os custos identificados com os produtos e aplicados ao custo desses produtos e os custos e despesas controláveis e realizados sob a responsabilidade do gerente do Setor de Acabamento. Estes últimos custos são considerados indiretos, quando o objeto do custeio é o custo dos produtos, mas são custos diretos, embora gerais, quando o objeto do custeio é o custo do Setor.

10. Vamos apresentar o Relatório de Custos para o Departamento Industrial, que reunirá seus custos próprios como os custos de seus órgãos subordinados.

Departamento de Fabricação
Relatório mensal de controle de custos e despesas

Mensais			Elementos	Acumulados até a data		
Orçados	Reais	Desvios		Orçados	Reais	Desvios
			Materiais próprios			
			Pessoal			
			Correspondência			
			Despesas de representação			
			Energia			
			Reprodução de documentos			
			Despesas de viagem			
			Alimentação			
			Atendimento médico			
			Manutenção			
			Subtotal			
			Setor de Preparação			
			Setor de Fabricação			
			Setor de Pintura			
			Setor de Montagem			
30.000	35.000	5.000	Setor de Acabamento	192.000	205.000	13.000
			Subtotal			
165.000	180.000	15.000	Total	2.100.000	2.180.000	80.000

Os custos e as despesas foram divididos em dois grandes grupos. As despesas realizadas pelo próprio Departamento Industrial, que estão sob a responsabilidade contábil do Gerente do Departamento, e os custos de cada Setor em que se subdividem as operações do Departamento de Fabricação. Assim, o gerente do Departamento de Fabricação tem uma visão global dos custos e despesas de sua área. Se quiser analisar mais de perto o desvio de um dos setores, basta solicitar ao próprio encarregado do Setor que lhe apresente o Relatório individual recebido da Contabilidade de Custos.

11. Vamos, agora, apresentar o Relatório de Custos para a Vice-Presidência Industrial, que reunirá seus próprios custos e os custos e despesas de cada um dos departamentos sob sua jurisdição.

Vice-Presidência Industrial						
Relatório mensal de controle de custos e despesas						
Mensais			**Elementos**	**Acumulados até a data**		
Orçados	**Reais**	**Desvios**		**Orçados**	**Reais**	**Desvios**
			Materiais próprios			
			Pessoal			
			Correspondência			
			Despesas de representação			
			Energia			
			Reprodução de documentos			
			Despesas de viagem			
			Alimentação			
			Atendimento médico			
			Manutenção			
			Seguros			
			Subtotal			
165.000	180.000	15.000	Departamento de Fabricação	2.100.000	2.180.000	80.000
			Departamento de Materiais			
			Departamento de Manutenção			
			Subtotal			
350.000	380.000	30.000	Total	3.680.000	3.700.000	120.000

Os custos e as despesas foram subdivididos em dois grupos. O primeiro grupo apresenta as despesas que a própria vice-presidência deverá realizar para seu funcionamento. Essas despesas são de responsabilidade direta do vice-presidente industrial. Isto equivale a dizer que são despesas controláveis. O outro grupo relaciona os custos e as despesas de cada Departamento que está dentro da área da vice-presidência industrial. Caso o vice-presidente queira examinar melhor o desvio total do Departamento de Fabricação, poderá consultar o Relatório individual de custos e despesas desse departamento. E caso deseje examinar, em seguida, o desvio total do Setor de Acabamento, o próprio gerente do Departamento de Fabricação o apresentará.

12. Por último apresentaremos o Relatório de custos e despesas da Presidência, que vai reunir não só suas despesas próprias, como também os totais de cada uma das vice-presidências. Assim, esse relatório vai compreender todos os custos e despesas da empresa naquele período.

SA Indústria e Comércio Koltex
Presidência
Relatório de controle de custos e despesas

Mensais			Elementos	Acumulados até a data		
Orçados	Reais	Desvios		Orçados	Reais	Desvios
			Materiais próprios			
			Pessoal			
			Correspondência			
			Despesas de representação			
			Energia			
			Reprodução de documentos			
			Despesas de viagem			
			Alimentação			
			Atendimento médico			
			Seguros			
			Subtotal			
350.000	380.000	30.000	Vice-Presidência Industrial	3.680.000	3.700.000	120.000
			Vice-Presidência Comercial			
			Vice-Presidência Administrativa			
			Subtotal			
810.000	900.000	90.000	Total	5.200.000	5.380.000	180.000

13. Concluído o trabalho de apresentação do conjunto articulado de relatórios contábeis, resta-nos apresentar uma visão geral do conjunto, para relevar os pontos de contato entre os relatórios. Como se poderá notar, o conjunto de relatórios é uma sequência lógica.

SA Indústria e Comércio Koltex
Presidência
Relatório de controle de custos e despesas

Mensais			Elementos	Acumulados até a data		
Orçados	Reais	Desvios		Orçados	Reais	Desvios
			Materiais próprios			
			Pessoal			
			Correspondência			
			Despesas de representação			
			Energia			
			Reprodução de documentos			
			Despesas de viagem			
			Alimentação			
			Atendimento médico			
			Seguros			
			Subtotal			
350.000	380.000	30.000	Vice-presidência industrial	3.680.000	3.700.000	120.000
			Vice-presidência comercial			
			Vice-presidência administrativa			
			Subtotal			
810.000	900.000	90.000	Total	5.200.000	5.380.000	180.000

Vice-presidência industrial
Relatório mensal de controle de custos e despesas

Mensais			Elementos	Acumulados até a data		
Orçados	Reais	Desvios		Orçados	Reais	Desvios
			Materiais próprios			
			Pessoal			
			Correspondência			
			Despesas de representação			
			Energia			
			Reprodução de documentos			
			Despesas de viagem			
			Alimentação			
			Atendimento médico			
			Manutenção			
			Seguros			
			Subtotal			
165.000	180.000	15.000	Departamento de fabricação	2.400.000	2.180.000	180.000
			Departamento de materiais			
			Departamento de manutenção			
			Subtotal			
350.000	380.000	30.000	Total	3.680.000	3.700.000	120.000

Departamento de fabricação
Relatório de controle de custos e despesas

Mensais			Elementos	Acumulados até a data		
Orçados	Reais	Desvios		Orçados	Reais	Desvios
			Materiais próprios			
			Pessoal			
			Correspondência			
			Despesas de representação			
			Energia			
			Reprodução de documentos			
			Despesas de viagem			
			Alimentação			
			Atendimento médico			
			Manutenção			
			Subtotal			
			Setor de preparação			
			Setor de fabricação			
			Setor de pintura			
			Setor de montagem			
30.000	35.000	5.000	Setor de acabamento	192.000	205.000	13.000
			Subtotal			
165.000	180.000	15.000	Total	2.100.000	2.180.000	80.000

Vice-presidência industrial
Relatório mensal de controle de custos e despesas

Mensais			Elementos	Acumulados até a data		
Orçados	Reais	Desvios		Orçados	Reais	Desvios
			Materiais próprios			
			Mão de obra direta			
			Serviços de terceiros			
			Subtotal			
			Materiais próprios			
			Mão de obra própria			
			Energia			
			Seguros do equipamento			
			Alimentação			
			Atendimento médico			
			Trabalho extraordinário			
			Manutenção			
			Subtotal			
30.000	35.000	5.000	Total	192.000	205.000	13.000

CRITÉRIO DO CUSTEIO ABC – CUSTEAMENTO BASEADO EM ATIVIDADES

Surgimento do Critério

14. Não há consenso quanto ao surgimento do critério. Duas são as vertentes: uma delas afirma categoricamente que é um critério totalmente novo e outra enfatiza que o critério é antigo e semelhante a outros que vêm sendo adotados.

Uma das razões para o aparecimento do novo critério baseia-se na evolução tecnológica, que alterou bastante a composição dos custos dos fatores de produção, tornando mais significativos os custos indiretos de fabricação e menos significativos, como consequência, os custos do fator mão de obra direta.

O progresso acelerado dos meios de comunicação e de preparação de informações rápidas e mais precisas resultou, como era de se esperar, na globalização da economia. Por esse motivo, aumentou muito a competição entre as empresas. O instinto de sobrevivência fez com que as empresas iniciassem um processo intenso e veloz de alterações em seus processos produtivos, no sentido de produzirem produtos e serviços de melhor qualidade, de menor custo e conforme as múltiplas exigências de um novo tipo de consumidor. Os métodos e estilos de gerência tiveram que ser reexaminados para serem adaptados aos novos cenários. A Contabilidade de Custos, como instrumento de administração, teve que rever seus conceitos, seus sistemas e seus critérios, para começar a produzir informações mais precisas, que dessem suporte às muitas decisões gerenciais sobre novas alternativas de produção e de controle que deviam fazer face à concorrência. Surgiu, então, o critério ABC, que veio para atender a essas novas necessidades.

O parágrafo anterior é extenso porque procuramos incluir o que se tem arguido, na literatura técnica, a favor da qualidade inovadora do critério ABC. Em nosso entendimento, são argumentos e histórias não convincentes. Que o critério ABC tem suas qualidades, não se pode ignorar. A discussão em torno da ideia de ser ele uma inovação não tem muito sentido prático, salvo se a intenção for analisá-lo sob todos os aspectos, inclusive históricos, para melhor entendimento.

Os que não aceitam o critério ABC como um instrumento novo, afirmando, ademais, que ele se fundamenta, na verdade, em critérios já postos em prática há algum tempo, apresentam suas teorias com argumentos mais válidos e com histórias mais deglutíveis.

H. Thomas Johnson é um dos mais famosos professores de Contabilidade de Custos, cujos trabalhos, realizados em conjunto com o professor Robert S. Kaplan (1993), da Harvard University, divulgaram não o critério ABC, mas a ideia de que os critérios e métodos atuais de cálculo de custos precisam ser reformulados diante das alterações tecnológicas crescentes na produção e na administração das empresas. Num artigo de grande repercussão no meio acadêmico, ao tratar do critério ABC, Johnson nos ensina que um critério semelhante ao critério ABC foi implantado, a partir de 1963, na General Electric (Johnson, 1992:26). O estudo na General Electric foi recomendado para controlar e administrar o crescimento preocupante dos custos indiretos na indústria, por causa de sua repercussão na determinação dos custos de produção. Para atender a uma melhor administração dos custos indiretos, a GE propôs uma nova técnica para controlar as *atividades* que estavam causando os custos. A nova técnica estava baseada em *cost drivers* (direcionadores ou indutores de custos), do mesmo modo como hoje se baseia o critério ABC. Além disso, os custos indiretos eram identificados direta ou indiretamente às atividades.

Essa técnica (Catelli e Guerreiro, 1994) foi, em seguida, aperfeiçoada e sistematizada pelo professor Robin Cooper, da Harvard University, durante os anos 70. A partir de 1980, o emprego do critério foi desenvolvido por firmas americanas de consultoria. A partir de 1988, começaram a surgir, com mais intensidade, trabalhos mostrando as vantagens do uso do critério e, principalmente, apresentando a ideia de que todos os métodos e sistemas correntes estavam ultrapassados, desentoados e produzindo informações enganosas.

Em 1964, o professor Gordon Schillinglaw edita seu livro (Schillinglaw, 1964), que avançou no estudo da lei de formação dos custos. Para esse professor, todas as despesas e custos tinham um direcionador, um indutor, que ele denominou de "fator governante". Esse fator governante influenciava o montante dos custos. Suas ideias foram a base para a elaboração do Capítulo 4 de nosso livro, cuja edição original, da Atlas, foi de 1982 (Leone, 1994). Nesse capítulo, que, enfatizamos, é o mais importante do livro, analisamos o comportamento dos custos e das despesas diante do comportamento de variáveis (que tomamos a liberdade de chamar de "parâmetros") operacionais, físicas e perfeitamente controláveis pelos diversos níveis gerenciais. A sistematização nos levou a imaginar centros de responsabilidade com seus fatores governantes, que seriam os veículos para sua apropriação aos produtos e serviços. As ideias de Schillinglaw serviram para que nós apresentássemos, em 1982, algo que, mais tarde, estaria na base do critério ABC.

O professor De Rocchi, da Universidade Federal de Santa Maria, Rio Grande do Sul, tem produzido vários trabalhos em que visa esclarecer alguns pontos que obscureciam a verdadeira cronologia do critério ABC. Em um dos trabalhos, ele nos revela, através de conclusões retiradas de reflexões sobre técnicas em uso, ou já em desuso, que os precursores do critério ABC seriam os procedimentos relacionados às técnicas PERT & CPM (De Rocchi, 1994). Essas técnicas foram divulgadas no final dos anos 60 e tiveram um fugaz esplendor durante os anos 70.

O professor De Rocchi vê muitas semelhanças entre as duas técnicas. Em outro estudo, bem mais sintonizado, de grande valor teórico, o mesmo pensador (De Rocchi, 1994) revela que, em grande parte, os fundamentos do critério ABC são os mesmos que os relacionados ao método, em uso desde a década de 20, denominado de Mapa de Localização de Custos, que os franceses denominam (e usam amplamente) de Apropriação de custos segundo as Seções Homogêneas.

O professor Olivio Koliver é mais incisivo. Escreveu um trabalho (Koliver, 1994) de título revelador: *A Contabilidade de Custos: algo de novo sob o Sol?*, onde nos ensina, com muita clareza, que o ABC nasceu como um método de atribuição dos custos indiretos aos portadores finais dos custos, os produtos e serviços, e, até hoje, seus adeptos assinalam ser este seu objetivo. Essa afirmação o levou a admitir como fato verdadeiro que as bases do ABC já eram consideradas na literatura germânica na década de 20, inclusive serviram como um dos pilares de sustentação do famoso método conhecido pela sigla RKW. Este método, mais o Mapa de localização de custos, constituem os fundamentos dos atuais métodos de apropriação dos custos e despesas indiretos a seus portadores, sejam atividades, seções, departamentos, produtos ou serviços.

A conclusão a que chegou um estudo publicado pela IOB (*Boletim IOB*, 43/94) é interessante. Afirma que os critérios utilizados pelo ABC já eram utilizados em épocas passadas, tratando-se, portanto, do mesmo vinho, só que numa garrafa mais bonita. E encerra com a seguinte frase: "E, convenhamos, a embalagem é vistosa."

Alguns pesquisadores dão conta, ainda, de que o primeiro trabalho publicado que tratou do critério ABC foi o livro *Activity costing and input-output accounting* (Staubus, 1971), editado em 1971, portanto há 25 anos!

O que é o Critério ABC?

15. Vamos apresentar alguns dos conceitos mais divulgados na literatura técnica. A partir desses conceitos, pretendemos extrair as ideias e noções que aparecem com mais frequência e que são capazes de caracterizar com maior precisão, para nosso uso, o Custeamento Baseado em Atividades. Algumas definições baseiam-se na indicação das finalidades do Custeamento e na evidenciação das situações em que ele deve ser aplicado ou não.

16. O critério ABC é a solução adequada para resolver os problemas de custeio resultantes do emprego dos sistemas correntes em novos ambientes de trabalho (Pamplona, 1994:122); é uma técnica de custeamento em que os custos e despesas indiretos são apropriados a várias unidades através de algumas bases que não são relacionadas aos volumes dos fatores de produção. Comparado com os critérios correntes, o ABC representa uma apropriação mais direta. O custeamento corrente considera como custos e despesas diretos dos produtos fabricados apenas os materiais diretos e a mão de obra direta. Em troca, o ABC reconhece como diretos custos e despesas antes tratados como indiretos, não em relação aos produtos fabricados, mas às muitas atividades necessárias para fabricar os produtos (Ursy, 1994:365).

No método de custeio baseado em atividades, ou ABC, assume-se, como pressuposto, que os recursos de uma empresa são consumidos por suas atividades e não pelos produtos que ela fabrica. Os produtos surgem como consequência das atividades consideradas estritamente necessárias para fabricá-los e/ou comercializá-los, e como forma de se entender as necessidades, expectativas e anseios de clientes (Nakagawa, 1994:39).

A finalidade do ABC é apropriar os custos às atividades executadas pela empresa e, então, apropriar de forma adequada aos produtos as atividades segundo o uso que cada produto faz dessas atividades (Rayburn, 1993:117).

O sistema ABC corresponde ao custeio baseado em atividades. Esse sistema parte da premissa de que as diversas atividades desenvolvidas pela empresa geram custos, e que os diversos produtos consomem/utilizam essas atividades. Na operacionalização do sistema, procura-se estabelecer a relação entre atividades e produtos, utilizando-se o conceito de *cost drivers*, ou direcionadores de custos. Apuram-se os custos das diversas atividades, sendo esses custos alocados aos produtos via direcionadores (Catelli e Guerreiro, 1994).

O ABC é um sistema de custeio baseado na análise das atividades significativas desenvolvidas na empresa. O centro de interesse do sistema concentra-se nos gastos indiretos. O objetivo imediato do sistema é a atribuição mais rigorosa de gastos indiretos ao bem ou ao serviço produzido na empresa, permitindo um controle mais efetivo desses gastos e oferecendo melhor suporte às decisões gerenciais (*Boletim IOB* 1/95).

O ABC é uma nova forma de medir os custos, mediante a destinação de gastos nas atividades que devem efetuar-se em torno da cadeia de valor e que se podem definir como aquelas que agregam valor ao produto, em qualquer das distintas etapas no caminho que chamamos *da produção ao cliente* (Casanova e Vargas, 1995).

A Figura 7.3, a seguir, apresenta, de modo didático, o critério ABC, mostrando suas finalidades e as razões que motivaram o grande interesse pela sua "ressurreição".

Critério ABC – Conceituação.
Uma visão global

Razão que motivaram o grande interesse pelo critério ABC:[*]

1. A evolução da tecnologia alterou a composição dos custos dos fatores de produção, tornando os custos indiretos mais significativos do que os custos da mão de obra direta.
2. A competição global determinou mudanças nos processos de produção e, consequentemente, nos modelos de administração.
3. A gerência necessitou de informações mais precisas quanto à redução de custos, às atividades que não acrescentam valor aos produtos e à determinação dos custos.
4. A multiplicidade de proutos diferentes e a diversidade de cliente.
5. O amplo uso de computadores eletrônicos, que veio a facilitar o controle automático da produção, a própria mudança nos processos operacionais e análises das atividades e seu custeamento.

Finalidades:

- Controle mais efetivo dos custos e das despesas
- Melhor suporte às decisões gerenciais

(*) Essas razões são as mais encontradas na literatura técnica como diretamente ligadas ao surgimento das propostas de emprego no critério ABC. Afirmam os estudiosos que essa "nova" técnica, e outras de igual caráter "inovador" e até "revolucionário", que brilham atualmente, são técnicas antigas, que tiveram sucesso fugaz, morreram, mas sofreram um processo de crioterapia e renasceram, agora, quando as condições e os ambientes industriais favoreceram seu despertar.

(**) As atividades normalmente estudadas são relacionadas à área industrial, mas alguns estudiosos advogam a extensão da aplicação do critério, com bons resultados, a outras áreas da empresa, como as áreas comercial e administrativa.

Figura 7.3 *Critério ABC: uma visão global.*

CARACTERÍSTICAS BÁSICAS DO CRITÉRIO ABC – SEMELHANÇAS COM AS TÉCNICAS E OS SISTEMAS ATUAIS

17. A literatura especializada, em sua grande totalidade, mesmo aquela cujos autores encaram a técnica como mais um procedimento de apropriação de custos, paralelo aos existentes, prefere apresentar seus estudos enfatizando as diferenças entre o critério ABC e as demais técnicas, desde as respectivas concepções até os resultados a ser alcançados, passando pelas metodologias adotadas, pelas limitações e pelos campos de aplicação. Preferimos orientar nossas reflexões para o lado das semelhanças, apresentando-as com o objetivo exclusivo de obter uma sintonia maior com as finalidades didáticas deste livro.

18. A análise da literatura, dentro dessa orientação básica, resultou nos seguintes destaques:

a) O critério ABC centraliza seus esforços na busca de análise mais ampla e profunda da função industrial (e, em alguns casos, nas demais funções), separando-a em suas diversas atividades, tanto quanto à função-meio como à função-fim. As técnicas correntes buscam, do mesmo modo, proceder a essa análise.

Todos os critérios de custeamento procedem de maneira semelhante. Alguns critérios analisam a função industrial, dividindo-a em departamentos, divisões, seções e setores, definindo esses componentes como centros de responsabilidade. As despesas e os custos são alocados por meios diretos e indiretos a esses centros.

O critério ABC aloca os custos e as despesas indiretas às atividades. As bases de rateio, em todos os critérios de custeamento, têm a mesma natureza. Elas devem representar o uso que as atividades e os centros de responsabilidade fazem dos recursos indiretos ou comuns. Os contadores que empregam o critério ABC dizem que as atividades que consumiram os recursos e as bases para proceder a alocação são chamadas de "direcionadores de recursos". O procedimento é o mesmo e as limitações, portanto, são as mesmas. Entretanto, uma vez que o critério ABC faz uma análise mais minuciosa das operações, as limitações tendem a crescer de importância.

Quando estivermos interessados nos custos e despesas da empresa como um todo, não teremos nenhuma limitação quanto ao trabalho de alocação. Todos os recursos consumidos são destinados diretamente à Empresa. Porém, se a gerência decide determinar os custos e as despesas de cada vice-presidência (Industrial, Comercial e Administrativa), a partir dessa decisão surgem dois tipos de custos e despesas de natureza bem diferente: os custos e as despesas diretas de cada vice-presidência e os custos e despesas comuns, que servem indistintamente às três áreas, e, se formos mais rigorosos, que servem também à Presidência.

O que fazer, se estivermos decididamente dispostos a levantar os custos e as despesas totais de cada área? Só há um método, infelizmente, aqui, no mundo e na Cochinchina: usar bases de rateio (chamadas, no critério ABC, de direcionadores de recursos). Nesse momento, surge um "pequeno" problema comum a qualquer sistema de custeamento: qual o melhor direcionador de recursos ou qual a melhor base de rateio? O adjetivo *melhor* tem um significado exato nestas circunstâncias. O contador de custos e, naturalmente, os usuários da informação se esforçam para escolher a base que represente o mais fielmente possível o consumo que cada área faz dos recursos comuns. Temos que convir que, mesmo com apenas três ou quatro áreas, toda e qualquer base de rateio é arbitrária, não corresponde à realidade. Um corolário, nesta hora, se impõe, infelizmente: quanto maior for o número de áreas, de centros de responsabilidade e de atividades, maior perigo estará correndo o contador de custos. Por isso todos os estudiosos afirmam que o "nó górdio" mora exatamente na dificuldade de fazer a alocação de custos e despesas indiretos empregando bases de rateio. É extremamente difícil encontrar uma relação válida de causa e efeito entre uma base de rateio e o montante dos custos e despesas incorridos.

Não há nenhum "custo verdadeiro" de um produto ou serviço salvo se a empresa fabricar apenas um produto ou realizar apenas um serviço. Isso se estivermos levando em consideração simplesmente o problema de alocação de custos comuns, porque existem dezenas de outros fatores que concorrem para que os custos verdadeiros jamais existam. Os contadores de custos, em conjunto com o pessoal das operações e os usuários das informações gerenciais, tentam alcançar os melhores resultados.

O critério ABC é uma tentativa a mais, bem lógica, sem dúvida, que vem somar-se às inúmeras tentativas de solução desse problema "insolúvel". Seria interessante, neste ponto, consultar o trabalho apresentado no 14º Enegep, realizado em João Pessoa, em 1994, que se intitula "A obtenção de direcionadores de custos adequados: o ponto crucial do custeio baseado em atividades" (Pamplona, 1994:122).

Observem a Figura 7.4. Ela é simples, mas revela, com clareza, por isso mesmo, as semelhanças entre os critérios correntes e o critério ABC no que tange ao problema de alocação dos custos e despesas às atividades e aos centros de responsabilidade.

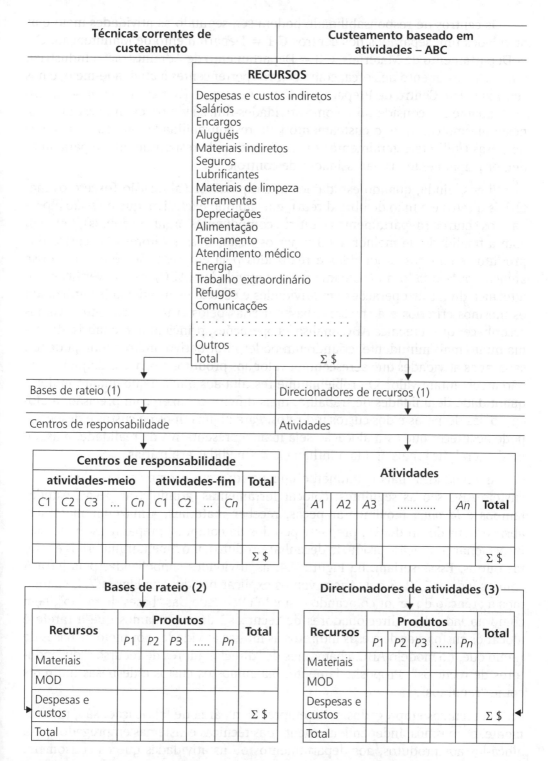

Figura 7.4 *Comparação entre os sistemas correntes e a técnica ABC.*

Os centros de responsabilidade podem ser, segundo as atividades-meio e as atividades-fim, separados nos centros $C\ 1$ = Departamento de Manutenção, $C\ 2$ = Departamento de Materiais, $C\ 3$ = Departamento de Administração Industrial, $C\ n$ = Departamento de Força, como centros pertencentes à atividade-meio, e nos centros $C\ 1$ = Centro de Preparação, $C\ 2$ = Centro de Fabricação e $C\ n$ = Centro de Acabamento, considerados como atividades-fim. Já vimos, quando estudamos, neste mesmo capítulo, o custeamento pela responsabilidade, que os custos e as despesas (indiretas, geralmente) são separados pela responsabilidade para atender, principalmente, às necessidades de controle.

Vimos, ainda, quando estudamos as Despesas de Fabricação (exceto os materiais diretos e a mão de obra direta), em capítulo exclusivo, que elas são alocadas aos centros (departamentos e outros componentes organizacionais), também com a finalidade de melhor determinar os custos desses setores e os custos dos produtos e serviços produzidos e realizados pela empresa. Se voltarmos nossa atenção para o lado do custeamento por atividades (ABC) vamos verificar que a técnica divide as operações em atividades e custeia essas atividades utilizando os mesmos critérios e as mesmas bases usadas pelos critérios correntes. Vamos reconhecer que a técnica ABC analisa as operações, principalmente fabris, de forma muito mais minudente, criando um poder informativo muito maior, podendo separar as atividades que acrescentam valor aos produtos e serviços daquelas que não acrescentam valor. O problema que ressalta aos olhos é que quanto maior a quantidade de unidades de trabalho, mais difícil fica fazer, com precisão, a alocação das despesas e dos custos indiretos. Para alguns tipos de custos e despesas, pode acontecer que essa alocação seja mais representativa da realidade, mas, de modo geral, fica mais aguda a influência de medidas arbitrárias.

As atividades mais comumente encontradas em exemplos de aplicação do custeio ABC são as seguintes: colocar ferramentas, administrar peças, estudar tempos e *layouts*, movimentar peças, receber materiais, armazenar materiais, abrir ordens de produção, preparar pedidos de compras, preparar as máquinas, inspecionar produção, produzir, desenhar produtos, movimentar materiais e muitas outras. Essas seriam, na Figura 7.4, as atividades simbolizadas pela letra A com os índices 1, 2, 3 e *n*. Agora vamos explicar por que, na Figura 7.4, chamamos a atenção do leitor colocando o sinal (1) ao lado das "bases de rateio", bem como ao lado dos "direcionadores de recursos". Já assinalamos que a tarefa é alocar os custos e as despesas indiretos às muitas atividades por meio de bases de rateio que, no modelo ABC, chamamos de "direcionadores de recursos" ou "indutores de recursos". Propositadamente, batizamos os custos e despesas indiretos como "**recursos**".

Os recursos empregados pelas empresas, na área de fabricação, são, praticamente, os mesmos, independentemente das técnicas e sistemas empregados para alocá-los aos produtos, aos departamentos ou às atividades que os consomem. Por isso usamos a mesma lista de custos e despesas indiretos para exemplificar a tarefa de cada um dos lados da questão. Até porque as despesas e os custos indiretos representam, em unidades monetárias, a aquisição e o consumo dos recursos comuns de fabricação.

Até aqui, nada há de muito diferente entre os critérios correntes e o critério ABC. A diferença maior está no fato de que, enquanto os critérios correntes preferem, por muitos motivos gerenciais absolutamente justificáveis, distribuir os custos e despesas indiretos por centros de responsabilidade, o critério ABC distribui esses custos e despesas por uma grande quantidade de atividades normalmente relacionadas às operações, procurando fornecer outros tipos de informações para auxílio a determinados objetivos gerenciais de controle e de tomada de decisões.

Quando os itens de custos e despesas indiretos não podem ser identificados com os departamentos ou com as atividades (tanto para os critérios correntes, como para o critério ABC, esse fenômeno ocorre com frequência e é normal), os contadores de custos devem empregar bases de rateio, entre muitas, as seguintes: a área ocupada, o número de empregados, o valor dos equipamentos, a prestação de serviços, os kWh consumidos e a quantidade de requisições de materiais. Essas bases serão os direcionadores de recursos ou os critérios de rateio.

Uma vez que os departamentos estejam com seus custos apurados para o lado dos critérios correntes e que as atividades já tenham sido custeadas, para o lado do critério ABC, resta, agora, se os contadores de custos desejarem, fazer a apropriação desses custos aos custos dos produtos e dos serviços. A anotação (2) chama a atenção para outras "bases de rateio", enquanto que a anotação (3) dá ênfase aos novos direcionadores, denominados, nesta fase, de "direcionadores de atividades". Tanto (2) como (3) são critérios para se fazer chegar aos custos dos produtos os custos e despesas indiretos. As rotinas e as finalidades são as mesmas; apenas são diferentes as unidades de medida que constituem os critérios de aplicação.

Segundo os divulgadores do modelo ABC, neste aspecto reside uma das maiores diferenças entre os critérios atuais e o critério ABC. Para eles, os critérios correntes se valem de unidades de medida calcadas em volumes e os volumes se referem a atributos dos produtos. A natureza das bases calcadas em atributos dos produtos é que produz, na maior parte dos casos, uma distribuição imperfeita de despesas e custos, que não espelha o real consumo que fazem os produtos dos recursos comuns. A própria maneira de, primeiro, distribuir os recursos para as atividades e, depois, apropriar as atividades aos produtos segundo o consumo que os produtos fazem dessas atividades, é que dá a tônica da superioridade do critério ABC sobre os demais critérios.

A despeito das grandes limitações que tem o critério ABC, algumas já apontadas por nós e que são divulgadas por alguns estudiosos imparciais, estamos convencidos de que, em certas situações, em certos cenários, esse procedimento produz melhores informações do que o emprego dos critérios atuais.

b) O critério ABC emprega, como direcionadores para fazer a alocação das atividades aos produtos, aos serviços, enfim, aos objetos do custeio que consomem essas atividades, bases não relacionadas ao volume, ou seja, bases não relacionadas aos atributos específicos dos objetos de custeio. Essa é uma assertiva muito comum entre os "defensores" do critério ABC. É bom fazer, mais uma vez, o esclarecimento que se impõe. Foi esse o motivo por que colocamos a palavra *defensores* entre aspas. Não acreditamos que algum contador com bons conhecimentos e com boa dose de sensibilidade esteja radicalmente contra o ABC. O que acreditamos é que os contadores com essas qualidades desejam empregar os mais eficazes critérios – desde que não agridam os Princípios e as Normas da Contabilidade – para que as informações produzidas pela Contabilidade sejam cada vez mais precisas, portanto mais úteis. Ninguém duvida de que o critério ABC tem excelentes vantagens.

Ninguém deve "defender" nada. O que às vezes acontece é que alguns mais fervorosos adeptos do critério ABC pensam que esse critério é uma "panaceia" e que os atuais critérios e sistemas são incoerentes, ultrapassados, não têm validade, são errados e conduzem à preparação de informações enganosas e inúteis. Concordamos, em parte, com a seguinte afirmação: "Os métodos tradicionais de custeio, tanto o por absorção como o variável, têm suas áreas próprias e específicas de eficácia e são absolutamente insubstituíveis" (Nakagawa, 1994:11). Quando o critério foi ressuscitado de sua "câmara de gelo", onde estava em "hibernação", seus mais ardorosos adeptos o divulgaram com grande "pompa e circunstância", como acontece com modelos que surgem de forma avassaladora, com as características de inovação e, mesmo, de revolução. Entretanto, hoje, à medida que outros estudiosos mais moderados começaram a apresentar seus trabalhos e suas reflexões sobre o critério ABC, ele vem mudando sua imagem inicial e vem-se tornando um modelo reconhecido por seus próprios méritos, podendo ser aplicado, com bastante sucesso, em alguns cenários e para atender a determinadas finalidades, não sendo por isso nem pior nem melhor do que outros critérios de custeamento.

Este assunto está intimamente relacionado com as bases de rateio (2) e com os direcionadores de atividades (3) destacados na Figura 7.4. Quais são as bases mais usadas para transferir os custos dos centros (departamentos, seções e setores) para os produtos, do lado dos sistemas correntes de custeamento? Já apresentamos essas bases (aliás, todos os livros sobre Contabilidade de Custos as apresentam) no capítulo que dedicamos ao estudo das Despesas Indiretas de Fabricação. São elas: unidades produzidas, horas de MOD, horas-máquinas e a quantidade ou valor dos materiais de produção consumidos. Essas são as que se usam com mais frequência. Como mostramos naquele mesmo capítulo, a escolha de uma dessas bases vai depender da facilidade de sua acumulação, da adequada correspondência entre os custos e as despesas indiretas e o volume dessas bases e das características dos produtos e das operações. *Daí se nota que não é verdade a afirmação de que quando se empregam os sistemas correntes de custeamento, os contadores apenas usam as bases relacionadas à mão de obra direta.*

O emprego mais frequente de bases relacionadas à mão de obra direta, principalmente as horas de mão de obra direta, se fundamenta na ideia, bastante lógica, a nosso ver, de que os montantes de grande parte dos custos e despesas indiretos são influenciados pelo tempo.

Quais são, da parte do critério ABC, as unidades de medida que constituem os direcionadores das atividades? São muitas. Entre elas, as que se usam com mais frequência são as seguintes: quantidade de requisições de materiais, número de pedidos de compra, número de recebimentos de materiais, quantidade de inspeções na produção, número de preparações de máquinas e ferramentas, número de movimentação de materiais, peças ou produtos semiacabados, quantidade de ordens de produção, número de bateladas (ou lotes), quantidade de produtos, quantidade de desenhos ou de alterações substanciais e muitas outras. O critério ABC, quando estiver selecionando os direcionadores, deverá analisar a correspondência (se for o caso, a correlação) entre o direcionador e a atividade (ou os custos dessa atividade).

Há uma diferença de conceituação entre as bases de rateio empregadas pelos sistemas correntes e os direcionadores de atividades empregados pelo critério ABC. A diferença, porém, não reside no volume, pois, como se pode notar, todas as bases e direcionadores são baseados em seus volumes. A diferença de conceituação está na ideia de que as bases de rateio são calcadas em atributos dos próprios produtos e os direcionadores de custos estão fundamentados nas características dos processos e das atividades, o que os estudiosos denominam de "transações", daí porque, muitas vezes, encontramos na literatura referência ao critério de custeamento baseado em transações, em lugar de custeamento baseado em atividades. Para alguns itens de despesas ou custos indiretos, a conceituação básica do ABC é muito mais válida do que o critério adotado pelos sistemas correntes de custeamento. Os direcionadores de custos, nesses casos, representam melhor a realidade, isto é, representam, com mais precisão, o consumo dos recursos (despesas e custos) feito pelos produtos.

A conjugação dos resultados da análise minuciosa das operações – as atividades – e dos respectivos direcionadores dessas atividades é mais sensível à complexidade e à diversidade dos processos produtivos e dos produtos. Vejamos um exemplo muito simples, mas conclusivo. Sabemos que, entre os diversos itens das despesas de fabricação, certamente vamos encontrar itens como despesas relacionadas ao recebimento de materiais, às atividades de compras, à preparação de ordens de produção, à elaboração dos desenhos dos produtos, à preparação de máquinas e ferramentas e à manutenção das máquinas e das ferramentas. Haverá sempre a dificuldade de identificar as despesas e os custos indiretos e comuns a cada uma dessas múltiplas atividades, o que será feito através de rateios.

Entretanto, uma vez alcançada essa apropriação, o contador de custos conta com informações valiosas sobre as atividades.

Uma reflexão mínima sobre as atividades anteriormente mencionadas e os respectivos custos e despesas vai revelar que não há nenhuma correspondência entre a quantidade de produtos, as horas de mão de obra direta ou as horas de máquina com as despesas daquelas atividades. Os contadores de custos e os usuários das informações de custos devem prestar muita atenção a esses fatos. Mais adiante, alguns exemplos numéricos vão esclarecer melhor a influência desses aspectos no cálculo dos custos dos produtos.

De qualquer sorte, é bom lembrar que a batalha, em que estão empenhados os contadores e seus usuários, no sentido de conseguir melhor distribuição dos custos indiretos a seus portadores parciais ou finais, sejam departamentos, centros de responsabilidade, setores, atividades ou transações, vem sendo travada desde cedo. Os modelos de Seções Homogêneas, de Unidades de Esforço de Produção, de Mapas de Localização de Custos, do RKW e da Departamentalização, dos Centros de Responsabilidade e do ABC são exemplos dessa procura sem fim por custos mais precisos e por informações mais úteis e confiáveis. Essa é a grande semelhança existente entre os critérios correntes e o critério ABC.

c) O critério do Custeamento Baseado em Atividades não trata a classificação das despesas e custos indiretos em variáveis e fixos. Todos os custos e despesas serão alocados às atividades e, por meio destas, aos produtos e serviços. Nesse caso, o critério ABC adota plenamente a filosofia do custeio por absorção, do mesmo modo que os demais sistemas correntes de custeamento. Exceto, é claro, os sistemas que se fundamentam na filosofia do custeio direto ou variável.

A distinção entre o custeio por absorção e o critério do custeio direto está apresentada no Capítulo 9. Podemos afirmar que, até aqui, incluindo o próprio custeio ABC, o livro só tratou de sistemas que possuem como base o critério de absorção. Porém, é muito fácil conhecer o custeio direto (ou variável) e a diferença básica entre ele e o custeio por absorção. O custeio direto é, resumidamente, a metodologia que leva para os estoques de produtos em processamento ou produtos acabados somente os custos diretos de fabricação e que sejam, ao mesmo tempo, variáveis em relação a alguma unidade de medida, operacional e física, selecionada. A técnica, portanto, distingue dois tipos de custos: os custos inventariáveis e os custos não inventariáveis, mais adequadamente conhecidos como periódicos. Para nós, salvo o custeamento direto, todos os demais tipos de custeamento têm seu suporte na filosofia do critério de absorção.

d) Admitem alguns estudiosos que os sistemas correntes de custeamento só se preocupam em determinar, com maior exatidão, os custos de fabricação dos produtos, desconsiderando os demais custos funcionais ou tratando da identificação destes últimos custos e despesas aos produtos de modo menos científico. Os custos das demais funções são as despesas e os custos das atividades comerciais e administrativas. E alegam que o critério ABC estuda inclusive essas áreas de não fabricação, analisando suas operações em atividades, custeando-as e, com isso, passando a fornecer maiores e melhores informações para os diversos níveis gerenciais. Não estamos de acordo com essas colocações. Neste ponto, ainda consideramos que existem fortes semelhanças entre os critérios.

Em 1957, quando ingressamos na General Electric, encontramos, em perfeito funcionamento, uma contabilidade de custos que alcançava, do mesmo modo que alcançava as atividades fabris, as atividades comerciais e algumas atividades administrativas relacionadas. Nós a denominávamos de Sistemas de Contabilidade dos Custos de Distribuição. Em nossos dois livros de custos anteriores (consultem a bibliografia) dedicamos, em cada um, um capítulo exclusivamente à análise dos procedimentos de definição das atividades de distribuição, das técnicas de identificação das várias atividades aos produtos, dos métodos de apropriação dos custos e despesas indiretos, da sua análise e controle, de sua contabilização e da preparação de relatórios gerenciais sobre essas atividades.

A maior parte dos livros de custos continua preocupando-se com esse assunto. As médias e grandes empresas devem manter sistemas de contabilização e controle desses custos, entre outras razões, porque eles são substanciais. É claro que o critério ABC, como é de sua própria natureza, vai descer a minúcias na análise das atividades comerciais e administrativas. Entretanto, é forçoso reconhecer que, mesmo assim, o critério ABC, como outros critérios de custeamento existentes, vai encontrar muitas e sérias dificuldades para relacionar, de modo direto, as atividades administrativas aos diversos produtos. Porém, é sempre válida, e recebida com aplausos, qualquer modalidade de custeio que analise com exatidão esses custos e despesas. A finalidade é melhorar, cada vez mais, a qualidade das informações contábeis.

Campos de Aplicação do Critério ABC

19. O que estudamos até este ponto, neste capítulo, dedicado ao critério ABC, principalmente os fatos que deram origem a seu (res)surgimento, já é suficiente para indicar em que situações sua aplicação poderá trazer benefícios em termos de melhores informações gerenciais:

a) quando o montante das despesas e dos custos indiretos passa a ser substancial concomitantemente à perda de relevância do montante dos custos da mão de obra direta, diante do custo total de produção;

b) quando os investimentos em equipamentos fabris são altos, resultando em mudanças significativas no processo de produção e fazendo com que os custos e despesas indiretos se tornem quase totalmente fixos;

c) quando a fábrica produz grandes volumes de produtos diferentes que atendem às múltiplas necessidades de uma grande quantidade de consumidores diferentes;

d) quando as operações, principalmente fabris, podem ser analisadas com facilidade, favorecendo a implantação de técnicas mais sofisticadas que atendem a uma relação favorável entre custos e benefícios;

e) quando as empresas dispõem de sistemas de informação automatizados que não só controlam os processos produtivos, como também podem controlar o consumo dos diversos insumos.

Vantagens e Desvantagens do Critério ABC

20. É sempre bom lembrar que o critério, a técnica ou o sistema de custos ideal é aquele que tem capacidade de fornecer informações úteis para que os usuários internos das empresas possam avaliar os desempenhos tanto da empresa como de seus diversos setores, controlar os próprios custos, diagnosticar com facilidade as disfunções, os desequilíbrios, as superposições e os desperdícios, traçar planos e tomar as melhores decisões, e que possa ser implantado e operacionalizado com o emprego mínimo de recursos.

21. O critério ABC observa a metodologia do conceito de absorção, portanto, leva para si todas as limitações inerentes a esse conceito. Algumas decisões importantes de curto prazo não serão tomadas com base nas informações produzidas pelo critério ABC. A aplicação do critério ABC na análise dos custos e despesas indiretos carrega todos os itens indiretos para os estoques de produtos.

Como ilustração, podemos vislumbrar a situação em que a gerência deseja desativar a produção de determinado produto, que é uma decisão muito comum. Alguns recursos não serão mais consumidos ou adquiridos, mas outros continuarão a ser consumidos e adquiridos. A metodologia de absorção não permite a análise dessa situação com a mesma facilidade do que outras metodologias. Outros exemplos poderiam ser citados. Se observarmos essa mesma desvantagem, vamos verificar que, na verdade, os contadores de custos vão encontrar muita dificuldade em perceber uma alta correlação entre as atividades e seus direcionadores. Onde se situam os estudos apurados para a determinação dessa correlação entre atividades e direcionadores? Isso não quer dizer que os sistemas correntes de custeamento utilizam com a frequência necessária estudos estatísticos para legitimar a escolha desta ou daquela base de rateio. O que estamos afirmando é que todos os critérios apresentam essa desvantagem, inclusive o critério ABC.

É muito comum o emprego do "achismo" ou do "todos usam" para selecionar uma base de rateio e para a seleção de um direcionador de atividades. É preciso, tanto nos sistemas correntes como no critério ABC, que os contadores de custos apliquem sempre os recursos estatísticos para determinar suas bases de rateio ou seus direcionadores com mais precisão. O critério ABC é dispendioso. Será que seus benefícios superam seus custos? É uma preocupação que deve estar sempre em pauta na agenda dos contadores de custos e dos usuários das informações.

As múltiplas e numerosas atividades em que as operações são subdivididas desmancham os limites das áreas de responsabilidade. Muitas atividades invadem e cruzam diversos centros de responsabilidade. Trata-se de uma verdadeira matriz de funções e atividades, na qual as colunas correspondem às funções (aos centros de responsabilidade) e as filas correspondem às diversas atividades. (Veja, no item 26 deste mesmo capítulo, o exemplo 4.) No fundo, os responsáveis pelos departamentos (centros e setores tradicionalmente desenhados, representativos da organização, descrevendo atribuições específicas, linhas de subordinação e limites de autoridade) perdem a noção de suas tarefas. Nem mais parecem ser os responsáveis por seus custos e despesas, como descrevemos à exaustão, quando apresentamos o Sistema de Custeamento pela Responsabilidade.

O custeamento das atividades e, em sequência, a apropriação das atividades aos produtos por meio de direcionadores têm apenas a vantagem de determinar custos aparentemente mais precisos. Para que essa exatidão ocorra, é necessário que os contadores de custos se precavenham, quando utilizarem o critério ABC, em relação a todas as suas limitações até aqui apresentadas. Uma vez controladas essas variáveis, o critério ABC tem uma sólida base lógica, tem potencial, e será, dentro de algum tempo, depois de ter sido testado e aperfeiçoado, um importante instrumento de análise de custos que se somará aos critérios já existentes.

Outra desvantagem que vemos na aplicação do critério ABC e que precisa ser estudada com atenção está na aparente transformação de custos fixos em custos variáveis, trazendo consequências graves para a determinação e análise dos custos dos produtos, dos serviços ou de outro qualquer objeto de custeio. Quando os custos e as despesas são apropriados às atividades, o critério parece não se interessar pela dicotomia (ou pela divisão) dos custos e das despesas em fixas e variáveis. E, imediatamente, apropria, através de direcionadores, esses custos e despesas aos produtos ou aos serviços. Essa é, ainda, uma grave falha da filosofia do custo por absorção. O que é que acontece? Todos os custos e despesas serão considerados variáveis diante da unidade de medida que define o direcionador de custos. Vamos pôr entre aspas a seguinte afirmação: "O ABC em sua forma mais detalhada pode não ser aplicável na prática, em virtude de exigir um número excessivo de informações gerenciais que podem inviabilizar sua aplicação. O custo da coleta e manipulação detalhada teria que justificar seu benefício. Numa fábrica, pode-se detectar mais de cem atividades que contribuem para o *overhead* – caso se pense numa apuração exata de todas essas atividades, o ABC seria impraticável" (Cogan, 1994:7). Num ano de produção muito abaixo da capacidade normal ou prática, o critério ABC produziria custos unitários excessivamente altos. Essa é uma falha decorrente do custeio por absorção e atinge também o critério ABC.

Está escrito na literatura especializada que o critério ABC, quando operado conjuntamente com um dos sistemas correntes de custeamento, tem maiores possibilidades de trazer grandes benefícios em termos de informações úteis. Nesse sentido, vejam não só o artigo "A estratégia de ataque tríplice" (Koehler, 1994), como, também Usry et al. (1994:378). Apesar de todas essas reflexões, o critério ABC tem suas vantagens, desde que se façam alguns ajustamentos em sua metodologia. Veja a lista de resultados que podem ser alcançados após o emprego do critério ABC: "calcula melhores custos para produtos e outros objetos, apóia os esforços de redução de custos e os esforços para o aperfeiçoamento do processo do negócio, apoia melhores medições de desempenho, desenvolve melhores técnicas para a avaliação de propostas de investimentos em novos ativos fixos, estende os aperfeiçoamentos no custeio de produtos através do custeio por ciclo de vida e do custeio por metas e avalia as realizações e oportunidades da empresa em seu programa de qualidade" (Ernst & Young, 1993:155). Essa listagem foi extraída dessa obra, que é um verdadeiro livro de cabeceira para os adeptos do critério ABC.

EXEMPLOS PRÁTICOS DE APLICAÇÃO DO CRITÉRIO ABC

22. A literatura tanto dos ferrenhos admiradores do critério ABC quanto de adeptos mais moderados e mesmo de estudiosos imparciais, está repleta de exemplos em que se procura mostrar as diferenças nos resultados do custeio, apresentadas pelos sistemas "tradicionais" e pelo critério ABC.

Resolvemos optar por essa mesma metodologia, porque ela vai permitir-nos fazer algumas ilações com o que apresentamos anteriormente, principalmente em relação ao tópico "As desvantagens do critério ABC".

Os problemas práticos, que serão apresentados nesta parte, são baseados em exemplos de livros didáticos americanos e em alguns estudos existentes na literatura nacional. Vamos justificar nossa escolha. Os exemplos existentes em obras escritas por autores brasileiros, que tratam exclusivamente do critério ABC, são muito extensos (Coogan, 1994, e Nakagawa, 1994). Eles não poderiam servir de base para uma obra como esta, que tem sua finalidade estritamente didática e pretende alcançar, também, os leitores ainda leigos no assunto, e que se interessam por ele. As duas obras citadas, a nosso ver, são excelentes e cumprem suas finalidades. O livro do Prof. Padoveze (1994), que trata de um assunto mais amplo, que é a Contabilidade Gerencial, apresenta, em parte de seu Capítulo 10, um estudo resumido do Custeamento Baseado em Atividades.

Há um exemplo simples e didático em que faz a comparação entre os resultados, em uma mesma empresa, com os mesmos dados, da aplicação do ABC e da aplicação de um dos tipos de custeamento corrente, que ele denominou de custeamento por absorção, que utiliza como base de rateio o "total da mão de obra direta consumida pelos produtos (custos diretos de fabricação)" (Padoveze, 1994:239). A comparação é injusta, por isso mesmo muito desfavorável e que diminui as virtudes dos sistemas correntes de custeamento.

O *Boletim IOB*, que vem-se constituindo num ótimo arquivo de trabalhos práticos e informativos sobre assuntos de Contabilidade, apresentou alguns estudos, em 1994 e em 1995, que incluem exemplos muito práticos, sobretudo didáticos, sobre o tema ABC. Queremos ressaltar dois deles: *Boletim Temática Contábil e Balanços* (1994, v. 11:78; 1994, v. 43:369). Vamos analisá-los mais detidamente. A bibliografia sobre o Custeamento Baseado em Atividades ainda inclui alguns artigos inseridos nos dois excelentes periódicos especializados nacionais, a *Revista Brasileira de Contabilidade* e a *Revista de Contabilidade do CRC-RS – que apresentam estudos sobre o ABC, de natureza prática*.

O Prof. De Rocchi, que é um desses articulistas, vem-se dedicando ao estudo do ABC, inclusive fazendo comparações, de cunho didático, entre o ABC e outras técnicas de custeamento e de controle das operações. Em seus mais recentes trabalhos, onde apresenta a aplicação prática do critério ABC em empresas de radiodifusão (De Rocchi, 1995), ele, que sempre foi um dos estudiosos de custos que mais apresentou críticas ao ABC, confessa: "recentemente, fomos colocados diante do problema de planejar e coordenar a implantação de um sistema de apuração e análise de custos para uma empresa de radiodifusão, e tivemos de rever alguns de nossos posicionamentos com relação ao Sistema de Custeamento Baseado em Atividades".

23. Exemplo 1. A Fábrica de Pomada Milagrosa São Romário fabricou dois produtos: Pomada 1 (200 potes) e Pomada 2 (200 potes). A Contabilidade conseguiu (*) determinar o total dos custos e despesas relacionadas à atividade (**) de movimentação de materiais ($ 3.600) e, segundo os procedimentos do ABC, estabeleceu que essa atividade tem uma relação significativa (***) com os movimentos dos materiais (****) (seis movimentos para a Pomada A e 14 movimentos para a Pomada B), enquanto, pelo sistema corrente, que alguns conservadores preferem continuar adotando, os custos e as despesas da atividade em questão têm relação com as horas de mão de obra direta incorridas (*****) (30 minutos para cada pote, não importa o produto). Mais adiante, explicaremos o significado dos asteriscos (*).

Vamos determinar os custos dos produtos, nesse período, segundo o sistema corrente:

a) Taxa de absorção dos custos e despesas de movimentação de materiais por hora de MOD: 30 minutos por pote × 400 potes = 12.000 minutos ou 200 horas totais de MOD. Então, nada mais fácil de se concluir: $ 3.600/200 horas de MOD = $ 18,00/hora de MOD.

b) Cada produto será apropriado em ($ 18,00/hora de MOD × 100 horas de MOD) $ 1.800 de despesas e custos relacionados à movimentação de materiais.

Vamos determinar, agora, quais seriam os custos e despesas da atividade de movimentação de materiais segundo a técnica do ABC.

a) Já sabemos que a quantidade de movimentos de materiais foi selecionada para servir de direcionador dos recursos produtivos consumidos pela atividade em questão.

b) Taxa de aplicação dos movimentos de materiais: $ 3.600/20 movimentos de materiais = $ 180,00/movimento de materiais.

c) Cada produto será apropriado pelos seguintes custos e despesas de movimentação de materiais:

	Pomada A	Pomada B	Total
6 movimentos × $ 180	$ 1.080		
14 movimentos × $ 180		$ 2.520	$ 3.600

Vejamos as diferenças entre os resultados:

	Custos dos produtos	
	Pomada A	Pomada B
Pelo sistema corrente	$ 1.800	$ 1.800
Pelo ABC	1.080	2.520

Como se pode notar, as diferenças são enormes e, na verdade, a adoção de uma das técnicas pode levar a gerência a fazer planejamentos que enganam e a tomar decisões erradas. Qual a técnica mais verdadeira? Em princípio, parece ser o critério ABC, porque tudo nos leva a acreditar que os custos e as despesas relacionados à atividade de movimentação de materiais guardam estreita relação com o movimento de materiais. Estamos quase propensos a aceitar o critério, desde que algumas considerações sejam feitas para melhor esclarecimento.

O problema ilustrativo não foi imaginado por nós. Nós o adaptamos de um dos mais notáveis livros de Contabilidade de Custos que conhecemos (Rayburn, 1993:118). Nessa obra, no mesmo capítulo, encontramos exemplos semelhantes que tratam da apropriação dos custos e das despesas das seguintes atividades: (a) mudanças na engenharia de produtos (cujo direcionador é a quantidade de mudanças por linha de produtos); (b) preparação de máquinas e ferramentas (cujo direcionador é o número de preparações por linha de produtos); (c) recebimento de materiais (cujo direcionador é a quantidade de pedidos de compras recebidos); (d) preparação de ordens de produção (cujo direcionador é o número de ordens); (e) inspeção de produção (cujo direcionador é a quantidade de inspeções por linha de produtos).

O significado dos asteriscos: (*) É preciso ter muito cuidado no trabalho contábil de identificação dos custos e despesas em relação às atividades. Como em todo trabalho dessa natureza, poderemos encontrar alguns itens de custos e despesas que são diretamente relacionados à atividade em estudo e muito itens que são comuns a muitas atividades e precisam ser apropriados por meio de critérios subjetivos ou presumidamente científicos, estes resultantes de uma pesquisa estatística dispendiosa, demorada e complexa.

Sabemos que, quanto mais se dividem as operações (no caso, em atividades), um maior número de itens de custos passa a ser comum a essas várias subdivisões.

(**) O que são atividades? Como identificá-las ou estabelecê-las? "Para as finalidades do sistema ABC, define-se atividade como sendo uma conjugação coordenada de recursos (mão de obra, materiais, tecnologia e ambiente) que visa a produção de um determinado bem ou serviço" (*Boletim IOB*, 1995, v. 1:7). E mais adiante, o mesmo estudo afirma "(...) são indispensáveis muito discernimento, bom senso, muita capacidade de observação e, sobretudo, conhecimento profundo das operações da empresa, para que se consiga identificar adequadamente as suas atividades significativas".

Em outro estudo, apresentado pelo mesmo Boletim (*Boletim IOB*, 1995, v. 17:157) encontramos: "Esse processo de seleção (de atividades) foi mencionado por um número significativo das empresas pesquisadas como 'dificuldade relevante'."

(***) Há muita subjetividade na escolha dos direcionadores de custos. "É preciso que se proceda a estudos mais rigorosos para se conhecer a verdadeira relação entre um direcionador e a atividade que ele pretende influenciar." Teoricamente, a base de aplicação é o direcionador – uma atividade (ou atividades) que determina a ocorrência dos custos indiretos de fabricação. Em outras palavras, deve haver uma forte relação de causa e efeito entre os custos indiretos de fabricação e a base escolhida para a sua aplicação. A escolha da base adequada exige o conhecimento das relações entre os custos indiretos e os vários direcionadores de custos... O emprego de uma técnica objetiva, a análise de regressão, em lugar da experiência ou da observação das atividades pode ser útil para determinar a relação entre os custos e os direcionadores (Novin, 1992:40). Neste livro, no Capítulo 5, estamos apresentando esse instrumento estatístico de extrema importância para análise de custos. Em nosso livro anterior, cuja edição original é de 1982, dedicamos o Capítulo 4 para o estudo do comportamento dos custos e das despesas com a aplicação da análise de regressão (Leone, 1992).

(****) No exemplo, a atividade de movimentação de materiais é medida pelo número de movimentos. A Pomada A precisou, no período, de seis movimentos, enquanto que a Pomada B precisou de 14 movimentos. É necessário que os movimentos sejam bastante homogêneos, quanto à utilização dos recursos que foram alocados à atividade. Alguém pode perguntar: "Será que os seis movimentos relacionados à produção da Pomada A não necessitaram de mais recursos do que os 14 movimentos relacionados à produção da Pomada B?"

(*****) Fica difícil entender por que os exemplos de aplicação do critério ABC utilizam sempre comparações injustas com os critérios dos sistemas correntes de custeamento. Imaginamos como seria a General Motors fazendo publicidade das vantagens de sua linha de veículos, pela comparação das virtudes do Omega com as virtudes do Fusquinha. Não há comparação. Cada um dos veículos é fabricado para atender determinadas necessidades dos clientes. Do mesmo modo, qualquer base relacionada com a mão de obra não poderia ser usada como elemento comparativo num estudo em que se faz a confrontação de duas técnicas de custeamento, quando a atividade significativa escolhida é a movimentação de materiais. É difícil, por isso mesmo a comparação é injusta, acreditarmos que possa existir alguma relação entre as horas de mão de obra direta com o consumo dos recursos fabris pela atividade de movimentação de materiais.

Quando os contadores de custos empregam, como base de rateio, a quantidade de horas de mão de obra direta, eles estão objetivando apropriar o total das despesas e dos custos indiretos de departamentos, de setores e de centros de responsabilidade aos produtos produzidos para a finalidade de determinação dos custos que serão utilizados notadamente para a avaliação dos estoques.

Quando as finalidades são outras, os contadores procuram identificar entre as despesas e os custos indiretos quais são os itens mais relevantes e, então, realizam a apropriação pela utilização de bases de rateio específicas apropriadas. Quando a empresa dispõe de recursos e necessita de informações mais apuradas, é feito um trabalho estatístico de análise de correlação muito rigoroso para o controle e a contabilização desses itens relevantes. Como se nota, cada sistema trabalha em sua órbita específica, produzindo informações gerenciais sob medida. O critério ABC tem seu inestimável valor, dentro de sua esfera de atuação. Não é necessário que se façam comparações inadequadas para que as pessoas avaliem suas grandes qualidades.

24. Exemplo 2. Vamos referir-nos ao exemplo apresentado pelo *Boletim IOB – Temática Contábil e Balanços* (1994, v. 11:78). O autor (ou autores) imagina uma situação bem simples. Até porque a finalidade é didática. É uma seção de expedição de produtos acabados, cujos "gastos" de determinado período devem ser atribuídos aos custos dos produtos expedidos nesse mesmo período.

O exemplo informa que o sistema corrente de custeamento usaria, "de forma simplista", a quantidade de produtos expedidos de cada tipo de produto como base de rateio e que o critério ABC apresentaria custos mais corretos porque usaria o número de expedições, uma vez que é a quantidade de expedições que gera os custos da atividade.

Devemos respeitar o exemplo porque ele é muito simples. Porém, ao mesmo tempo, é um bom exemplo que serve para destacar o que é o critério ABC. A seção de expedição é um componente muito comum na área comercial. As despesas e os custos que são diretamente identificados com a seção, a Contabilidade já os debita à seção pelos procedimentos técnicos que todos conhecemos. Entretanto, a seção é, ainda, debitada por itens de despesas e custos comuns, através de bases de rateio (no caso, seriam os direcionadores de recursos) e, também, por despesas e custos de outros centros de apoio de auxílio e de serviço.

O exemplo, por sua simplicidade, considera a seção como a própria atividade. Portanto, o exemplo se encaixa perfeitamente como um problema corriqueiro de atribuição dos custos e despesas de um centro de responsabilidade (a seção de expedição) para os produtos que fazem uso dos recursos desse centro.

O fulcro do problema transfere-se, simplesmente, para a escolha de uma base de rateio que melhor explique o uso que cada produto faz dos recursos da seção. É um problema semelhante a qualquer problema que apresentamos no capítulo que trata da apropriação de despesas e custos indiretos.

Essa preocupação também faz parte das preocupações do critério ABC. Qual o "melhor" direcionador de recursos? O exemplo aponta que é "melhor" usar o número de expedições. Podemos perguntar: Será? E mais: Será que cada expedição é igual à anterior? Será que uma expedição que carrega mais unidades de produtos não é diferente de outra que carrega bem menor quantidade de produtos, em termos de uso dos recursos da seção? Não seria melhor procurar outro direcionador de recursos? Como? Qual? Esse é um problema que aflige tanto o contador que usa o critério ABC quanto o que usa qualquer um dos critérios ligados aos sistemas correntes de custeamento.

25. Exemplo 3. O *Boletim IOB – Temática Contábil e Balanços* (1994, v. 43:367), apresenta um exemplo mais elaborado.

É o caso de uma empresa que fabrica quatro produtos dotados de grande diversidade: os produtos A 1, A 2, A 3 e A 4. Os dois primeiros são de tamanho reduzido e os dois últimos apresentam dimensões avantajadas. Por outro lado, os produtos A 1 e A 3 apresentam um baixo volume de produção, enquanto os produtos A 2 e A 4 são produzidos em grande quantidade. O exemplo é numérico e apresenta os dados de custos dos quatro produtos, calculados pela filosofia de absorção e pela aplicação das horas de mão de obra direta de cada produto para a apropriação das despesas e custos indiretos; metodologia "típica", segundo os adeptos do ABC, dos modelos "tradicionais" de custeio. Em seguida, o exemplo mostra que o critério ABC divide as operações em "atividades". Não menciona quais são essas "atividades", apresentando, de uma vez, os volumes de seus direcionadores de recursos: número de *set-ups* de máquinas (por que usar a palavra estrangeira?), número de ordens de fabricação, número de manipulações realizadas para o produto e número de partes e componentes do produto. A Contabilidade deve ter arranjado um meio de fazer o custeio das atividades. Não sabemos quais foram as técnicas utilizadas.

Os exemplos deveriam mostrar como se chega a esses custos. De posse desses dados, a Contabilidade de Custos faz a apropriação das despesas e dos custos indiretos aos produtos. Segundo o autor (ou autores) do estudo, a Contabilidade aplica a filosofia básica do ABC: as despesas e os custos são inicialmente aplicados (direta ou indiretamente) às atividades e em seguida os custos dos produtos são determinados pela apropriação das despesas e dos custos das atividades aos quatro diferentes produtos por meio de direcionadores de atividades. O estudo do *Boletim IOB* reconhece: "O passo seguinte é de grande importância e complexidade. *De alguma forma* (o grifo é nosso), temos de distribuir o montante dos $ CIF (Custos Indiretos de Fabricação) de acordo com as atividades e as medidas de *volume* (o grifo, de novo, é nosso).

Após essa distribuição, faz-se o exercício de comparação. A comparação é muito desfavorável para os sistemas "tradicionais" de custeio, porque, de novo, são comparados sistemas não comparáveis. É claro que os custos resultantes serão muito diferentes. A conclusão é esperada: "Vocês viram como os sistemas atuais de custeamento distorcem os custos gravemente?"

Os fundamentos do ABC são lógicos. Os resultados obtidos bastam. É outra técnica de apropriação de custos e despesas com finalidades específicas. Veja o artigo "In defense of activity-based cost management", de Robert S. Kaplan (1992:58), em que este professor de Harvard responde a outro artigo de seu colega e coautor do livro, que está na origem desse movimento em torno das mudanças na Contabilidade de Custos (Kaplan e Johnson, 1987), o professor H. Thomas Johnson, intitulado "It's time to stop overselling activity-based concepts". Entretanto, a nosso ver, não há nenhuma revolução. Vejam, nesse sentido, o excelente trabalho do Prof. Dr. Olivio Koliver (1994), citado na bibliografia, em que o competente mestre faz uma análise, com grande dose de bom-senso e moderação, das inovações introduzidas pelo ABC e por outros métodos de divulgação recente. Consulte, ainda, o artigo do Prof. William L. Ferrara, intitulado "The new cost management accounting: more questions than answers" (1990:48).

26. Exemplo 4. Imaginemos a Cia. Industrial Puro Som. A empresa é simples: (a) fabrica apenas dois aparelhos de som – Stereovox e Finevox; (b) possui, em sua área fabril, apenas três departamentos – Fabricação, Montagem e Acabamento. De acordo com o organograma da empresa, cada um desses três departamentos tem um gerente responsável, portanto são considerados centros de responsabilidade. Em outras palavras, as despesas e custos incorridos em cada um deles devem ser controlados pelos gerentes respectivos. A Contabilidade de Custos mantém um sistema que consegue identificar, por departamento, todos os custos e despesas da área fabril. Não é uma tarefa difícil: basta organização e disciplina. Num certo mês – maio, por exemplo – a Contabilidade debitou os seguintes totais de custos e despesas gerais para os departamentos:

	Departamento de Fabricação	Departamento de Montagem	Departamento de Acabamento
Custos e despesas gerais	$ 2.700.000	$ 1.800.000	$ 4.500.000

É claro que esses totais correspondem a um somatório de itens de despesas e custos diferentes, como salários, encargos, aluguéis, depreciações, materiais, ferramentas, vestuário, alimentação, serviço médico, energia, lubrificantes, seguros e outros dessa natureza. A contabilidade da empresa tem o registro detalhado de cada um desses itens por departamento. Para as finalidades deste exemplo, não foi preciso conseguir na Contabilidade da Industrial Puro Som esses detalhes. Se for necessário, a Contabilidade já os tem. (c) A Contabilidade de Custos, entretanto, coleta e organiza outros dados, denominados de atributos dos produtos, cujos volumes, no período, são muito importantes para a determinação dos custos dos produtos, para controle das operações e para a análise do desempenho da área fabril. São os seguintes:

	Stereovox	Finevox	Total
Unidades produzidas	5.000	300	
Horas de mão de obra direta por unidade	3	12	
Total de horas de mão de obra direta	15.000 h	3.600 h	18.600 h

(d) A Contabilidade de Custos ainda avalia os custos dos materiais consumidos por produto (de maneira direta, através das requisições, ou, quando não dispuser de recursos burocráticos suficientes, de maneira indireta, através do levantamento dos estoques de materiais, no início e no final do período, e dos dados de compras do mês). Se a Contabilidade de Custos trabalhar com o Sistema de Custos-Padrão, poderá controlar melhor as operações, porque vai dispor de outros dados para fazer a análise das variações que normalmente ocorrem nos processos de produção. (Esse sistema é objeto do próximo capítulo.) Além dos materiais aplicados aos produtos, a Contabilidade de Custos conhece, através da integração entre ela, a Contabilidade Geral e a área administrativa de Recursos Humanos, os valores da mão de obra direta aplicada.

Esses dados foram os seguintes:

	Stereovox	Finevox	Total
Materiais diretos consumidos	$ 1.500.000	$ 120.000	$ 1.720.000
Mão de obra direta debitada	300.000	72.000	372.000

Com base nos dados coletados, registrados e calculados, a Contabilidade de Custos fará a determinação dos custos dos produtos, utilizando como taxa de absorção dos custos e despesas gerais o total das horas de mão de obra.

274 Curso de Contabilidade de Custos • Leone e Leone

O problema não apresenta as horas de mão de obra por departamento fabril e separadas por produto. Assim, não podemos apropriar os custos e as despesas aos produtos em cada departamento, o que seria bem mais correto. Entretanto, é apenas uma questão de simplificação do problema. A Contabilidade de Custos da empresa certamente tem esses dados e calcula os custos dos produtos com base neles. O que temos de fazer é usar uma única taxa de aplicação (de absorção) para a empresa.

Taxa de absorção única: Total dos custos e despesas gerais: $ 9.000.000/ Total de horas de mão de obra direta: 18.600 horas = 483,87/hora de mão de obra direta.

Essa taxa indica que, para cada hora de mão de obra direta aplicada, os produtos estão consumindo $ 483,87 de todos os recursos de fabricação, exceto os materiais diretos e mão de obra direta. O leitor que quiser aprofundar-se um pouco mais nesse modelo de aplicação de custos e despesas gerais (ou indiretas, muitas vezes) pode consultar o capítulo deste livro que trata das Despesas Indiretas de Fabricação. Além disso, qualquer livro disponível de Contabilidade de Custos (atualmente, no Brasil, em quantidade razoável e de boa qualidade) apresenta a conceituação, a análise, a apropriação e a contabilização dos custos e despesas gerais. (Consulte a bibliografia.)

Demonstração dos custos dos produtos no mês de maio:

	Stereovox	Finevox	Total	%
Materiais diretos consumidos	$ 1.500.000	$ 120.000	$ 1.620.000	14,74%
Mão de obra debitada	300.000	72.000	372.000	3,38
Despesas e custos gerais aplicados	(1) $ 7.258.068	$ 1.741.932	$ 9.000.000	81,88
Totais	$ 9.058.068	$ 1.933.932	$ 10.992.000	100.00%

(1) $ 483,87/hora de MOD × 15.000 h = $ 7.258.068
(2) $ 483,87/hora de MOD × 3.600 h = $ 1.741.932

Os custos unitários totais dos dois produtos seriam, então, os seguintes:

Stereovox – $ 9.058.068/5.000 unidades = 1811,61/unidade

Finevox – $ 1.933.932/300 unidades = $ 6.446,44/unidade

O contador de custos analisou a situação e verificou que a mão de obra está representando apenas 3,38% do custo total de produção, em decorrência dos recentes investimentos que a empresa fez na produção e em seus controles, tornando o processo bastante automatizado e empregando a computação eletrônica em toda a fábrica para o controle de toda a operação. Com isso, aumentou consideravelmente a participação dos custos e despesas gerais no total do custo de produção (81,88%).

O contador de custos já tinha estudado bastante os recentes desenvolvimentos do critério ABC e achou conveniente (em conjunto com a administração superior) começar a implantá-lo.

Foi necessário identificar as primeiras atividades. Resolveram começar pelas duas seguintes: (1) preparação de máquinas e ferramentas e (2) preparação de ordens de produção.

A Contabilidade de Custos já tinha disponíveis as seguintes estatísticas:

	Stereovox	Finevox	Total
Quantidade de preparações de máquinas e ferramentas no mês de maio	40	80	120
Quantidade de ordens de produção	10	50	60

Os arquivos de dados e a sistemática já desenvolvida na contabilidade da empresa facilitaram a organização dos dados de custos para sua identificação com as duas atividades.

A matriz de custos e despesas foi preparada:

	Departamentos			
Despesas e custos gerais	Fabricação	Montagem	Acabamento	Total
Preparação de máquinas e ferramentas	$ 900.000	$ 600.000	$ 2.000.000	$ 3.500.000
Preparação de ordens de produção	500.000	300.000	1.200.000	2.000.000
Outras atividades ainda não estabelecidas	1.300.000	900.000	1.300.000	3.500.000
Total dos custos e despesas	$ 2.700.000	$ 1.800.000	$ 4.500.000	$ 9.000.000

Uma vez que restaram $ 3.500.000 de custos e despesas gerais que devem pertencer a outras atividades, que ainda não foram definidas, analisadas e estabelecidas, esse total deverá continuar sendo apropriado aos produtos com base na taxa única de absorção fundamentada no total das horas de mão de obra direta. Entretanto, o contador de custos espera que sejam concluídas essas análises o mais breve possível.

As novas taxas de aplicação das despesas e custos gerais separadas por atividade podem ser determinadas:

Custos e despesas gerais da atividade preparação de máquinas = $ 3.500.000
Quantidade total de preparações de máquinas e ferramentas = 120 preparações
Taxa de aplicação = $ 3.500.000/120 prestações = 29.166,67/preparação

Custos e despesas gerais da atividade Preparação de Ordens = $ 2.000.000
Quantidade total de Ordens de Produção = 60 ordens
Taxa de aplicação = $ 2.000.000/60 ordens = $ 33.333.33/ordem

Demonstração dos custos dos produtos após a implantação parcial do critério ABC.

	Stereovox	Finevox	Total
Materiais diretos consumidos	$ 1.500.000	$ 120.000	$ 1.620.000
Mão de obra debitada	300.000	72.000	372.000
Despesas gerais da atividade de preparação de máquinas e ferramentas	(1) 1.166.667	2.333.333	3.500.000
Despesas gerais da atividade de preparação de ordens de produção	(2) 33.333	1.666.667	2.000.000
Despesas gerais de outras atividades não definidas ainda	(3) 2.822.588	677.412	3.500.000
Total	$ 6.122.588	$ 4.869.412	$ 10.992.000

(1) 40 preparações × $ 29.166,67/preparação = $ 1.166.667
    80 preparações × $ 29.166,67/preparação = $ 2.333.333

(2) 10 preparações × 33.333,33/preparação = $ 33.333.
    50 preparações × 33.333,33/preparação = $ 1.666.667

(3) $ 3.500.000/18.600 horas de MOD = $ 188,17/hora de MOD
    $ 188,17/hora de MOD × 15.000 horas de MOD = $ 2.822.588
    $ 188,17/hora de MOD × 3.600 horas de MOD = $ 677.412

Resta calcular os custos unitários dos produtos com base no critério ABC.

Stereovox $ 6.122.588/5.000 unidades = $ 1.224,72/unidade

Finevox $ 4.869.412/300 unidades = $ 16.231,37/unidade

Vamos comparar os dois resultados:

	Custos unitários dos produtos Stereovox e Finevox	
	Pelo sistema das horas de MOD	Pelo critério ABC
Stereovox	$ 1.811,61	$ 1.224,72
Finevox	$ 6.446,44	$ 16.231,37

Comentários:

1. É óbvio que os custos unitários têm que ser diferentes.

2. Pelo critério das horas de MOD, o produto Stereovox ficou mais caro, porque consome quase cinco vezes mais horas de mão de obra do que o Finevox, embora, por unidade, este último gasta quatro vezes mais do que o Stereovox. A quantidade produzida de Stereovox é dezessete vezes maior do que a de Finevox. Os custos poderiam ser mais afinados se tivéssemos disponíveis as horas totais de cada produto em cada um

dos departamentos. E, ainda, se realizássemos uma análise das despesas e custos gerais para verificar quais os itens mais relevantes e tratar estes itens por meio de outras bases, mais adequadas.

3. Pelo critério ABC, acontece o inverso. O produto Finevox utiliza mais os recursos das atividades, enquanto o Stereovox utiliza menos. Quanto aos recursos da atividade de preparação de máquinas e ferramentas, há 80 preparações para o Finevox e apenas a metade para o Stereovox. Em relação aos recursos da atividade de preparação de ordens de produção, o produto Finevox utiliza cinco vezes mais do que o produto Stereovox.

4. Ainda restou substancial parte dos custos e despesas gerais para ser analisada de acordo com a metodologia do critério ABC. Essas diferenças nos custos unitários, portanto, poderão ser modificadas.

5. As duas atividades absorvem substancial parcela das despesas e custos gerais ($ 5.500.000). Mais da metade do total dos custos e despesas gerais. E esse total é utilizado pelas duas atividades no departamento de acabamento. Tal fato acende uma "luz vermelha". O contador de custos deverá analisar detidamente a forma pela qual os recursos estão sendo usados e controlados, principalmente no Departamento de Acabamento.

6. Tanto o sistema corrente de custeamento quanto o critério ABC apresentam falhas. Essas falhas são decorrentes da filosofia de absorção adotada pelas duas modalidades de cálculo de custos. No critério ABC, é difícil definir as atividades. Será que os direcionadores de recursos (quantidade de preparações e de ordens de produção) refletem com a exatidão desejada o uso dos recursos apropriados a cada uma das atividades?

27. O critério ABC demonstra muitas qualidades. Apesar de os exemplos enfatizarem a comparação dos resultados obtidos pelo ABC com os resultados obtidos pelos outros sistemas correntes de custeamento, para mostrar as distorções causadas nos custos pelos sistemas atuais, o critério ABC não ressurgiu para alijar os sistemas em uso de suas atuais posições.

As qualidades do critério ABC somam-se às qualidades dos outros sistemas e técnicas de custeio, porque objetivam finalidades diferentes. Antes de tudo, é preciso, porém, que o critério ABC seja testado, seja utilizado e seus resultados sejam analisados para que, nesse processo gradativo, mas seguro, sejam ajustadas as imperfeições que vêm sendo anotadas nos vários estudos divulgados. Já sentimos as potencialidades do critério. Esperamos que ele venha a ajudar os contadores de custos a produzir, em maior quantidade, informações gerenciais cada vez melhores.

8

Custos-padrão

OBJETIVOS DO CAPÍTULO

O capítulo tem por finalidade apresentar o Sistema de Custeamento de Custo-Padrão. Em primeiro lugar, esclarece o conceito de padrões e para que servem. Mostra alguns aspectos do sistema, enfatizando suas vantagens, a diferença entre custos-padrão e custos estimados e a capacidade prática que é a base de determinação dos custos e dos indicadores de controle. Procura familiarizar o leitor com o trabalho estatístico de controle do desempenho, através de mapas em que há espaço de tolerância. Apresenta algumas observações quanto aos cuidados que se deve ter quando se aplica o sistema em situações de queda do poder aquisitivo da moeda. Indica como os padrões são estabelecidos, de quem é a responsabilidade pela fixação dos padrões, analisa as variações entre os custos reais e os custos-padrão, isolando as variações de material, de mão de obra e das despesas indiretas de fabricação, aponta as causas dessas variações e seus responsáveis primários e secundários.

Quanto ao registro contábil das variações de preço de material, o melhor momento para fazê-lo é o momento de aquisição, enquanto para as variações de quantidade, o melhor momento será quando as requisições de materiais forem feitas. Mostra as similitudes de tratamento para as despesas indiretas de fabricação quando se usa o critério do custo por absorção e o custo-padrão. Através de um exemplo ilustrativo compreensível, o capítulo mostra toda a sistemática do emprego do sistema.

Alguns autores desmembram a variação de quantidade em duas variações para melhor controle do desempenho das operações: a variação devida à combinação dos materiais que entram na composição dos produtos e a variação que ocorre por causa de perdas (evaporação, vazamentos, quebras, sobras e aparas) normais. Há um exemplo bem simples, mostrando como se calculam essas duas variações.

DEFINIÇÕES E CONCEITOS

1. Apresentamos duas definições diferentes de custo-padrão. São duas definições emitidas por três especialistas em Contabilidade. Poderíamos adicionar uma série de definições, apresentadas por outros estudiosos, entretanto, todas elas muito se assemelham às duas mostradas aqui. As duas definições vão permitir que façamos uma análise mais minudente dos conceitos emitidos para termos uma ideia mais exata deste tipo de custeamento de aplicação generalizada. Ambas as definições constam de dois dicionários.

2. A primeira aparece no *Dicionário de contabilidade* de A. Lopes de Sá e de Ana M. Lopes de Sá (1989). "Custo determinado *a priori*, ou seja, predeterminado, e que se fundamenta em princípios científicos e observa cada componente de custos (matérias, mão de obra e gastos gerais de fabricação) dentro de suas medidas de verdadeira participação no processo de produção, representando o quanto deve custar cada unidade em bases racionais de fabricação. Alguns autores consideram-no como o verdadeiro custo de produção, ou seja, o que se deve realizar em bases racionais. Os custos-padrão são, depois de efetuados os gastos, comparados com os históricos, a fim de observar as discrepâncias; tais verificações podem ser feitas para atender a múltiplas finalidades, quais sejam as de controle de produção, de estudo de investimentos, de estudo do grau de ocupação etc."

3. A segunda definição está no dicionário do Prof. Eric Kohler (1975). "É uma previsão ou predeterminação do que os custos reais devem ser dentro de condições projetadas, servindo como uma base para o controle de custos e como uma medida da eficiência de produção (padrão de comparação), quando colocada diante desses custos reais. Ele fornece uma oportunidade para que os resultados correntes sejam analisados e as responsabilidades pelos desvios possam ser apontadas." A definição do Prof. Kohler é extensa. Ele se alonga em diversos aspectos do sistema. Certamente iremos valer-nos dessas longas e oportunas considerações apresentadas pelo professor americano em seu dicionário. Por enquanto, em nível introdutório, basta que fiquemos com as noções apresentadas.

4. Examinemos, com mais vagar, a primeira definição.

a) O custo-padrão é determinado *a priori*. A Contabilidade de Custos, em conjunto com as demais funções, principalmente as funções da área industrial, levanta os custos que devem acontecer em determinado período, com base em ações planejadas.

b) É baseado em princípios científicos. Quando se afirma que os custos-padrão são calculados *a priori* e em bases científicas, o que se deseja é diferenciar, em primeiro lugar, os custos-padrão dos custos estimados, dos custos previstos, dos custos orçados e de outros dessa natureza. Porque estes últimos custos são calculados, geralmente, na base de experiências passadas. Embora a expressão *experiência passada* possa parecer um grande despautério, na verdade ela tem coerência, conforme veremos mais adiante. Ao contrário, os custos-padrão, além de utilizarem a experiência passada, utilizam experiências simuladas, que são realizadas dentro de condições normais de fabricação, registradas e controladas por medições de natureza operacional e relacionadas à estatística. Tanto os dados físicos (que são construídos pelo pessoal das operações fabris e de engenharia de produção) quanto os dados monetários (produzidos pela Contabilidade, pelos setores de recursos humanos, pela atividade de compras e por vários segmentos da área administrativa) são determinados em bases racionais.

c) Ele observa cada fator de produção – materiais, mão de obra e gastos gerais de fabricação. As ações de simulação e de previsão mencionadas no item (b) voltam-se para cada um desses recursos fabris. Os custos-padrão podem ser empregados para o controle somente do consumo de materiais. Em muitas empresas, o processo fabril é de tal modo padronizado, em termos de tratamento dos materiais, que fica mais fácil o emprego do sistema de custos-padrão para o controle do consumo desse fator de produção, cujos quantitativos já são do conhecimento da área operacional. Nesse caso, fica faltando apenas acrescentar-lhes os preços-padrão.

d) Dentro de suas medidas de verdadeira participação no processo de produção. Os quantitativos de materiais e de mão de obra (quando este fator for ainda predominante na produção) e de outros recursos de fabricação (máquinas e ferramentas, por exemplo) que concorrem para a produção deverão ser calculados, para cada unidade de produto acabado ou por lote de produção, através de desenhos e de listas de materiais, de fluxogramas, de rotinas e procedimentos de fabricação e de produção simulada ou experimental.

e) Em bases racionais de produção. Como bases racionais devemos entender a produção que leva em consideração as perdas e as sobras normais de materiais, a ineficiência ou ganho de produtividade que ocorrem na mão de obra, por vários motivos, e a não utilização da capacidade total de produção. É fato que toda a produção não alcança seu nível ideal. As fábricas trabalham sempre com imperfeições, consideradas normais, cuja total eliminação provavelmente seria muito dispendiosa.

f) O custo-padrão é o verdadeiro custo de produção. O custo-padrão, uma vez calculado através de métodos rigorosos, é o custo que **deverá ser.** Nosso primeiro livro de Custos (Leone, 1995), em 1971, data da sua primeira edição, citava a ideia do Prof. Francisco Cholvis de que os custos-padrão eram os custos verdadeiros, porque todas as empresas que empregavam o sistema se esforçavam para atingi-los.

Custos-padrão **281**

g) São comparados com os custos históricos. Que são custos históricos? Vamos explicá-los de maneira especial. Um dos fundamentos da Contabilidade é a procura da objetividade. A objetividade é alcançada, entre outras ações, pelo registro das transações e das operações pelo valor original (chamado, também, de custo original). "Ao adotar a ideia de que a avaliação deve ser realizada com fundamento no valor de entrada, o princípio consagra o uso dos valores monetários decorrentes do consenso entre os agentes econômicos externos e a entidade – contabilmente, outras Entidades – ou da imposição destes" (Conselho Federal de Contabilidade, 1995). O custo histórico é o valor de entrada, é o valor original, que deve ser empregado para o registro das transações, e como consequência, das operações internas. Se é um valor de consenso, então não existe a subjetividade que poderia poluir o estabelecimento da informação contábil que deve ser, entre outras qualidades, totalmente confiável. Os custos históricos, portanto, são os custos registrados. São aqueles que constam dos registros contábeis, que se referem aos valores objetivos, reais, dos elementos patrimoniais. São aqueles que realmente refletem o que aconteceu. Os custos-padrão devem ser comparados com esses custos históricos.

h) A fim de observar as discrepâncias. Discrepâncias são os desvios resultantes da comparação entre os custos-padrão e os custos históricos de um item, de uma atividade, de um objetivo do custeio. Esses desvios devem ser "observados". Observar os desvios significa exercer o controle. O significado de "controle", para a Contabilidade, neste contexto que estamos estudando, é muito amplo. As causas dos desvios são investigadas e as medidas corretivas devem ser acionadas e, em seguida, acompanhadas até que seus efeitos sejam plenamente alcançados.

i) Atender a múltiplas finalidades. As informações da Contabilidade de Custos devem atender a várias necessidades gerenciais, desde a determinacão da rentabilidade até a tomada de decisões. Segundo o *Dicionário de Contabilidade*, entre outras finalidades, temos o controle da produção, o estudo de investimentos e o estudo do grau de ocupação.

5. Examinemos, agora, a segunda definição.

A definição do Prof. Kohler é apresentada de outro modo, mas diz, no entanto, o mesmo que a definição dos estudiosos brasileiros. Dá a entender que as previsões determinam o que os custos reais devem ser. Isto é, os custos reais devem ser os padrões, dentro de condições projetadas. Se as condições forem semelhantes às projetadas, os custos reais serão os custos-padrão. Quaisquer divergências são anomalias e devem ser analisadas, se relevantes forem. As responsabilidades pelas discrepâncias devem ser definidas.

6. Quando se diz que a Contabilidade de Custos emprega os custos históricos, estamos referindo-nos aos custos (e às despesas) que podemos identificar com facilidade com os objetos do custeio, no caso presente, os produtos. Esses custos serão os materiais diretos, a mão de obra direta e outros custos decorrentes do uso de outros recursos, cujos consumos podem ser, sem dúvida, identificados com os que os usaram.

Os outros recursos consumidos geram custos que não são identificados diretamente aos objetos do custeio, no caso, os produtos. São custos indiretos de fabricação. É necessário que a Contabilidade de Custos empregue alguns artifícios para fazer essa identificação e, finalmente, esse débito. Os custos indiretos de fabricação são carregados aos custos dos produtos por meio de taxas predeterminadas. O Capítulo 4 deste livro que estuda o terceiro elemento dos custos de produção – as despesas indiretas de fabricação – apresenta, em profundidade, a natureza e o emprego da taxa predeterminada, também chamada de taxa de normalização, de aplicação e de absorção. Por meio dessa taxa, os custos indiretos, que são debitados aos custos dos produtos, são custos estimados.

Lembremo-nos do que foi apresentado naquele capítulo. Os itens de despesas indiretas são estimados, ao mesmo tempo que as operações fazem a previsão de suas atividades, em termos de unidades a serem produzidas, horas de mão de obra a serem gastas, horas de máquina a serem usadas e quantidades de material a serem requisitadas. A taxa predeterminada será calculada pela seguinte fração: despesas indiretas estimadas/programação de produção = taxa de absorção. À medida que a fábrica vai produzindo os produtos, a Contabilidade de Custos vai aplicando aos custos desses produtos um valor estimado de DIF (também chamado valor aplicado de DIF). Portanto, nesse caso específico, na verdade, os custos debitados aos produtos não são "históricos" ou "reais". São, simplesmente, custos "estimados" ou "aplicados".

O gráfico da Figura 8.1 mostra como as Despesas Gerais de Fabricação indiretas integram os diversos sistemas de custeamento que têm em comum o cri-tério do custo por absorção. As Despesas Gerais de Fabricação podem ser diretas ou indiretas, dependendo se podem ser ou não facilmente identificadas aos custos dos objetos que estão sendo estudados. No caso em questão, o objeto do custeio são os produtos. As Despesas Gerais de Fabricação indiretas são apropriadas aos custos dos produtos, em qualquer um dos sistemas de custeamento, por meio de taxas predeterminadas. Essas taxas predeterminadas são conhecidas como taxas normais, porque têm a faculdade de normalizar o montante dos custos indiretos.

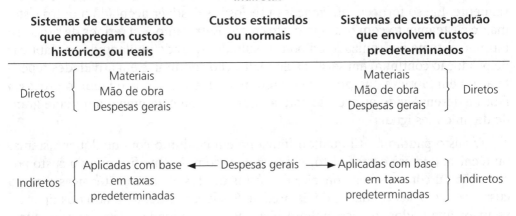

Figura 8.1 *Papel das despesas indiretas de fabricação.*

7. O estabelecimento de padrões (para os custos diretos) e a estimação dos custos normais (para os custos indiretos) fornecem à gerência valores previstos que atendem à função de planejamento e, ao mesmo tempo, quando comparados com os valores reais ou históricos, atendem à função de controle.

8. A seguinte colocação é taxativa: "A mais eficaz forma de se controlar custo é a partir da institucionalização do custo-padrão, que tanto pode ser usado com o absorção como com o variável (Direto)" (Martins, 1990:267). O critério do custeio variável, ou direto, é apreciado neste livro no Capítulo 9.

9. O objetivo principal dos custos-padrão é estabelecer uma medida planejada que será usada para compará-los com os custos reais ou históricos (aqueles que aconteceram e foram registrados pela Contabilidade) com a finalidade de revelar desvios que serão analisados e corrigidos, mantendo, assim, o desempenho operacional dentro dos rumos previamente estabelecidos. O funcionamento do sistema de custos-padrão é análogo a muitos outros sistemas ou métodos praticados no dia a dia e muito conhecidos. Por exemplo, podemos fazer uma comparação dos custos-padrão com a atividade de navegação de um cargueiro. Ao sair do porto, o comandante traça o rumo e as diversas etapas da viagem. Periodica-mente, o oficial encarregado da navegação determina o ponto onde se encontra o navio. Se houver desvio, e sempre há, o rumo é corrigido para que o navio volte, em pouco tempo, ao rumo inicialmente estabelecido, e se as etapas não estão sendo alcançadas, por causa de correntes e ventos contrários, o comando manda imprimir maior velocidade para que o barco passe a atingir as etapas nos momentos planejados.

ALGUNS ASPECTOS DOS CUSTOS-PADRÃO

10. O sistema de custos-padrão não tem utilidade se for implantado solitariamente. Ele só fornece informações preciosas se estiver acoplado a outro sistema de custeamento com base em custos reais. Entretanto, em termos de processo fabril, o sistema padronizado dá bons resultados quando implantado em fábricas de produção contínua, em serviços de realização contínua e em atividades repetitivas ou em fábricas que produzem produtos sob encomenda quando o processo fabril é desenvolvido através de bateladas, cada uma com uma quantidade grande de unidades iguais.

O custo-padrão é útil quando funciona em conjunto com qualquer sistema, ou técnica, que usa custos históricos: sistemas com base na filosofia do custo por absorção ou com base no conceito de custos diretos e variáveis técnicas como o custeamento pelas Unidades de Esforço de Produção e, dependendo dos tipos de recursos analisados, o custeamento baseado em atividades. Este capítulo apresenta problemas práticos, exemplificando o emprego do custo padrão/custo por absorção e do emprego do custo-padrão/custo direto. Desse modo, o sistema de custos padronizados não substitui nenhum outro sistema de custeamento.

11. Quando a fábrica produz sob encomenda, quando os produtos são diferenciados, em pouca quantidade, quando são bastante individualizados, com início e fim determinados, a empresa adota o sistema de acumulação de custos por ordens de produção. É muito comum que, nesses casos, a Contabilidade de Custos, em conjunto com as demais funções (fabris, comerciais e administrativas), elabore orçamentos baseados em custos estimados. Esses orçamentos têm como primeira finalidade servir de apoio às negociações dos preços de venda. E como finalidade conjunta, também importante, o auxílio às funções de controle dos custos e das operações. Como os produtos são praticamente diferentes uns dos outros, não há possibilidade de empregar custos-padrão.

Veja um exemplo elucidativo, embora extremo. O caso dos estaleiros navais. Os estaleiros recebem encomendas para fazer navios diferentes. As encomendas são em pequena quantidade. É muito comum a ocorrência de encomendas de um ou dois produtos apenas. Fica muito difícil, como se percebe, empregar custos padronizados. Os custos terão que ser estimados. O consumo dos recursos produtivos e sua avaliação deverão ser realizados com base em listas de materiais, em projetos e em desenhos.

12. Nas empresas cujas condições permitem o emprego dos custos-padrão, estes desempenham papel importante na elaboração dos orçamentos. Muitos dados padronizados entram na composição dos orçamentos. Principalmente, quando se trata de orçar os custos diretos, como materiais e mão de obra. Os custos-padrão unitários já são conhecidos. Basta multiplicá-los pelas quantidades programadas de materiais e de horas de mão de obra direta.

Custos-padrão **285**

13. Já mencionamos ligeiramente que o custo-padrão mais empregado é o padrão atingível, prático ou normal. As empresas não trabalham em condições ideais. Sempre acontecerão imperfeições, embora possam ser controladas. O padrão deve ser estabelecido dentro de condições normais de eficiência em relação ao uso dos materiais, da mão de obra ou de qualquer outro recurso. As perdas, os desvios, os tempos desperdiçados, o uso ineficiente de máquinas e ferramentas e a não utilização da capacidade produtiva normal podem ser controlados.

Esses fenômenos tão comuns devem permanecer dentro de limites considerados normais. Assim, os custos-padrão deverão considerá-los quando forem estabelecidos. Os operários jamais trabalham com eficiência de 100%; existem perdas de materiais consideradas inevitáveis e os demais recursos normalmente não são totalmente utilizados. Há uma perseguição constante, por parte da administração das empresas, do emprego ideal dos recursos. Porém, o alcance da perfeição sai muito caro. Muitas vezes, não compensa. É necessário que todos os agentes internos tenham consciência dessa meta. Cada um deve procurar a perfeição individual.

14. Tendo em vista as considerações do item anterior, fica evidente que quando existem grandes variações entre os custos-padrão e os custos reais, acende-se uma luz vermelha, de alerta. Os contadores de custos, em conjunto com o pessoal das operações e da administração, definem o que são variações grandes e pequenas. Cada caso é um caso. Não existem medidas padronizadas que possam ser adaptadas a qualquer situação. A administração, em seu conjunto, deve procurar as medidas referenciais exclusivas de sua indústria. As variações devem ser analisadas mesmo que sejam favoráveis. Uma variação grande favorável com certeza está influenciando, ou influenciará, desfavoravelmente, o uso de outro recurso produtivo.

15. Não adianta muito fazer a análise dos desvios, descobrir suas causas e seus responsáveis sem que se tome, em seguida, as medidas corretivas pertinentes e sem que a Contabilidade de Custos faça o acompanhamento constante do sucesso da implantação dessas medidas e da influência que está tendo em outra atividade empresarial. Exemplos: (a) alguns desvios foram detectados no consumo de determinados materiais; tomaram-se as medidas corretivas; essas medidas influenciaram negativamente o trabalho do operário, resultando em desvios desfavoráveis de mão de obra; (b) a empresa detectou baixa produtividade no trabalho de análise de crédito de clientes; resolveu tomar medidas corretivas; mais tarde, descobriu que as medidas tomadas estavam influenciando de forma negativa as receitas de vendas a prazo, pois os devedores incobráveis aumentaram de quantidade; (c) o sistema de engarrafamento numa fábrica de bebidas estava inutilizando muitos vasilhames e desperdiçando muito líquido; a medida corretiva foi pedir ao fornecedor de vasilhames que os produzisse com 10 milímetros a mais na altura; as perdas desceram a números razoáveis; no entanto, os engradados, quando postos nos caminhões de entrega, não ficavam colocados em segurança; as perdas no transporte aumentaram para números insuportáveis.

16. As variações são detectadas. Suas causas são descobertas. Os responsáveis são acionados. O sistema de custos-padrão, em qualquer empresa, sempre indica quem é o responsável primário pelos desvios. Este deve ser informado e praticar sua defesa, ou corrigir as falhas. Por exemplo: o departamento de compras é sempre o responsável primário pelas variações de preço dos materiais. Entretanto, ele pode não ser o verdadeiro responsável. A análise das causas dos desvios tem que ser muito cuidadosa. Entretanto, essa é uma das grandes potencialidades do sistema de custo-padrão. Mais adiante, quando o capítulo trata da investigação das origens dos desvios, apresentamos alguns exemplos marcantes de responsáveis pelas diferenças entre os custos-padrão e os custos reais e as explicações plausíveis que podem oferecer.

ESPAÇO DE TOLERÂNCIA E SUAS FRONTEIRAS

17. Nos itens 13 e 14, referimo-nos ligeiramente a esse espaço de tolerância. A administração admite como aceitáveis os desvios que ficam dentro desse espaço. Como sempre, vamos mostrar um exemplo bem simples para que os leitores possam entender o que é esse espaço, sem muito esforço. De acordo com a experiência, o veículo de sua propriedade consome, em média, 1 litro de combustível a cada 8 km. Você controla o consumo através de uma planilha em que faz uma medição a cada quinze dias. Quais os desvios que devem ser analisados? Um consumo médio de 7 km com um litro é um sinal vermelho? Você mandaria seu carro para uma oficina por causa do desvio de 1 km? Não? Será que um desvio de 2 km é inaceitável? E se o veículo mostrar pela planilha que está consumindo menos, isto é, 5,5 km com um litro? O que você fará? Irá aceitá-lo como um sinal vermelho de alerta? Certamente, de acordo com as medições feitas, você terá na planilha um quadro das variações de consumo. Caberá a você exclusivamente (talvez ajudado pelos mecânicos confiáveis das oficinas autorizadas), montar o espaço de tolerância. Como você faria isso? Nós sugerimos que você, se não for especialista no assunto nem se lembrar do que estudou na faculdade ("você não passou nessa disciplina?"), entregue o problema a um amigo seu que conheça Estatística ou Controle de Qualidade. Ele vai determinar a média e o desvio-padrão e estabelecerá os limites (fronteiras) do espaço de tolerância aceitável. Isto é, vai dar-lhe as fronteiras máxima e mínima dentro das quais os desvios, em relação à média de consumo, podem cair e ser considerados aceitáveis, uma vez que todo mundo sabe que o consumo normal de combustível depende da velocidade do veículo, da quantidade de mudanças de marcha, das mudanças constantes ou não de velocidade entre outras variáveis, portanto, nunca pode ser exatamente igual em cada período de 15 dias. Só há uma possibilidade de não haver divergências no consumo: quando o consumo for igual a zero, isto é, quando o veículo permanecer imóvel na garagem durante algum tempo. Suponhamos que o desvio-padrão seja de 1,14 km por litro de combustível. (Não se preocupe: mostraremos como seu amigo chegou a esse número mais adiante). Seu amigo estatístico (ou assessor) desenhou o gráfico da Figura 8.2 e você marcou, em períodos de 15 dias, o consumo de combustível, durante seis meses. Veja o que aconteceu.

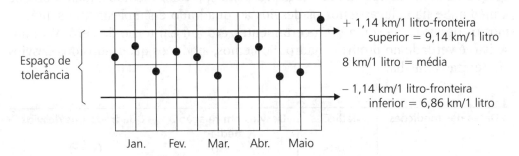

Figura 8.2 *Gráfico de controle estatístico.*

Conforme se vê na Figura 8.2, somente a marcação da segunda quinzena do mês de maio ultrapassou a fronteira superior (o limite superior) do espaço de tolerância. Nesse caso, o dono do veículo terá que examinar o que houve, para tomar as medidas corretivas e acompanhar, de perto, os resultados que ocorrem depois da implantação dessas medidas. As outras medições do semestre estão dentro do espaço de tolerância, logo são aceitáveis, não preocupam, não precisam ser analisadas. Você ficou preocupado, tenho certeza, porque não entendeu o que é exatamente o "desvio-padrão". O "desvio-padrão" é uma medida de dispersão, que mede o afastamento dos valores em relação à média. É muito fácil entender sua lógica. Anote: no exemplo prático do consumo de combustível do carro, admitamos que você fez 10 medições:

Datas das medições	Medição
15 jan.	8.7
31 jan.	8.9
15 fev.	7.8
28 fev.	9.4
15 mar.	7.2
31 mar.	9.1
15 abr.	7.1
30 abr.	7.2
15 maio	8.7
31 maio	10.9
Total de observações = 10	Total das medições = 85,0

A média das observações é de 85,0/10 observações = 8,5, que os estatísticos simbolizam por $\bar{x}$.

Preparemos o quadro para o cálculo do desvio-padrão. Temos que determinar para cada medição sua diferença em face do valor da média $x = 8,5$. Em seguida, vamos elevar ao quadrado essas diferenças. Por que elevar ao quadrado? Porque existem desvios que são negativos, isto é, o valor medido é menor do que a média. Se não elevássemos os desvios ao quadrado e simplesmente somássemos os desvios, sua soma seria certamente zero, ou em torno de zero. Veremos se isso é verdade no próprio quadro. Somemos, ainda, os quadrados dos desvios em relação à média.

Datas das medições	Medições (x)	Desvios em relação à média $(x - \bar{x})$	Quadrado dos desvios $(x - \bar{x})^2$
15 jan.	8,7	0,2	0,04
31 jan.	8,9	0,4	0,16
15 fev.	7,8	– 0,7	0,49
28 fev.	9,4	0,9	0,81
15 mar.	7,2	– 1,3	1,69
31 mar.	9,1	0,6	0,36
15 abr.	7,1	– 1,4	1,96
30 abr.	7,2	– 1,3	1,69
15 mai.	8,7	0,2	0,04
31 mai.	10,9	2,4	5,76
Totais	85,0	zero	13,00

O desvio-padrão é calculado da seguinte maneira: $s = 13,00/10$ observações $= 1,30$. Esta medida é uma medida de dispersão chamada "variância". A raiz quadrada da "variância" é o desvio-padrão:

$$\sqrt{s} = \sqrt{1,3} = 1,14.$$

Como vimos na Figura 8.2, a soma dos desvios em relação à média é exatamente igual a zero. Aliás, matematicamente, não poderia deixar de dar esse resultado. (Observe que o desvio-padrão é representado pela letra s. Por quê? Porque a grande parte dos estudiosos da matéria usa a expressão inglesa *standard deviation*).

18. O desvio-padrão e a variância são duas das medidas de dispersão estudadas na Estatística. São chamadas medidas de dispersão porque mostram como os dados se dispersam em torno da média. Por exemplo, em relação às medições feitas, você pode notar que algumas das observações estão mais perto da média do que outras. As medições iguais a 9.4, 7.1, 7.2 e 10.9 estão mais distantes da média do que as demais. A Estatística apresenta algumas medidas que refletem essa dispersão. Entre elas, está o "desvio-padrão". Vejamos mais um exemplo.

A Empresa Alimentícia Império da Borborema fabrica, entre outros produtos, o famoso extrato de tomate "O Napolitano". O extrato de tomate é apresentado em latinhas de 300 mg. Em todos esses tipos de produtos, a empresa deve ser bastante rigorosa nos testes para verificar se as tampas das latinhas são fáceis de abrir e ao mesmo tempo vedam muito bem o produto. Não é muito fácil atingir esse ponto. Portanto, a gerência de produção deve estabelecer inspeções periódicas ao final da produção para examinar amostras dos produtos. Não há nada pior para uma empresa do que um cliente insatisfeito por causa de "coisinhas" simples como defeitos dessa natureza.

Admitamos que a produção venha retirando, de tempos em tempos, aleatoriamente, amostras de 500 latinhas de cada vez. Os resultados foram os seguintes nas últimas quatro amostras:

1ª amostra	50 latas com defeito	% sobre 500 latas = 10%
2ª amostra	40 latas com defeito	% sobre 500 latas = 8%
3ª amostra	30 latas com defeito	% sobre 500 latas = 6%
4ª amostra	60 latas com defeito	% sobre 500 latas = 12%

Devemos construir um gráfico de controle dos defeitos – chamado *gráfico de controle estatístico* – que se destina a mostrar, de relance, os desvios, principalmente, os que estão fora das fronteiras do espaço de tolerância. Como construí-lo?

Vamos seguir os procedimentos para o exemplo das latas de extrato de tomate.

a) Calculemos a média das percentagens (proporções):

$$\bar{p} = 0,10 + 0,08 + 0,06 + 0,12/4 = 0,09$$

b) Calculemos o desvio-padrão σ (sigma) das proporções, através da fórmula

$$\sigma_{\bar{p}} = \sqrt{\frac{\bar{p}\,(1 - \bar{p})}{n}}$$

Esta fórmula é diferente da anterior $s = \sqrt{\dfrac{\Sigma(x - \bar{x})^2}{n}}$

porque aqui estamos tratando de proporções (percentagens) e não de quantidades absolutas, como aconteceu no caso das medidas do tanque de gasolina. O símbolo, neste caso, é a letra minúscula do alfabeto grego, σ (sigma).

$$\sigma \bar{p} = \sqrt{\frac{0,09\,(1-0,09)}{500}} = 0,04$$

Como se vê, o desvio-padrão é 0,04.

c) Normalmente, as fronteiras do espaço de tolerância são estabelecidas com três sigmas, isto é, com três desvios-padrão.

A fronteira superior do espaço (ou limite superior) será igual a 0,09 + 0,04 = 0,13 e a fronteira inferior será igual a 0,09 − 0,04 = 0,05.

Nesse caso, diz-se que, se a proporção da amostra cair dentro do intervalo entre 0,05 e 0,13, em amostras de 500 latinhas cada, o processo produtivo, em relação ao problema da dificuldade das tampas e de sua boa vedação, está dentro de um nível de confiança de 99,7%. Por que 99,7%? Porque é o espaço de menos três sigmas (desvios-padrão) a mais três sigmas debaixo da curva de uma distribuição normal. Em outras palavras, 99,7% é a área sob a curva normal padrão entre os valores − três desvios-padrão e + três desvios-padrão. Essa lógica é muito fácil de ser aprendida em qualquer livro de Estatística elementar.

d) Vamos desenhar o gráfico representativo do espaço de tolerância (Figura 8.3):

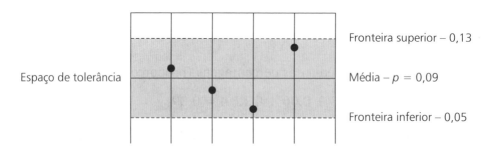

Figura 8.3 *Gráfico de controle estatístico.*

e) Todas as amostras apresentaram proporções que caíram dentro das fronteiras de tolerância. Veja que a última amostra chegou a 12%, enquanto o limite é de 13%.

Essa é uma forma de construir o gráfico de controle. Existem outras formas mais precisas, porém mais sofisticadas. A bibliografia, ao final do livro, apresenta muitos estudos em que o leitor mais curioso poderá obter maiores informações sobre esses modelos que exigem maior carga de conhecimentos de Estatística e de Matemática. Ao final, todos têm a finalidade de apresentar um gráfico de controle praticamente igual ao que apresentamos neste capítulo.

Um lembrete muito importante: se o desvio permanecer sempre o mesmo ao longo de várias medições, vale a pena investigá-lo mesmo se ele se situar dentro do espaço de tolerância. A constância de um desvio mostra que ele é sistemático e que suas causas poderão ser reveladas e ações corretivas poderão ser providenciadas.

CUSTOS-PADRÃO E INFLAÇÃO

19. Os organismos mundiais de estudos econômicos apresentam alguns marcos para definir se a inflação em um país é alta, aceitável, baixa ou se existe hiperinflação. Uma inflação igual ou superior a 20% ao ano já é considerada alta. Uma inflação alta significa que, no caso dos padrões, eles precisam ser revistos com muita frequência para que possam manter seu potencial de controle sobre as operações. Entretanto, os padrões não podem ser revisados com frequência. Os padrões, como o próprio nome indica, são marcos cuja propriedade principal é tornarem-se fixos, agirem como medida de avaliação durante um período longo de tempo, quanto maior melhor. O que fazer em relação ao sistema de custos padronizados, que deve ser mantido principalmente em ambientes econômicos desorganizados como são os ambientes onde existe inflação alta? Nas situações em que os preços sobem, ou seja, em que a moeda do país vai perdendo seu valor, os contadores de custos valem-se de alguns artifícios para manter o sistema de custos-padrão em funcionamento. Um deles é empregar outra moeda, ou quase-moeda, para fixar os padrões. Algumas empresas trabalham com dólares americanos, outras empregam algum indicador fixado pelo governo, que vale como medida de avaliação, como se moeda fosse. Outra alternativa muita válida é fixar os padrões na moeda de determinada data. Algumas empresas fixam os padrões pela quantidade do material mais importante na fabricação de seus produtos e que entra na composição de todos eles. Como exemplo, podemos citar as empresas que fabricam bebidas quentes, em relação ao álcool, que é sua matéria-prima principal.

Outra forma de utilizar os padrões, inclusive atualizados pela inflação interna das empresas, é contabilizar a aquisição dos materiais e todos os outros recursos produtivos por seu preço a vista, excluindo os encargos financeiros relativos à inflação projetada. Assim, os recursos serão contabilizados por valores deflacionados. Os custos-padrão serão fixados a uma data-base. Estas formas podem ser vistas com mais detalhes em duas obras (Martins, 1990:301, e Padoveze, 1994:266 e 301).

PADRÃO DE MATERIAIS

Variações de preço e de quantidade

20. O padrão dos materiais é subdividido em padrão de quantidade e padrão de preço. Vejamos uma lista de materiais (apenas dois, para não "esticar", sem necessidade, a lista, porque apresentar dois equivale a apresentar muitos itens de materiais).

Lista de materiais para a produção de 10 unidades do produto X:

Descrição dos materiais	Unidade	Quantidade	Preço unitário	Custo-padrão
Madeira compensada CB	m^2	$2\ m^2$	$ 5,00	$ 10,00

Uma vez que o custo-padrão do material é constituído de duas partes, quantidade e preço, assim, também serão duas as variações entre o custo real do material e seu custo-padrão: **a variação de quantidad**e **(ou de eficiência) e a variação de preço**.

Vamos aproveitar o custo-padrão da madeira compensada CB e calcular as duas variações que podem ocorrer e que devem ser analisadas para determinar suas origens, suas causas e seus responsáveis e fornecer orientação para que sejam realizadas as correções e os ajustes necessários.

A Contabilidade de Custos coletou os seguintes dados reais:

- produção do período: 500 unidades de X;
- madeira compensada CB comprada: 110 m^2;
- preço de aquisição: 1 m^2 a $ 5,50 cada (note que estamos considerando que a madeira está sendo adquirida; no entanto, ela poderia estar sendo requisitada do almoxarifado; nesse caso, ela poderia ser avaliada por um dos critérios de avaliação – comumente pelo custo médio; além disso, o custo vai depender do método de contabilização empregado. Mais adiante, vamos apresentar melhor essa avaliação e esses casos).

Vamos utilizar os gráficos das Figuras 8.4, 8.5 e 8.6, que apresentam as variações de quantidade e de preço, em que o leitor poderá perfeitamente verificar como elas são determinadas e a lógica dessa determinação.

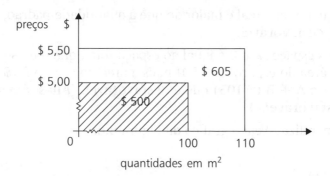

Figura 8.4 *Variação do material.*

A diferença entre $ 605 (custo real) e $ 500 (custo-padrão) é de $ 105. Essa diferença é denominada de **variação total** e é **desfavorável**, porque o custo real é maior do que o custo-padrão; isto é, o custo real é maior do que o custo que deveria ser. Veja o gráfico da Figura 8.5:

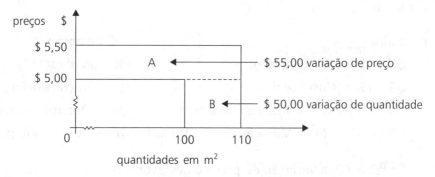

Figura 8.5 *Variações de material direto.*

Nele, dividimos o espaço representativo da **variação total**, em dois: o espaço A, que vai representar a **variação de preço**, e o espaço B, que representa a **variação de quantidade**. A lógica é evidente. Observe os cálculos.

Espaço A – É um retângulo, cuja área é resultado da multiplicação da *base* pela *altura*. 110 m² (base) × (altura) ($ 5,50 – $ 5,00) = 110 m² × $ 0,50 = $ 55. A diferença é chamada de **variação de preço**, porque o fator de variação é a diferença entre o preço real e o preço-padrão. Se o preço-padrão é menor do que o preço real, a **variação de preço é desfavorável**.

Espaço B – É um retângulo: $ 5,00 (altura) × (base) (110 m² – 100 m²) = $ 5,00 × 10 m² = $ 50. A diferença é chamada de **variação de quantidade**, porque o fator de variação é a diferença entre a quantidade real e a quantidade-padrão. Se a quantidade real é maior do que a quantidade-padrão, a **variação de quantidade é desfavorável**.

A soma dos espaços A e B é igual ao espaço total, que representa a **variação total**. Logo, a área do espaço A ($ 50) mais a área do espaço B ($ 55) será igual à área do espaço A + B ($ 105) que é **desfavorável. (Aliás, é a soma de duas variações desfavoráveis.)**

Vamos generalizar. Veja o gráfico da Figura 8.6.

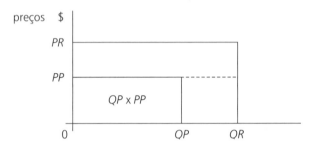

Figura 8.6 *Variação de material direto.*

Fórmulas

$QP \times PP$ = Custo-padrão

$QR \times PR$ = Custo real

$(PR - PP) \times QR$ = Variação de preço

$(QR - QP) \times PP$ = Variação de quantidade

Convenção

PR = Preço real

PP = Preço-padrão

QR = Quantidade real

QP = Quantidade-padrão

Se $PR > PP$, a variação de preço é desfavorável

Se $PR < PP$, a variação de preço é favorável

Se $QR > QP$, a variação de quantidade é desfavorável

Se $QR < QP$, a variação de quantidade é favorável

Estabelecimento do Padrão de Materiais

21. "Determinar o preço ou o custo a ser usado como padrão é geralmente difícil, porque os preços dos materiais são controlados mais por fatores externos do que pela gerência da empresa" (Usry et al., 1994:512). O preço-padrão dos materiais vai depender de muitos fatores. Entre eles, os seguintes: a quantidade de materiais a ser comprada e consumida (tal fator é resultado da programação de produção que, por sua vez, depende das estimações do setor comercial), o tempo de entrega e o tempo que os materiais ficam estocados, os custos de estocagem, os descontos obtidos, as condições financeiras e de crédito, as compras de última hora e urgentes, as quotas de fornecedores, os mercados com um, poucos e muitos fornecedores, o tipo de produto que está sendo fabricado e os acordos com os fornecedores. A responsabilidade primária pelo estabelecimento do padrão de materiais é do pessoal de compras.

22. A fixação das quantidades-padrão é da competência do pessoal das operações. São os engenheiros e os responsáveis pelas linhas de produção que determinam, para cada lote de produtos, as quantidades que devem ser fixadas em unidades físicas, tais como quilos por unidade, litros, metros e outras. Essa não é uma tarefa da Contabilidade de Custos. Porém, os contadores de custos devem estar familiarizados com os procedimentos de cálculo das quantidades-padrão.

É comum que se levem em conta as perdas, as sobras, as unidades defeituosas e outros fenômenos fabris dessa natureza. A forma como os materiais são introduzidos no processo produtivo é um fator importante. O pessoal da produção faz simulações se for possível, vale-se de desenhos dos projetos, mantém dados acumulados de produções anteriores e desenvolve estudos estatísticos.

A Contabilidade de Custos, formalmente, apenas recebe da área de produção as listas de materiais, os desenhos e outros documentos que contêm as especificações de materiais, onde constam os tipos de materiais a serem usados, as quantidades, a forma como eles são empregados na produção, os departamentos que os manipulam, os produtos que serão fabricados e outras informações. Podemos imaginar o que acontece em empresas bem conhecidas. Por exemplo: é fácil imaginar como uma marcenaria conduz o processo de quantificação dos materiais que serão aplicados em determinada obra encomendada; todos nós podemos imaginar como uma oficina mecânica constrói as especificações de materiais que vão entrar no conserto de um veículo, como uma doceira planeja os materiais, as quantidades e a maneira como serão empregados na feitura de bolos, tortas e docinhos, como os laboratórios estabelecem, com precisão, as quantidades dos materiais que serão incluídos na preparação dos remédios e a forma pela qual são tratados e introduzidos no processo de fabricação.

Causas das Variações

23. O responsável primário pela variação de quantidade de materiais é o pessoal da área de produção. Em primeiro lugar, porque é o pessoal de operações que se responsabiliza pelo estabelecimento dos padrões. Essa afirmação soa acaciana, mas tem suas razões. É o pessoal das operações que vai analisar e revelar as causas verdadeiras das variações nas quantidades dos materiais.

Muitas vezes, na verdade, as variações dependem das ações de outros setores. Se o material comprado é de qualidade inferior ao pedido, a produção certamente vai consumir maior quantidade de material porque o processo de fabricação não se desenvolve com eficiência. Os prazos de produção são apertados por causa de mal planejamento da área comercial, acarretando erros no tratamento dos materiais. As máquinas e as ferramentas acabam mal ajustadas. Por esse motivo e algumas outras razões, as trocas de operários podem ser necessárias; os novatos certamente não possuem a mesma experiência. Os materiais vindos dos fornecedores podem permanecer algum tempo nos estoques sem o zelo adequado, perdendo suas boas qualidades, ficando fora das especificações. A rotina faz com que os controles gradativamente percam seu rigor; evaporações, vazamentos, quebras começam a ocorrer em maior intensidade. Os exemplos são inúmeros. Alguém pode arguir que o controle sobre essas variações já é feito há muito tempo na área operacional. Desde os tempos de Taylor. Concordamos em gênero, número e grau com essa arguição. Entretanto será a Contabilidade de Custos que avaliará em dinheiro as variações e relacionará, de forma lógica, sua influência nas variações resultantes entre os objetivos de lucro dos produtos, dos serviços, dos departamentos e, finalmente, das empresas.

24. O pessoal de compras é responsável pela variação de preço. Porém, nem sempre ele é o verdadeiro responsável. Ações de outros setores podem ter causado as variações de preço. Falta de planejamento na área de produção pode ter acarretado a necessidade de compras apressadas, de fornecedores diferentes dos normais, cujos preços são naturalmente mais altos porque a compra é esporádica, não alcançando volume econômico. Se a Contabilidade, nesse tipo de compra, costuma seguir o procedimento de debitar ao custo dos materiais os fretes de compras de fornecedores distantes, as variações aparecem.

O tratamento dispensado aos fretes de compras é muito mais lógico quando mantém os fretes em contas separadas por que podem exercer melhor controle e para que os custos dos materiais não sofram injustiças de cálculos por causa de casos como esses de compras urgentes em qualquer lugar, que são transportadas através de meios dispendiosos.

Alterações nos preços dos materiais podem ocorrer mesmo em situação de estabilidade econômica. Isso é muito comum em relação a produtos agrícolas, a materiais cujos preços são regulados nos mercados internacionais, a materiais regulados pelo governo e àqueles de sazonalidade, além das forças caracterizadas por determinadas formas de mercado; acordos com os fornecedores, que dependem de quotas e de quantidades compradas; manutenção de fornecimento por um prazo maior que seja vantajosa para o fornecedor. Como é fácil constatar, nada depende da ação direta da Contabilidade de Custos.

O que a Contabilidade de Custos faz diretamente é empregar seus recursos técnicos e apontar as variações e como elas estão repercutindo no alcance dos lucros previstos. Entretanto, o papel do contador de custos é precioso quando ele está familiarizado com todos esses processos e participa deles.

Momento do Cálculo da Variação e sua Contabilização

25. Qual o momento melhor para se destacar as variações de materiais? Na hora da compra dos materiais ou na hora em que os materiais foram requisitados, ou seja, no momento do consumo? Em relação à variação de quantidade, é claro que é calculada no momento em que o material é usado. Para a variação de preço, o melhor momento é exatamente na hora da compra do material.

Esse procedimento é bastante favorável, pois destaca imediatamente a variação que ocorreu – as medidas corretivas podem ser tomadas de imediato; os estoques de materiais (evidentemente, os materiais cujos valores são relevantes) ficam avaliados a preços-padrão e os custos dos produtos em relação às requisições só serão analisados por causa da variação de quantidade. A contabilização acompanha essa rotina.

Vamos aproveitar aquele exemplo da "madeira compensada BC", apresentada no item 20 deste capítulo:

- produção do período: 500 unidades de X;
- madeira compensada CB comprada: 110 m^2;
- preço de aquisição: 1 m^2 a $ 5,50;
- madeira compensada CB, requisitada para consumo: 110 m^2 (note que estamos requisitando a mesma quantidade que compramos; assim, não há estoque final de materiais; no entanto, se houvesse – vamos mostrar exemplos onde sobram materiais no estoque final –, o contador de custos teria que custear o consumo por um dos critérios disponíveis (normalmente, o critério do custo médio), caso o método de contabilização fosse diferente do que iremos adotar, agora, para o registro das transações e operações com a madeira compensada CB (explicaremos melhor esse aspecto e outros relacionados);
- preço-padrão da madeira compensada CB: $ 5,50 o m^2;
- quantidade-padrão a ser consumida para a fabricação de 10 unidades de X: 2 m^2 de madeira compensada CB.

Um dos métodos de contabilização seria o seguinte:

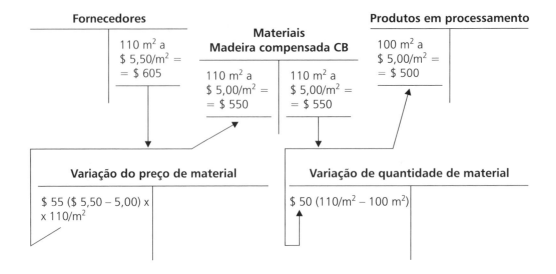

Como se pode notar, a conta de Estoque de Materiais é movimentada pelos preços-padrão e o saldo da conta Produtos em Processamento fica avaliado ao padrão. As contas representativas das variações são carregadas para o resultado do período, que veremos mais adiante quando apresentarmos a Demonstração de Resultados de dois exemplos práticos; cumpre lembrar que essa Demonstração de Resultados é um modelo usado apenas para finalidades gerenciais internas.

PADRÃO DE MÃO DE OBRA DIRETA

Variações de taxa e de eficiência

26. O padrão da mão de obra direta é dividido em padrão de taxa e padrão de eficiência. Vamos continuar com o padrão das 10 unidades do produto X.

Padrão de mão de obra direta para a produção de 10 unidades do Produto X

Operação	Tipo de operário	Taxa salarial horária	Quantidade de horas	Total do custo-padrão
Prensagem	Operário classe A	$ 15,00/h	2 horas	$ 30,00

As informações acima são básicas e autoexplicativas. Para realizar essa operação, é necessário certo tipo de operário com as qualificações necessárias, por isso a fábrica emprega o operário classe A, cujo custo por hora (incluindo salário e encargos, como 13º e férias) é de $ 15,00.

Uma vez que o custo-padrão é constituído de taxa e eficiência, assim serão as variações: **variação de taxa e variação de eficiência (quantidade, para alguns estudiosos)**.

Apresentamos, agora, o que realmente aconteceu nessa fábrica na produção do produto X, em relação apenas às operações de mão de obra direta, supondo que:

- a produção real tenha sido de 500 unidades de X;
- as horas de mão de obra direta consumidas totalizaram 120 horas; e
- o valor total da MOD somou $ 1.980.

Vamos utilizar o gráfico da Figura 8.7, que vai visualizar a variação de eficiência (que, na verdade, é a variação de quantidade de horas) e a variação de taxa (a diferença entre a taxa salarial padrão e a taxa salarial realmente paga).

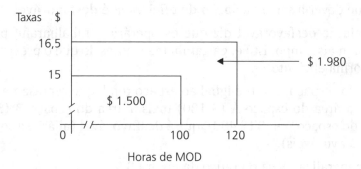

Figura 8.7 *Variação de mão de obra.*

A diferença entre $ 1.980 (custo real) e $ 1.500 (custo-padrão) é de $ 480. Essa diferença é denominada de **variação total** e é **desfavorável**, porque o custo real é maior do que o custo-padrão; isto é, o custo real é maior do que o custo que deveria ser. Veja o gráfico da Figura 8.8.

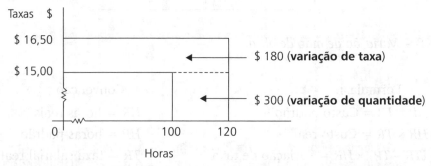

Figura 8.8 *Variação de mão de obra.*

Nele dividimos o espaço representativo da **variação total** em dois espaços: o espaço A, que vai representar a **variação de preço**, e o espaço B, que representa a **variação de quantidade**. A lógica da construção do gráfico é a mesma que a do gráfico do material direto. Observe os cálculos:

Espaço A – É um retângulo cuja área é o resultado da multiplicação da *base pela altura*: 120 h × ($ 16,50 – $ 15,00) = $ 180,00. A diferença é chamada de **variação de taxa**, porque o fator de variação é a diferença entre a taxa salarial real e a taxa salarial padrão. Se a taxa salarial padrão é menor do que a taxa salarial real, **a variação de taxa é desfavorável**.

Espaço B – É um retângulo também: $ 15,00 (altura) × (120 h – 100 h) (base) = $ 300.

A diferença é chamada de **variação de eficiência**, porque o fator de variação é a diferença entre o tempo consumido real e o tempo que deveria ter sido consumido. Se a quantidade real de tempo consumido for maior do que a quantidade de tempo que deveria ser, a **variação de eficiência é desfavorável**.

Essa variação desfavorável diz que os operários trabalharam, para fazer a mesma coisa, mais tempo, isto é, gastaram mais horas do que o previsto, logo não agiram de forma eficiente.

A soma dos espaços A e B é igual ao espaço total, que representa a **variação total**. Logo, a área do espaço A ($ 180) mais a área do espaço B ($ 300) será igual à área do espaço A + B ($ 480), que é **desfavorável** (aliás, é a soma de duas variações desfavoráveis).

Vamos generalizar. Veja o gráfico da Figura 8.9.

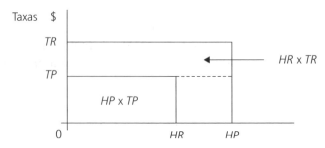

Figura 8.9 *Variação de mão de obra.*

Fórmulas:	Convenção
$HP \times TP$ = Custo-padrão	HR = horas reais
$HR \times TR$ = Custo real	HP = horas-padrão
$(TR - TP) \times HR$ = variação de taxa	TR = taxa salarial real
$(HR - HP) \times TP$ = variação de eficiência	TP = taxa salarial padrão

Estabelecimento do padrão de mão de obra direta

27. Não há dificuldade em se estabelecer a taxa-padrão de mão de obra direta. Ela é o resultado de acordos entre os empregados (sindicatos, se for o caso) e a administração da empresa. Uma vez definida a taxa salarial padrão (que deve incluir todos os encargos sociais e trabalhistas respectivos), é difícil acontecer alguma variação de taxa, dentro de condições normais de operação. Existem alguns fatores, raros, que serão apresentados mais adiante, quando analisarmos as causas das variações.

28. O padrão de eficiência é mais difícil de ser estabelecido. As variáveis que entram no cálculo dependem de muitos fatores. A bem da verdade, todos esses fatores são controláveis pela administração da produção. A engenharia de produção faz uso dos estudos de tempos e movimentos, que é a expressão tradicional que identifica as atividades que analisam as operações, com minudência, dentro de condições normais de trabalho (espaço adequado, temperatura, iluminação, supervisão, segurança, posição adequada das máquinas em relação aos operários, bem como a localização estratégica dos materiais de produção, treinamento apropriado, fatores que assegurem o bem-estar dos empregados, vestuário próprio e muitas outras condições).

Outro aspecto que deve ser considerado é o fenômeno tecnicamente denominado *curva de aprendizagem*. O fato é que, em qualquer manufatura, os operários vão-se tornando mais hábeis – produzindo com mais eficiência – à medida que vão produzindo cada vez maior quantidade de produtos observando operações semelhantes. No Capítulo 10, apresentamos esse problema com mais detalhes. Por ora, basta observar o seguinte exemplo, que é muito fácil de ser testado na prática. Faça você mesmo. Tente encadernar, só como exemplo, 40 súmulas de aulas de algumas páginas, 20, talvez. Marque o tempo que levou para encadernar 5 súmulas. Depois, vá marcando o tempo de mais 5 súmulas e assim por diante. Acumule os tempos gastos e a quantidade encadernada. Você verá que o tempo gasto por encadernação vai diminuindo. Você vai-se tornando mais eficiente. Porém, cuidado. Essa eficiência tende a se fixar em determinado padrão e depois vai diminuindo à medida que a quantidade de encadernações vai aumentando muito. Isso acontece nas operações manuais repetitivas. O pessoal da engenharia de produção sabe disso.

A Contabilidade de Custos não participa diretamente do estabelecimento dos tempos-padrão de mão de obra direta. É uma tarefa exclusiva do pessoal das operações. Entretanto, o contador de custos deve estar familiarizado com esses estudos. Esse conhecimento vai ser muito útil quando ele fizer a análise das causas das variações em termos monetários. O pessoal das operações levará em conta todas as paradas normais que são necessárias, como períodos de descanso, fadiga e o tempo destinado aos operários para satisfazer suas necessidades fisiológicas. Esse tempo será incluído no tempo-padrão. As paradas de máquinas para manutenção e preparação são tempos incluídos como itens das despesas indiretas (gerais) de fabricação. Entretanto, alguns autores (Rayburn, 1989:443) incluem esses tempos como mão de obra direta.

Os estudos de tempos e movimentos, destinados a determinar os tempos-padrão necessários para cada operação, devem levar em consideração alguns aspectos de difícil controle que afetam muito a eficiência de cada operário. Saúde, hábitos, fatores psicológicos como responsabilidade, maturidade, relações humanas, perseverança, amor-próprio, ambição e idade são variáveis que exercem papel proeminente no trabalho. A investigação dessa influência é uma tarefa muito delicada e dispendiosa, pois além de interferir com as pessoas, é baseada em conhecimentos técnicos e científicos muito específicos.

Causas das Variações

29. Os responsáveis pelas variações de taxa são o departamento de pessoal ou o pessoal das operações. O departamento de pessoal é, em princípio, responsável pelas taxas salariais, pois é ali que se fazem os acordos com os empregados, é ali que são estabelecidos os planos de cargos e salários, é ali que os operários são contratados. O pessoal técnico de supervisão das operações fabris é responsável pelas variações que podem ocorrer devido ao emprego de operários mais caros do que havia sido predeterminado, para certas funções. O pessoal técnico deve adequar a qualificação de operários com certas máquinas ou operações do mesmo modo como foi predeterminado.

30. Os responsáveis pela variação de eficiência são os supervisores das áreas de fabricação. Eles é que devem controlar o emprego da mão de obra direta, e que devem saber das habilidades de cada operário. Entretanto, às vezes, a ineficiência é devida a outras causas que podem ser imputadas a outros componentes da organização industrial. Entre elas, as mais divulgadas são: equipamentos mal ajustados, com problemas de funcionamento, máquinas que quebram, paradas na fábrica devido a fatores fora da influência dos supervisores diretos, materiais usados fora das especificações.

Cálculo e Contabilização das Variações de Mão de obra Direta

31. Vamos utilizar os dados do exemplo prático mostrado no item 26.

Custos-padrão **303**

Padrão de mão de obra direta para a produção de 10 unidades do Produto X				
Operação	Tipo de operário	Taxa salarial horária	Quantidade de horas	Custo-padrão
Prensagem	Operário classe A	$ 15,00/hora	2 horas	$ 30,00/u

O que realmente aconteceu no período foi o seguinte:

– a produção real foi de 500 unidades de X;

– horas de mão de obra direta consumidas: 120 horas;

– valor da mão de obra direta: $ 1.980.

A contabilização deve ser a seguinte:

Mão de obra direta	
(a) 120 h × $ 16,50 = = $ 1.980	(b) $ 1.980

Produtos em processamento	
(b) 100 h × $ 15,00 = = $ 1.500	

Disponibilidades ou Salários a Pagar	
	(a) $ 1.980

Variação de Taxa	
(b) ($ 16,50 – $ 15,00) × x 120 h = $ 180	

Variação de eficiência	
(b) (10 h – 100 h) × x 15,00 = $ 300	

A conta Produtos em Processamento continua mantendo os fatores de produção avaliados ao custo-padrão, como aconteceu no exemplo prático em que apresentamos a contabilização dos materiais diretos.

PADRÃO DAS DESPESAS DE FABRICAÇÃO

Variações de Orçamento, de Eficiência e de Volume (Capacidade)

32. O que vimos no Capítulo 4, onde estudamos o cálculo, a contabilização, o controle e o uso das informações sobre as despesas indiretas de fabricação cabe aqui neste capítulo. Vamos imaginar uma empresa industrial. Essa empresa industrial tem, em sua área fabril, alguns departamentos: departamentos produtivos, operacionais, e departamentos de apoio, de serviços ou auxiliares. Vamos supor que estamos trabalhando em um de seus departamentos operacionais: o departamento de enrolamento. Vamos percorrer passo a passo o tratamento global que a Contabilidade de Custos dispensa às despesas indiretas de fabricação do dito departamento.

Em primeiro lugar, é preciso definir quais são suas despesas indiretas de fabricação. Essas despesas incluem todos os valores monetários dos recursos consumidos exclusivamente pelo departamento e os valores monetários do consumo dos recursos dos departamentos auxiliares, ou de serviço, que foram apropriados através de rateios: são as despesas dos departamentos auxiliares que foram debitadas ao departamento de enrolamento de acordo com o uso que este departamento fez dos recursos pertencentes àqueles.

a) As despesas indiretas do departamento de enrolamento foram estimadas para o nível de 500 unidades de P (que é o produto fabricado pelo departamento). Ao lado de cada item de despesa, anotamos a respectiva fórmula de custo. Essa fórmula, como vimos no Capítulo 4, é resultado de um trabalho de pesquisa na Contabilidade e do emprego de instrumentos estatísticos (normalmente, a regressão linear ou o método dos pontos alto e baixo). A fórmula é uma função do 1º grau, em que a variável dependente (Y) é uma função da variável independente (x). Caso o item de despesa seja formado por dois tipos de custos: variável e fixo, a fórmula do custo terá o seguinte aspecto: $Y = a + bx$. A fórmula apresenta o parâmetro a, que traduz o valor do custo fixo, e o parâmetro b, que define a taxa unitária de variação do custo, ou seja, o custo variável por unidade da variável que comanda o custo. Esse tipo de custo é denominado por muitos autores e especialistas como *custo misto*. Se o custo for puramente variável, sua fórmula será $Y = bx$, em que não haverá o parâmetro a, que será igual a zero, indicando que a "curva" representativa do custo passa pela origem, quando colocada num gráfico cartesiano, de eixos ortogonais (significa que os eixos fazem um ângulo reto na origem, ou seja, no vértice). Se o custo for puramente fixo, sua fórmula será $Y = a$, onde não existirá o segundo termo, bx, indicando que o custo é fixo, ou seja, ao longo de uma faixa efetiva de volume, representada no eixo horizontal, o custo é uma constante. Essa constante a é o segmento que vai da origem ao ponto de intersecção da "curva" com o eixo vertical. Em Matemática, tudo isso tem nome próprio. O parâmetro a é chamado de coeficiente linear da "curva" e o parâmetro b é denominado de coeficiente angular. No Capítulo 4, tentamos mostrar da maneira mais didática possível os significados desses parâmetros para revelar a importância que eles têm para o trabalho do contador de custos.

Custos-padrão **305**

b) Não anotamos muitas despesas para não termos um problema muito longo, o que só traria muito trabalho inútil de tratamento, uma vez que apenas uma pequena amostra das dezenas de tipos diferentes de custos acaba assemelhando-se a todos os possíveis itens de despesas indiretas de fabricação.

c) As despesas de nosso exemplo são as seguintes (para o departamento de enrolamento) ao nível de 500 unidades de P.

Materiais diretos	$ 1.000	($Y = \$ 2 x$) (Onde x representa as 500 unidades de P, e $ 2 é a taxa variável e constante por unidade.)
Depreciação de Máquinas	$ 800	($Y = \$ 800$) (Onde o valor de $ 800 representa o parâmetro a da curva.)
Manutenção	$ 1.200	($Y = \$ 600 + \$ 1,2 x$). Essa fórmula retrata o custo misto. Ele tem uma parte que é fixa ($ 600) e uma parte que varia com as quantidades produzidas.
Despesas oriundas de outros Departamentos	$ 360	($Y = \$ 240 + \$ 0,24 x$). É também um custo misto.

33. A relação acima (letra c), com as despesas indiretas de fabricação e suas fórmulas, nada mais é do que o Orçamento Flexível. O total das despesas, ao nível exclusivo de 500 unidades de P, é exatamente a soma de todas as despesas do quadro: $ 1.000 + $ 800 + $ 1.200 + 360 = $ 3.360. A fórmula geral das despesas indiretas é $Y = \$ 1.640 + \$ 3,44 x$. Esta fórmula é a expressão matemática do Orçamento Flexível. Testemos o resultado para 500 unidades de P (que é o valor de x). $Y = \$ 1.640 + \$ 3,44 (500) = \$ 3.360$. Podemos "flexibilizar". Suponha que a administração da empresa queira prever o montante das despesas indiretas do departamento de enrolamento para uma programação estimada de 600 unidades de P. Basta acionarmos a fórmula geral do Orçamento Flexível (daí o nome *flexível*), $Y = \$ 1.640 + \$ 3,44 x$, onde substituímos a incógnita x por 600 unidades. O resultado será a previsão de $ 3.704.

34. Para as finalidades de controle, a Contabilidade de Custos usa uma taxa predeterminada de DIF para o departamento de enrolamento. Essa taxa é a seguinte: $ 3.360/500 unidades = $ 6,72/unidade. Essa taxa tem a seguinte composição: taxa fixa = $ 1.640/500 unidades = $ 3,28/unidade e taxa variável =

$ 3,44/unidade (este indicador já estava calculado e permanece constante ao longo de uma faixa efetiva de volume (medido em unidades produzidas). Suponhamos que o departamento de enrolamento venha trabalhando normalmente na faixa de 300 a 800 unidades por período (geralmente, um mês). A taxa variável não muda. Parece um atordoante paradoxo. Porém, é a verdade. Volte ao Capítulo 2, ou procure em qualquer livro, principalmente de Custos, de Economia ou de Estatística, e constate que o custo variável no total é variável, mas por unidade ele é fixo. Se assim não fosse, perderia de vez sua condição de custo variável diante da base de volume, no caso deste exemplo, as unidades produzidas. Entretanto, o custo fixo por unidade muda à medida que há variação nas quantidades produzidas. Se a produção for de 600 unidades, o orçamento flexível será de, como vimos, $ 3.704. O custo unitário total será agora de $ 3.704/600 unidades = $ 6,17 (arredondando até a segunda cada decimal). Verificamos que o custo unitário diminuiu sensivelmente, passando de $ 6,72 (para 500 unidades de P) para $ 6,17 (para 600 unidades de P). Por que isso acontece? Exatamente porque o custo fixo total ($ 1.640) permanece constante ao longo de toda a faixa de volume (de 300 unidades até 800 unidades). Em termos unitários, porém, ele varia. Para 500 unidades, ele vale $ 1.640/500 unidades = $ 3,28, e para 600 unidades de P, ele cai para $ 1.640/600 unidades = $ 2,73. Esse fenômeno influencia diretamente os valores dos custos totais em cada nível de produção.

35. Vamos supor os seguintes dados reais:

a) produção efetiva = 700 unidades de P;

b) custo total debitado ao departamento de enrolamento = $ 4.950.

36. O que é que a Contabilidade de Custos fez? Apropriou aos produtos, que foram produzidos no período pelo departamento de enrolamento, as despesas indiretas, de acordo com a taxa predeterminada. Ou seja, $ 6,72 × 700 unidades = $ 4.704. Resultando, portanto, numa variação total de DIF, no período, de $ 4.950 – $ 4.704 = $ 246, desfavorável. Essa variação total deve ser analisada em suas duas, três ou quatro variações, o que dará oportunidade à Contabilidade de Custos de apontar suas origens e permitir que a administração tome as medidas corretivas.

37. Como se pode notar, o sistema de custos-padrão, quando se trata das despesas indiretas de fabricação, emprega os mesmos procedimentos já aplicados em outros sistemas de custos reais: custeamento por absorção, sistema de acumulação de custos por ordem de produção e sistema de custeamento por processo, entre outros.

38. Vamos prosseguir na análise da variação total de DIF do departamento de enrolamento. A sistemática é a mesma apresentada no Capítulo 4.

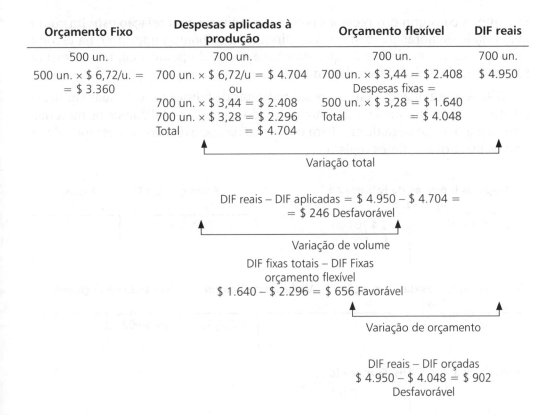

Como se pode observar, o exemplo tem como base de medição da capacidade as unidades produzidas. Na grande parte dos exercícios do Capítulo 5, foram usadas como base as horas de MOD. Para que a aplicação das DIF de um departamento a seus produtos seja lógica, é necessário que as bases escolhidas representem o uso que os produtos fazem dos recursos "comuns ou indiretos" disponíveis nos departamentos.

Se a fábrica for do tipo "mão de obra intensiva", é perfeitamente normal o emprego das horas de MOD como base de rateio das despesas indiretas dos departamentos. Se a fábrica for "capital intensivo", então é melhor usar as horas-máquinas como base. Se a fábrica produzir um único produto (situação difícil de acontecer), a base poderá ser as unidades produzidas. Se a fábrica produzir uma grande diversidade de produtos e for difícil determinar uma única base, então é preferível adotar variadas taxas de acordo com o número de itens das despesas indiretas de fabricação e analisar, como fizemos neste problema, as variações para cada uma das despesas, que devem ser consideradas, antes de tudo, relevantes (segundo definição própria da empresa).

Como se vê, não existem modelos padronizados. Não é bom importar modelos de outras fábricas. É melhor sempre examinar as operações e estabelecer modelo próprio. Explicamos, no Capítulo 5, porque usamos como base de rateio as horas de mão de obra direta. Nas manufaturas, onde a mão de obra é predominante, o consumo dos recursos comuns e indiretos tem relação estreita com a quantidade de horas de mão de obra direta. Outro ponto importante na escolha da base é certificarmo-nos de que ela é uma variável operacional, física, fácil de ser controlada e fácil de ser determinada.

39. A contabilização das despesas indiretas de fabricação e de suas variações é feita de modo um pouco diferente do modo como contabilizamos os materiais diretos e a mão de obra direta. Para o registro das ocorrências do exemplo, deveríamos fazer os seguintes registros:

Despesas Indiretas de Fabricação Aplicadas		Produção em Processamento	
(c) $ 656	$ 4.704 (a)	(a) $ 4.704	
	$ 902 (d)		

Despesas Indiretas de Fabricação Reais		Variação de Volume	Variação de Orçamento
(b) $ 4.950		$ 656 (c)	(d) $ 902

Bancos, Caixa, Provisões, Fornecedores	
	$ 4.950 (b)

A conta Produtos em Processo fica debitada por um valor proveniente de uma taxa predeterminada ou normal. Não é um valor-padrão, cientificamente determinado, como para os materiais e a mão de obra direta. Porque é difícil o estabelecimento de padrões para as Despesas Indiretas de Fabricação. O mais fácil e viável economicamente é estabelecer estimações que agem como se padrões fossem. A forma como dispusemos contabilmente as variações contra a conta Despesas Indiretas de Fabricação Aplicadas é uma entre muitas. Com isso, através do lançamento que debita a conta DIF Aplicadas por $ 4.950 e credita, por esse mesmo valor, a conta DIF Reais, encerramos essas duas contas no fechamento do período. Os saldos das contas de variações vão apresentar-se em lugares próprios, em destaque, na Demonstração de Resultados do período.

40. Os dados do exemplo só permitem que se isolem apenas duas variações de DIF. Mais detalhes fossem disponíveis, poderíamos ter destacado a variação de eficiência. A variação de eficiência de MOI corresponderia à variação de eficiência da mão de obra direta, calculada aplicando-se o valor da taxa predeterminada de DIF. O problema ilustrativo compreensivo que apresentamos a seguir destaca todas as três variações de DIF.

41. A Cia. Padronizada Santa Rita Industrial apresentou as seguintes informações referentes às operações do mês de outubro:

a) Cartão de Custo-padrão para a fabricação de uma unidade do produto Peba

Material direto – 3 kg de Lesinha a $ 6,00/kg	$ 18,00
Mão de obra direta – 3 h a $ 6,00/h	18,00
DIF variáveis – 3 h a $ 4,00/h	12,00
DIF fixas – 3 h a $ 8,00/h (*)	24,00 (*)
Total custo-padrão por unidade de Peba	$ 72,00

(*) Observação – As DIF fixas resultaram de um valor orçado mensal para a fábrica de $ 1.488.000 para um nível de volume esperado de 62.000 unidades. O custo unitário das DIF fixas foi de $ 24,00 ($ 1.488.000/62.000 unidades de Peba). Ou, de outra forma, $ 8,00/hora de MOD ($ 24,00/unidade/3 horas de MOD/unidade). Note que estamos observando os mesmos procedimentos apresentados, para as DIF fixas, que incluímos no Capítulo 5.

b) Vendas do período (outubro) – 55.000 unidades de Peba a $ 90,00 cada = $ 4.950.000.

c) Custos e outros dados reais do mês de outubro:

– produção do período (toda transferida para o depósito de produtos acabados) = 60.000 unidades de Peba;

– compra de 190.000 kg de Lesinha a $ 6,20/kg = $ 1.178.000;

– requisição de 183.000 quilos de Lesinha para a produção (custeados ao preço-padrão de $ 6,00/kg, conforme o Cartão de Custo-padrão, $ 1.098.000);

– pagamento de 183.000 horas de MOD a $ 5,80/hora = $ 1.061.400;

– DIF reais = $ 2.620.000.

Vamos contabilizar as operações, usando o sistema de custeamento-padrão:

Primeiro: determinação das variações.

a) Variação de quantidade de material: $(QR - QP) PP = (183.000 - 180.000) \$ 6,00 = \$ 18.000$ – **Desfavorável porque $QR > QP$.**

Atenção: observe que isolamos a variação de quantidade no momento da requisição para a produção.

b) Variação de preço do material: $(PR - PP) QR = (\$ 6,20 - \$ 6,00) 180.000 = \$ 38.000$ – **Desfavorável porque $PR > PP$.**

Atenção: observe que isolamos a variação de preço de material no momento da compra.

c) Variação de eficiência MOD: $- (HR - HP) TP = (183.000 - 180.000) \$ 6,00 = \$ 18.000$ – **Desfavorável porque $HR > HP$.**

d) Variação de taxa de MOD: $(TR - TP) HR = (\$ 5,80 - \$ 6,00) 183.000 = \$ 36.600$ – **Favorável porque $TR < TP$.**

e) Variação total de DIF: DIF reais − DIF aplicadas = (180.000 × $ 12,00) − $ 2.620.000 = $ 460.000 − **Desfavorável porque DIF reais > Dif aplicadas**.

Segundo: análise da variação total de DIF − modelo das três variações.

Os dados apresentados pela Cia. Padronizada Santa Rita Industrial permitem que se calculem as três variações de DIF: **de orçamento, de eficiência e de volume**. Atenção: o cálculo das variações emprega os mesmos procedimentos que foram usados quando, no Capítulo 5, apresentamos as DIF aplicadas dentro da sistemática do custo por absorção. O sistema de custeamento-padrão que apresentamos neste capítulo baseia-se no critério do custo por absorção. Portanto, os procedimentos devem ser iguais. No próximo capítulo, estudamos o critério do custeamento direto. Temos a oportunidade de mostrar os mesmos dados da Cia. Padronizada Santa Rita Industrial, com algumas informações adicionais, e o sistema de custeamento-padrão aplicando o critério do custo direto.

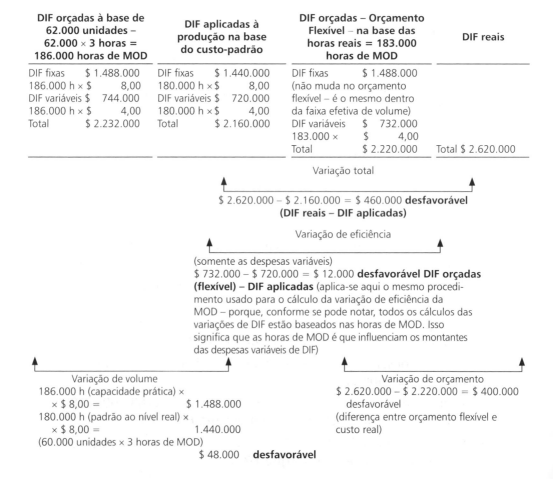

Custos-padrão 311

Terceiro: modelo de contabilização das operações – incluindo as sete variações, entre elas as três variações de DIF.

Fornecedores de materiais		Estoque de materiais		Produtos em processamento	
	1.178.000 (a)	(a) 1.140.000	1.098.000 (b)	(b) 1.080.000	4.320.000 (1)
		Saldo – 42.000		(d) 1.080.000	
				(e) 2.160.000	
				Saldo – zero	

Mão de obra direta		Produtos acabados	
(c) 1.161.400	1.161.400 (d)	(l) 4.320.000	(m) 3.960.000
		Saldo – 360.000	

Bancos/Caixa/Salários a pagar/ Fornecedores – outros/Provisões		Variação de preço – materiais		Variação de quantidade – materiais	
	1.161.400 (c)	(a) 38.000	38.000 (p)	(b) 18.000	(u) 18.000
	2.620.000 (i)				

DIF aplicadas		Variação de taxa – MOD		Variação de eficiência – MOD	
(j) 2.620.000	2.160.000 (e)	(v) 36.600	36.600 (d)	(d) 18.000	(q) 18.000
	400.000 (f)				
	12.000 (g)				
	48.000 (h)				

DIF reais		Variação de orçamento – DIF		Variação de eficiência – DIF	
(i) 2.620.000	2.620.000 (j)	(f) 400.000	400.000 (r)	(g) 12.000	(s) 12.000

Clientes		Variação de volume – DIF		Vendas	
(n) 4.950.000		(h) 48.000	48.000 (t)	(o) 4.950.000	4.950.000 (n)

Custo-padrão de vendas		Resultado do período		
(m) 3.960.000	3.960.000 (x)	(p)	38.000	4.950.000 (o)
		(q)	18.000	36.600 (v)
		(r)	400.000	
		(s)	12.000	
		(t)	48.000	
		(u)	18.000	
		(x)	3.960.000	
			4.494.000	4.986.600
	Lucro		492.600	
			4.986.600	4.986.600

Quarto: Companhia Padronizada Santa Rita Industrial

Demonstração do Resultado (parcial) do período		
Vendas		$ 4.950.000
Custo-padrão de vendas		3.960.000
Resultado bruto padrão		990.000
(menos) Variações negativas – desfavoráveis		
Variação de preço – Materiais	$ 38.000	
Variação de quantidade – Materiais	18.000	
Variação de eficiência – MOD	18.000	
Variação de orçamento – DIF	400.000	
Variação de eficiência – DIF	12.000	
Variação de volume – DIF	48.000	534.000
(mais) Variação positiva – favorável		
Variação de taxa – MOD		36.600
Resultado bruto real		$ 492.600

Causas das Variações das Despesas Indiretas de Fabricação

42. Uma vez calculadas as variações e preparada a Demonstração do Resultado do período, resta à Contabilidade de Custos oferecer à gerência um relatório com as principais causas dessas variações. Esse é o trabalho mais nobre da Contabilidade de Custos. Essa é uma de suas finalidades principais. A investigação das causas das variações é feita com o concurso do pessoal das operações, do pessoal do departamento de recursos humanos, do departamento de compras, do pessoal do planejamento e controle da produção, do pessoal da área comercial, entre outros. As causas das variações vão indicar, em primeiro lugar, seus responsáveis primários. E, em seguida, seus prováveis responsáveis secundários.

Causas da variação de orçamento de DIF

43. A determinação das causas das variações de orçamento é feita através da comparação de uma demonstração detalhada, item por item, classificados por natureza, das despesas reais, cujo total é de $ 2.620.000 (veja problema ilustrativo do item 41 deste capítulo), com a demonstração, com o mesmo conteúdo, das despesas relativas ao Orçamento Flexível. Essa prática nada mais é do que estarmos empregando o Sistema de Custeamento pela Responsabilidade, conforme está apresentado no Capítulo 7. A demonstração das despesas indiretas de fabricação, com base nos procedimentos do orçamento flexível, apresenta, item por item, as despesas consideradas relevantes e grupadas em despesas controláveis e despesas não controláveis. As despesas consideradas não relevantes são juntadas num item apenas. Estas últimas despesas poderão ser analisadas se a relação "custo-benefício" for favorável. Do item 32 ao item 40, inclusive, deste capítulo, mostramos a relação existente entre o controle das despesas indiretas de fabricação no sistema de custeamento-padrão e os procedimentos dos orçamentos flexíveis.

O Quadro 8.1 apresenta a comparação entre as duas demonstrações de despesas indiretas de fabricação da Cia. Padronizada Santa Rita Industrial (despesas reais e despesas segundo o orçamento flexível), a coluna de variações, a coluna de cálculos e de análise. Estamos mostrando apenas os totais, mas, se o leitor não se lembrar do que está mostrado no capítulo que trata do Sistema de Custos pela Responsabilidade, sugerimos que volte e consulte as demonstrações pertinentes ao sistema aí estudadas. O leitor vai verificar que os procedimentos são os mesmos.

Quadro 8.1   *Demonstração das variações de orçamento de DIF.*

Discriminação	Tipo de despesa	Despesas reais	Despesas segundo Orçamento	Variações Flexíveis	Análise e Cálculo
Despesa 01 Despesa 02	Relevantes Controláveis				
Despesa 21					
	Subtotal				
Despesa 22 Despesa 23	Relevantes Não controláveis				
Despesa 32					
	Subtotal				
	Total relevantes				
Despesas de 33 a 50	Não relevantes				
	Total Geral	$ 2.620.000	$ 2.220.000	$ 400,00	

De acordo com o Quadro 8.1, as variações aparecem item por item de despesa, e fica mais fácil apontar os responsáveis e, portanto, analisar suas causas.

Causas da variação de eficiência – DIF

44. As causas dessas variações são as mesmas apontadas quando analisamos a variação de eficiência da MOD. Veja item 30 deste capítulo. A variação de eficiência de DIF cuida apenas das despesas indiretas variáveis. A ideia que fundamenta este procedimento é de que todas as despesas variáveis de DIF se relacionam à atividade operacional de produção através de indicadores. O indicador adotado, normalmente, é formado pelas horas de mão de obra direta. As despesas variáveis de DIF variam de acordo com a variação das horas consumidas de MOD. Isso significa, em essência, que cada hora de MOD exige o consumo de uma quantidade certa e constante de recursos indiretos de fabricação. Duas causas de variação podem ocorrer, nesse caso.

Se a quantidade constante de consumo dos fatores de produção indiretos por hora de MOD mudar, aparecerá uma variação de eficiência. Se houver uma variação de eficiência de MOD, haverá uma variação de eficiência de DIF. **É importante lembrar que estamos usando como medida básica as horas de MOD. As horas de MOD também servem para mensurar a capacidade prática. No caso da Cia. Santa Rita Industrial, a capacidade foi medida tanto pelas unidades produzidas, como pelas horas de MOD consumidas em relação a essa produção. Se usarmos outra medida, como, por exemplo, horas de máquina, as causas das variações das despesas variáveis de DIF, ou da eficiência de DIF, serão as mesmas que foram detectadas quando analisamos as causas da variação de eficiência do uso dos equipamentos.**

Causas da variação de volume de DIF

45. A variação de volume de DIF tem relação com o uso da capacidade instalada da fábrica. Essa capacidade, no caso da Cia. Padronizada Santa Rita, foi medida pelas unidades produzidas (62.000 unidades do produto Peba) ou pelas horas-padrão a serem consumidas para a fabricação de 62.000 unidades de Peba (186.000 horas de MOD). Se a capacidade não for totalmente utilizada, teremos uma variação de volume de DIF desfavorável. Se a fábrica trabalhar com bastante eficiência, a ponto de, com a mesma capacidade, fabricar mais unidades ou empregar mais horas de trabalho, então teremos, matematicamente, uma variação de volume de DIF favorável.

Cada uma dessas situações ocorre por várias razões. Entre elas, podemos citar algumas das mais frequentes: falta de materiais ou de mão de obra (o fornecedor não entregou os materiais pedidos no tempo certo ou, por motivos vários, a fábrica ficou momentaneamente sem sua capacidade de trabalho em termos de operários diretos), as máquinas tiveram problemas de paradas ou mal funcionamento, o mercado restringiu a compra dos produtos fabricados pela empresa, portanto a fabricação teve que diminuir sua intensidade, aconteceram falhas que resultaram em problemas de qualidade, a fábrica teve que refazer os produtos ou fazer novos produtos para substituir os que estavam fora das especificações de qualidade. Como se pode notar, primariamente, as variações de volume são da responsabilidade do pessoal das operações. Entretanto, analisando algumas das razões apontadas acima, neste mesmo item, podemos verificar que as responsabilidades podem passar para as mãos dos compradores ou dos vendedores.

Observe que o total das despesas indiretas fixas, que realmente retrata a avaliação monetária dos recursos fixos postos à disposição da fábrica, não se altera, ficando aproximadamente constante ao longo de toda a faixa efetiva de volume. O problema, na verdade, não é de controle dessas despesas, mas de como o total é atribuído aos produtos quando a utilização da capacidade varia, ou o uso dos recursos varia. Essa variação de capacidade (ou de volume) de DIF tem relação direta com o critério do custeio por absorção. Se estivéssemos usando o critério do custeamento direto, por exemplo, a variação de volume de DIF não existiria, pois todos os itens de custos que constam do total das despesas fixas não seriam inventariáveis, portanto não estariam compondo o custo-padrão dos produtos vendidos, mas estariam todos debitados ao resultado do período.

Variações Devidas à Mistura (combinação) de Materiais e à Quantidade Produzida Quando há Perdas de Fabricação

46. Alguns autores preocupam-se em mostrar uma análise da variação de quantidade de materiais. Essa análise resulta em duas variações. Uma delas origina-se, em alguns tipos especiais de produção (produção contínua, produtos químicos, normalmente, ou produtos que dependem de uma mistura ou combinação de materiais diferentes em quantidades diferentes), da combinação real usada na fabricação em comparação com a combinação ideal ou padrão. A outra decorre dessa mesma combinação, quando é preciso colocar mais quantidades de cada material para produzir os produtos porque, durante o processo produtivo, existem perdas normais (evaporação, vazamento, aparas e sobras). Os americanos chamam a essas duas variações (cuja soma corresponde à variação de quantidade de materiais) *mix variance* e *yield variance* (Buckley e Lightner, 1975:689, e Usry et al. 1994:520).

Imaginemos o seguinte exemplo para ilustrar o caso de uma produção típica de mistura de materiais em dosagens certas, produção contínua, em que há perdas normais de materiais. Esse exemplo mostra como se calculam as duas variações adicionais que, juntas, equivalem à variação de quantidade de materiais já determinada neste capítulo.

A Indústria de Solados de Borracha S.A., sediada no Distrito Industrial, fabrica solas de borracha para diversos tipos de botas.

A Contabilidade de Custos preparou o seguinte cartão de custo-padrão para a fabricação de 800 quilos de goma tipo Dumex, que entra na fabricação dos solados BCJ.

Cartão de Custo-padrão de materiais para a fabricação de 800 quilos de goma Dumex

Materiais	Quantidade em kg	Preço unitário	Custo
Látex	500	$ 0,20	$ 100,00
Preparado XIX	250	0,45	112,50
Bolortel	250	0,15	37,50
Total	1.000		$ 250,00

De acordo com o cartão de custo-padrão, podemos calcular:

Custo médio – $ 250,00/1.000 kg da mistura = $ 0,25/kg de mistura

Custo unitário para a produção de 800 kg de
goma Dumex: $ 250,00/800 kg de goma = $ 0,3125/kg de goma

Cálculo da produção da goma Dumex em relação às necessidades de materiais por causa das perdas normais:

Para fabricar 800 quilos de goma são necessários 1.000 quilos de materiais (na mistura certa). Logo, a perda é de 200 quilos de mistura em relação a 1.000 quilos de mistura que entram no processo produtivo. Ou seja, a produção de goma Dumex é de 4/5 do total de mistura que entra no processo.

A combinação ideal dos ingredientes da mistura tem as seguintes proporções:

Látex: 500 kg/1.000 kg de mistura = 1/2

Preparado XIX: 250 kg/1.000 kg de mistura = 1/4

Bolortel: 250 kg/1.000 kg de mistura = 1/4

Foram produzidos durante o período 176.000 quilos de goma Dumex. Para isso, a fábrica requisitou as seguintes quantidades de materiais:

Látex	155.000 kg
Preparado	35.000 kg
Bolortel	32.000 kg
Total da mistura	222.000 kg

Na verdade, pela combinação ideal, seriam precisos 220.000 quilos de mistura, calculados do seguinte modo:

Sendo X a quantidade necessária de quilos de mistura:

$X - X/5 = 176.000 \text{ kg}$

$5\,X - X = 880.000 \text{ kg}$

$4\,X = 880.000 \text{ kg}$

$X = 220.000 \text{ kg}$

Vamos analisar as variações de materiais.

A variação de preço, como já vimos neste capítulo, é isolada quando os materiais são comprados e não quando são usados. É uma forma de exercer o controle. O estoque de materiais fica sempre avaliado ao preço-padrão.

A compra dos ingredientes durante o mês foi a seguinte:

Látex	160.000 kg a $ 0,19/kg =	$ 30.400
Preparado	36.000 kg a $ 0,47/kg =	16.920
Bolortel	35.000 kg a $ 0,18/kg =	6.300
Total		$ 53.620

O registro da entrada dos materiais no estoque de materiais é feito ao preço-padrão, daí destacando-se a variação de preço.

O estoque de materiais recebe os seguintes débitos:

Látex	160.000 kg a $ 0,20/kg =	$ 32.000
Preparado	36.000 kg a $ 0,45/kg =	16.920
Bolortel	35.000 kg a $ 0,15/kg =	5.250
Total		$ 53.450

Comparando-se a compra de materiais com o débito a conta de estoques, podemos isolar as variações de preço, item por item:

As variações de preços são as seguintes:

Látex	160.000 kg ($ 0,19 – $ 0,20) =	$ 1.600 *favorável – PR < PP*
Preparado	36.000 kg ($ 0,47 – $ 0,45) =	$ 720 *desfavorável – PR > PP*
Bolortel	35.000 kg ($ 0,18 – $ 0,15) =	$ 1.050 *desfavorável – PR > PP*
Variação líquida		$ 170 *desfavorável*

As requisições de materiais para a produção foram as seguintes, avaliadas ao preço-padrão:

Látex	155.000 kg a $ 0,20 =	$ 31.000
Preparado	35.000 kg a $ 0,45 =	$ 15.750
Bolortel	32.000 kg a $ 0,15 =	$ 4.800
Total		$ 51.550

O saldo do estoque estará avaliado aos preços-padrão:

Látex	5.000 kg a $ 0,20 =	$ 1.000
Preparado	1.000 kg a $ 0,45 =	450
Bolortel	3.000 kg a $ 0,15 =	450
Total		$ 1.900

O débito à conta de Estoque de Produtos em Processamento deverá ser calculado levando-se em consideração as quantidades-padrão, de acordo com a combinação (mistura ou *mix*) ideal.

Látex	110.000 kg a $ 0,20 =	$ 22.000
Preparado	55.000 kg a $ 0,45 =	$ 24.750
Bolortel	55.000 kg a $ 0,15 =	$ 8.250
Total	220.000 kg	$ 55.000

A variação de quantidade de materiais é calculada do seguinte modo:

Látex	$ 31.000 – $ 22.000 =	$ 9.000 *desfavorável – QR > QP*
Preparado	15.750 – 24.750 =	$ 9.000 *favorável – QR < QP*
Bolortel	4.800 – 8.250 =	$ 3.450 *favorável – QR < QP*
	Total	$ 3.450 *favorável*

A variação de quantidade de material pode ser subdividida em duas variações:

1. variação devido à combinação de materiais

Padrão da quantidade real de materiais – 222.000 kg (veja a avaliação das requisições ao custo-padrão)	$ 51.550
Quantidade real ao custo médio padrão 222.000 kg a $ 0,25/kg =	$ 55.500
Variação	$ 3.450 *favorável*

2. variação devido à perda na produção (perda ou *yield*, em inglês)

   Foram requisitados 222.000 quilos de mistura. Deveriam ter sido requisitados 177.600 quilos para produzir 176.000 quilos de produção de goma Dumex. Houve uma perda de 1.600 quilos de mistura. Multiplicados pelo preço médio de $ 0,3125, o resultados é de $ 500. Variação devido à perda de produção (perda ou *yield*) = $ 500, **desfavorável**.

3. A variação total de quantidade é de $ 3.950, favorável, menos $ 500, desfavorável = $ 3.450, favorável.

9

Critério do Custeio Variável e Decisões de Curto Prazo

OBJETIVOS DO CAPÍTULO

Esperamos que os leitores, ao terminarem de estudar este capítulo, alcancem familiarização com o critério do custeio variável, com a análise das relações custo-volume-lucro, incluindo a análise do ponto de equilíbrio, e com as decisões de curto prazo.

O critério do custeio variável fundamenta-se na ideia de que os custos e as despesas que devem ser inventariáveis (debitados aos produtos em processamento e acabados) serão apenas aqueles diretamente identificados com a atividade produtiva e que sejam variáveis em relação a uma medida (referência, base, volume) dessa atividade. Os demais custos de produção, definidos como periódicos, repetitivos e fixos, serão debitados diretamente contra o resultado do período. O critério, por causa desse procedimento básico, é chamado, também, de critério de custo parcial. O critério do custeio variável é muito útil para intervir no processo de planejamento e de tomada de decisões, até porque uma de suas potencialidades está centrada na análise da variabilidade das despesas e dos custos. O capítulo trata de mostrar claramente as diferenças entre este critério e o critério amplamente usado, amparado pela legislação e pelas normas da contabilidade. Alguns exemplos são apresentados para mostrar as vantagens e as desvantagens de um e de outro critério. Uma das vantagens do emprego do custeio variável é a determinação de um indicador de grande força denominado de margem de contribuição que ajuda na solução de várias decisões. Como decorrência do emprego do critério do custeio direto, o capítulo mostra as relações custo-volume-lucro. O exato reconhecimento dessas relações é útil na solução de vários problemas, cujas soluções alcançam um horizonte de curto-prazo. O capítulo tem por finalidade mostrar aos leitores vários casos simples, porém pas-

síveis de acontecer na vida real, em que os gerentes devem tomar decisões com base nas informações de custos, principalmente com base na margem de contribuição.

NATUREZA DO CRITÉRIO DO CUSTEIO VARIÁVEL

1. Até aqui preocupamo-nos em mostrar sistemas de custeamento que se fundamentam no critério do custeio por absorção, até mesmo quando estudamos o sistema de Custos-padrão. Os capítulos iniciais mostraram a determinação dos custos dos produtos e dos serviços com base em três métodos, que denominamos de direto ideal, indireto real e direto real. Esses três métodos usaram o critério do custeio por absorção. Em seguida, apresentamos os sistemas de acumulação de custos por ordem de produção e por processo. Da mesma forma, o critério empregado foi o critério do custeio por absorção. Depois, analisamos os critérios do custeio ABC e das Unidades de Esforço de Produção. Ainda utilizam o custo por absorção. Entre a apresentação de um critério e outro, por força da didática, estudamos as várias técnicas empregadas para a apropriação das despesas indiretas de fabricação. Também usamos aqui o critério do custo por absorção. Por que, somente ao final do livro, vamos dedicar-nos a estudar o critério do custeio variável? As razões são muito simples.

a) O critério do custeio variável não é aceito legalmente. As disposições legais que tratam da apuração dos custos de produtos e serviços são unânimes em impor o uso do critério do custeio por absorção. Não só aqui no Brasil, como também em outros países, inclusive nos Estados Unidos. Dois de nossos mais importantes diplomas legais – a Lei das Sociedades por Ações e o Regulamento do Imposto de Renda – obrigam explicitamente as empresas a usar o custo por absorção, ainda que de forma parcial. De forma parcial, porque o custeio dos produtos deverá absorver todos os custos e as despesas de fabricação, ignorando as despesas das outras funções, como a função administrativa e a função comercial.

b) As próprias leis da Contabilidade prescrevem o emprego do custeio por absorção. A ideia que sempre valeu era a de que os produtos devem absorver todos os custos necessários para sua fabricação e, se possível, para sua comercialização. As despesas e os custos indiretos, além dos diretos, é claro, deveriam ser carregados aos custos dos produtos e dos serviços, mesmo que esse exercício fosse realizado por meio de alguns critérios de apropriação sabidamente arbitrários.

c) Os dirigentes das empresas vêm adotando a teoria econômica segundo a qual, a longo prazo, os produtos devem absorver todos os custos e despesas que serão repassados para os preços de venda. Na prática do dia a dia empresarial, a Contabilidade de Custos tem-se esforçado para não só atribuir todos os custos e despesas fabris aos produtos (aos serviços, quando se tratar de empresas prestadoras de serviço), como também apropriar as despesas comerciais e administrativas numa tentativa, inteiramente vã no horizonte do curto prazo, de calcular os custos totais dos produtos e com isso conhecer os produtos mais lucrativos e menos lucrativos.

d) O critério do custeio direto, como veremos, requer que as despesas e os custos (inicialmente, da função industrial e, mais tarde, de todas as outras funções) sejam definidos como fixos e variáveis. Uma definição satisfatória somente é estabelecida após demorados e dispendiosos estudos, que envolvem técnicas estatísticas. Quando, nos Capítulos 4 e 5 deste livro, apreciamos os problemas de apropriação das despesas e dos custos indiretos de fabricação, chegamos a tocar no assunto, indicando os passos que deveriam ser seguidos pela Contabilidade de Custos, para alcançar uma apropriação cada vez mais lógica. Entre esses passos, estava a preocupação pela separação das despesas e dos custos fabris, considerados relevantes, em fixos e variáveis. Aplicamos as técnicas estatísticas mais adequadas. A separação tinha uma finalidade: o controle das variações das despesas e dos custos indiretos. No entanto, a partir dessa separação, poderia ser bem mais fácil ampliar seus objetivos e custear os produtos pelo critério do custeio variável, pelo menos no tocante aos custos e despesas relacionados à função de fabricação.

2. Cumpre lembrar que o que estamos denominando de "custeio variável" é mais conhecido como "custeio direto". Preferimos usar a primeira expressão porque ela é mais correta. O fundamento do critério não é a "diretibilidade" das despesas e dos custos, embora essa análise seja uma das mais importantes, senão a mais importante, da Contabilidade de Custos (pedimos desculpas pelo uso do termo *diretibilidade,* pois ele não se encontra no rol das palavras de nossa língua; ele é uma tradução do termo inglês *traceability*; o que acontece é que em nossa língua não temos um termo que possa igualar-se ao termo usado pelos contadores, principalmente americanos). *Diretibilidade* significa a separação dos custos e das despesas em diretos e indiretos, em relação ao objeto que estamos querendo custear. O tema da *diretibilidade* está analisado, em profundidade, no Capítulo 4. Aliás, é tema particularmente apreciado em todos os livros de Custos, exatamente por causa de sua extrema importância. O fundamento do critério, no entanto, é a variabilidade dos custos e despesas. A análise da variabilidade, conforme já apresentamos no Capítulo 5 deste livro, é conseguida quando se toma, como referência, uma base (uma variável física, operacional e controlável) contra a qual medimos o comportamento do custo (e da despesa) que estamos estudando. A lógica parte do fato de que todos os custos e despesas da empresa observam um comportamento definido em relação à variável que chamamos de "fator governante". Lembre-se que, para o critério do custeio ABC, os contadores preferem denominar esses "fatores" como "direcionadores", o que vem a dar no mesmo. É bom lembrar, ainda, que, embora as aparências possam sugerir, não há perfeita relação entre despesas e custos diretos com despesas e custos variáveis e entre despesas e custos indiretos com despesas e custos fixos. *Diretibilidade* e variabilidade são análises completamente distintas. Veja o exemplo mais simples que pode existir. Imaginemos a fábrica do refrigerante BotaCola, quando ela produzia apenas a garrafinha, modelo "cavaquinho". Todos os custos e despesas da empresa eram naturalmente diretos, em relação ao custo de seu único produto. Entretanto, nem todos eram variáveis em relação, por exemplo, à variável (base ou fator governante) "quantidade" de garrafinhas produzidas e vendidas. A depreciação das máquinas e das instalações (dependendo do modelo de cálculo de depreciação empregado), o aluguel, o salário do presidente da empresa e as despesas de sua assessoria, a propaganda e os seguros, só para citar algumas entre muitas outras despesas da mesma natureza, eram diretas, **mas eram fixas, em relação à base: "quantidade" de garrafinhas produzidas**.

Sugerimos que o leitor volte aos capítulos iniciais deste livro, ou consulte outros livros pelos quais tem mais apego, que tratam da classificação dos custos e das despesas e que cuidam de estabelecer a diferenciação entre "gastos", "custos" e "despesas". Essas noções básicas são muito importantes para o entendimento dos conceitos de *diretibilidade* e de variabilidade (não estamos destacando a palavra *variabilidade* porque ela existe na Língua Portuguesa; portanto, não é "uma estranha no ninho"). A Figura 9.1 é uma tentativa de visualizar o que estamos estudando.

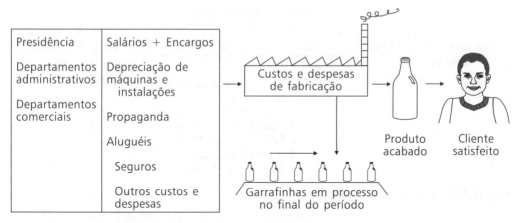

Figura 9.1 *Diretibilidade de todos os custos e despesas.*

3. Conforme se pode verificar na figura da fabricação da garrafinha de BotaCola, todos os custos e despesas da empresa poderiam ser considerados como custo da garrafinha, uma vez que a fábrica só produzia um único produto. Portanto, todos eram diretos, muito embora os custos e despesas que relacionamos fossem todos fixos, quando a empresa comparava seus comportamentos com o comportamento, por exemplo, da "quantidade" de garrafinhas produzidas e vendidas. Notamos, ainda, um problema particularmente significativo: todos os custos e despesas poderiam permanecer "estocados" nas garrafinhas que ficavam em processo de fabricação no final do período. Tocaremos nesse ponto mais adiante, neste capítulo.

4. De acordo com o conceito do custeio variável, somente os custos e despesas variáveis (em relação a alguma base que represente o esforço produtivo ou de vendas) devem ser debitados aos custos dos produtos. As depesas e os custos considerados fixos (quando comparados com a variação da base selecionada) deverão ser debitados contra o lucro do período. Eis aqui o procedimento básico do conceito do custeio variável. Segundo muitos autores de livros sobre Custos, o conceito foi inicialmente divulgado na década de 30, nos Estados Unidos (Harris, 1936). Este, sim, é um conceito inovador. Inteligível e prático. Apesar dessas qualidades, ele não é aceito para as finalidades de preparação de demonstrações contábeis de uso externo. Entretanto, é utilizado amplamente por todos os gerentes, quando devem tomar decisões operacionais internas de curto prazo, como veremos em alguns exemplos clássicos.

5. Outra forma de mostrar a natureza do custeio variável é compará-lo com o conceito de custo por absorção por meio de gráficos de simples entendimento. Como é normal, vamos tratar apenas dos custos e despesas de fabricação, até porque, tanto no custeio por absorção, que é empregado atualmente, quanto no custeio direto, os custos e as despesas das demais funções da empresa não são debitados aos custos dos produtos fabricados. Vejamos o que acontece quando a Contabilidade de Custos adota o conceito do custeio por absorção (Figura 9.2).

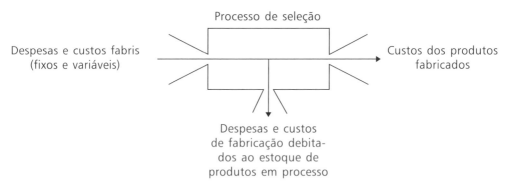

Figura 9.2 *Custeio por absorção.*

Como se pode observar, todos os custos e despesas de fabricação, não importa se fixos ou variáveis, são carregados ao custo da produção. Estes se subdividem: alguns seguem como custos dos produtos fabricados que serão vendidos, outros ficam incorporados, momentaneamente, no custo dos produtos que ficam em processamento (em elaboração) no final do período. Este fato é considerado pela Contabilidade de Custos como a prática de "esconder" custos fixos nos estoques. Estes custos só serão considerados como contrapartida da receita de vendas, quando os produtos forem vendidos. O fato é que, segundo muitos contadores e administradores, cada unidade de produto fabricado deve ser onerada com a parcela que lhe cabe dos custos totais de fabricação. Paradoxalmente, porém, outros contadores e administradores consideram que um dos problemas mais difíceis enfrentado pela Contabilidade de Custos está centrado na alocação (na distribuição ou apropriação) das despesas e custos indiretos aos produtos. Essa alocação é apoiada em critérios sabidamente inconsistentes, capazes, até mesmo, de produzir informações enganosas. Essas ponderações já foram sobejamente feitas nos Capítulos 4 e 5 deste livro. Uma das finalidades do critério do custeio ABC, entre outras, foi a de tentar diminuir essa falha gritante, mesmo empregando o conceito do custo por absorção, pelo emprego de "direcionadores de atividades", baseados em medidas das atividades e não em medidas de volume, ligadas intimamente com as características dos produtos. Conseguiu, em parte, atenuar as falhas que produziam informações incorretas. O critério do custeio ABC, porém, manteve os "direcionadores de recursos", que nada mais são do que as bases de rateio do critério do custo por absorção nos sistemas correntes de custeamento, que permanecem, portanto, com os mesmos defeitos. De fato, pode ser sempre dito que os custos fixos jamais deveriam ser apropriados.

6. O fluxo esquematizado do conceito do custeio variável, apresentado na Figura 9.3, facilita a comparação com o fluxo do conceito do custeio por absorção, mostrado no item 5.

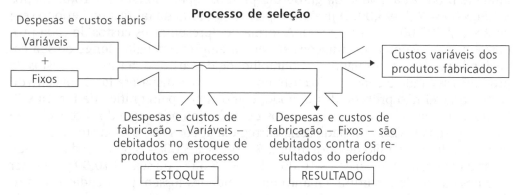

Figura 9.3 *Custeio variável.*

Como se pode ver, os custos variáveis de fabricação são debitados aos custos dos produtos fabricados e aos custos dos produtos que permanecem, ao final do período, em elaboração. Os custos fixos de fabricação não são apropriados; eles são postos diante das receitas e rendas do período. O fato é que, segundo o conceito do custeio variável, as despesas e os custos fixos de fabricação representam o consumo da estrutura posta à disposição da fábrica para produzir certa quantidade de unidades durante determinado período. Esses custos, por sua própria natureza, são repetitivos a cada período. Pelo conceito do custeio variável, a Contabilidade de custos pode apresentar a variação de volume de modo diferente de como ela é apresentada nas demonstrações de resultados, preparada quando se emprega o conceito do custo por absorção. O exemplo mais simples, até simplório, que se pode dar para destacar o que pode acontecer (que muitos estudiosos mostram para os que se iniciam nos mistérios da Contabilidade de Custos) é o caso da fábrica que tem uma estrutura fixa que deve ser usada em cada período.

Essa estrutura, representada principalmente pelo pessoal de controle e de supervisão, pelos equipamentos e instalações, pelos seguros e pelo aluguel, deve ser utilizada para fabricar, por exemplo, 10.000 unidades de um produto chamado "truc". A estrutura tem um custo fixo de $ 15.000,00 por período, seja usada ou não. Suponha que cada unidade de "truc" carregue $ 2,00 de materiais diretos e $ 3,00 de mão de obra direta. Vamos imaginar ainda que num período a fábrica atendeu a uma demanda da área comercial e fabricou exatamente 10.000 unidades de "truc". Segundo o custo por absorção, cada unidade custou ($ 2,00 + $ 3,00 + $ 1,50) $ 6,50. Elas foram vendidas a $ 10,00 cada uma, gerando uma receita de $ 100.000 e um lucro de $ 35.000 (35% das vendas) (custo total = $ 6,50 × 10.000 unidades). Até aqui tudo bem. Suponhamos, no entanto, que no período seguinte, por motivos que não adianta analisarmos porque a situação é extrema de propósito, a fábrica só produziu e vendeu duas unidades de "truc". E agora, qual foi o custo de cada unidade de "truc", em conformidade com o conceito de absorção? $ 2,00 + $ 3,00 + $ 7.500,00 = $ 7.505,00 cada uma. Porque as despesas e os custos de estrutura, que são fixos e repetitivos, foram descarregados nos custos das duas únicas e solitárias unidades de "truc". Cada unidade produzida e vendida gerou um prejuízo operacional de $ 10,00 menos $ 7.505,00 = $ 7.495,00. O prejuízo operacional total da fábrica no período será de 2 × $ 7.495,00 = $ 14.990,00. A forma de apresentar os custos de cada produto, quando acontecem situações em que a empresa trabalha longe de sua capacidade produtiva instalada e a Contabilidade de Custos determina os custos de produção segundo o conceito do custo por absorção, é disparatada. O conceito do custo variável não procede desse modo, como vimos pelo gráfico da Figura 9.3. Como seria, então o cálculo dos custos de cada unidade segundo o conceito do custeio variável? Cada unidade seria carregada apenas como os custos variáveis, materiais diretos e mão de obra direta: $ 2,00 = $ 3,00 = $ 5,00. Cada unidade geraria uma contribuição de ($ 10,00 – $ 5,00) $ 5,00, ou seja, $ 10,00 para fazer face aos custos de estrutura. Quanto mais unidades fossem produzidas **e vendidas**, maior seria a cobertura até que esta ultrapassasse o montante dos custos de estrutura para, então, a fábrica começar a apresentar lucros. Vamos estudar esse caso com mais pormenores quando apresentarmos os modelos de análise das relações custo/volume/lucro. No total, o prejuízo resultante seria o mesmo = $ 14.990,00, apresentado pelos dois conceitos, porque as quantidades produzidas foram todas vendidas no mesmo período. Caso se produzissem mais unidades do que a quantidade vendida, sobrariam unidades no estoque. Isso acarretaria significativa desigualdade nos lucros. As informações seriam mais corretas se fosse empregado o conceito do custeio variável.

Neste ponto, vale a pena repetir: os custos fixos são um problema no custeamento dos produtos. porque eles tendem a permanecer constantes no seu valor total dentro de uma faixa efetiva de volume.

Os custos de produção, dos estoques, a capacidade não utilizada (variação de capacidade ou de volume) e o resultado bruto ajustado poderiam ser calculados observando o modelo da Figura 9.4, que está orientado pelo conceito do custeio de absorção.

Critério do Custeio Variável e Decisões de Curto Prazo 327

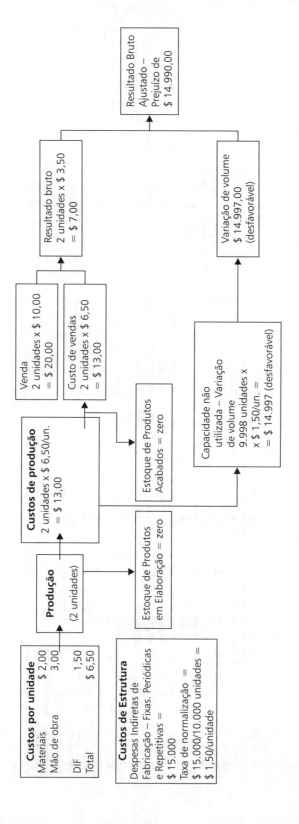

Figura 9.4 *Custeio por absorção.*

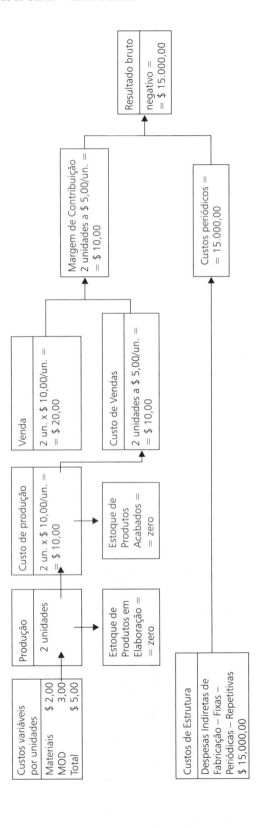

Figura 9.5 *Custeio direto.*

Os custos de produção, dos estoques e o resultado bruto ajustado poderiam ser calculados, observando o modelo da Figura 9.5, que está orientado pelo conceito do custeio variável. Anote que não há mais o montante que representou a "capacidade não utilizada". Em seu lugar, aparece o valor total dos custos de estrutura, em conformidade com a ideia de que a estrutura está à disposição da fábrica para que ela possa operar, não importando o quanto foi utilizado, uma vez que os custos de estrutura se repetirão no próximo período; logo, eles são considerados custos periódicos, que devem ser cobertos pelo resultado bruto. No caso presente, o resultado bruto de apenas $ 10,00 (receita de vendas menos custos variáveis de produção) não cobre suficientemente os custos de estrutura ($ 15.000,00), ocorrendo um prejuízo de $ 14.990,00, que é o mesmo apontado pelo custeio por absorção. Eles são iguais porque a quantidade vendida foi igual à quantidade produzida. Caso sobrassem algumas unidades no estoque de produtos acabados, os resultados não seriam semelhantes. Certamente, o resultado obtido pelo emprego do custeio direto seria menor do que o resultado alcançado quando se emprega o conceito do custo por absorção. Outros exemplos virão ajudar a esclarecer essa significativa diferença.

COMPARAÇÃO ENTRE OS DOIS CONCEITOS DE CUSTEIO – ABSORÇÃO E VARIÁVEL – QUANDO EXISTEM ESTOQUES INICIAL E FINAL

7. Um exemplo bem simples vai destacar as diferenças nos resultados obtidos. Vamos verificar que os resultados alcançados pelo custeio por absorção são extremamente influenciados pelas quantidades produzidas e que os resultados decorrentes do emprego do critério do custeio variável são influenciados pelas quantidades vendidas. Há uma constatação de tal obviedade que todos vão ficar surpresos quando apresentada num livro técnico: "os lucros somente são obtidos pelo exercício de venda e não pelo exercício de produção!" Em outras palavras: "é preciso vender e não apenas produzir para o estoque".

Os dados da Empresa Manufatureira Indecisa foram os seguintes:

a) Produção, vendas e estoques de cinco períodos consecutivos – em unidades.

	Períodos				
	1	2	3	4	5
Estoque inicial	zero	500	200	zero	zero
Produção	9.000	8.000	9.000	8.500	10.000
Vendas	8.500	8.300	9.200	8.500	8.500
Estoque final	500	200	zero	zero	1.500

330 Curso de Contabilidade de Custos • Leone e Leone

b) Outros dados operacionais e de custos:

- Capacidade de produção – 10.000 unidades por período
- Custo variável de vendas por unidade – $ 5,00
- Custo fixo total do período – $ 20.000

Com isso, podemos calcular a taxa de absorção (normal, de aplicação, estimada, predeterminada, veja o Capítulo 4) para ser empregada quando utilizamos o critério do custeio por absorção.

Taxa de absorção = $ 20.000/10.000 unidades = $ 2,00/unidade

8. Vejamos como ficam as demonstrações de resultado para os cinco períodos consecutivos, quando se emprega o conceito do custo por absorção.

	Períodos (em $ 1,00)				
	1	2	3	4	5
Vendas	85.000	83.000	92.000	85.000	85.000
(–) Custo de Vendas:					
Estoque inicial	zero	3.500	1.400	zero	zero
Produção (*)	63.000	56.000	63.000	50.500	70.000
Estoque final (**)	3.500	1.400	zero	zero	10.500
	59.500	58.100	64.400	50.500	59.500
Resultado bruto	25.500	24.900	27.600	25.500	25.500
(–) Variação de volume (***)	2.000	4.000	2.000	3.000	zero
resultado bruto ajustado	**23.500**	**20.900**	**25.600**	**22.500**	**25.500**

Explicações:

(*) Custo de produção unitário: Custo variável – $ 5,00

$$\text{DIF} \quad \underline{-\quad 2,00}$$
$$\underline{-\ \$\ 7,00}$$

Períodos	Cálculo do custo total de produção
1	9.000 un. × $ 7,00 = $ 63.000
2	8.000 un. × $ 7,00 = $ 56.000
3	9.000 un. × $ 7,00 = $ 63.000
4	8.500 un. × $ 7,00 = $ 59.500
5	10.000 un. × $ 7,00 = $ 70.000

(**)

Períodos	Cálculo do custo dos estoques finais
1	500 un. × $ 7,00 = $ 3.500
2	200 un. × $ 7,00 = $ 1.400
3	zero
4	zero
5	1.500 un. × $ 7,00 = $ 10.500

(***)

Períodos	Cálculo da variação de volume
1	(10.000 un. − 9.000 un.) × 2,00
2	(10.000 un. − 8.000 un.) × 2,00
3	(10.000 un. − 9.000 un.) × 2,00
4	(10.000 un. − 8.500 un.) × 2,00
5	(10.000 un. − 10.000 un.) × 2,00

9. Vejamos agora como seriam apresentadas as demonstrações de resultado para os mesmos cinco períodos consecutivos, se a Contabilidade de Custos empregasse o conceito do custeio variável.

	Períodos (em $ 1,00)				
	1	2	3	4	5
Vendas	85.000	83.000	92.000	85.000	85.000
(–) Custo de vendas:					
Estoque inicial	zero	2.500	1.000	zero	zero
Produção (*)	45.000	40.000	45.000	42.500	50.000
Estoque final (**)	2.500	1.000	zero	zero	7.500
Custo de vendas	42.500	41.500	46.000	42.500	42.500
Margem de contribuição (***)	42.500	51.500	46.000	42.500	42.500
Custos periódicos (****)	20.000	20.000	20.000	20.000	20.000
Resultado bruto	**22.500**	**21.500**	**26.000**	**22.500**	**22.500**

Explicações:

(*)   Custo de produção = Custo variável = $ 5,00.
       O cálculo do custo da produção realizada em cada período é feito multiplicando-se o total de unidades pelo custo unitário de produção (5,00).

(**)   O estoque final é determinado multiplicando-se as unidades pelo custo de produção unitário.

(***) A margem de contribuição (que é o principal indicador produzido pelo conceito do custeio variável) é calculada subtraindo-se do valor das vendas (receita) o valor do custo de vendas.

(****) Os custos periódicos (fixos, repetitivos) são abatidos da margem de con tribuição (esta é exatamente o que sobra da receita para dar cobertura aos custos fixos de fabricação) em conformidade com um dos procedimentos mais importantes do conceito do custeio variável.

10. Vamos colocar, com referência aos cinco períodos, os estoques, as vendas e a produção, todas medidas em unidades. E os resultados finais em unidades monetárias. Primeiramente, com relação às demonstrações de resultado sob o conceito do **custeio por absorção**. Muitos autores se preocupam em mostrar graficamente essas informções, comparando o custeio por absorção e o custeio variável, como uma forma didática de grande força para destacar as diferenças entre um conceito e outro, quando as unidades vendidas não são iguais às quantidades produzidas. Um dos autores é o Prof. Eliseu Martins (Martins, 1990:182) (Figura 9.6).

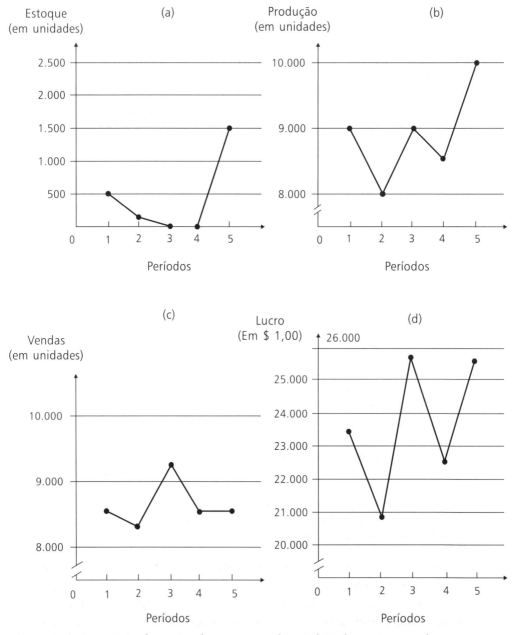

Figura 9.6 *Aspectos relevantes dos recursos do critério do custo por absorção.*

11. Na Figura 9.7 vamos repetir a mesma metodologia que procura apresentar as comparações entre alguns dados significativos das operações entre o custeio por absorção e o custeio variável. Agora usaremos o conceito do **custeio variável**.

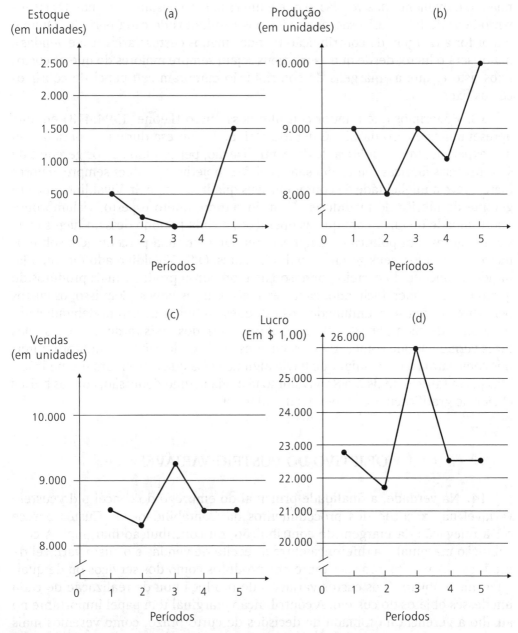

Figura 9.7 *Aspectos relevantes do resultado do critério do custo variável.*

12. Analise os gráficos da Figura 9.6, custeio por absorção. Veja que os lucros acompanham movimento da produção. À medida que a quantidade produzida for maior do que a quantidade vendida, os lucros vão ficando maiores, porque as diferenças vão acumulando (ou escondendo) custos periódicos de fabricação nos estoques. E os custos totais de vendas ficam menores, gerando maiores lucros.

Analise, agora, os gráficos da Figura 9.7, custeio variável. Os lucros acompanham o movimento das vendas, o que é um resultado bastante normal. Os custos periódicos de fabricação são debitados aos resultados de cada período. Quanto maior for a margem de contribuição (vendas menos custos variáveis de vendas), maior será o lucro, desde que as margens sejam sempre maiores do que os custos fixos, isto é, que as margens de contribuição cumpram seu papel de cobrir os custos fixos.

13. Sugerimos que o leitor consulte nosso livro (Leone, 1994:413) em que apresentamos o caso da Cia. Gangorra Doida. A empresa durante o período em que experimentava a política de descentralização, permitindo que os gerentes de suas diversas fábricas tomassem suas decisões, objetivando obter sempre maiores lucros, teve a infelicidade de contar em seus quadros com o Sr. Vivaldino, que era gerente da fábrica de medidores. O Sr. Vivaldino, muito esperto, vislumbrou a oportunidade de fazer com que as operações a cada período dessem lucros cada vez melhores. Era política da empresa premiar, com uma percentagem sobre os lucros alcançados, seus gerentes mais eficientes. O Sr. Vivaldino adotou com plenitude o conceito do custeio por absorção e procurou produzir mais produtos do que poderia vender, inchando, cada vez mais, seus estoques. Com isso, os custos periódicos foram-se acumulando nos estoques em lugar de serem debitados aos resultados de cada período, até que, alguns períodos mais tarde, por causa das luzes vermelhas que começaram a ser acesas no fluxo de caixa, os auditores internos começaram a desconfiar que havia alguma coisa que estava fora dos padrões. Mas já era tarde demais... o Sr. Vivaldino já havia pedido demissão, com os bolsos cheios de gratificações e aumentos de salários!

OBJETIVO DO CUSTEIO VARIÁVEL

14. Na verdade, a finalidade principal do emprego do conceito do custeio variável na execução dos procedimentos da Contabilidade de Custos parece ser a relevação da margem de contribuição, ou contribuição marginal. A contribuição marginal é a diferença entre a receita de vendas e o custo variável de produção. A receita pode ser tanto dos produtos como dos serviços ou de qualquer outro objeto. E os custos variáveis de produção ou de realização de cada um desses objetos do custeio. A contribuição marginal tem papel importante no auxílio à gerência na tomada de decisões de curto prazo, como veremos mais adiante, em casos clássicos, práticos e didáticos. A contribuição marginal tanto pode ser total como unitária. Em algumas decisões, é melhor o emprego da margem de contribuição unitária. Vista por outro lado, a margem de contribuição, como o próprio nome está indicando, destina-se a mostrar quanto sobrou da receita direta de vendas, depois de deduzidos os custos e as despesas variáveis de fabricação, para pagar (ou cobrir) os custos periódicos. Em princípio, trazem maiores lucros para a empresa aqueles produtos que alcançarem margens de contribuição maiores do que outros. É claro que a margem de contribuição só poderá ser destacada se a Contabilidade de Custos dividir os custos e as despesas de fabricação (no mínimo) em fixos e variáveis.

UMA FÁBULA PARA ADULTOS

15. Esta fábula (Leone, 1994:403) se destina a destacar, de forma curiosa e criativa, as diferenças entre os dois conceitos de custeamento: absorção e variável. Leia com atenção a pequena história e faça suas próprias reflexões sobre as críticas do contador de custos a respeito da decisão tomada pelo dono do restaurante da esquina quando resolveu dispor de um pedaço do balcão para vender saquinhos de amendoim.

Uma Fábula para Adultos[1]

A. Joaquim, o dono do restaurante da esquina, resolveu vender, além dos seus produtos normais, pequenos pacotes de amendoins, para aumentar seus lucros.

Seu contador, o Sr. Apropriador de Custos, que vem mensalmente encerrar os livros do restaurante, avisa ao nosso Joaquim que este tem uma "bomba em suas mãos".

Contador: Joaquim, você me disse que quer vender estes amendoins porque grande número de pessoas deseja comprá-los; será que você já pensou no custo?

Joaquim: É lógico que não vai me custar nada. É lucro líquido. É verdade que eu tive de pagar Cr$ 3.750,00 pela prateleira, mas os amendoins custam Cr$ 9,00 o pacote e eu os venderei por Cr$ 15,00. Espero vender 50 pacotes por semana para começar. Em 12 semanas e meia cobrirei o

---

[1] Esta fábula foi traduzida há cerca de 50 anos, de um livro norte-americano de Contabilidade Gerencial, ao qual não fazemos referência completa por se haver extraviado. No texto original, havia indicação de que esta fábula foi reproduzida com a permissão de Rex H. Anderson Vice-presidente da *Life Insurance Company of North America*. As unidades monetárias estão em cruzeiros. Mantivemos essa unidade (moeda) para sermos fiéis à obra de 1982 (edição original).

custo da prateleira. Depois disso, terei um lucro líquido de Cr$ 6,00 por pacote. Quanto mais vender, maior o lucro.

Contador: Este seu ponto de vista é antiquado e completamente irreal. Hoje em dia, os métodos aperfeiçoados de contabilidade permitem que façamos um estudo mais aprofundado, que demonstra a complexidade do problema.

Joaquim: O quê?

Contador: Quero dizer que devemos integrar toda a operação "venda de amendoins" dentro da sua empresa e apropriar aos pacotes de amendoins a sua parcela correta do total das despesas gastas. Devemos apropriar aos pacotes uma parte proporcional das despesas do restaurante com aluguel, luz, aquecimento, depreciação, salários dos garções, do cozinheiro etc.

Joaquim: Do cozinheiro? O que é que ele tem a ver com os amendoins? Ele nem sabe que eu os vendo.

Contador: Olhe, Joaquim, o cozinheiro trabalha na cozinha, a cozinha prepara a comida, a comida traz os fregueses que serão os compradores dos amendoins. Por isso é que deve apropriar ao custo das vendas dos amendoins tanto uma parte do salário do cozinheiro quanto uma parte do seu próprio salário. Veja este quadro demonstrativo; ele contém uma análise de custos cuidadosamente calculada e indica que o lucro operacional deve ser igual a Cr$ 191.700 por ano, para cobrir as despesas gerais.

Joaquim: Os amendoins? Cr$ 190 mil cruzeiros por ano de despesas gerais? Essa não...

Contador: Na verdade, o total dessas despesas é um pouco superior a isto. Todas as semanas você tem despesas com limpeza e lavagem das janelas e do chão, com a reposição dos sabonetes consumidos no lavatório e com cervejinhas para o guarda. O total então sobe a Cr$ 196.950 por ano.

Joaquim: (Pensativo) – O vendedor de amendoins me disse que eu conseguiria bons lucros – era só colocar os pacotes perto da caixa registradora e pronto – Cr$ 6,00 de lucro por pacote vendido.

Contador: (Torcendo o nariz) – Ele não é um contador. Você sabe quanto lhe custa a porção de espaço sobre o balcão ao lado da caixa registradora?

Joaquim: Não custa nada – não cabe nem um freguês extra – é um espaço morto, inútil.

Contador: O ponto de vista moderno sobre custos não nos permite pensar em espaços inúteis. O seu balcão ocupa 6 m² e as vendas anuais totalizam Cr$ 2.250.000 por ano. Logo, o espaço ocupado pela prateleira

Critério do Custeio Variável e Decisões de Curto Prazo   337

de amendoins lhe custará Cr$ 37.500 por ano. Desde que você retire aquela área de uso geral, deve debitar o seu custo ao ocupante real do espaço.

Joaquim: Você quer dizer que eu devo acrescentar Cr$ 37.500 por ano a mais como despesa com a venda de amendoins?

Contador: Justamente. Isto elevará os custos gerais de operação a um total geral de Cr$ 234.450 por ano. Ora, se você quer vender 50 pacotes de amendoins por semana, estes custos representarão Cr$ 90,00 por pacote.

Joaquim: O quê?

Contador: Evidentemente, devemos acrescentar a isto o preço de compra de Cr$ 9,00 por pacote, o que nos dará o total de Cr$ 99,00.

Ora, se você pretende vender cada pacote por Cr$ 15,00, obterá como resultado uma perda líquida por pacote de Cr$ 84,00.

Joaquim: Existe aqui alguma coisa esquisita.

Contador: Veja os números. Eles provam que a venda de amendoins é deficitária.

Joaquim: (Com um sorriso inteligente) – E se eu vender muitos pacotes – mil pacotes por semana, em vez de somente 50?

Contador: (Com um ar tolerante) – Joaquim, você não entendeu o problema. Se o volume de vendas aumentar, o mesmo acontecerá com os seus custos operacionais – maior número de pacotes, maior o tempo gasto, maior depreciação, mais tudo. O princípio básico da Contabilidade de Custos é invariável: "Quanto maiores as operações, maiores os custos gerais a serem apropriados." Não, o aumento do volume de vendas não o ajuda em nada.

Joaquim: OK, já que você sabe tanto, o que devo fazer?

Contador: (Condescendente) – Bem, você poderia reduzir seus custos operacionais.

Joaquim: Como?

Contador: Mude-se para um imóvel de aluguel mais baixo. Diminua os salários, mande lavar as janelas somente de 15 em 15 dias; não coloque mais sabonetes nos lavatórios, diminua o custo por metro quadrado do seu balcão. Por exemplo, se você conseguir reduzir suas despesas em 50%, a porção das despesas gerais apropriadas à venda dos pacotes de amendoins passará de Cr$ 234.500 para Cr$ 117.250 por ano, reduzindo o custo a Cr$ 54,00 por pacote.

Joaquim: (Não muito satisfeito) – Será isso interessante?

Contador: É lógico que sim. Contudo, ainda assim você perderia Cr$ 39,00 por pacote, se o seu preço de venda for somente de Cr$ 15,00 por pacote. Portanto, você deverá aumentar o preço de venda. Se desejar um lucro de Cr$ 6,00 por pacote, o seu preço de venda deverá ser igual a Cr$ 60,00.

Joaquim: (Desolado) – Você quer dizer que, depois de reduzir minhas despesas de 50% ainda tenho que cobrar Cr$ 60,00? E quem vai comprá-lo, a este preço?

Contador: Isto é uma consideração secundária. O que interessa é que Cr$ 60,00 é um preço de venda baseado em uma avaliação real e justa dos seus custos operacionais já reduzidos.

Joaquim: (Satisfeito) – Olhe. Eu tenho uma ideia melhor. Por que não jogar fora os amendoins?

Contador: Será que você pode suportar tal perda?

Joaquim: Certamente. Só possuo 50 pacotes – ou seja, Cr$ 450,00, e mais uma prateleira no valor de Cr$ 3.750,00; jogo tudo fora e pronto, acabou-se esta porcaria de negócio de amendoins.

Contador: (Balançando a cabeça) – Joaquim, isto não é tão simples assim. Você está no negócio de amendoins. Se você jogar fora esses amendoins você estará adicionando Cr$ 234.450,00 de despesas gerais anualmente ao total das suas despesas operacionais. Joaquim, seja realista, esta perda você não pode suportar.

Joaquim: (Desesperado) – É incrível. Na semana passada eu estava ganhando dinheiro. Hoje eu estou atrapalhado – só porque pensei que amendoins sobre o balcão... só porque eu pensei em 50 pacotes de amendoins por semana.

Contador: (Com um olhar sério) – O objetivo dos estudos modernos de custo, Joaquim, é eliminar essas falsas ilusões.

16. A fábula foi imaginada para mostrar, de forma cômica, os defeitos do conceito do custeio por absorção na análise de certas decisões. O emprego das apropriações de despesas e custos gerais aos produtos ou serviços que geram receita pode gerar situações como a apresentada pelo restaurante do Sr. Joaquim e por seu contador de custos. Com certeza, se o contador de custos se aproximasse um pouco do conceito do custeio variável em suas reflexões, iria verificar que a nova forma de aumentar as receitas, pela venda de pacotes de amendoim, seria relativamente bastante lucrativa. Outra maneira de analisar a situação decorrente da nova atividade, paralela e secundária, poderia ser orientada pelo emprego dos conceitos de despesas e custos relevantes, quando vai buscar conhecer quais as despesas e os custos que se alteram com a instalação da nova venda.

VANTAGENS E DESVANTAGENS DO CONCEITO DO CUSTEIO VARIÁVEL

17. O custeio variável é particularmente aproveitado pela administração com sucesso nos casos em que se deseja saber, com segurança, quais produtos, linhas de produtos, departamentos, territórios de vendas, clientes e outros segmentos (ou objetos) que são lucrativos e onde a Contabilidade de Custos deseja investigar os efeitos inter-relacionados das mudanças ocorridas nas quantidades produzidas e vendidas, nos preços e nos custos e despesas. Outras vantagens podem ser mencionadas. O custeamento variável apresenta imediatamente a margem de contribuição. O custeamento por absorção não dispõe dessa importante informação. Os custos periódicos não se "escondem" nos estoques de produtos fabricados e em andamento, fazendo com que as figuras de lucro sejam ilusórias. O custeio direto é preparado facilmente e as demonstrações contábeis resultantes são mais inteligíveis por parte de quem não está afeito às rotinas da Contabilidade. Os custos fixos, periódicos e repetitivos da forma como são destacados nas demonstrações de resultado facilitam a visão do administrador sobre o montante desses custos e despesas e a influência que têm sobre o lucro dos negócios. Como produto paralelo que se destaca no emprego do custeamento variável estão os orçamentos flexíveis, uma vez são decorrentes da análise do comportamento das despesas e dos custos de fabricação diante de variáveis tomadas como referenciais. A maior parte das despesas e custos variáveis de fabricação são itens que passam imediatamente por caixa; esse aspecto permite maior correspondência entre as demonstrações econômicas e as demonstrações financeiras na área industrial. Assim como o custeamento por absorção, o custeamento variável também é facilmente acoplado aos demais sistemas de custeamento.

18. Como desvantagens, podemos mencionar algumas delas. Os resultados do custeio variável não devem substituir, em algumas decisões, as informações decorrentes de outros critérios. As informações do custeio variável são bem aplicadas em problemas cujas soluções são de curto alcance no tempo. Para obter soluções de longo prazo, normalmente as informações do custeio variável não são recomendadas. O trabalho de análise das despesas e custos em fixos e variáveis é dispendioso e demorado. Sempre deverão ser feitos estudos de custos × benefícios. Os resultados do custeio variável não são aceitos para a preparação de demonstrações contábeis de uso externo.

USOS DO CUSTEIO VARIÁVEL EM VÁRIAS ATIVIDADES DE PLANEJAMENTO, CONTROLE E DECISÃO

19. Uma das inquietações atuais da Contabilidade de Custos é a tendência marcante das indústrias em transformarem a produção e seus controles em pro-

340 Curso de Contabilidade de Custos • Leone e Leone

cessos automatizados. As técnicas contábeis precisam ser adaptadas a essa nova realidade. Os custos variáveis (porque a mão de obra direta passa a ser um custo não significativo, sendo orientado para se constituir em um item a mais das despesas indiretas fixas) tornam-se menos relevantes diante do constante aumento das despesas e custos fixos, periódicos e repetitivos. O fato é que as máquinas, os robôs, os computadores estão ocupando cada vez mais espaços na produção e nos controles da produção. É interessante consultar o artigo do Prof. Raymond P. Marple, escrito há 34 anos, onde ele imaginou a Cia. Toda Fixa. Essa empresa não tinha custos variáveis. Só tinha custos fixos: era completamente automatizada. As duas únicas matérias-primas eram a água e o ar; portanto, não custavam nada (Marple, 1964). Incluímos o artigo do Prof. Marple em nosso livro de Custos (Leone, 1995:390). É claro que obtivemos do professor americano sua permissão por escrito. Como o artigo era naquele tempo, muito interessante devido a sua força didática, nós o apresentamos fazendo algumas reflexões para inseri-lo no assunto que estávamos estudando: o conceito do custeamento variável. Hoje, o estudo do Prof. Marple é cada vez mais válido, porque se insere nos cenários industriais caracterizados pela automação. Os altos investimentos em ativos fixos são compensados por uma produção em alta escala. Por esse lado, os custos fixos, uma vez analisados, podem ser incorporados a uma quantidade bem grande de unidades produzidas. Entretanto, a globalização da economia alterou profundamente as características do mercado consumidor. Os clientes desejam produtos diferenciados, de boa qualidade, de custo reduzido. O avanço acelerado do progresso técnico faz com que os produtos tenham vida útil bastante reduzida. O equipamento de som e vídeo surgido como novidade há cinco anos, hoje, já ninguém compra porque surgiram produtos novos com tecnologia mais avançada. Com os computadores e toda a parafernália em torno acontece o mesmo: eles mudam constantemente. Há três anos, o modelo 386 era a novidade. Hoje ninguém mais o quer, porque os novos modelos são mais avançados e, o que surpreende, custam menos. Esses fenômenos estão dando dor de cabeça aos contadores de custos. A Contabilidade de Custos tem buscado encontrar novos conceitos, critérios e modelos para ajudar a administração das empresas a enfrentar esses desafios.

20. O custeio variável é um instrumento de grande utilidade para a gerência em sua função de planejamento das operações. Por quê? Quais são suas qualificações? O custeamento variável divide as despesas e os custos de fabricação (e de outras funções) em fixos e variáveis; determina a margem de contribuição em relação a qualquer objeto ou segmento da empresa, facilita a análise do processo de simulação – muito empregado pela função de planejamento – porque pode antever os resultados da interação de custos, volume e lucro.

21. O custeio variável é muito empregado nos casos em que há grande variedade de produtos diferentes. Uma vez que o conceito determina que cada produto tenha seus próprios custos diretos e variáveis, surge imediatamente a margem de contribuição total ou unitária por produto. A administração, através dos relatórios contábeis, fica sabendo qual o produto que tem maior margem de contribuição, relativa e absoluta. A Contabilidade de Custos pode ir mais além: aplicar o conceito de custeio variável para as atividades da função comercial. Assim, poderá determinar que produtos deverão cobrir melhor os custos periódicos mesmo que suas vendas tenham sido subtraídas dos custos variáveis de produção e depois dos custos variáveis comerciais. A aplicação do custeio variável nesse caso envolve os chamados custos de distribuição (despesas e custos que são realizados pelas atividades de distribuição, ou seja, aquelas que ocorrem antes e depois da produção dos produtos e serviços e que se destinam a fazer chegar produtos e serviços aos clientes). A análise e o controle dos custos de distribuição são apresentados em diversos estudos (Leone, 1995, Capítulo 11).

22. Veremos mais adiante que o custeamento variável fornece informações úteis que auxiliam diretamente a gerência a escolher a melhor decisão. A Contabilidade de Custos separa as despesas e os custos por segmento (que chamamos de objetos do custeio). Esses segmentos podem ser as atividades. As mesmas atividades que formam um dos pilares da aplicação do critério do custeio ABC. Constataremos que o critério ABC, como vem sendo divulgado, é um critério orientado pelo conceito do custeio por absorção. Entretanto, as despesas e os custos das atividades podem ser, embora com alguma dificuldade, dependendo do nível a que se desce na hierarquia das operações (isto é, se a Contabilidade de Custos resolver analisar as operações, subdividindo-as em atividades cada vez menores), separadas em despesas e custos variáveis e fixos por atividade. As despesas e os cutos separados por atividades permitem que se obtenham melhores informações para identificar e avaliar as atividades essenciais e não essenciais. Uma vez que as atividades tenham suas despesas e custos analisados de acordo com sua variabilidade diante de uma variável operacional relacionada à atividade, e não com o produto ou serviço que essa atividade produz, a gerência terá meios para tomar melhores decisões.

Em relação a outros tipos de custeamento, a análise das despesas e dos custos em fixos e variáveis permite que a empresa possa estudar melhor as mudanças nos volumes de produção como consequência de várias alternativas que tem a sua frente: por exemplo, alcance de novos mercados, aumento da fábrica, parcerias, terceirização, novos produtos, comprar ou fazer os próprios produtos e muitas outras.

23. O custeamento variável, como o próprio nome indica, enfatiza a análise das despesas e custos variáveis de qualquer objeto de custeio. As despesas e os custos variáveis são suscetíveis de maior controle por parte da gerência porque possuem unidades de medida operacionais e físicas que os governam. São os direcionadores de recursos e de atividades privilegiados na aplicação do custeio ABC. Como as despesas e os custos fixos, indiretos, repetitivos e periódicos, pela própria natureza, não possuem seus direcionadores visíveis, fica mais difícil seu controle. É claro que, como sempre, vale lembrar que estamos referindo-nos a horizontes de curto alcance, porque as despesas e os custos são fixos dentro de determinada faixa relevante de volume e porque, levando-se em consideração prazos mais longos, as despesas e os custos certamente se apresentarão de outra forma. De qualquer modo, como estamos trabalhando no curto prazo, a análise dos custos, tomando como base seu comportamento, é útil para as funções de controle. As despesas e os custos variáveis, como vimos, quando estudamos o "custeamento pela responsabilidade", são controlados pelos responsáveis de cada departamento, seção ou setor. Quando separamos os custos pela responsabilidade em custos controláveis e não controláveis, se tivéssemos adotado o custeamento variável, poderíamos ter constatado que as despesas e os custos variáveis são quase sempre itens controláveis pela gerência do componente organizacional.

24. Vamos lembrar-nos do que estudamos nos compêndios de teoria microeconômica. O leitor pode consultar qualquer estudo de economia empresarial e vai verificar que todos eles dizem a mesma coisa, o que é bastante normal. Vale a pena fazer essa incursão a esses estudos. Ali se vê que os preços dos produtos são determinados pelas forças do mercado; pelas curvas da oferta e da demanda. Além disso, os gráficos (que são mais inteligíveis) revelam que o melhor preço de um produto é aquele que produz a maior diferença entre a curva da receita total e a curva do custo total. E a Economia ainda nos ensina (é claro que utilizando valores agregados, isto é, somando-se os comportamentos de todas as empresas de um mesmo país, num mesmo período) que o volume "ótimo" de produção é aquele em que as curvas do custo marginal e da receita marginal se cruzam. Em outras palavras, é o ponto da produção em que o aumento no custo total pelo acréscimo de uma unidade produzida (que é o custo marginal) se iguala ao aumento correspondente na receita (receita marginal). O preço do produto nesse ponto é o preço "ótimo". Voltando ao gráfico em que as curvas da demanda e da oferta estão apresentadas, veremos que quanto maior o preço, menor a quantidade demandada e que, quanto menor o preço, maior a quantidade demandada. Ocorre exatamente o contrário na curva de oferta: quanto maior o preço, maior a quantidade ofertada e quanto menor o preço, menor a quantidade ofertada. Os lucros são influenciados por esses movimentos. Por que estamos dando uma releitura nos textos de Economia? Porque sabemos que o movimento que ocorre na curva de demanda depende pouco da ingerência da empresa, a não ser que se invista razoável quantidade de recursos para mudar o comportamento do consumidor. Valerá a pena? Entretanto, o que acontece do lado da oferta é mais controlável pela empresa. O custeamento direto oferece de imediato, a qualquer nível, dentro da faixa efetiva de volume, o custo marginal do produto que certamente poderá ser usado para a determinação do volume de produção que alcançará o lucro máximo. Em outras palavras, o custo variável por unidade ou no total, é uma informação preciosa, pois, a curto prazo, poderá ser útil na formação do preço ótimo de venda dos produtos em fábricas que produzem grande variedade de produtos diferentes.

Critério do Custeio Variável e Decisões de Curto Prazo **343**

ANÁLISE DO PONTO DE EQUILÍBRIO

25. A separação das despesas e dos custos em fixos e variáveis e o conceito do custemanto variável destinam-se a desenvolver informações que auxiliam a gerência no desempenho de suas funções de planejamento e de tomada de decisões. Embora tanto o planejamento como as decisões sejam baseados no curto prazo, o conceito do custeio variável fornece meios para que a Contabilidade de Custos e as gerências de qualquer nível e de qualquer segmento possam visualizar as interações existentes entre alguns fatores significativos presentes nas atividades que influenciam os resultados: receitas, volumes de produção e de vendas e despesas e custos variáveis e fixos. O instrumento que os contadores e os administradores usam correntemente para obter essas interações e sua influência nos resultados é a **análise das relações custo-volume-lucro**. Examine o exemplo. Imaginemos que um amigo nosso alugue um *trailer* para vender cachorro-quente no calçadão da praia. Suas despesas fixas são os aluguéis do *trailer* e os aluguéis de toda a parafernália para fazer e servir cachorro-quente, o salário de um ajudante, os impostos e os seguros contra uma porção de coisas, que montam a $ 3.400 mensais. Nosso amigo, que tinha certa experiência, pois trabalhara durante alguns meses numa lanchonete mais sofisticada, determinou suas despesas e custos diretos e variáveis para a produção e a venda dos produtos: materiais que entram na composição do produto, materiais necessários para a produção, energia e materiais de limpeza. O total, por cachorro-quente, era de $ 0,80. Nas redondezas, um cachorro-quente semelhante estava sendo vendido por $ 2,50 a unidade. Tendo em vista que nosso amigo queria ter uma retirada mensal de $ 1.700, quantas unidades teria de vender para pagar as despesas e os custos e ainda ter a retirada desejada? Esse é um exemplo simples, representativo de uma operação ainda mais simples. Vamos calcular, em primeiro lugar, a **margem de contribuição**.

Preço de venda	$ 2,50
(menos) Despesas e custos variáveis	0,80
Margem de contribuição	1,70

A margem de contribuição unitária multiplicada por uma quantidade q (o que se quer saber) dará o valor total da contribuição, que servirá para pagar as despesas e os custos fixos mensais e mais a retirada desejada.

$$(\$ 3.400 + \$ 1.700)/\$ 1,70 = q$$

$$q = 3.000 \text{ cachorros-quentes no período.}$$

Observe as variáveis que integram a solução: o preço unitário de venda, as despesas e os custos variáveis, os custos fixos e o lucro que se deseja obter. A análise da interação entre essas variáveis é que constitui o objetivo principal do instrumento gerencial: *as relações custo-volume-lucro*.

26. Quando o lucro é zero, a quantidade de cachorros-quentes necessária e o valor total da receita produzida dão a medida do **ponto de equilíbrio**. Em termos gerais, então, o **ponto de equilíbrio** é o ponto de produção e vendas em que os custos se igualam às receitas.

Calculemos o ponto de equilíbrio das operações do *trailer*. Transformemos a linguagem corrente para a linguagem matemática, através de símbolos:

p = preço de venda unitário
v = custo variável por unidade
F = custo fixo (periódico, repetitivo) total
L = resultado total
$p - v$ = margem de contribuição unitária
q = quantidade a ser produzida e vendida

De acordo com a linguagem corrente, teremos, em linguagem matemática:

Linguagem corrente = receita total menos custo total igual a resultado zero (definição de ponto de equilíbrio)

Linguagem matemática = $(p - v) q - F$ = zero

Podemos resolver a equação (linguagem matemática), substituindo os símbolos pelos respectivos valores:

($ 2,50 - $ 0,80) $q - $ 3.400 = zero
($ 1,70) $q = $ 3.400 $q = $ 3.400/$1,70 = 2.000 unidades

Essa informação diz que nosso amigo deve produzir e vender exatamente 2.000 cachorros-quentes para alcançar o **ponto de equilíbrio**, em que não há nem lucro nem prejuízo.

Apresentemos, agora, o **ponto de equilíbrio** na linguagem contábil, que é representada pela demonstração de resultado.

Demonstração de resultado da operação do *trailer* **no ponto de equilíbrio**	
Receita total: $(p \times q)$ ou 2.000 un. × $ 2,50/un.	$ 5.000
(menos)	
Custo variável total: (vq) ou 2.000 un. × $ 0,80/un.	1.600
(igual)	
Margem de contribuição total $(p - v) q$ ou	
($ 2,50 - $ 0,80) 2.000 un.	$ 3.400
(menos)	
Custo fixo total – (F)	3.400
(igual) Resultado das operações no **ponto de equilíbrio**	zero

Critério do Custeio Variável e Decisões de Curto Prazo **345**

O ponto de equilíbrio pode ser, ainda, determinado através de outra equação. Vamos por partes. Duas das **suposições básicas (ou hipóteses subjacentes)** que fundamentam a **análise do ponto de equilíbrio** (mais adiante apresentaremos estas e outras suposições básicas) são as seguintes:

1ª o preço de venda unitário permanece constante dentro da faixa de volume de vendas estabelecida; e

2ª o custo unitário variável permanece também constante dentro dessa faixa efetiva de volume.

Resultado: o custo unitário variável guarda uma relação constante com o preço unitário de venda.

No exemplo do *trailer*, a relação constante entre o custo unitário variável e o preço unitário de vendas é calculada do seguinte modo:

$ 0,80/$ 2,50 = 32%

ou seja, o custo unitário variável é sempre igual a 32% do preço unitário de vendas, dentro da faixa estabelecida de volume de produção e de vendas.

Se quisermos verificar qual é o montante da receita de vendas no ponto de equilíbrio, devemos estabelecer a seguinte linguagem:

Subtraindo-se do total das vendas, no ponto de equilíbrio, o total do custo variável, nesse mesmo ponto o resultado será igual a zero; não haverá nem lucro nem prejuízo.

Em linguagem matemática, deveremos criar um símbolo para as vendas totais no ponto de equilíbrio. Deverá ser:

V_{PE} = vendas no ponto de equilíbrio

Com base nesse símbolo, a equação que dá o valor das vendas no ponto de equilíbrio será:

$$V_{PE} - 0,32\,V_{PE} - F = \text{zero}$$
$$V_{PE} - 0,32\,V_{PE} = F$$
$$0,68\,V_{PE} = \$\ 3.400$$
$$V_{PE} = \$\ 5.000$$

As vendas no ponto de equilíbrio são iguais ao que foi calculado anteriormente, como não podia deixar de ser.

A **análise do ponto de equilíbrio** também pode ser desenvolvida por meio de um gráfico. Embora tal procedimento normalmente não ofereça resultados precisos, ele é um instrumento didático poderoso, porque dá uma visão global das relações entre as variáveis-custo, volume e lucro.

O gráfico mais usado é o da Figura 9.8.

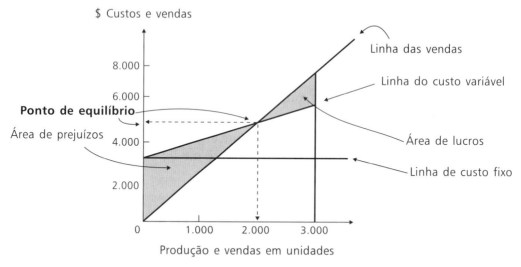

Figura 9.8 *Análise do ponto de equilíbrio.*

O gráfico é de fácil entendimento. Os custos fixos totais permanecem os mesmos; qualquer que seja o ponto da capacidade (ou da faixa efetiva de volume, o que veremos mais adiante), ou seja, em qualquer ponto do eixo horizontal.

Os custos variáveis vão subindo, em linha reta, a uma taxa constante, que é o custo variável unitário.

As vendas, do mesmo modo, crescem em linha reta, uma vez que o preço de venda é unitário e constante.

A linha do custo variável representa o custo total porque parte do ponto em que a linha do custo fixo intercepta o eixo vertical. No ponto zero de produção e vendas, o custo fixo é o segmento que vai da origem à interseção mencionada.

No ponto de produção e vendas, onde a linha do custo total se encontra com a linha da receita de vendas, não há nem lucro nem prejuízo. É o **ponto de equilíbrio.** Antes desse ponto, temos a área de prejuízos porque a linha do custo total está acima da linha da receita total. Após o ponto de equilíbrio, o gráfico mostra a área de lucros, onde a linha da receita total passa a ficar acima da linha do custo total.

Há outra forma gráfica (Figura 9.9) que não só serve como instrumento didático, como também destaca de modo diferente as informações do ponto de equilíbrio, tendo aplicação nos casos em que a empresa fabrica mais de um produto de grande importância relativa na receita total.

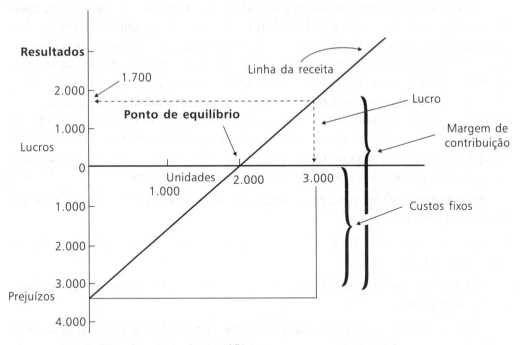

Figura 9.9 *Análise do ponto de equilíbrio.*

A linha de vendas parte do ponto do eixo vertical onde está marcado o valor dos custos fixos. Significa que, no ponto zero de atividade, o prejuízo é exatamente o valor dos custos fixos porque não houve nenhuma receita. Quando o lucro é zero, estamos no **ponto de equilíbrio**. Esse ponto é anotado quando a linha de receita corta o eixo horizontal. Quando a margem de contribuição passa a ser maior do que os custos fixos, aparecem os lucros.

SUPOSIÇÕES QUE FUNDAMENTAM A ANÁLISE DO PONTO DE EQUILÍBRIO

27. A análise do ponto de equilíbrio é um instrumento precioso para a gerência visualizar a situação econômica global das operações e tirar proveito das relações entre as variáveis custo-volume-lucro. Entretanto, é preciso levar em consideração algumas suposições básicas que são subjacentes ao modelo, que influenciam bastante a interação entre o modelo e o mundo real.

Algumas delas já foram mencionadas neste mesmo capítulo. Vamos repeti-las e acrescentar outras.

Antes de estudarmos as suposições, devemos lembrar-nos do que foi apresentado como a "**faixa efetiva de volume**". A capacidade teórica de produção e de vendas vai de zero unidade até o ponto em que, para se produzir ou vender mais, será necessário alterar a estrutura física e o uso dos recursos. Entretanto, as empresas, quando já estão em funcionamento, trabalham dentro de uma faixa de sua capacidade, chamada de capacidade prática ou normal. É comum vermos empresas que trabalham na faixa entre 40 e 80% de sua capacidade e até em faixas com menor amplitude. Dentro dessa faixa, as receitas e os custos têm um comportamento tal que podemos considerar como constante. Isso facilita a análise e permite que se tenha mais confiança em seus resultados.

Primeira suposição: o preço de venda unitário permanece o mesmo ao longo da faixa efetiva de volume.

Segunda suposição: o custo unitário variável permanece constante ao longo da faixa efetiva de volume.

Terceira suposição: os custos fixos totais não se alteram ao longo da faixa efetiva de volume.

Quarta suposição: quando a empresa fabrica e vende mais de um produto, a combinação de vendas permanece constante ao logo da faixa de volume.

O que vimos até agora, incluindo o problema prático do *trailer* que vende cachorro-quente, é que a empresa produz e vende apenas um tipo de produto. Mas essa não é a realidade. Devemos dedicar-nos a apresentar a metodologia empregada para a análise das relações custo-volume-lucro nas firmas que produzem e vendem mais de um tipo de mercadoria. *Faremos isso mais adiante.*

Quinta suposição: o que a fábrica produz em determinado período ela vende nesse mesmo período. Isso significa dizer que não existe muita diferença entre os saldos dos estoques inicial e final de produtos acabados. É muito difícil observar as relações custo-volume-lucro quando há uma diferença razoável entre a produção e a venda.

ANÁLISE DO PONTO DE EQUILÍBRIO QUANDO A FÁBRICA PRODUZ E VENDE MAIS DE UMA QUALIDADE DE PRODUTO

28. Nosso amigo dono do *trailer* entusiasmou-se com os resultados animadores da atividade. Resolveu diversificar. Agora, além de cachorro-quente, produzirá e venderá sanduíches mistos. Ele continua querendo vender 3.000 cachorros-quentes por mês para ter uma retirada de $ 1.700. Além disso, deseja vender 2.000 sanduíches. O que o animou foi que ele vai poder diversificar, sem gastar um centavo adicional para alterar a estrutura atual de produção e vendas, ou

Critério do Custeio Variável e Decisões de Curto Prazo   **349**

seja, os custos fixos mensais, no montante de $ 3.400, não vão mudar. As três alterações que vão acontecer, com certeza, serão: com um acréscimo nos custos variáveis por causa da produção de um novo produto, a receita vai aumentar e os lucros provavelmente vão aumentar, também. Ele poderá vender cada sanduíche por $ 3,00 e os custos variáveis unitários (queijo, pão e presunto, pelo menos) foram previstos: $ 1,00 para cada sanduíche. A estrutura (*trailer*, equipamentos e instalações, seguros e ajudante) serve para os dois tipos de produtos. Se a contabilidade pudesse separar, sem usar métodos arbitrários, os custos do uso da estrutura comum para os dois produtos, certamente, determinaria o **ponto de equilíbrio** de cada um dos produtos diferentes.

Na verdade, o proprietário do *trailer* quer aumentar seu lucro, que é atualmente de $ 1.700 mensais. Ele está, no momento, preocupado em determinar seu ponto de equilíbrio. Ele sabe que sua estrutura pode produzir e vender 3.000 cachorros-quentes e 2.000 sanduíches mistos. Um de seus amigos mais chegados, que é especialista em Custos, deu a seguinte informação: o *trailer* só pode determinar o ponto de equilíbrio de duas maneiras: (1ª) separando os custos de estrutura ($ 3.400) em duas partes: uma parte para a fabricação e venda de cachorros-quentes e outra parte para a venda de sanduíches. Entretanto, seu amigo alertou: essa separação é muito difícil, pois a estrutura serve para a fabricação simultânea dos dois tipos de produtos; (2ª) mantendo fixa, ao longo da faixa efetiva de volume que vai de zero produto até 3.000 cachorros-quentes e 2.000 sanduíches, a mesma combinação (mistura ou, como alguns estudiosos insistem em chamar, *mix*). Essa combinação é a seguinte:

cachorros-quentes   = 3.000 unidades 3/5

sanduíches   = 2.000 unidades 2/5

Vamos empregar a segunda maneira.

- Calculemos a média ponderada da margem de contribuição;

  média ponderada todo mundo sabe o que é e como se calcula.

No caso em tela, seria calculada do seguinte modo:

	Unidades produzidas	Preço de venda unitário	Custo variável unitário	Margem de contribuição	Total
Cachorros-quentes	3.000	$ 2,50	$ 0,80	$ 1,70	$ 5.100
Sanduíches	2.000	3,00	1,00	2,00	4.000
Total					$ 9.100

Dividindo $ 9.100 ÷ 5.000 unidades = $ 1,82

O **ponto de equilíbrio** será igual a:

Custos de estrutura margem de contribuição unitária = $ 3.400/$ 1,82 = 1.868 unidades do conjunto: cachorros-quentes e sanduíches.

Lembremo-nos que esse **ponto de equilíbrio** é válido somente para a mistura de vendas calculada: cachorros-quentes – 3/5 e sanduíches – 2/5.

Se ocorrer qualquer alteração, por menor que seja, na combinação de produção e vendas, o ponto de equilíbrio será diferente.

Portanto, aplicando a combinação de vendas em 1.868 unidades, teremos as seguintes unidades de um e de outro produto que devem ser produzidas e vendidas para se alcançar o ponto de equilíbrio:

Produtos	Mistura	Quantidades a serem produzidas e vendidas
Cachorros-quentes	3/5	1.121 unidades
Sanduíches	2/5	747 unidades
Total	5/5	1.868 unidades

Vamos verificar a determinação do **ponto de equilíbrio** pela expressão contábil:

Demonstração de resultados das operações do *trailer* quando vende toda a produção

	Cachorros-quentes	Sanduíches	Total
Margem de contribuição	$ 5.100	$ 4.000	$ 9.100
Menos custos de estrutura			3.400
Lucro			$ 5.700

Demonstração de resultados das operações do *trailer*, quando vende no ponto de equilíbrio

	Cachorros-quentes	Sanduíches	Total
Margem de contribuição:			
1.121 unidades × $ 1,70	$ 1.905,70		
747 unidades × $ 2,00		$ 1.494,00	$ 3.399,70
Custos de estrutura			3.400,00
			(0,30)*

* Observação: O resultado deveria ser exatamente zero. Não é por causa dos arredondamentos.

Critério do Custeio Variável e Decisões de Curto Prazo **351**

Agora, o proprietário deseja ganhar mais $ 1.300, além dos $ 1.700 atuais, por causa das vendas dos sanduíches.

Calculemos a quantidade que deve produzir do conjunto: cachorros e sanduíches:

Ponto de produção e vendas = ($ 1.700 + $ 1.300 + $ 3.400)/$ 1,82 = 3.516 unidades

Mantendo a mesma combinação de produção e vendas (3/5 e 2/5) teremos, para cada produto:

Cachorros-quentes	2.110 unidades => 3/5
Sanduíches	1.406 unidades => 2/5
Total	3.516 unidades => 5/5

Verificação pela expressão contábil:

Demonstração de resultados das operações do *trailer* quando o proprietário deseja alcançar além do lucro atual de $ 1.700, em que só vende os cachorros-quentes, um adicional de $ 1.300 pela venda dos sanduíches.

	Cachorros-quentes	Sanduíches	Total
Margem de contribuição 2.110 unidades × $ 1,70 1.406 unidades × $ 2,00	$ 3.587	$ 2.812	$ 6.399
Menos custos de estrutura			3.400
Lucro esperado			2.999*

* Deveria ter resultado num lucro exato de $ 3.000 ($ 1.700 + $ 1.300). Os arredondamentos fizeram, a diferença de $ 1,00.

O gráfico do **ponto de equilíbrio** (Figura 9.10) pode ser apresentado de acordo com o seguinte modelo:

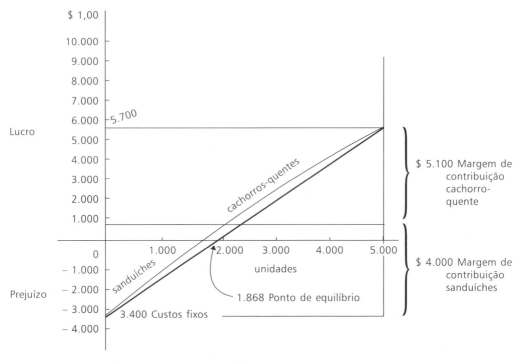

Figura 9.10 *Análise do ponto de equilíbrio – margem de contribuição.*

MARGEM DE SEGURANÇA

29. A margem de segurança, nos estudos de ponto de equilíbrio, é a diferença entre o que a empresa pode produzir e comercializar, em termos de quantidade de produtos, e a quantidade apresentada no ponto de equilíbrio. Chama-se margem de segurança porque mostra o espaço que a empresa tem para fazer lucros após atingir o ponto de equilíbrio.

No primeiro exemplo, quando o *trailer* vendia apenas uma linha de produtos, que era a dos cachorros-quentes, o empreeendimento ainda tinha espaço para fazer lucros num total de (3.000 – 2.000) 1.000 unidades de cachorros-quentes. Ou seja, se multiplicarmos 1.000 cachorros-quentes pela margem de contribuição unitária ($ 1,70), saberemos que o negócio ainda tem possibilidade de alcançar o lucro de $ 1.700, considerando que sua capacidade total de produção e vendas seja igual a 3.000 unidades. Assim, percebe-se que, quanto mais baixo for o ponto de equilíbrio, melhor será para a empresa. E quanto mais alto, pior, pois terá menor margem de segurança. A margem de segurança, como se vê, é um indicador de alto valor informativo. Ela pode ser apresentada sob diversas formas. Uma delas é em relação ao valor absoluto medido em quantidades. Como fizemos: 1.000 cachorros-quentes. Outra, ainda em unidades, mas apresentando um valor relativo: 1.000 cachorros-quentes divididos pelo total da capacidade, 3.000 cachorros-quentes. O que dá 1/3 ou 33,33%. Isso quer dizer que a empresa ainda pode produzir e vender 1/3 de sua capacidade após ter atingido seu ponto de equilíbrio. A margem de contribuição poderia ser medida em valor absoluto, em relação ao valor das vendas em unidades monetárias. Ela, como vimos, poderá crescer 1/3, ou 33,33% da receita: $ 1.700/$ 5.100.

No exemplo, ainda do *trailer*, em sua segunda fase, quando começa a produzir e a vender a linha de sanduíches e com a combinação de vendas de 3/5 e 2/5, respectivamente para os cachorros-quentes e para os sanduíches, seu ponto de equilíbrio é de 1.868 unidades. Se o *trailer* pode produzir e vender (3.000 cachorros-quentes e 2.000 sanduíches) 5.000 unidades de produto pronto, então terá uma margem de segurança muito confortável, igual a (5.000 unidades menos 1.868 unidades) 3.132 unidades de produtos. Em termos relativos, significa uma margem de segurança de 3.132 unidades ÷ 5.000 unidades = 62,6%. A margem de segurança, medida em unidades monetárias, será calculada multiplicando-se 3.132 unidades pela margem de contribuição unitária média, que foi calculada, de $ 1,82, o que dará $ 5.700. Em termos relativos, será de $ 5.700 ÷ $ 9.100 = 62,6%. O valor deveria ser o mesmo, é claro; se não fosse, teríamos cometido algum engano.

PONTO DE INDIFERENÇA

30. O ponto de indiferença, nos estudos de ponto de equilíbrio, é um indicador bastante útil como auxílio nos processos de tomada de decisões. Ele é alcançado quando a economia obtida nos custos variáveis por causa de alguma mudança no processo produtivo é igual ao aumento nos custos de estrutura decorrentes dessa mesma mudança. Continuemos com o exemplo do *trailer*.

Suponhamos que o proprietário do *trailer* ache um meio de diminuir os custos variáveis de produção num montante de $ 0,30 por cachorro-quente. Esse meio é traduzido pelo emprego de um equipamento mais moderno, que ele pode alugar, pagando $ 500 mensais por um contrato longo. As despesas de manutenção do equipamento ficam por conta do locador.

Vamos lembrar-nos dos dados das operações do *trailer*, em sua primeira fase, antes da diversificação em direção à produção e à venda de sanduíches. O *trailer* produz e vende 3.000 cachorros-quentes ao preço de $ 2,50/unidade. Os custos variáveis por unidade montam a $ 0,80 e os custos de estrutura totalizam $ 3.400. O lucro é de $ 1.700. A margem de contribuição é igual a $ 1,70 ($ 2,50 – $ 0,80). O **ponto de equilíbrio** foi calculado: $ 3.400 ÷ $ 1,70 = $ 2.000 cachorros-quentes.

A alternativa daria os seguintes resultados:

Vendas 3.000 un. × $ 2,50/un.	$ 7.500
(–) Custo variável de vendas 3.000 un. × $ 0,50*	1.500
(=) Margem de contribuição 3.000 un. $ 2,00	$ 6.000
(–) Custos de estrutura ($ 3.400 + $ 500)	3.900
(=) Resultado	$ 2.100

O **ponto de indiferença** será calculado do seguinte modo, em conformidade com o conceito que apresentamos no início deste item:

$$q.y = (\text{dif})\, f, \text{ onde:}$$

q = quantidade produzida

y = economia nos custos variáveis

(dif) f = diferença em que os custos de estrutura são aumentados

Aplicando os valores do problema do *trailer*, vamos ter o seguinte resultado para o valor de y.

$$3.000 \,.\, y = \$ \, 500$$
$$y = \$ \, 0,17/\text{unidade}$$

O resultado indica o **ponto de indiferença**. É a diminuição mínima nos custos variáveis que faz igualar essa economia ao aumento decorrente nos custos de estrutura. Qualquer valor de diminuição dos custos variáveis acima de \$ 0,17 é vantajoso. Se, no caso do *trailer*, a diminuição for de \$ 0,30, haverá uma diferença positiva no resultado do período. Se for menor do que \$ 0,17, não valerá o esforço, pois o empreendimento terá prejuízo e não lucro. Se for exatamente igual \$ 0,17, então a alteração nos custos variáveis por causa do novo equipamento não trará nenhum benefício e nenhum prejuízo.

DIFERENÇAS ENTRE OS CONTADORES E OS ECONOMISTAS A RESPEITO DOS CONCEITOS DE PONTO DE EQUILÍBRIO

31. Na verdade, não existem essas diferenças marcantes tão divulgadas. As diferenças são bastante atenuadas porque os contadores trabalham dentro de faixas efetivas de volume. Dentro dessas faixas, os contadores, para as finalidades práticas, consideram que as curvas das vendas, dos custos variáveis e dos custos de estrutura são linhas retas, enquanto os economistas consideram toda a faixa de volume em que a empresa pode teoricamente atuar. Daí, para os economistas, as linhas de duas variáveis mencionadas (linha das vendas e linha dos custos variáveis), que, interagindo entre si e com a reta dos custos de estrutura, (formando a base da análise das relações custo-volume-lucro) são curvas. As diferenças existentes referem-se a conceitos. Vamos referir-nos às limitações da análise do ponto de equilíbrio, que já são do conhecimento dos contadores, que as levam em consideração em suas análises conclusivas. Essas limitações, por força de conceituações básicas, são o cerne das diferenças entre os pontos de vista dos dois profissionais que estudam o comportamento das empresas.

Critério do Custeio Variável e Decisões de Curto Prazo **355**

A primeira limitação baseia-se no fato de que o preço de venda não permanece constante. Os economistas preferem dizer que as vendas totais (que denominam de receita total) são curvas e não retas. Eles afirmam que, na verdade, as empresas, para venderem unidades adicionais, devem baixar o preço unitário de venda. À medida que o preço de venda diminui, as vendas totais crescem porque maior quantidade de unidades é vendida. Esse fenômeno realmente pode acontecer, mas a curva de vendas estabiliza-se, para depois, com a diminuição de preço, as vendas totais começarem a diminuir. Então, a curva de vendas atinge um máximo, para depois começar a cair. A Figura 9.11, que compara os dois pontos de vista (do economista e do contador) mostra, com clareza, o que estamos afirmando. Para o contador, há uma faixa no volume de produção e de vendas em que se pode considerar que os movimentos ficam estáveis e as curvas podem ser tratadas como retas, em que há uma proporcionalidade constante, ou seja, o preço de venda por unidade não muda.

A segunda limitação relaciona-se ao comportamento dos custos variáveis. Para os contadores, por medidas práticas e não distantes da realidade, o comportamento dos custos variáveis dentro da faixa efetiva de volume é constante, isto é, o custo unitário variável é fixo por unidade. Para os economistas, o custo variável unitário altera-se à medida que se produzem mais ou menos quantidades de produtos. Quando os volumes de produção são baixos, mais próximos da origem na representação gráfica, os custos variáveis aumentam numa proporção maior do que os aumentos nas quantidades produzidas. Isto é, os custos variáveis unitários são mais altos. Entretanto, por vários fatores, principalmente ligados à aprendizagem e à eficiência com que os recursos variáveis são consumidos, os custos variáveis por unidade vão diminuindo, fazendo com que a curva comece a decrescer. A curva chega a um ponto mínimo, que representa o máximo de eficiência produtiva. Depois desse ponto, as operações começam a perder eficiência e, de novo, o custo variável total começa a subir à medida que a fábrica passa a produzir maior quantidade de produtos. Como os custos totais de estrutura normalmente permanecem constantes dentro de faixas efetivas de menor alcance, dando saltos, representados por degraus, a soma dos custos (variáveis e de estrutura) resulta numa curva em que, a baixos volumes de produção, ela começa a crescer empurrada pelos custos fixos unitários que praticamente acompanham o comportamento dos custos variáveis unitários. Dentro de uma faixa particular de produção e vendas, os custos permanecem estáveis. Após essa faixa, o aumento dos custos variáveis unitários puxa a curva do custo total para cima. Todas essas curvas e respectivos comportamentos diante dos níveis de produção estão desenhadas nos gráficos da Figura 9.11. Inclusive, mostramos a faixa efetiva de volume dentro da qual os contadores trabalham e na qual as várias linhas dos fatores que influenciam a análise do ponto de equilíbrio têm uma forma retilínea. Mostramos, também, o gráfico do ponto de equilíbrio sob o ponto de vista do economista. Notem que existem dois pontos de equilíbrio, onde a curva da receita total se encontra com a curva do custo total. Uma das maiores diferenças está no fato de que o gráfico aponta o lucro máximo, o que não acontece com o gráfico do ponto de equilíbrio desenhado pelos contadores. Esse lucro máximo é medido pelo segmento da reta entre a curva de custo total e a curva da receita total que tenha o maior comprimento entre todos os outros segmentos, isto é, ele ocupa o espaço que que a "barriga", formada pela curva de custos totais e a curva da receita total' é maior. **No próximo capítulo, estudamos alguns dos instrumentos matemáticos e estatísticos que os contadores usam para resolver alguns problemas de custos e de lucros. Entre eles, está a aplicação do cálculo diferencial – derivadas – para a determinação deste ponto ótimo de produção, onde há o lucro máximo, isto é, onde a "barriga" é maior.**

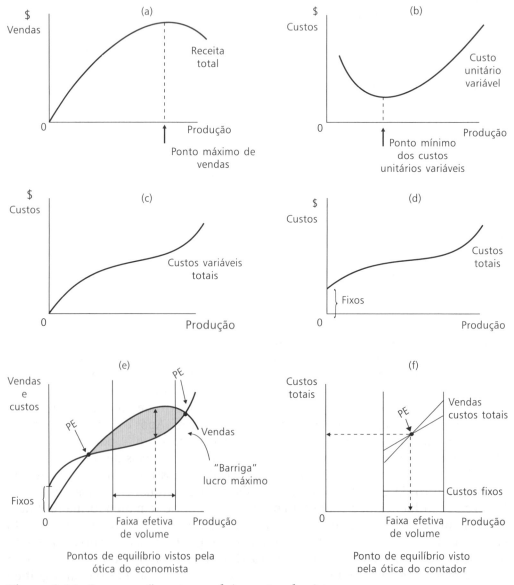

Figura 9.11 *Comparação entre os dois pontos de vista.*

SIMULAÇÕES DE ALTERNATIVAS NA ANÁLISE DAS RELAÇÕES CUSTO-VOLUME-LUCRO

32. As relações custo-volume-lucro quando postas no gráfico do ponto de equilíbrio podem ser de grande utilidade para a gerência na atividade de planejamento das operações, porque as relações entre as três variáveis permitem que, através de simulações, a gerência possa saber, com antecipação, os resultados de certas decisões e de determinadas atividades.

33. A gerência, no exercício de suas funções de planejamento ou mesmo de tomada de decisões, pode estar querendo saber, por exemplo, o que acontece com os lucros, com o ponto de equilíbrio e com outros resultados, se algumas ações administrativas ou operacionais forem previstas. Por exemplo: (a) alterações na estrutura – ampliação ou diminuição – que determinam mudanças nos custos fixos; (B) mudanças nos preços de venda para aumento do lucro ou maior participação no mercado; (c) reduções ou acréscimos nos custos variáveis que possam permitir a redução dos preços de venda e que possam alterar a qualidade dos produtos; (d) alterações na combinação de vendas para atingir maiores lucros; (e) reduções administradas das margens de lucro para alcançar determinados mercados.

34. Embora as alternativas relacionadas no item anterior possam parecer muito simples, elas, na verdade, admitem internamente diversas decisões. Portanto, é enorme o número de situações que podem surgir. Veja o caso de uma alteração nos custos de estrutura. A Cia. Cabo Branco deseja investir em alguns equipamentos modernos, que devem aumentar os custos de estrutura em $ 60.000. Esses equipamentos vão melhorar a qualidade dos produtos. Entretanto, a Administração sabe que, a curto prazo, não poderá aumentar as quantidades produzidas e vendidas nem querer que a produção diminua. O ponto de equilíbrio, em unidades, deve continuar o mesmo. A empresa quer saber qual deve ser o novo preço de venda para que tudo fique dentro das expectativas. Ela deverá julgar se o novo preço de venda será aceito pelo mercado. **Como se vê, estamos imaginando uma situação de certezas. Entretanto, poderíamos imaginar algumas incertezas. Nesse caso, a solução demandaria conhecimentos de regras de probabilidade que fogem ao alcance desta obra.** Ao final deste capítulo, vamos indicar algumas obras de Contabilidade de Custos que tratam de problemas cujas soluções são praticadas com o auxílio de instrumentos mais sofisticados de Estatística.

35. Vamos fazer a simulação. A tarefa é bem simples porque, como se disse, não existem incertezas. Algumas informações adicionais são indispensáveis.

Preço de venda unitário atual –	$ 10,00
Custo variável unitário –	4,00
Custos de estrutura atuais –	$ 240.000
Quantidade atual produzida e vendida	40.000

O novo custo de estrutura será igual a $ 300.000.
O custo variável unitário não vai alterar-se. Continuará sendo igual a $ 4,00.
O ponto de equilíbrio, em unidades, fica o mesmo: 40.000 unidades.

A fórmula do ponto de equilíbrio é a seguinte:

Volume no PE (ponto de equilíbrio) =

$$= \frac{\text{Novos custos de estrutura}}{\text{Novo preço de venda(*)} - \text{custo cariável}}$$

$$40.000 \text{ unidades} = \frac{\$ 300.000}{PV - \$ 4,00}$$

PV = $ 11,50/unidade

A Demonstração do Resultado, para 40.000 unidades, é a seguinte:

Margem de Contribuição ($ 11,50 – $ 4,00) 40.000 unidades =	$ 300.000
(–) Custos de Estrutura	300.000
(=) Resultado	zero

(*) Objetivo da simulação

Vamos colocar no gráfico do ponto de equilíbrio as duas situações: a situação atual e a situação simulada.

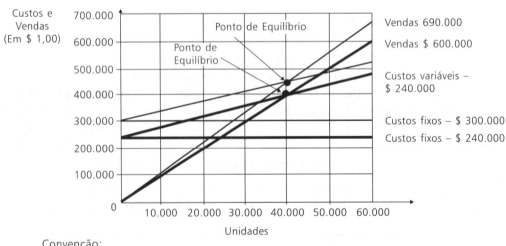

Convenção:

— Situação simulada
— Situação atual

Figura 9.12 *Gráfico do ponto de equilíbrio.*

Critério do Custeio Variável e Decisões de Curto Prazo **359**

Como se pode observar, o equilíbrio na situação simulada vai acontecer num ponto mais alto do que o ponto do equilíbrio atual, porque o valor do custo de estrutura aumentou. Mesmo com o aumento do preço de venda, tal fato aconteceu.

Poderíamos fazer a simulação da Demonstração do Resultado para uma situação em que a empresa Cabo Branco vendesse 60.000 unidades.

Margem de contribuição: ($ 11,50 – $ 4,00) × 60.000 unidades =	$ 450.000
(–) Custos de estrutura	300.000
(=) Resultado	$ 150.000

Até aqui, tudo bem. Resta saber se a empresa tem meios para induzir os consumidores a comprar seus produtos, embora de melhor qualidade, por um preço 15% maior, se tem meios para considerar seus custos de estrutura no nível de $ 300.000; se pode manter seus custos variáveis unitários em $ 4,00. Se tudo isso for possível, então tudo vai passar-se como as demonstrações de resultado acima se apresentam e como o ponto de equilíbrio se afigura.

DECISÕES DE CURTO PRAZO

Aspectos Gerais

36. O perfeito conhecimento das relações custo-volume-lucro, a classificação dos custos e despesas relevantes em fixos e variáveis e a aplicação do conceito de custeio variável permitem que a Contabilidade de Custos prepare informações úteis à administração para que esta possa desincumbir-se com mais eficácia de suas funções de planejamento e de tomada de decisões relacionadas a alternativas de curto prazo. A análise do ponto de equilíbrio, que mostramos separadamente, já é uma decorrência da conjugação das três técnicas mencionadas, como também é um instrumento que a Contabilidade de Custos emprega para a solução de problemas e para a tomada de decisões. Os exemplos que vamos mostrar são clássicos. Problemas como esses são encontrados em quase todos os livros de Custos e em muitos livros de Administração. Os livros e alguns artigos citados na bibliografia contêm exercícios práticos sobre esta faceta da Contabilidade de Custos. Nossa preocupação em repeti-los é motivada pelo desejo de apresentar soluções bem explicadas que, principalmente, permitam aos leitores entender melhor a ajuda que os custos podem oferecer.

37. Quando falamos, no item anterior, que os custos e as despesas devem ser **relevantes**, tínhamos em mente um significado bastante especial que devemos passar para os leitores. Em primeiro lugar, esperamos que os leitores se lembrem do que mostramos no início desta obra quando abordamos a classificação dos custos de acordo com sua *diretibilidade*, variabilidade e relevância. O conceito de relevância ali era bem restrito, embora de alta significação para a compreensão dos usos das informações de custos. Estávamos preocupados com a **relevância** dos itens de custos definida, como a relação entre seus valores e o valor total de todos os itens. Sabíamos que, em todas as situações, apenas de 10 a 20% dos itens equivalem a 90 ou 80% da soma total. Afirmamos, então, que esses itens de custos são os custos **relevantes**. É claro que cada situação é uma situação diferente. Em outras palavras, cada empresa terá seu **conceito de relevância** em relação aos itens de custos. Agora, temos de estender o **conceito de relevância**. Um item de despesa ou de custo, e considerado **relevante**, para as finalidades de tomada de decisão, quando é referente ao futuro e quando é diferente para cada uma das alternativas que estão sendo consideradas. A primeira qualidade classifica os itens como **custos e despesas futuros**. A segunda qualidade define-os como **custos e despesas diferenciais**. Todas as decisões são tomadas com base em algo que vai acontecer no futuro. Não se pode tomar uma decisão relativa a um fato do passado. Essas afirmações são óbvias demais. Outra ideia que possui uma carga de obviedade imensa é dizer que só interessam, como informações de custos para uma decisão, aqueles custos e despesas que realmente sofrerão alterações. Os exemplos clássicos vão deixar essas ideias mais claras do que já são.

38. A toda hora estamos tomando decisões. Para que haja a necessidade de uma decisão basta que se tenha uma única alternativa. Porque sempre estaremos numa situação chamada de *status quo*, que é a posição atual que ocupamos. A alternativa é a mudança. Em alguns casos, existe mais de uma alternativa. Esse fenômeno acontece no dia a dia dos gerentes. O gerente deve cercar-se de informações sobre o *status quo* e de alternativas para que possa tomar uma decisão racional. As informações, como se sabe, podem ser qualitativas – as mais importantes – e quantitativas. Estas últimas, embora significativas, servem para legitimar a decisão que foi tomada com base em informações qualitativas. Algumas das mais importantes informações quantitativas são preparadas na Contabilidade de Custos.

39. Em cada um dos exemplos que mostramos a seguir, a gerência deve tomar uma decisão que, em princípio, vai aumentar os lucros da empresa ou do objeto que está sendo estudado. É claro que a gerência toma algumas decisões cujas finalidades imediatas não são os lucros. Existe uma quantidade sem fim de tipos de decisões diferentes. As que vamos mostrar são algumas das mais comuns. As decisões que, para serem tomadas, requerem a intervenção de instrumentos da Matemática e da Estatística mais sofisticados do que os que são usados nas soluções dos problemas deste Capítulo são estudadas no próximo Capítulo.

Critério do Custeio Variável e Decisões de Curto Prazo 361

Fabricar Materiais ou Peças na Própria Empresa ou Comprá-los Externamente

40. Vamos valer-nos do exemplo seguinte, muito simples, para fazer algumas observações importantes e comuns, quanto a esse tipo comum de decisão.

A S.A. Industrial Varadouro fabrica, entre muitos produtos, os famosos rádios da marca Bayeux. Sua produção é de 20.000 unidades por mês. Ela produz a própria caixa do rádio, com o custo a seguir discriminado:

Materiais diretos	$ 150.000
Mão de obra direta	60.000
DIF variáveis	90.000
DIF fixas	45.000
Total, para a fabricação de 20.000 caixas	$ 345.000

Entretanto, surgiu o oferecimento de um fabricante de caixas de rádio para fabricar as caixas por $ 16,00 cada uma, incluindo o frete. A Diretoria da S.A. Varadouro reuniu-se para estudar a proposta. Vários aspectos da questão foram levados em conta, inclusive a análise dos custos da situação atual (o *status quo*) em comparação com os custos da alternativa de adquirir a caixa pronta externamente. Foram postos em discussão os seguintes problemas: (a) a estrutura atualmente usada para a fabricação das caixas poderá ser aproveitada para fabricar um novo produto que trará uma margem de contribuição adicional de $ 25.000; (b) a qualidade da caixa fabricada externamente; (c) a garantia de fornecimento; e (d) a certeza de que o fornecedor tem uma grande experiência e possui habilidade comprovada porque há muitos anos está engajado na produção de caixas de rádio. Uma das considerações que não deve ser levada em conta nesse tipo de decisão, caracterizada como de curto prazo, é o custo total unitário de ($ 345.000 ÷ 20.000 unidades) $ 17,25, que é maior do que o preço a ser cobrado pelo fabricante externo, $ 16,00. Não nos devemos enganar, porque, na verdade, o custo que deve ser levado em conta é somente o custo variável unitário de ($ 300.000 ÷ 20.000 unidades) $ 15,00, que é menor do que o preço cobrado pelo fornecedor. Aparentemente, então, tudo leva a crer que, desprezando-se as outras considerações, inclusive de natureza qualitativa, já mencionadas, é melhor continuar fabricando internamente. Entretanto, a Contabilidade de Custos preparou a demonstração a seguir na qual compara os custos da situação atual com a situação proposta.

	Status quo Fabricar	Comprar externamente	Custos relevantes e diferenciais
Custos variáveis			
Materiais diretos	$ 150.000	–	$ 150.000
Mão de obra direta	60.000	–	60.000
DIF variáveis	90.000	–	90.000
Custo da compra	–	$ 320.000	(320.000)
Subtotal	$ 300.000	$ 320.000	($ 20.000)
DIF fixas	45.000	45.000	–
Custos de oportunidade		(25.000)	25.000
Resultado líquido	$ 345.000	$ 340.000	$ 5.000

Surgiu, como fator preponderante favorável à alternativa (comprar a caixa externamente), o custo de "oportunidade" de $ 25.000. O custo de "oportunidade" é a margem de contribuição adicional decorrente do provável (quase certo) aproveitamento da estrutura de fabricação que será liberada porque a empresa deixará de produzir internamente sua própria caixa de rádio. O custo de "oportunidade" é um custo não desembolsável e tampouco registrado contabilmente. Mas, devido a sua importância em certos casos, como o deste problema, deverá ser levado em consideração no julgamento da melhor alternativa. Outro tipo de custo de oportunidade que poderia ocorrer é o aluguel para terceiros, de parte da fábrica que ficará liberada. Este caso define melhor o custo de oportunidades. Daí porque anotamos o custo de oportunidade, do caso anterior, entre aspas. *Observe as DIF* fixas: é um custo irrelevante para a decisão, apenas porque não se altera, qualquer que seja a alternativa considerada.

Aceitar ou não uma Encomenda Especial

41. A S.A. Manufatureira Duralex trabalha com 60% de sua capacidade. A UFPb procurou a Manufatureira e propôs fazer uma encomenda de 2.700 bandejões para o restaurante universitário, pagando $ 9,00 por unidade. A administração da Manufatureira fez as contas:

a. os custos variáveis para fabricar 2.700 bandejões ficavam em $ 16.200;

b. outros cálculos e outros dados:

– capacidade de produção . . . . 8.000 bandejões por mês;

– produção e vendas atuais . . . . 4.800 bandejões por mês;

– faturamento. $ 72.000 mensais;

– custos variáveis . . . . $ 28.800 mensais;

– custos fixos . . . . $ 48.000 mensais.

Critério do Custeio Variável e Decisões de Curto Prazo **363**

A Manufatureira não aceitou o pedido da UFPb. A administração apresentou os seguintes argumentos: "Nosso custo fixo unitário, hoje, produzindo apenas 4.800 bandejões, é de $ 10,00. Se produzirmos mais 2.700 bandejões, o custo fixo unitário passará para $ 6,40, o que seria vantajoso. Acontece que nosso custo variável unitário é de $ 6,00. Então, o custo total unitário será de $ 12,40. Como a UFPb está oferecendo apenas $ 9,00 para cada bandejão, teremos um prejuízo unitário de ($ 12,40 – $ 9,00) $ 3,40, o que somará, no total, um prejuízo de (2.700 unidades × $ 3,40) $ 9.100. Não é vantajoso para a Manufatureira." A administração da Manufatureira está certa? Não seria bom negócio aceitar o pedido da UFPb?

Vamos ajudar a administração da Manufatureira a analisar melhor a proposta da UFPb diante da situação atual.

S.A. Manufatureira Duralex
Demonstrações comparadas do Resultado

	Situação atual	Com a encomenda	Diferenças
Vendas			
4.800 un. × $ 15,00	$ 72.000	$ 72.000	–
2.700 un. × $ 9,00	–	24.300	$ 24.300
Total	$ 72.000	$ 96.300	$ 24.300
(–) Custos variáveis			
4.800 un. × $ 6,00	28.800	28.800	–
2.700 un. × $ 6,00	–	16.200	16.200
(=) Margem de contribuição	$ 43.200	$ 51.700	$ 8.100
(–) Custos fixos	48.000	48.000	–
(=) Lucro/(Prejuízo)	($ 4.800)	$ 3.300	$ 8.100

Observações: 1. Os custos e as receitas que aparecem tanto na situação atual, como na alternativa são custos não relevantes.

2. A situação atual está mostrando um prejuízo porque, além de estar vendendo abaixo do ponto de equilíbrio (como é fácil de calcular), a margem de contribuição não está cobrindo os custos fixos. Tudo isso porque a Manufatureira está produzindo e vendendo muito aquém da sua capacidade instalada.

3. A margem de contribuição da encomenda da UFPb é muito boa, garantindo exatamente $ 8.100, que é o diferencial do resultado líquido: Vendas – $ 24.300 – menos Custos variáveis – $ 16.200.

4. Sempre que as Vendas forem maiores do que os custos variáveis, a encomenda será vantajosa, porque surgirá uma margem de contribuição positiva que, por menor que seja, dará para cobrir parte dos custos de estrutura.

Deixar de Produzir uma Linha de Produtos
Porque dá Prejuízo

42. A linha de produtos Peba vem apresentando constantes prejuízos, conforme demonstra o relatório contábil, referente às operações do último período.

Operações de produção e vendas de PEBA

Vendas – 5.000 un. a $ 30,00/un.	$ 150.000
(–) Custo dos produtos vendidos 5.000 un. × $ 17,00/un.	85.000
(=) Resultado bruto	$ 65.000
(–) Despesas e custos das funções de Administração e de Vendas	$ 70.000
(=) Resultado líquido	($ 5.000)

O proprietário da empresa, Sr. Pebinha, está muito disposto a deixar de produzir e vender a linha de produtos PEBA.

No entanto, sugerimos ao Sr. Pebinha coletar outras informações disponíveis na Contabilidade:

(1) Análise do custo de produção:

Custos variáveis de produção	$ 13,00/unidade
Custos fixos (alocados e diretos)	4,00/unidade
Total	$ 17,00/unidade

(2) Análise dos custos e das despesas das funções de Administração e de Vendas:

Custos e despesas variáveis	$ 10,00/unidade
Custos e despesas fixos (alocados e diretos)	4,00/unidade

(3) Os custos fixos de produção ($ 4,00 × 5.000 unidades) no total de $ 20.000 têm a seguinte discriminação:

Diretos, que podem ser eliminados a curto prazo	$ 14.000;
Indiretos (alocados de outros Departamentos e Serviços que não podem ser eliminados)	$ 6.000

(4) Os custos e as despesas de administração e de vendas têm a seguinte classificação:

Diretos, que podem ser eliminados a curto prazo	$ 12.000
Indiretos (alocados, que não podem ser eliminados)	8.000

Vamos analisar, com mais vagar, os resultados obtidos pela linha de produtos PEBA, que, aparentemente, estão dando prejuízo.

Linha de produtos PEBA:

Vendas: $ 30,00 × 5.000 un.	$ 150.000
(–) Custos variáveis de produção $ 13,00 × 5.000 un.	65.000 (1)
(–) Despesas variáveis de Administração e Vendas $ 10,00 × 5.000 un.	50.000 (2)
(=) Margem de contribuição	$ 35.000
(–) Custos fixos de produção diretamente debitados à fabricação da linha PEBA	14.000 (1)
(–) Despesas fixas de Administração e de Vendas diretamente debitadas à linha PEBA	12.000 (2)
(=) Margem operacional da linha PEBA para cobrir as despesas e os custos fixos de fabricação e de outras funções	9.000

Despesas e Custos fixos de outras funções alocados por critérios arbitrários à produção de PEBA:

Produção	$ 6.000 (1)
Administração e Vendas	8.000 (2)

Conforme se pode notar muito bem, a linha de produtos PEBA é rentável ($ 9.000). Esta margem operacional destina-se a cobrir os custos e as despesas fixos de outras funções. A decisão, então, é não eliminar a produção e a venda de PEBA. Sem a definição dos custos e despesas em fixos e variáveis, seria muito difícil o empresário tomar essa decisão e muitas outras.

Anotações: (1) = $ 65.000 + $ 14.000 + $ 6.000 = $ 85.000 = Custo dos Produtos Vendidos

(2) = $ 50.000 + $ 12.000 + $ 8.000 = $ 70.000 = Despesas de custos das funções de Administração e de Vendas.

43. Outro exemplo interessante de eliminação de linhas de produtos, apesar de forte estilo acadêmico, trata de ir fechando, gradativamente, as linhas de produtos que dão prejuízo.

A Empresa Coogan S.A. tem três linhas de produtos: cosméticos, material de higiene pessoal e perfumaria. A seguir, encontramos a Demonstração dos Resultados das três linhas para o ano findo em 31-12-XX.

	Linha de cosméticos	Linha de material de higiene pessoal	Linha de perfumaria	Total
Vendas	$ 100.000	$ 50.000	$ 60.000	$ 210.000
(–) Custos variáveis de produção	51.300	43.200	40.500	135.000
(–) Custos variáveis de vendas	6.000	3.000	3.600	12.600
(–) Custos fixos de produção alocados	10.260	8.640	8.100	27.000
(–) Aluguel alocado	2.000	2.000	2.000	6.000
(=) Lucro/(Prejuízo)	$ 30.440	($ 6.840)	$ 5.800	$ 20.400

Sem entrar numa investigação mais minudente, a decisão razoável seria eliminar a produção e a venda da linha de produtos de higiene pessoal que não vai muito bem. Cumpre alertar que não estamos considerando outros fatores como, por exemplo, as informações comerciais que são extremamente significativas nesse tipo de decisão.

Vamos simular e ver os resultados. Eliminemos a linha de produtos de higiene pessoal. Nesse momento, temos que realocar as despesas e os custos fixos, porque, em princípio, não há no curto prazo nenhuma consideração quanto a sua venda. Esses custos e despesas serão realocados na base dos custos variáveis de produção de cada uma das linhas restantes.

Demonstração de resultados simulada para o ano findo em 31-12-XX

	Linha de cosméticos	Linha de materiais de higiene pessoal	Total
Vendas	$ 100.000	$ 60.000	$ 160.000
(–) Custos variáveis de produção	51.300	43.200	94.500
(–) Custos variáveis de vendas	6.000	3.600	9.600
(–) Custos fixos de produção alocados (*)	15.093	11.907	27.000
(–) Aluguel (**)	3.000	3.000	6.000
(=) Lucro/(Prejuízo)	$ 24.607	($ 1.707)	$ 22.900

Notas (*) Veja o quadro a seguir.

Custos variáveis de vendas

Cosméticos	$ 51.300	55,9%	$ 15.093
Perfumaria	40.500	44,1%	11.907
Totais	$ 91.800	100%	$ 27.000

(**) O aluguel foi distribuído 1/3 para cada departamento.

O lucro diminuiu de $ 29.400 para $ 22.900.

A decisão passa ser agora eliminar a linha de perfumaria, que passou a dar prejuízo ($ 1.707).

Uma vez eliminada a linha de perfumaria, todos os custos fixos passariam a ser debitados ao custo dos produtos da linha de cosméticos.

Demonstração do Resultado da linha de cosméticos

Vendas	$ 100.000
(–) Custos variáveis de produção	51.300
(–) Custos variáveis de vendas	6.000
(–) Custos fixos de produção	27.000
(–) Aluguel	6.000
(=) Lucro/(Prejuízo)	$ 9.700

Como se pode notar, há uma brutal diminuição do lucro total da empresa. Na fabricação e vendas (situação atual) dos três produtos, o lucro foi de $ 29.400. Depois de termos simulado a eliminação das duas linhas que davam prejuízo, o lucro diminuiu para $ 9.700.

Uma diferença significativa de $ 19.700, ou seja, igual a ($ 19.700 ÷ $ 29.400) 67%! O que essa diferença representa?

Verifiquemos as margens de contribuição das duas linhas de produtos que seriam eliminadas.

	Produtos de higiene	Produtos de perfumaria	Total
Vendas	$ 50.000	$ 60.000	$ 110.000
(–) Custos variáveis	43.200	40.500	83.700
(–) Despesas variáveis de vendas	3.000	3.600	6.600
(=) Margens de contribuição	$ 3.800	$ 15.900	$ 19.700

A margem de contribuição total ($ 19.700), proporcionada pelas duas linhas de produtos que, aparentemente dão prejuízo, é exatamente o que a empresa perderá se eliminar essas duas linhas de produtos. Lembremo-nos que o exemplo não absorve muitas das variáveis que podem intervir de maneira ponderável na decisão. Cada uma das linhas de produtos tem seus próprios custos fixos, tanto de produção quanto de vendas e administração. Esses custos (que nada mais representam do que o consumo das instalações e equipamentos) podem ser eliminados se os recursos forem vendidos ou que possam ser colocados à disposição de

368 Curso de Contabilidade de Custos • Leone e Leone

outras atividades que gerem renda. Se a renda gerada for maior do que os custos fixos a serem eliminados, então valerá a pena eliminar a fabricação da linha de produtos. Em caso contrário, em princípio, parece não ser uma boa decisão. O contador de custos, bem como, principalmente, o tomador de decisões, devem cercar-se da maior quantidade possível de informações que precisam ser classificadas em relevantes e não relevantes. Essas informações serão tanto de natureza quantitativa quanto de natureza qualitativa. Por exemplo, é sempre útil verificar se os recursos de cada linha de produção, bem como os recursos comuns da empresa, estão sendo totalmente usados. Caso se esteja usando uma parte apenas da capacidade instalada, essa informação será muito importante.

Decisão de Fabricar para o Estoque em Conjunção com a Decisão de Empregar o Custeio por Absorção

44. O Departamento de Aparelhos de Pequeno Porte da Empresa Electrical Schok fabricava relés de alta precisão. Cada relé era vendido por $ 7,00. Seu custo variável de produção era de $ 4,00 a unidade. O departamento tinha uma capacidade para fabricar 12.000 relés por mês, mas, por falta de mercado, estava produzindo e vendendo apenas 7.900 relés. O custo de estrutura para fabricar e vender 12.000 relés era de $ 24.000. O gerente do Departamento (era ele quem decidia) resolveu adotar o custeamento por absorção e começou a produzir 12.000 relés por mês, que era sua capacidade; continuou, porém, vendendo 7.900 relés (o mercado só queria comprar essa quantidade). No primeiro mês de produção, dentro das novas condições, o resultado foi surpreendente.

Demonstração do Resultado

Vendas 7.900 relés a $ 7,00/unidade		$ 55.300
(–) Custo de produção		
Estoque inicial de relés –	zero	
(+) Produção – 12.000 relés a ($ 4,00 + $ 2,00)*	$ 72.000	
(–) Estoque final – 4.100 relés a $ 6,00/unidade	24.600	
Custo das 7.900 unidades vendidas		47.400
Resultado líquido		$ 7.900

(*) $ 24.000   12.000 unidades = $ 2,00/unidade.

Um estagiário, que trabalhava na Contabilidade de Custos, resolveu, numa hora de lazer, levantar o ponto de equilíbrio da operação de fabricação e venda de relés.

Critério do Custeio Variável e Decisões de Curto Prazo   369

Vamos ver o que ele apurou:

$$\text{Ponto de equilíbrio} = \frac{\$\ 24.000}{(\$\ 7,00 - \$\ 4,00)} = 8.000\ \text{relés}$$

O estagiário tinha aprendido que, se a empresa vendesse abaixo do ponto de equilíbrio, incorreria em prejuízo (salvo no problema imaginado pelo Prof. Eliseu Martins (1990:254) onde ele apresenta um "ponto de equilíbrio às avessas"). Refez os cálculos e seus conceitos. Recorreu aos compêndios. Nada que revelasse algum erro em seus cálculos. Resolveu mostrar ao gerente de custos. O gerente de custos pediu que o estagiário levantasse a Demonstração do Resultado com base no critério do custeio direto. Olhem o que deu:

Demonstração do Resultado – Fabricação e vendas de relés

Vendas 7.900 unidades a $ 7,00	$ 55.300
(–) Custo variável de produção	
7.900 unidades a $ 4,00	31.600
(=) Margem de Contribuição	$ 23.700
(–) Custos de estrutura fixos	24.000
Prejuízo	($ 300)

Observações sobre o que aconteceu:

a) o gerente do departamento resolveu deixar no estoque parte da produção. Escolheu o critério do custeio por absorção, que determina o custo de produção juntando os custos variáveis e os custos de estrutura;

b) dividiu os custos de estrutura – fixos – totais ($ 24.000) pela produção na capacidade (12.000 unidades), conseguindo uma taxa de absorção de $ 2,00 por unidade;

c) "escondeu" no estoque de 4.100 unidades ($ 2,00/unidade × 4.100) $ 8.200, que fazem parte dos custos de estrutura e que, pelo critério do custeio direto, são debitados integralmente contra o resultado do período, porque são considerados como periódicos e repetitivos;

d) a diferença entre o resultado final obtido pelas condições impostas pelo gerente do departamento ($ 7.900, positivos) e o resultado obtido pelo critério do custeio direto ($ 300, negativos) é igual a $ 8.200, negativos, que se referem exatamente aos custos de estrutura debitados ao estoque de 2.000 unidades.

370   Curso de Contabilidade de Custos • Leone e Leone

Com base na descoberta da "esperteza" do gerente do departamento, o que a alta administração fez?: (a) colocou na rua o gerente; (b) instou a função comercial a fazer esforços para vender o grande volume estocado. Embora, dentro de cada unidade estocada, existisse um lucro unitário latente ($ 7,00 – $ 6,00 = $ 1,00 × 4.100 unidades = $ 4.100), esse lucro só apareceria se todas fossem comercializadas ao preço de $ 7,00; (c) a contabilidade poderia continuar a usar o critério por absorção para atender às exigências externas; (d) a Contabilidade de Custos deveria manter suas análises das operações empregando o custeio direto; (e) a fábrica só poderia produzir de acordo com a programação da função comercial; e (e) promoveu o estagiário que descobriu a "tramoia".

Processar um Produto ou Vendê-lo como Está

45. Normalmente, essa decisão deve ser tomada em situações em que são produzidos vários produtos de um mesmo recurso. São os produtos conjuntos ou coprodutos. Já vimos como esses produtos são custeados. E, também, como são tratados contabilmente os subprodutos. Nesta parte, vamos analisar como a Contabilidade de Custos procede na produção de informações que sejam adequadas ao julgamento da melhor alternativa: se deve a fábrica continuar o processamento no sentido de alcançar um produto mais elaborado, portanto, com maior preço, ou se deve vendê-lo em algum ponto da fabricação antes do processamento adicional.

Vamos ao exemplo prático. Suponhamos que a Indústria Alimentícia Paraíso dos Cajus, com sede em Mossoró, tenha comprado enorme partida de cajus (o fruto com o respectivo pedúnculo) por $ 10.000. Empregando um processo quase inteiramente manual, a indústria faz a separação do fruto (que é a castanha) do pedúnculo (que a maioria das pessoas acha mesmo que é a fruta). Neste ponto, literalmente falando, de "separação", aparecem dois produtos distintos, inclusive de preços no mercado também muito diferentes: (a) o pedúnculo que pode ser vendido como está ou pode sofrer um processamento adicional para ser transformado em apreciados doces; e (b) a castanha que pode ser processada para se tornar um produto de exportação de alto valor comercial – a castanha de caju assada ou que pode ser conduzida para um processador especial que extrai seu óleo, cuja aceitação é muito grande no mercado. O diagrama de produção com todos seus processos adicionais, os produtos, as respectivas quantidades, os preços de venda e os custos é mostrado na Figura 9.13.

Critério do Custeio Variável e Decisões de Curto Prazo 371

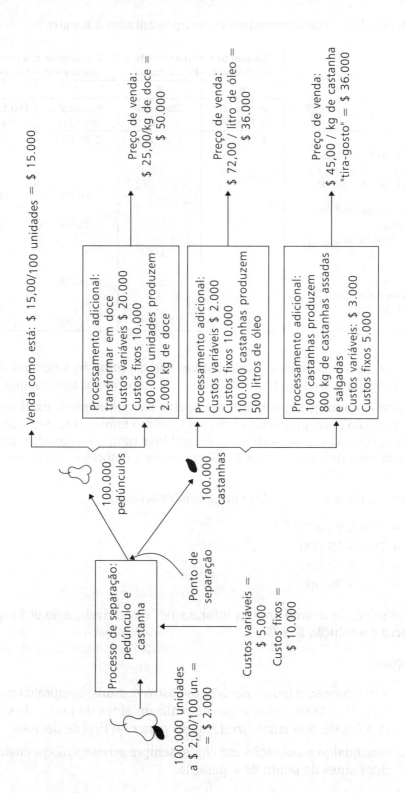

Figura 9.13 *Processo produtivo do caju e seus derivados.*

Os dados das várias alternativas estão apresentados a seguir:

	Operações mutuamente exclusivas – Pedúnculos		Operações mutuamente exclusivas – Castanhas	
	A	**B**	**C**	**D**
	Venda de Pedúnculo	**Doce de caju**	**Produção de óleo**	**Produção de tira-gosto**
Vendas	$ 15.000	$ 50.000	$ 36.000	$ 36.000
(–) Custos fixos de processar os doces	10.000	10.000	–	–
(–) Custos fixos de produzir óleo	–	–	10.000	10.000
(–) Custos fixos de produzir tira-gostos	–	–	5.000	5.000
(–) Custos variáveis para produzir os doces	–	20.000	–	–
(–) Custos variáveis para produzir óleo	–	–	2.000	–
(–) Custos variáveis para produzir tira-gostos	–	–	–	3.000
Lucro	$ 5.000	$ 20.000	$ 19.000	$ 18.000

Portanto, as duas melhores alternativas são a produção adicional de doces em conjunto com a produção adicional do óleo, cujos lucros somariam $ 39.000.

Importa lembrar que chamamos de "operações mutuamente exclusivas" porque a fábrica não pode processar as duas ao mesmo tempo, uma vez que há uma só matéria-prima. O que se pode fazer é combinar cada uma das alternativas A e B com cada uma das alternativas C e D, e nunca a empresa poderá combinar A e B e combinar C e D.

Vamos verificar os lucros das várias combinações:

A + C = $ 24.000
A + D = $ 23.000
B + C = $ 39.000
B + D = $ 38.000

Como se vê, de acordo com as informações disponíveis, a solução que dá o maior lucro é a solução B + C.

Observações:

1. Não interessam para a decisão os custos comuns: compra da partida de cajus ($ 2.000) e custos que se realizam antes do ponto de separação ($ 17.000). São custos irrelevantes para este tipo de decisão.

2. Para qualquer operação escolhida, sempre acontecerão os custos incorridos antes do ponto de separação.

Critério do Custeio Variável e Decisões de Curto Prazo **373**

Contribuição Marginal e Fator Limitativo

46. Vamos basear-nos no problema que estudamos no livro *Custos*, de nossa autoria (1994:392). O problema será simplificado, mas, por outro lado, faremos uma série de observações para melhor entendimento do tema. Problema semelhante pode ser estudado no livro do Prof. Eliseu Martins (1990: Cap. 15), como também em seu volume dedicado aos exercícios práticos.

O caso começa com os trabalhos iniciais de preparação do Orçamento para o próximo período: ano X1. O departamento comercial fez a seguinte programação de vendas para X1:

Bonecos	Unidades a vender
Bolão – (BO)	50.000 unidades
Reco-Reco – (RR)	42.000 unidades
Azeitona – (AZ)	35.000 unidades
Faustina – (FA)	40.000 unidades
Zé Macaco – (ZM)	32.000 unidades

A programação de vendas foi encaminhada ao Departamento Industrial para verificar se a empresa tinha capacidade para fabricar as quantidades programadas de cada boneco.

O que fez, em resumo, a gerência do departamento?

Primeiro, determinou os tempos-padrão de máquina por unidade para cada produto:

BO	0,4 h
RR	0,25 h
AZ	0,7 h
FA	0,5 h
ZM	0,3 h

Portanto, o total de horas-padrão de máquina seria:

BO	0,4 h × 50.000 unidades	= 20.000 h
RR	0,25 h × 42.000 unidades	= 10.500 h
AZ	0,7 h × 35.000 unidades	= 24.500 h
FA	0,5 h × 40.000 unidades	= 20.000 h
ZM	0,3 h × 32.000 unidades	= 9.600 h
Total		84.600 h

Entretanto, a capacidade de produção anual era de 80.000 h.

374 Curso de Contabilidade de Custos • Leone e Leone

A Comissão de Orçamento, composta pelo Gerente Geral e sua Assessoria, pelos gerentes industrial, comercial e financeiro e o *controller*, reuniu-se para verificar o que poderia ser feito. Depois de levar em consideração várias alternativas, a Comissão decidiu diminuir a produção de um dos produtos. Mas qual? O contador de custos, subordinado ao *controller*, apresentou o quadro analítico a seguir. Com base nas informações detalhadas contidas no quadro, os membros da comissão puderam oferecer suas observações.

Quadro analítico

	Vendas Unid.	Preço $	Receita $	$ Md	$ Mod	$ Cd	Horas p/unid.	Total Horas	$ Dif. Total	Dif./ Unid.	Custo Total
	2	3	4	5	6	7	8	9	10	11	12
BO	50.000	9,00	450.000	3,20	1,60	4,80	0,40 h	20.000	$ 20.000	0,40	5,20
RR	42.000	3,00	126.000	0,70	1,00	1,70	0,25 h	10.500	10.500	0,25	1,95
AZ	35.000	7,90	276.500	2,69	2,80	5,49	0,70 h	24.500	24.500	0,70	6,19
FA	40.000	4,50	170.000	1,00	2,00	3,00	0,50 h	20.000	20.000	0,50	3,50
ZM	32.000	3,19	102.080	0,60	1,20	1,80	0,30 h	9.600	9.600	0,30	2,10
								84.600	$ 84.600		

	Preço de Venda	$ Cd	Margem Contrib. p/unid.	$ Mc por unid. do Fator Limit.	$ Receita	$ Custo Unitário	$ Custo Total	Margem Bruta	Margem Bruta	$ Cd Total	Margem de Contrib. Total
	14	15	16	17	18	19	20	21	22	23	24
BO	9,00	4,80	4,20	10,5	450.000	5,20	$ 260.000	190.000	42,2%	240.000	210.000
RR	3,00	1,70	1,30	5,2	126.000	1,95	81.900	44.100	35,0%	71.400	54.600
AZ	7,90	5,49	2,41	3,44	216.500	6,19	216.650	59.850	21,7%	192.150	84.350
FA	4,50	3,00	1,50	3,0	180.000	3,50	140.000	40.000	22,2%	120.000	60.000
ZM	3,19	1,80	1,39	4,6	102.080	2,10	67.200	34.800	34,1%	57.600	44.480

Explicações sobre as informações contidas no quadro analítico: (1) coluna 3 = preço unitário de venda; (2) coluna 5 anota o valor dos materiais diretos por unidade; (3) a coluna 6 mostra o valor da mão de obra direta por unidade; (4) a coluna 7 indica a soma dos materiais diretos e da mão de obra direta, chamando de custos diretos; (5) a coluna 10 apresenta os valores das Despesas Indiretas de Fabricação, por produto, decorrentes do rateio do valor global de $ 84.600 com base nas horas de MOD de cada produto; (6) a coluna 11 mostra os valores da coluna 10 divididos pelas unidades; (7) a coluna 12 é o custo total: a soma dos materiais diretos, da mão de obra direta e das despesas indiretas de fabricação; (8) a coluna 16 mostra a contribuição marginal por unidade – é a diferença entre os valores da coluna 14 e os valores da coluna 15; (9) a coluna 17 é especialmen-

Critério do Custeio Variável e Decisões de Curto Prazo **375**

te importante. Ela apresenta a contribuição marginal por unidade do fator limitativo. O fator limitativo é constituído pelas horas de MOD. Divide-se, para cada produto, seu valor da margem de contribuição unitária pela medida das horas de MOD por unidade. Exemplo: para o boneco Bolão, o cálculo seria o seguinte: $ 4,20/0,4 horas = $ 10,50/hora de MOD; (10) a coluna 20 apresenta o custo total de cada produto. O cálculo é o seguinte: coluna 12 × coluna 2; a coluna 21 é a diferença entre a coluna 18 e a coluna 20; (11) a coluna 22 é o resultado dos dados da coluna 21 divididos pelos valores da coluna 18, arredondados para até a primeira casa decimal; (12) a coluna 23 é a multiplicação dos dados da coluna 7 pelos dados da coluna 2; (13) a coluna 24 mostra os resultados da multiplicação dos dados da coluna 16 pelos dados da coluna 2.

Outra informação significativa indica que os estoques de produtos acabados – inicial e final – não precisam ser levados em consideração por causa de seus valores muito pequenos.

46. Com base nos dados do quadro analítico, o gerente comercial deduz que o produto que deve ter sua produção reduzida é aquele que oferece a menor margem de lucro. Segundo ele, deve ser o Zé Macaco. A margem bruta do boneco Zé Macaco é igual a $ 34.800, que é a menor de todas as outras.

Para o gerente financeiro, o boneco que será reduzido é o Azeitona. Para este gerente, o que importa é o valor relativo da margem bruta e não seu valor absoluto. Portanto, a porcentagem de margem bruta menor é apresentada pelo Azeitona – 21,7%.

Para o gerente industrial, no entanto, o que vale é a contribuição marginal unitária. O boneco que apresenta a menor margem de contribuição unitária é o boneco Reco-Reco, $ 1,30. Esse produto contribui menos para a cobertura dos custos de estrutura, logo é esse boneco que deve ter sua produção reduzida.

A assessoria do gerente geral também se orientou pela margem de contribuição. Porém, eles acham que o boneco que contribui menos para a cobertura dos custos de estrutura é o Zé Macaco. Sua margem de contribuição total é de $ 44.480. Portanto, esse boneco terá sua produção reduzida.

O *controller*, com base nas informações de seu contador de custos, tem certeza de que a melhor alternativa é reduzir a produção da boneca Faustina. Ela é que oferece a menor margem de contribuição pelo fator limitativo de produção – $ 3,00/hora de MOD.

O gerente geral ficou aturdido com tanta sugestão diferente. Afinal, qual a certa? Ele pediu que o pessoal da área do *controller* preparasse demonstrações de resultado para cada proposta. Segundo o gerente geral, essa seria a melhor forma de se verificar quem está mais certo.

47. As demonstrações de resultado foram as seguintes:

a) Para as propostas do gerente comercial e da assessoria do gerente geral – reduzir a produção do boneco Zé Macaco.

376 Curso de Contabilidade de Custos • Leone e Leone

	Receita $	Custo direto	Margem contribuição total $	Custo $ indireto	Margem $ bruta
BO	450.000	260.000	210.000		
Reco-Reco	126.000	81.900	54.600		
Azeitona	276.500	216.650	84.350		
Faustina	180.000	120.000	60.000		
Zé Macaco	53.168	30.000	23.168		
Total			432.168	84.600	247.518

Diminuir 4.600 horas na fabricação do Zé Macaco.

Quantas unidades deixarão de ser produzidas?

4.600 h: 0,30 h/unidade = 15.333 unidades

ou 32.000 – 15.333 = 16.667 unidades

16.667 unidades × $ 3,19/u. = $ 53.168

16.667 unidades × $ 1,80/u. = $ 30.000
$$\$\ 23.168$$

b) Para a proposta do gerente financeiro, o boneco, que terá reduzida a produção, é o Azeitona, pois oferece a menor margem bruta, em termos relativos – 21,7%.

	Receita	Custo direto	Margem de contribuição total	Custo indireto	Margem bruta
BO	450.000	240.000	210.000		
Reco-Reco	126.000	71.400	54.600		
Azeitona	224.589	156.075	68.514		
Faustina	180.000	120.000	60.000		
Zé Macaco	102.080	57.600	44.480		
Total			437.594	84.600	352.994

Diminuir 4.600 horas na fabricação do Azeitona.

Quantas unidades deixarão de ser produzidas e vendidas?

4.600 h ÷ 0,70 h/unidade = 6.571 unidades

Total   35.000 unidades   28.429 × $ 7,90 = $ 224.589
Menos   6.571 unidades   28.429 × $ 5,49 = (156.075)
          28.429 unidades $ 68.514

Critério do Custeio Variável e Decisões de Curto Prazo   377

c) Segundo a proposta do gerente industrial, o boneco que tem a menor participação no lucro é o Reco-Reco, logo é ele que terá a sua produção reduzida.

	Receita	Custo direto	Margem de contribuição total	Custo indireto	Margem bruta
BO	450.000	240.000	210.000		
Reco-Reco	70.800	40.120	30.680		
Azeitona	276.500	192.150	84.350		
Faustina	180.000	120.000	60.000		
Zé Macaco	102.080	57.600	44.480		
Total			429.510	86.400	343.110

Diminuir 4.600 horas na fabricação de Reco-Reco.

Quantas unidades deixarão de ser produzidas?

4.600 h ÷ 0,25 h/unidade = 18.400 unidades

Então:

42.000 unidades   23.600 × $ 3,00 = $ 70.800
(–) 18.400 unidades   23.600 × $ 1,70 = (40.120)
23.600 unidades   = $ 30.680

d) A proposta do *controller*, apoiada nos estudos do contador de custos, é reduzir a produção da boneca Faustina. É o produto que oferece a menor margem de contribuição pelo fator limitativo da produção: horas de MOD.

	Receita	Custo direto	Margem de contribuição total	Custo indireto	Margem de contribuição líquida
BO	450.000	240.000	210.000		
Reco-Reco	126.000	71.400	54.600		
Azeitona	276.500	192.150	84.350		
Faustina	138.600	92.400	46.200		
Zé Macaco	102.080	57.600	44.480		
Total			439.630	86.400	353.230

378 Curso de Contabilidade de Custos • Leone e Leone

Diminuir 4.600 horas ÷ 0,50 h/unidade = 9.200 unidades

40.000 u. – 9.200 u. = 30.800 unidades a serem fabricadas

30.800 × $ 4,50 = $ 138.600

30.800 × $ 3,00 = $ 92.400
          = $ 46.200

48. A comparação dos resultados, obtidos em cada proposta, está anotada a seguir:

Demonstração dos Resultados finais obtidos em cada uma das propostas

Propostas	Resultado após a cobertura dos Custos de Estrutura – Fixos
Gerente comercial e assessoria	$ 247.518
Gerente financeiro	352.994
Gerente industrial	343.110
Controller	353.230

Observações:

(1) A margem de contribuição ainda é o melhor indicativo, quando não existem fatores limitativos de produção.

(2) Caso existam fatores limitativos de produção, o contador de custos deverá produzir o indicativo que relaciona a margem de contribuição e o fator limitativo. No caso do exemplo das bonecas, o fator limitativo era constituído pelas horas trabalhadas. Nesses casos, este indicativo é o que deve ser aplicado para a decisão de maximizar a rentabilidade quando a combinação nas quantidades produzidas for necessária ou de interesse para a empresa.

(3) No caso de vários fatores limitativos, o contador de custos deverá valer-se de um intrumento mais sofisticado. Ele deverá procurar verificar qual a combinação de produção mais lucrativa através da Programação Linear. Esse aspecto está apresentado no Capítulo 10.

10

Uso dos Métodos Quantitativos na Solução de Problemas de Custos

OBJETIVOS DO CAPÍTULO

Este capítulo tem por finalidade familiarizar o leitor com algumas técnicas matemáticas das mais usadas como auxílio na solução de problemas de Contabilidade de Custos.

Apresentamos as técnicas que empregam máximos e mínimos na solução de casos como o ponto ótimo de produção e vendas, em que a Contabilidade de Custos conhece a Receita de Vendas (em diversos níveis) e os custos de produção respectivos e, ainda, nos casos em que se deseja calcular o pedido econômico de compras de materiais e de mercadorias. Além dessas técnicas, estudamos a Curva de Aprendizagem, que é de grande auxílio na determinação dos custos de produção, e a Programação Linear, que ajuda a resolver problemas em que, na produção, principalmente, se encontram restrições ou limitações de recursos produtivos.

A ideia principal é apresentar problemas práticos e simples, como uma introdução ao assunto, tratando de explicar, com clareza, algumas técnicas matemáticas usadas.

INTRODUÇÃO

1. Alguns problemas encontrados pelo contador de custos podem ser resolvidos com a eficácia desejada, pela aplicação de instrumentos da Matemática e da Estatística. Para tanto, o contador de custos deverá fazer uso dos aplicativos especiais de computador que se encontram disponíveis no mercado. O uso dos aplicativos confere mais exatidão aos resultados, mais rapidez no desenvolvimento das soluções, inclusive envolvendo um número muito maior de variáveis, o que torna inviável a solução manual.

2. O uso dos aplicativos está-se tornando cada vez mais fácil. Qualquer operador poderá usá-los, mesmo que não seja versado em Contabilidade de Custos. O contador de custos, no entanto, deverá tomar certos cuidados em alguns aspectos dessa utilização. Em primeiro lugar, como sempre, deverá identificar muito bem o problema de Custos, definindo suas variáveis quantitativas, as inter-relações entre elas, a influência que as mesmas têm sobre os resultados que espera alcançar. Em segundo lugar, ele deverá estabelecer as relações matemáticas entre as variáveis e os resultados ou organizar as variáveis intervenientes numa forma em que possa aplicar os instrumentos da Estatística ou da Matemática. Em seguida, deverá estar apto a escolher a técnica quantitativa mais adequada. O contador de custos somente poderá entender os resultados do aplicativo (a saída ou o relatório do computador) se estiver bem familiarizado com o processamento da solução, principalmente os motivos pelos quais são adotados determinados passos e cálculos. Ótimo seria se o Contador de Custos dominasse com maestria os instrumentos quantitativos como se matemático ou estatístico fosse. Os cursos de Ciências Contábeis, ao longo de sua história, têm privilegiado muito pouco o ensino dessas técnicas quantitativas. Em algumas escolas, os alunos são expostos aos recursos da Matemática e da Estatística de modo bem adequado. Mas essas escolas que adotam tal metodologia são muito poucas. De qualquer modo, o contador que quiser especializar-se em Contabilidade de Custos deve fazer esforço para alcançar uma boa familiarização em relação ao uso das técnicas quantitativas.

3. Neste livro, já tivemos a oportunidade de mostrar alguns usos de técnicas quantitativas para a solução de problemas especiais da Contabilidade de Custos. Na maior parte dos casos, porém, as técnicas envolvidas foram de fácil entendimento, como, por exemplo, quando empregamos equações do primeiro grau para a determinação dos custos de produção e na análise das relações custo-volume-lucro, para os sistemas de equações na distribuição recíproca das despesas indiretas dos departamentos de serviço, na distribuição proporcional de custos e despesas indiretas para seus portadores finais com base em combinações de variáveis diversas, na construção de gráficos de controle das variações de custos e despesas, no uso de gráficos cartesianos (de duas dimensões), na aplicação da regressão simples para a determinação da correlação entre duas variáveis (dependente e independente) para o estabelecimento da lei de formação dos custos e na análise das variações das despesas indiretas de fabricação. Embora se saiba que algumas dessas aplicações, quando a quantidade de variáveis é grande, o que é muito normal na vida das empresas, sejam feitas usando-se os computadores e seus aplicativos, procuramos mostrar através de exemplos mais simples, com menor número de variáveis, a lógica subjacente ao processamento das soluções.

Uso dos Métodos Quantitativos na Solução de Problemas de Custos **381**

Naqueles exemplos, o leitor familiarizou-se com o desenvolvimento da solução e da respectiva fundamentação teórica em problemas que puderam ser solucionados manualmente. É um recurso didático de grande potencialidade este de solucionar manualmente problemas com menor quantidade de variáveis porque assim o leitor, ou o estudante, familiarizando-se com todos os aspectos da solução, acaba dominando melhor a solução apresentada pelos aplicativos em casos reais com muito mais variáveis.

4. Este capítulo está baseado nessa orientação básica. Os problemas apresentados envolvem poucas variáveis, mas podem ser comparados a casos reais com maior número de variáveis, uma vez que a metodologia da solução nos casos mais simples aplica os mesmos critérios e os mesmos recursos que a metodologia da solução dos casos mais complexos. Em alguns problemas, indicamos ao leitor a metodologia a ser seguida e as obras nas quais poderá estudar com mais profundidade a base teórica do instrumento quantitativo a ser aplicado, porque a apresentação dessa base teórica não cabe dentro deste livro. Em outras situações exemplificativas, mostramos como se procede teoricamente porque a base lógica é de fácil apresentação, não necessitando de incursões mais profundas na teoria subjacente a cada técnica quantitativa. O que importa ressaltar é que sempre foi nossa preocupação, sobretudo por imperativos didáticos, fazer com que o leitor entenda a solução dos problemas, quando aplica os diversos métodos quantitativos, orientando-se pelos seguintes passos, na ordem em que são apresentados: (1) entender perfeitamente o produto do aplicativo, isto é, a saída ou o relatório do computador; (2) entender como a solução é feita pelo exercício prático manual de casos em que há um menor número de variáveis intervenientes; (3) entender a teoria que está na base das técnicas quantitativas empregadas. O passo mais importante é o primeiro passo. O segundo passo não é imprescindível, mas, de acordo com a maioria dos autores de livros didáticos que apresentam a aplicação de métodos quantitativos aos problemas de administração, ele dá uma boa base para a compreensão das informações produzidas pelos aplicativos. O terceiro passo é a excelência. Ele passa a ser "algo mais"! Muitos não conseguem alcançá-lo. Se o contador puder obter alguma familiarização com a teoria, pelo menos de algumas técnicas cuja fundamentação lógica é menos sofisticada, vai dispor de melhores elementos para fazer um trabalho mais eficaz.

5. Os exemplos apresentados neste capítulo são clássicos. Estamos chamando de "clássicos" porque eles, há muito tempo, vêm sendo apresentados pela grande maioria dos livros de Contabilidade de Custos, sobretudo os livros de autores americanos. São exemplos simples. A bibliografia ao final deste capítulo apresenta ao leitor adequada massa de recursos onde pode familiarizar-se bastante com a teoria e os mecanismos de solução de diversos problemas passíveis de serem entendidos por alguém que tenha conhecimento básico das técnicas quantitativas, consideradas como menos avançadas. Existem problemas, no entanto, de administração empresarial de tal natureza que as técnicas quantitativas a serem aplicadas são muito sofisticadas, exigindo bom entendimento dos instru-

382 Curso de Contabilidade de Custos • Leone e Leone

mentos relacionados a um campo de conhecimento que teve seu apogeu nas décadas de sessenta e setenta, denominado Pesquisa Operacional. Este capítulo não trata destas últimas técnicas, apesar de serem de extrema serventia na solução de vários problemas empresariais.

CÁLCULOS DE MÁXIMOS E MÍNIMOS

6. Vejamos uma aplicação do cálculo de máximos e mínimos referente às relações custo-volume-lucro. Já tinhamos estudado essas relações na forma de linhas retas, principalmente na análise do ponto de equilíbrio. Os cuidados que devem ser observados quanto ao uso dos resultados da análise do ponto de equilíbrio permanecem os mesmos, apesar de serem agora linhas curvas. As linhas curvas, no entanto, refletem melhor o mundo real.

7. Sejam os dados da Mobiliária Cupim de Ouro. A experiência e as pesquisas junto ao público consumidor mostram que a demanda por determinado tipo de sofá é sensível aos preços. Um estudo mais recente apresentou os seguintes resultados:

Preço por unidade, em $ 1,00	Unidades a serem vendidas	Receita total de vendas Coluna 1 × Coluna 2
3,50	200	$ 700
1,67	900	1.500
1,25	1.600	2.000
1,00	2.500	2.500
0,60	7.000	4.200
0,50	10.000	5.000
0,25	40.000	10.000

Podemos observar que, à medida que é oferecido um preço mais baixo, o estudo revela que os consumidores tornam-se dispostos a comprar maior quantidade.

Usando o EXCEL, o gerente comercial encontrou a melhor relação entre as variáveis Receita total de vendas e Unidades a serem vendidas. A fórmula encontrada foi:

Receita de Vendas (RV) = $50\,x^{0,5}$

Lembre-se de que elevar a 0,5 é o mesmo que calcular a raiz quadrada. A explicação do procedimento em EXCEL para obtenção dessa fórmula se encontra ao final do item 10.

Uso dos Métodos Quantitativos na Solução de Problemas de Custos **383**

Para completar os dados do problema, a Contabilidade de Custos levantou, através de instrumentos estatísticos, a seguinte expressão do Custo Total do sofá, relacionando os custos fixos e os custos variáveis:

Custo Total (CT) = $ 2.000 + $ 0,20 x

Em ambas as expressões, a variável x representa as quantidades a serem vendidas e produzidas, e é a variável independente.

Podemos preparar uma tabela com mais dados e com valores mais exatos (por exemplo, com os recursos de aplicativos de computador, como as planilhas do Excel).

Os dados calculados para o Custo Total, para a Receita Total e para o Lucro, pelo emprego das funções (CT e RT), foram os seguintes:

Quantidades a serem produzidas e vendidas	Custo total	Receita total	Lucro (Prejuízo)
zero	$ 2.000	$ zero	($ 2.000)
200	2.040	707	(1.333)
900	2.080	1.500	(580)
1.600	2.320	2.000	(320)
2.500	2.500	2.500	zero ← 1º PE
7.000	3.400	4.183	783
10.000	4.000	5.000	1.000
Entre 15.586 e 15.664 → 15.600	5.120	6.245	1.125
18.000	5.600	6.708	1.108
20.000	6.000	7.071	1.071
40.000	10.000	10.000	zero ← 2º PE
41.000	10.200	10.124	(76)
45.000	11.000	10.607	(393)

Observe que acrescentamos nesta tabela o ponto onde não houve produção nem vendas. O único custo existente é o custo fixo ($ 2.000) e o lucro, portanto, é negativo, mostrando um prejuízo igual ao valor do custo fixo.

8. Com base na tabela, podemos desenhar o gráfico de duas dimensões a seguir (gráfico da Figura 10.1 mostra as relações custo-volume-lucro):

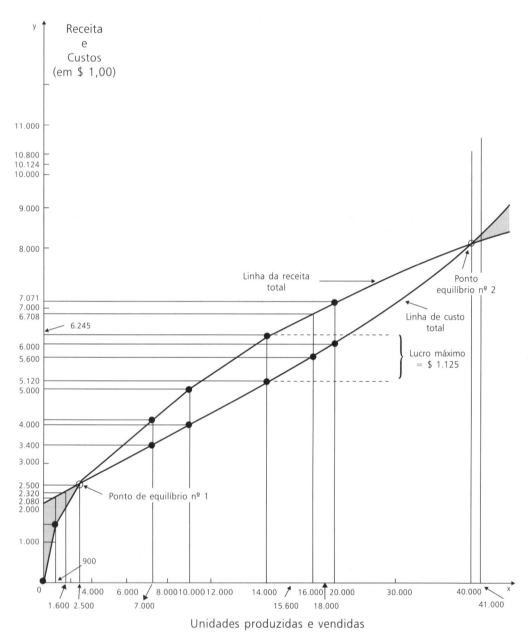

Figura 10.1 *Análise do ponto de equilíbrio e do lucro máximo.*

Vimos que o lucro é dado pela equação (ou função) Lucro = RV − CT, ou seja, L = 50 $x^{0,5}$ − (2.000 + 0,20 x). Note que o lucro depende da variável x: o lucro é função de x. Devemos representar por L (x). Teremos, então,

L (x) = 50 $x^{0,5}$ − (2.000 + 0,20 x)

9. Como se vê no gráfico, da Figura 10.1, existem dois pontos de equilíbrio (1º PE → 2.500 unidades; vendas + $ 2.500 e Custos = $ 2.500; 2º PE → 40.000 unidades; venda = $ 10.000 e Custos = $ 10.000).

Vamos calculá-los algebricamente:

Basta invocarmos a lógica do ponto de equilíbrio: "o ponto de equilíbrio é o ponto da atividade (aqui representada pelas unidades a serem produzidas e vendidas) onde o lucro é zero.

$L(x) = 0$, ou

$50\, x^{0,5} - (2.000 + 0,20\, x) = 0$.

Trabalhemos esta última forma:

$50\, x^{0,5} = 2.000 + 0,20\, x$,

elevando ao quadrado ambos os termos da equação, teremos:

$2.500\, x = 4.000.000 + 800\, x + 0,04\, x^2$

$1.700\, x - 4.000.000 - 0,04\, x^2 = 0$

multiplicando a expressão por (-1):

$0,04\, x^2 - 1.700\, x + 4.000.000 = 0$

resolvendo a equação do segundo grau, vamos encontrar dois valores que satisfazem a igualdade:

$x_1 = 40.000$ unidades e

$x_2 = 2.500$ unidades

É sempre bom fazer a verificação. Devemos substituir esses valores, um de cada vez, na equação do segundo grau e verificar se a expressão fica igual a zero.

Sabemos, então, que o gráfico vai apresentar dois pontos de equilíbrio porque são duas linhas, sendo uma delas uma linha reta, representando graficamente uma função do primeiro grau e a outra, uma curva, representando uma função do segundo grau. As linhas se encontram em dois pontos (se uma das funções fosse de um grau maior do que o segundo, poderiam acontecer mais de dois pontos de equilíbrio). Assim, a área entre as duas curvas (da receita e dos custos) desde o primeiro ponto de equilíbrio até o segundo ponto, representa a área dos lucros. Num ponto x dessa área, onde a diferença entre as duas linhas (receita e custo) é a maior de todas, está localizado o lucro máximo. Nesse ponto, o segmento da reta que vai do valor da função de custos até o valor da função da receita é o maior possível.

386 Curso de Contabilidade de Custos • Leone e Leone

Esse valor da variável x pode ser calculado, com mais exatidão, pelo cálculo diferencial. A equação do lucro, vista acima, é a seguinte:

$$L(x) = 50\,x^{0,5} - (2.000 + 0,2\,x)$$

Podemos escrever a expressão acima de outro modo, observando propriedade da operação de radiciação:

$$L(x) = 50\,x^{0,5} - (2.000 + 0,2\,x)$$

o lucro será máximo quando sua derivada for igual a zero. (Veja o Apêndice no final deste capítulo.)

$$L'(x) = 25\,x^{0,5} - 0,2$$

Logo, $25\,x^{0,5} - 0,2 = 0$

Passando a parcela constante para o lado direito da igualdade, temos:

$$25\,x^{0,5} = 0,2$$

Multiplicando ambos os lados por $x^{0,5}$:

$$25 = 0,2\,x^{0,5}$$

Trocando os lados e elevando ao quadrado ambos os membros da expressão acima, temos:

$$0,04\,x = \quad 625$$
$$x = 15.625 \text{ unidades ou, arredondando, } 15.600 \text{ unidades.}$$

Isso significa que, quando o valor de x é igual a 15.625 sofás (quando os sofás produzidos e vendidos totalizarem 15.625), o lucro desse tipo de produto será o maior possível.

Se o leitor não percebeu o que fizemos, mesmo acompanhando nossas observações constantes do Apêndice, significa que está bastante esquecido do que seja a aplicação de derivadas. Sabemos que não é muito fácil espremer, em duas ou três páginas, a explicação de uma técnica matemática das mais poderosas e úteis que, normalmente, ocupa vários volumes. Mesmo porque, para se chegar a um bom entendimento, é necessário voltar nos compêndios, principalmente para entender funções e limites. Não custa nada lembrar, não importa a repetição, um antigo provérbio oriental, que consta do excelente livro *Calculus made easy*, (Thompson, 1965), que diz o seguinte: "O que um bobo faz, o outro faz também." Se existe alguém que domina essa técnica matemática, nada mais normal do que qualquer de um de nós dominá-la do mesmo modo. Consulte algum livro de Métodos Quantitativos aplicados à Administração. Se o leitor tiver acesso à língua inglesa, poderá consultar os livros editados nos Estados Unidos com esse título. São todos muito didáticos.

Vamos ver agora o procedimento utilizado pelo gerente comercial para encontrar a relação entre a receita de vendas e as unidades vendidas.

Abra a planilha RV.xls. Veja que já inserimos a tabela do item 7 com os valores das variáveis Receita total de vendas e Unidades a serem vendidas. Observe também que as receitas foram calculadas como o produto do preço unitário pelas unidades vendidas, por isso a pequena diferença na receita para 900 unidades.

Selecione as células de C2 a D9. Em seguida, escolha o gráfico de Dispersão na modalidade Dispersão Somente com Marcadores.

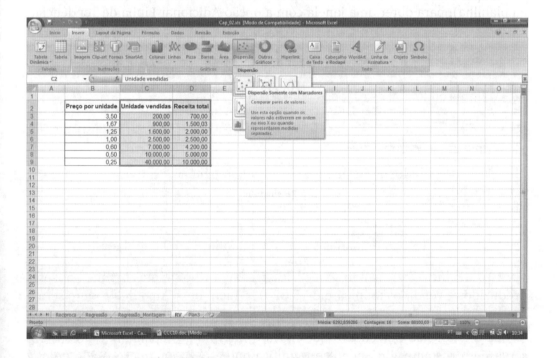

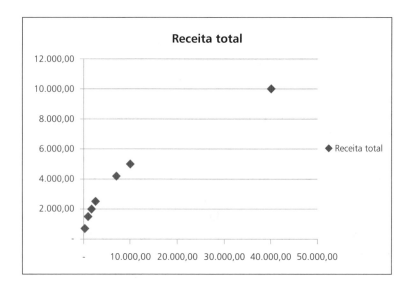

Clique com o botão direito em qualquer um dos losangos (pontos em azul na planilha), para obter uma janela com a opção Adicionar Linha de Tendência.

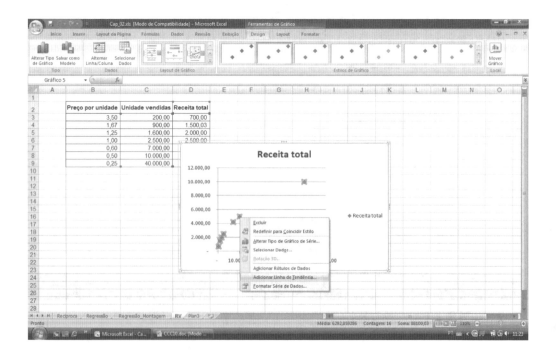

Clique nessa opção e aparecerá a janela a seguir.

Selecione o Tipo de Tendência/Regressão Potência e marque Exibir Equação no gráfico e Exibir valor de R-quadrado no gráfico, conforme exposto na Figura anterior.

Com esse procedimento, você obterá o seguinte gráfico:

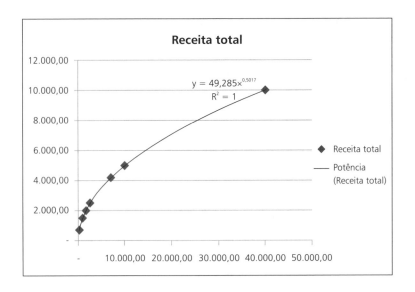

Observações: escolhemos a regressão potencial porque a dispersão dos pontos mostrava um comportamento semelhante/aproximado a uma curva do tipo raiz quadrada. Você pode perceber que a potência da variável x, sendo igual a 0,5017, e a determinação igual a 1 demonstram que essa aproximação fez sentido. O gerente comercial preferiu considerar a função como $y = 50\ x^{0,5}$ para facilitar os cálculos que se seguiram dessa análise.

MÁXIMOS E MÍNIMOS APLICADOS AOS OBJETIVOS DA ADMINISTRAÇÃO DE ESTOQUES

Definição dos Objetivos Conflitantes mais Comuns da Administração dos Estoques

10. Um dos objetivos dos estoques, tanto de materiais de produção como de produtos acabados, é ter uma disponibilidade que garanta, com folga, o fluxo de produção e que mantenha, em níveis satisfatórios, as quantidades de produtos acabados que atendam à demanda da clientela. Entretanto, atender a esse objetivo de total tranquilidade custa caro. O outro objetivo é gerir os estoques com o menor custo possível e com a menor imobilização de capital. Sabemos que os estoques são uma necessidade. Sabemos, também, que custam dinheiro. A administração deve procurar um equilíbrio entre esses dois objetivos opostos. Embora seja, ainda, de difícil atingimento, em algumas culturas, a técnica do "justo-a-tempo" (*just-in-time*, em inglês), a tendência é caminhar em direção à aplicação generalizada desse modelo operacional. Na verdade, é a técnica que persegue a meta do estoque zero. Permanece, porém, a perseguição pela redução dos custos

Uso dos Métodos Quantitativos na Solução de Problemas de Custos **391**

referentes às operações inerentes aos estoques, mesmo quando se adota esse procedimento. Alguns custos desaparecem, mas outros permanecem, até mais exacerbados, conforme veremos mais adiante.

Tradicionalmente existem procedimentos que tentam minimizar os problemas e os custos. O estabelecimento dos estoques mínimos ou de segurança é um desses procedimentos. Em conjunto com esse procedimento, constata-se a preocupação pelo momento em que se deve fazer novo pedido, levando-se em consideração o tempo de consumo médio e o tempo que leva o novo pedido a ser atendido pelo fornecedor. A administração procura minimizar seus esforços, e consequentemente os custos, objetivando, ao mesmo tempo, exercer melhor controle sobre os estoques, quando emprega o critério ABC, que é uma técnica baseada na ideia de relevância. Não confundir com o critério de custeio ABC. O primeiro organiza os itens de estoque por sua relevância em termos monetários; o outro é um critério destinado a determinar os custos dos produtos. Outra preocupação é a quantidade de cada pedido e frequência dos pedidos. Esta preocupação influencia os custos relacionados. O planejamento das compras, dos níveis de estoques de materiais, dos níveis de produção, dos níveis de estoques de produtos acabados e das vendas deve ser realizado em conjunto para que não aconteçam excessos desnecessários, falta de materiais e de produtos que acarretam paralisações, gargalos e não-atendimento aos clientes, nem influencie de forma negativa os lucros.

COMPORTAMENTO DOS CUSTOS RELACIONADOS ÀS ATIVIDADES DE ADMINISTRAÇÃO DOS ESTOQUES

11. As atividades de administração de estoques são as seguintes: (a) atividades de reposição dos estoques e (b) atividades de manutenção dos estoques. Cada uma dessas atividades realiza custos e despesas para atingir seus objetivos. Os custos e as despesas apresentam comportamentos diferentes diante de fatores governantes (ou, como quiserem, diante de direcionadores de custos) tradicionais.

Os **custos de reposição dos estoques** são aqueles que acontecem quando a empresa compra os materiais de produção (estaremos tratando, como se vê, da parte relativa aos estoques de materiais; os estoques de produtos acabados mantêm as mesmas características, no entanto). São itens relacionados às atividades de compra, transporte e recepção dos materiais. Esses custos são identificados como custos por pedido, em termos unitários, porque são influenciados pela quantidade de pedidos.

Os **custos de manutenção dos estoques** são aqueles que ocorrem quando a empresa tem que zelar pelos estoques, mantê-los em segurança, fazer o controle das entradas e saída, dispor de um espaço, de equipamentos de manuseio e de instalações adequadas. Incluem-se as perdas, a obsolência, os seguros e, se quisermos, o custo de oportunidade calculado pelo lucro que poderia ser realizado se os investimentos imobilizados em estoques fossem aplicados em outra alternativa. Esses custos podem ser apresentados, em termos unitários, como custo por unidade, por período.

Os **custos de reposição dos estoques** e os **custos de manutenção dos estoques** não observam o mesmo comportamento diante dos direcionadores relacionados ao volume dos estoques. Enquanto **os custos de manutenção dos estoques** aumentam à medida que o volume estocado aumenta, os **custos de reposição dos estoques** diminuem. É claro que quanto menor for a quantidade de pedidos (isto é, quando a empresa emite poucos pedidos de grande volume), menores são dos **custos de reposição e** maiores os **custos de manutenção dos estoques.**

QUAL SERÁ A DECISÃO DA ADMINISTRAÇÃO?

12. A decisão, certamente, sempre será tomada com vistas à minimização dos custos de administração dos estoques. O que fazer? Se aumentarmos o volume dos estoques, os **custos de manutenção** aumentam, mas os **custos de reposição** diminuem. Se diminuirmos o volume estocado, **os custos de manutenção** diminuem e os **custos de reposição** aumentam. A decisão recai sobre uma fórmula relacionada à quantidade de itens por pedido chamada tradicionalmente **pedido econômico de estoques** (em inglês, *economic order quantity*). Essa fórmula é o resultado da combinação das expressões que representam os **custos de reposição** e os **custos de manutenção** pelo emprego do cálculo diferencial.

Em outras palavras, os custos serão minimizados quando o contador de custos encontrar a quantidade ótima de unidades que deverá ser solicitada toda vez que se preparar um pedido de compras para o estoque.

13. Definição dos termos encontrados na fórmula do pedido econômico de estoques:

Q = demanda anual de quantidades para a produção.

C = custo de reposição (ou seja, o custo para colocar um pedido e receber as mercadorias).

M = custo para manter uma unidade no estoque durante um período.

q = quantidade que deve ser solicitada em cada pedido de compras.

Teremos, então, os seguintes custos do período:

- O custo total do período (um ano, normalmente) para colocar todas as ordens de compra (pedidos) será igual ao custo para colocar um pedido de compras (C) multiplicado pelo número de pedidos de compra do período.

Para saber o número de pedidos de compra, basta dividir a quantidade que é demandada no período pela quantidade que deve ser solicitada em cada pedido de compra:

Custo total do período $= C \times Q/q$
para colocar os pedidos

- O custo total do período para manter as unidades estocadas é igual ao custo para manter uma unidade no estoque multiplicado pela quantidade média existente no estoque.

Custo do período para estocar
os produtos $= M \times q/2$

Por que multiplicar M pela expressão $q/2$? A expressão $q/2$ é o estoque médio do período. Quando se dá a compra, o estoque está a zero, teoricamente, e passa a ter q unidades. Após um período em que o estoque vai sendo consumido pelas requisições da produção, o estoque chega a zero. A média é de dois pontos. O primeiro ponto é q e o segundo é zero. Fica, então, $(q + 0)/2 = q/2$.

Combinando-se os dois custos acima, temos o custo total dos estoques em determinado período:

$C \times Q/q + M \times q/2$

Ou seja, podemos dizer que é uma função $y = C \times Q/q + M \times q/2$

Se colocarmos as duas expressões e mais a sua combinação num gráfico de duas dimensões, teremos três curvas: a curva do custo total do período para colocar os pedidos, a curva do custo para estocar os pedidos e a curva relacionada à soma desses dois custos, ou seja, a curva do custo total dos estoques. Veremos que esta última curva tem um mínimo. Esse mínimo será calculado, como estudamos na apresentação do cálculo diferencial, por meio da derivada da função que representa o custo total.

Apresentaremos o gráfico adiante. Por ora, vamos calcular a derivada da função y.

$y = CQ\,(q^{-1}) + M\,(q/2)$

derivando em relação a q (considerada a variável independente)

$y' = -\,CQ\,(q^{-2}) + 1/2\,M$

fazendo $y' = $ zero, vamos determinar o valor da variável independente que faz com que a derivada se torne igual a zero e, portanto, fazendo com que a função y alcance o valor mínimo.

$$-CQ/q^2 + M/2 = 0$$
$$M/2 = CQ/q^2$$
$$q^2 M = 2\,CQ$$
$$q^2 = 2\,CQ/M$$
$$q = \pm\sqrt{2CQ/M}$$

Vamos usar apenas o resultado positivo. Embora matematicamente aconteçam dois resultados, na vida real somente aparece o resultado positivo: a quantidade de pedidos jamais será menor do que zero.

O gráfico representativo do custo total do estoque (Figura 10.2), mais os dois custos que o integram (o custo do período de colocar os pedidos e o custo do período de manutenção do estoque), mostra o ponto da variável q onde a curva do custo total se encontra em seu valor mínimo e o respectivo valor mínimo do custo.

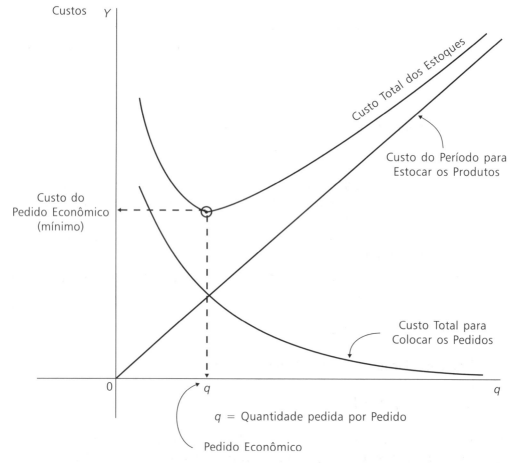

Figura 10.2 *Gráfico do pedido econômico.*

14. Aplicação prática. Imaginemos que a empresa Replay Industrial fabrica o produto Repeteco, que consome, conforme o padrão, 3 quilos do material Bis, cujo custo, por quilo, é $ 0,40. De acordo com as previsões comerciais, a Replay Industrial vai colocar no mercado, no próximo ano, 25.000 unidades de Repeteco. Portanto, a fábrica terá de adquirir 75.000 quilos de Bis (25.000 unidades × 3 quilos) para atender à demanda anual do processo produtivo.

Os responsáveis pela administração dos estoques de materiais de produção têm três caminhos para tomar, dois deles são decisões extremas: (1) Comprar, de uma só vez, os 75.000 quilos de Bis; (2) Comprar, aos poucos, talvez semanalmente, de acordo com as necessidades da produção, os quilos de material.

Se escolherem o caminho (1), os custos de colocar os pedidos serão bem pequenos, mas os custos de manter o estoque será enorme. Além disso, os custos de oportunidade serão altos, pois equivalem ao que se deixaria de ganhar se não imobilizassem os recursos nos estoques e os aplicassem em alternativas também lucrativas.

Se escolherem o caminho (2), os custos de manter os estoques serão menores, mas os custos de colocar os pedidos serão maiores, pois a quantidade de pedidos será grande.

A administração terá de decidir. O melhor caminho será escolher alguma posição entre esses dois extremos. Devem optar pelo resultado que oferecer a aplicação da fórmula do **pedido econômico de compras**.

Uma informação bastante significativa para que se possa aplicar a fórmula é saber quanto custa manter no estoque, em média, um quilo de Bis, durante o ano: a Contabilidade de Custos determinou que esse custo será de $ 2,50/quilo. Além dessa informação, a Contabilidade de Custos determinou que o custo para colocar um pedido será igual a $ 8,00.

Com esses dados, a administração dos estoques pode preparar a seguinte tabela:

Tamanho do pedido (em quilos)	500 kg	700 kg	800 kg	1.000 kg	1.200 kg	1.500 kg	2.000 kg
Quantidade de pedidos (1)	150	107,14	93,75	75	62,5	50	37,5
Estoque médio (2)	250 kg	350 kg	400 kg	500 kg	600 kg	750 kg	1.000 kg
Custo para manter o estoque (3)	$ 625	$ 875	$ 1.000	$ 1.250	$ 1.500	$ 1.875	$ 2.500
Custo para colocar os pedidos (4)	$ 1.200	$ 857,12	$ 750	$ 600	$ 500	$ 400	$ 300
Custo total do estoque (5)	$ 1.825	$ 1.732,12	$ 1.750	$ 1.850	$ 2.000	$ 2.275	$ 2.800

(1) O tamanho do pedido é igual a 75.000 kg.
(2) Tamanho do pedido dividido por dois.
(3) $ 2,50/quilo × estoque médio.
(4) $ 8,00 por pedido multiplicado pela quantidade de pedidos.
(5) A soma das duas últimas linhas.

A administração prepara o gráfico (Figura 10.3) onde vai apresentar os três tipos de custos. O custo que está interessando é o custo total do estoque. O gráfico vai confirmar o que a tabela já indicou: que o pedido econômico de compras é de 700 quilos de Bis e que o custo resultante é o menor de todos: $ 1.732,12.

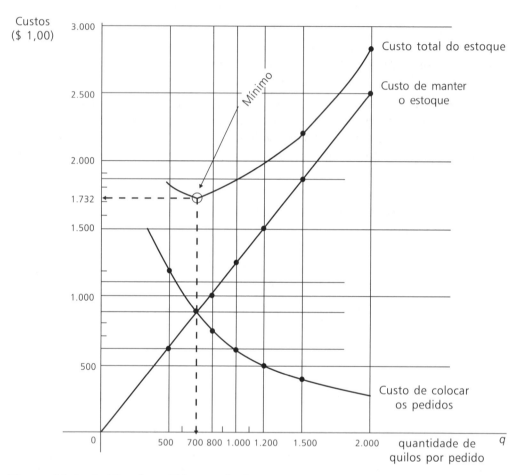

Figura 10.3 *Gráfico do pedido econômico.*

A administração para ter certeza do resultado, fará a determinação por meio da fórmula resultante do cálculo diferencial, o que será bem mais exato.

A fórmula é:

$$q = 2\ CQ/M$$

onde C = custo de colocar o pedido;
 Q = demanda anual de quantidades para a produção;
 M = custo para manter uma unidade no estoque.

Os valores da tabela são aplicados:

$q = (2 \times \$ 8 \times 75.000)/\$ 2,50$

$q = 692,82$ ou arredondando este valor,

$q = 700$ kg de Bis

EXAMINE COM ATENÇÃO OS RESULTADOS OFERECIDOS PELOS INSTRUMENTOS MATEMÁTICOS

15. Até aqui, depois que aplicamos os instrumentos matemáticos e que conseguimos resultados numéricos que nos satisfazem, podemos nos sentir realizados por termos cumprido nossa missão. Podemos decepcionar-nos mais tarde. Não basta aplicar o instrumento matemático e obter os resultados que parecem estar *exatamente* corretos. Nem os matemáticos fazem isso. Eles fazem um exame minucioso das funções (se estiverem tratando de funções) buscando respostas sobre todo o campo de atuação, que eles chamam de domínio da função. Eles verificam como as funções se comportam ao longo de seu domínio. Eles podem verificar, por exemplo, que as funções não apresentam resultados úteis, para alguns valores da variável x, por exemplo. Nós, Contadores, também temos que analisar melhor os resultados alcançados em face do mundo real. Muitos resultados *corretos* apresentados pelos cálculos podem ser extravagantes na prática das operações. Veja: como é que os matemáticos preferem trabalhar? Eles gostam de trabalhar com letras em lugar de números. É o que eles chamam de soluções literais e não numéricas. Com os símbolos, eles se sentem mais seguros para analisar todo o espectro das soluções algébricas e oferecer resultados generalizados e não pontuais. Além dessa atenção redobrada, temos que admitir, ainda, que estamos apresentando problemas e soluções numéricas baseados em premissas estabelecidas. Gostamos de desenvolver soluções num mundo determinístico e não probalístico. O mundo real, no entanto, é cheio de incertezas. Os problemas de administração do ponto de vista determinístico são mais fáceis de ser solucionados. Entretanto, quando existem incertezas, os modelos matemáticos e estatísticos usados são muito mais complexos. Desejamos que o Contador de Custos tome essas precauções quando analisar os resultados decorrentes do emprego de modelos matemáticos e estatísticos. É claro que devemos começar a estudar pelos modelos mais simples, que exigem menos conhecimentos teóricos de Matemática e Estatística. Uma vez que estes sejam dominados, pode o Contador de Custos avançar para outros instrumentos. Existem autores que se preocupam muito com esses aspectos mencionados neste item que estamos dedicando "aos alertas". Embora suas obras estejam relacionadas na Bibliografia, desejamos incluir aqui duas delas para que os leitores, se tiverem acesso, possam imediatamente consultá-las. 1. Charles T. Horngren, *Contabilidade de custos*, Editora Atlas, capítulo que trata dos modelos de decisão, da incerteza e da atenção do Contador; 2. Sérgio de Iudícibus, *Análise de custos*, Editora Atlas, Capítulo 6, onde apresenta a solução de um caso em que predomina a incerteza. As observações apresentadas neste item servem também para todo este capítulo, bem como para todo o livro.

CURVA DE APRENDIZAGEM

Noções Básicas

16. O fenômeno da aprendizagem acontece com qualquer um de nós. Ele se revela quando passamos a executar um trabalho repetitivo, sobretudo manual. À medida que vamos produzindo mais, a repetição das tarefas mecânicas vai-nos familiarizando com os movimentos, com o uso das ferramentas, com o manuseio dos materiais, portanto, dando-nos maior habilidade no processamento da tarefa. Principalmente, passamos a gastar menos tempo para realizar uma unidade de produto ou serviço (ou outra medida qualquer) sobre os quais temos responsabilidade. Em capítulo anterior deste livro, quando falamos do estabelecimento dos custos-padrão de mão de obra direta, tivemos a oportunidade de mencionar ligeiramente o fenômeno da aprendizagem e mostramos um exemplo muito simples: o de alguém que estava iniciando a encadernação de certa quantidade de súmulas de aulas, com certo número de páginas. Nas primeiras cinco encadernações, ele gastou, por exemplo, 40 minutos; nas próximas cinco encadernações, pela repetição, pela familiarização e, talvez, pelo arrebatamento emocional, ele consumiu 32 minutos; pelos mesmos motivos, ele gastou 25 minutos, e assim por diante, até que chega a um ponto em que a aprendizagem atinge um limite. Daí para a frente, pode acontecer, por muitos motivos, sobretudo de ordem psicológica, que ele comece a produzir as mesmas cinco encadernações gastando mais tempo. É o momento em que entra a supervisão para tomar determinadas medidas que revertam esse quadro.

Nas fábricas, quando se começa a produzir um produto novo ou a utilizar novas máquinas, novas instalações ou novas técnicas, o tempo de mão de obra direta necessário para produzir uma unidade vai diminuir à medida que os operários tornam-se familiares com o modo de produzir os produtos.

Exemplo Clássico

17. O exemplo que vamos mostrar é clássico. Sua força é a simplicidade. Quase todos os autores que se dispõem a tratar do assunto o apresentam em seus

Uso dos Métodos Quantitativos na Solução de Problemas de Custos **399**

estudos. O exemplo é decorrência de um estudo de tempos e movimentos que foi feito em uma fábrica. Os resultados foram os seguintes: (a) os operários diretos produzem uma unidade (ou um lote determinado de unidades) em dez horas; (b) a segunda unidade, ou o segundo lote com a mesma quantidade de unidades, é feito em oito horas; (c) a terceira unidade, ou o terceiro lote, é fabricado em 6,4 horas, e assim por diante, até que se chega a um ponto das operações em que o fenômeno desaparece, para dar lugar a outra forma. Dizem os autores que os operários atingem, primeiramente, a fase de uma produção constante, isto é, passam a produzir a mesma quantidade gastando praticamente tempo igual. Depois, atingem a fase do aborrecimento e do desinteresse, chegando a produzir com ineficiência constante, isto é, passam a produzir cada vez menos produtos, consumindo o mesmo tempo. Coloquemos esses dados numa tabela:

1 Unidades	2 Horas de MOD por unidade	3 Horas estimadas necessárias para produzir as unidades (coluna 1 × coluna 2)
1	10,0 horas	10,0 horas
2	8,0 horas	16,0 horas
4	6,4 horas	25,6 horas
8	5,1 horas	40,8 horas
16	4,1 horas	65,6 horas
32	3,3 horas	105,6 horas
64	2,6 horas	166,4 horas

O exemplo mostrado na tabela é resultado de algumas premissas básicas. Veja que a eficiência é definida como uma redução (toda vez que se dobra a produção) de 80% do tempo anterior. Vamos explicar: (1) a produção é nova – como alguns autores preferem caracterizá-la melhor, chamam-na de "imatura": os operários diretos consomem 10 horas para fazer uma unidade; (2) para fazer o dobro (2 unidades), os operários, uma vez que já se familiarizam mais com o processo produtivo e com o produto, gastam menos 20% do tempo anterior que era necessário para fazer uma unidade. Agora, os operários, para fazer cada uma das unidades, gastam 8 horas. Se fizeram 2 unidades, vão consumir 16 horas, conforme está anotado na terceira coluna; (3) para fazer 3 unidades, há uma nova redução de 20% no tempo gasto para a fabricação de cada uma das unidades. Os operários fazem, agora, uma unidade em 6,4 horas. Para fazer as três gastam 25,6 horas; (4) para fazer 64 unidades, os operários vão gastar apenas 2,6 horas em cada unidade. Portanto, gastarão 166,4 horas para fabricar o total de 64 unidades.

Observe que em todos os livros, a percentagem de eficiência é sempre de 20% ou de alguma coisa em torno de 80% do tempo necessário para fazer a unidade anterior. Dizem os compêndios que esse estudo foi iniciado durante a Segunda Guerra Mundial, nos Estados Unidos, na indústria aeronáutica de defesa. Nos estudos iniciais, encontrou-se uma melhoria de 20% no tempo de mão de obra à medida que a produção dobrava. Por esse motivo, os autores de livros didáticos mantêm o mesmo padrão para apresentar as explicações com base em números, do fenômeno da curva de aprendizagem. Isso não quer dizer que em todas as situações as características da aprendizagem são 20% – 80%.

18. O gráfico dos pares de pontos da tabela é representado na Figura 10.4.

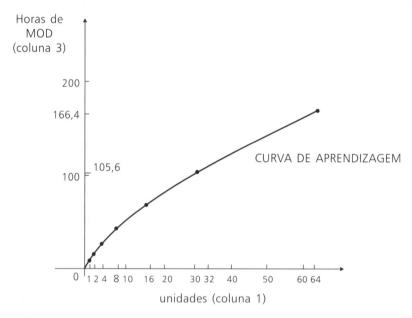

Figura 10.4 *Curva de aprendizagem*.

Como se vê no gráfico, a curva representa a curva de aprendizagem. À medida que as unidades vão dobrando, o total de horas necessárias vai diminuindo. Isso ocorre porque toda vez que a produção dobra, os operários vão-se familiarizando mais com o produto e com as tarefas de produção, alcançando gradativamente mais eficiência operacional. Essa curva é chamada de curva de aprendizagem de 80%. A taxa de 80% é constante toda vez que a produção dobra de volume. Veja na tabela: primeira unidade: 10 h; para produzir duas unidades, cada uma delas vai consumir 8 h, ou seja, 80% do que foi consumido para fabricar uma única unidade; para fabricar 4 unidades, ou seja, o dobro do que foi produzido no segundo lote, cada uma das unidades vai precisar de apenas 6,4 h, ou seja, 80% a menos do que se gastou em cada uma das unidades do lote anterior. E assim por diante.

Custos Envolvidos pela Técnica da Curva de Aprendizagem

19. Normalmente, os custos que sofrem redução no fenômeno da aprendizagem são os custos da mão de obra direta e todos os custos indiretos de fabricação relacionados a este fator de produção. Às vezes, os custos dos materiais também podem ser reduzidos à medida que os operários ganham experiência do processo produtivo. Esse fato é passível de acontecer. Nesse caso, eles também estarão envolvidos nos estudos de determinação e controle de custos e de desempenho.

Outra Forma de Apresentar o Gráfico da Curva de Aprendizagem

20. A Figura 10.5, mostra que o tempo médio por unidade vai diminuindo à medida que se vai produzindo mais unidades ou mais lotes de produção. Até chegar a uma estabilidade. O gráfico possui uma assíntota, principalmente em relação ao eixo dos x, em relação ao eixo em que está anotada a produção em unidades. Os dados foram extraídos da tabela apresentada no item 17 deste capítulo.

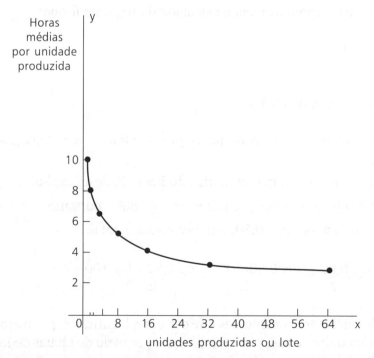

Figura 10.5 *Gráfico de aprendizagem.*

402 Curso de Contabilidade de Custos • Leone e Leone

Modelo Matemático da Curva de Aprendizagem

21. O modelo da curva de aprendizagem, como já vimos, é um modelo matemático que deve ser utilizado para fazer a previsão de reduções nos tempos consumidos de MOD e nos custos relacionados a esse fator de produção, que resultam de maior eficiência alcançada pelos operários à medida que eles ganham experiência na execução de tarefas repetitivas em novos produtos ou em novas técnicas de fabricação.

22. O modelo matemático é geralmente representado por uma equação potencial da forma

$$y = h \cdot x^b$$

onde y = a nova média por hora consumida por unidade acumulada, após o dobro da produção;

h = a quantidade de tempo (MOD) teoricamente necessária para fabricar a primeira unidade de produto ou o primeiro lote de produtos;

x = o total acumulado de unidades ou lotes produzidos;

b = o índice de aprendizagem.

Este índice de aprendizagem é calculado da seguinte forma:

$$b = \frac{\log r}{\log 2}$$

onde r é a taxa de aprendizagem.

Explicação dos modelos para que se possa entender sua aplicação e seus resultados.

23. Voltemos ao exemplo numérico do item 17, deste capítulo:

Ali vemos que a taxa de aprendizagem é de 80%, portanto, $r = 0{,}80$.

Nesse caso, em que $r = 0{,}80$, o índice b será igual a:

$$b = \frac{\log 0{,}80}{\log 2} = \frac{\log 0{,}80/100}{\log 2} = \frac{\log 0{,}80 - \log 100}{\log 2}$$

por meio de calculadoras modernas que calculam logaritmos, por meio de aplicativos de computador (Excel, por exemplo), ou por meio de tábuas de logarítimos, como nossos pais faziam, podemos ter:

$$\log 0,80 = 1,903090$$

$$\log 100 = 2$$

$$\log 2 = 0,301030$$

substituindo em b, teremos:

$$b = \frac{1,903090 - 2}{0,301030}; \quad b = -0,321928$$

Voltemos ao modelo inicial. Aplicando o modelo potencial, $y = h\,x^b$, poderemos calcular o tempo acumulado, necessário para fabricar cada uma das unidades de uma produção acumulada de 8 unidades:

$$y = 10 \cdot 8^{-0,321928}$$

Devemos resolver através dos logaritmos: $\log y = \log 10 - 0,321928 \cdot \log 8$

$$\log y = 1 - 0,321928 \cdot 0.903090$$

$$\log y = 1 - 0,290730$$

$$\log y = 0,70927$$

Consultando a tábua de logaritmos, no local das mantissas, encontraremos:

$$y = 5,12 \text{ horas.}$$

Conforme a tabela do item 17, onde se encontram os resultados do exemplo numérico, que estamos discutindo, estamos vendo que cada uma das unidades da produção, agora acumulada em 8 unidades, gastou, em média 5,1 horas (o que é o arredondamento do resultado de 5,12 horas calculado pela fórmula algébrica).

Por que $b = \dfrac{\log r}{\log 2}$? Qual a lógica que fundamenta essa expressão, que mostra uma constante?

Voltemos aos dados do exemplo numérico. Podemos dizer que as horas médias por unidade da produção que vai aumentando e se acumulando são calculadas por meio da operação:

$10\,(0,8^i)$, onde i é o número de vezes em que a produção foi dobrada.

Vamos calcular o tempo médio após a terceira vez que houve o processo de dobra da produção:

$10\,(0,8^3) = 5,12$ horas (valor para 8 unidades).

Então, podemos colocar de outra forma:

$$10 (0,8^3) = 10 (2^3)^b$$

Por quê? Se estamos dobrando a produção, a partir da produção inicial, podemos dizer que a sequência de dobras é a seguinte:

$2^0 = 1$

$2^1 = 2$

$2^2 = 4$

$2^3 = 8$, e assim por diante. Essa sequência nada mais representa do que a exponencial $y = 2^n$, onde n é o número de dobras da produção.

Agora sabemos que $10 (0,8^3) = 10 (2^3)^b$

A incógnita b é que faz o segundo membro ficar igual ao primeiro membro.

Se existe a igualdade

$$0,8^3 = (2^3)^b$$

podemos invocar uma das propriedades da operação de potenciação e escrever:

$$0,8^3 = (2^b)^3$$

como agora temos expoentes iguais, outra propriedade permite-nos dizer que as bases são iguais entre si.

$$0,8 = 2^b$$

aplicamos logaritmos para achar o valor de b.

$b \cdot \log 2 = \log 0,8$, ou, como queríamos demonstrar,

$$b = \frac{\log 0,8}{\log 2}$$

Também podemos encontrar o modelo matemático usando o recurso Adicionar Linha de Tendência do EXCEL, como fizemos no parágrafo 9. Para tanto, é preciso plotar os pares ordenados (Unidades, Horas de MOD por unidade) da tabela constante do parágrafo 17. Vamos usar a planilha Aprendizagem.xls.

Selecione as células B4 a C10 e insira um gráfico de dispersão na modalidade Dispersão Somente com Marcadores.

Uso dos Métodos Quantitativos na Solução de Problemas de Custos   405

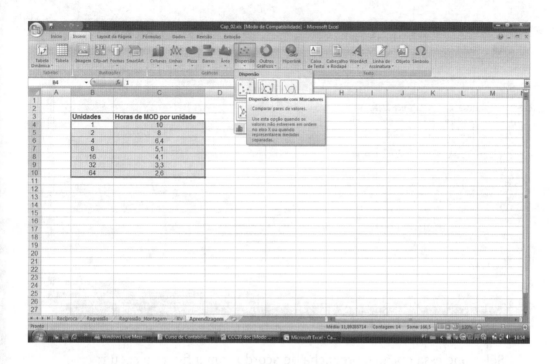

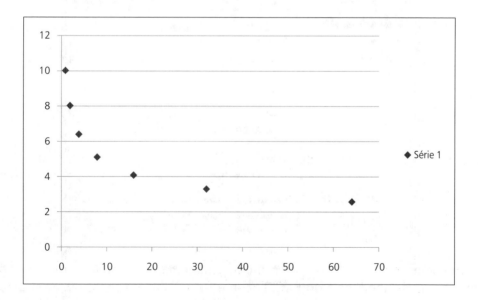

Ao obter o gráfico anterior, posicione o cursor em cima de qualquer um dos losangos (pontos em azul na planilha) e aperte com o botão direito para obter a janela contendo a opção Adicionar Linha de Tendência:

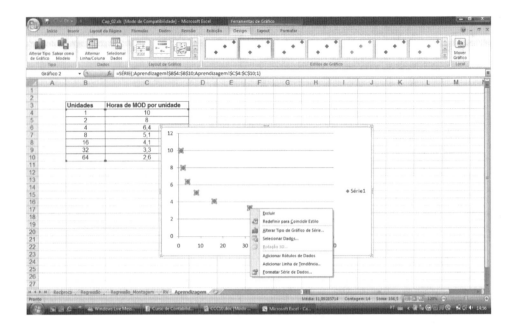

Selecione essa opção e preencha de acordo com a figura a seguir:

Escolhemos o Tipo de Tendência/Regressão Potencial, porque sabemos que o modelo matemático da aprendizagem segue esse padrão. Mesmo que não soubéssemos desse fato de antemão, a própria dispersão dos pontos no gráfico nos indicaria que uma função potencial para aproximar o comportamento entre as variáveis Unidades e Horas de MOD por unidade seria ótima escolha.

Clicando em Fechar, obtemos:

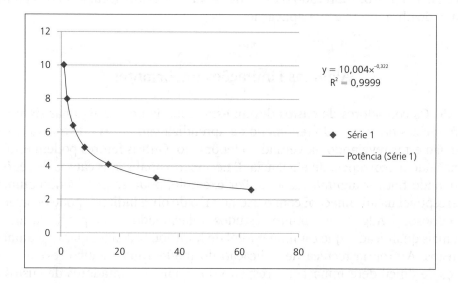

Verifique que os resultados obtidos para os parâmetros h e b são aproximadamente os mesmos encontrados pela resolução algébrica do início desse item 23.

Aplicações do Fenômeno da Aprendizagem e do Respectivo Modelo Matemático em Algumas Atividades Gerenciais

24. As aplicações são mais apropriadas em ambientes de mão de obra intensiva, onde as taxas de aprendizagem geralmente são significativas. Os contadores de custos devem estar atentos quando as reduções no consumo dos recursos produtivos indicam que o fenômeno pode ter alcançado a região de estabilidade. As aplicações dentro dessa região e além dela apresentam resultados não relevantes. Na maior parte das aplicações, o fator de produção analisado é o tempo de mão de obra direta e respectivos custos, incluindo as despesas indiretas relacionadas. Os materiais, em princípio, não estarão envolvidos. Em alguns casos, no entanto, a experiência alcançada pelos operários diretos na repetição das tarefas pode resultar em melhorias no aproveitamento dos materiais. Os contadores de custos devem considerar a análise do emprego da mão de obra direta, principalmente quando, de acordo com a natureza das operações, surgirem sinais de que o fenômeno da aprendizagem pode ocorrer. Na determinação dos custos para a elaboração dos preços de venda, nos estudos das relações custo-volume-lucro, nas decisões de comprar-ou-fazer, na elaboração dos orçamentos de investimentos de capital, nas atividades de planejamento e controle de produção em relação a decisões, entre outras, pertinentes aos fluxos de produção, aos equipamentos e a quantidade de operários a ser empregada, na preparação de orçamentos e previsões de curto prazo, sobretudo o fluxo de caixa e no estabelecimento dos padrões de mão de obra direta e sua aplicação.

Algumas Limitações Importantes

25. Os contadores de custos devem estar conscientes de algumas significativas fraquezas do estudo do fenômeno da aprendizagem. A taxa de aprendizagem pode não estar revelando na verdade o fenômeno. Outros fatores podem estar influenciando a ocorrência de eficiência. É necessário analisar as causas do fenômeno, quando houver alguma suspeita. Por exemplo, pode estar havendo aumento imperceptível na automação; com o uso de mão de obra indireta, pode ocorrer um fato curioso, divulgado em muitos estudos, relacionado ao emprego de mão de obra mais qualificada, que diminui o total de horas de trabalho, mas que aumenta os custos. A própria técnica de aplicação do modelo matemático revela alguns pontos de difícil determinação, a respeito dos quais os contadores de custos devem ter o maior cuidado. Constatamos esse fato nos problemas, mesmo simples, cujas soluções foram apresentadas neste capítulo. Primeiramente, a determinação da taxa de aprendizagem matematicamente não traz nenhuma dificuldade. No entanto, os contadores de custos devem estar cercados de precauções, pois o resultado algébrico pode não estar representando a realidade. É preciso analisar mais um pouco. Em seguida, a determinação da extensão da curva de aprendizagem onde acontece o fenômeno. Até onde podemos ter confiança de que a aprendizagem está acontecendo no mesmo ritmo, ou se já começou a mudar. Até que ponto dobrar a produção significa, na prática, ganhar experiência e traduzir esse ganho em redução das horas necessárias para fazer o produto ou o serviço. E, em terceiro lugar, será que os dados coletados pela Contabilidade de Custo são confiáveis? Será que eles representam o que desejamos que representem. A redução de horas e dos custos relacionados são consequência real da aprendizagem?

Exemplos Práticos

26. Vamo-nos referir, mais uma vez, ao nosso exemplo numérico, apresentado no item 17. Suponhamos que o contador de custos não dispõe de todos os

Uso dos Métodos Quantitativos na Solução de Problemas de Custos **409**

dados da tabela. Durante o processo produtivo, o pessoal de tempos e movimentos verificou que, quando a produção aumentou de 4 unidades para 8 unidades, o tempo acumulado para produzir essas quantidades aumentou de 25,6 horas para 40,8 horas. Com esses dados, algebricamente, o contador de custos pode determinar a taxa de aprendizagem da operação.

Os operários gastam 25,6 horas para produzir 4 unidades.

Os operários gastam 40,8 horas para produzir 8 unidades.

A relação é a seguinte: 4 (h) = 25,6
8 (h) = 40,8

onde h = quantidade de horas para produzir uma unidade do lote de 4 unidades;

h = quantidade de horas para produzir uma unidade do lote de 8 unidades.

Pela hipótese subjacente ao fenômeno da aprendizagem, $h = b$ (h), onde b é a taxa de aprendizagem.

Então, 4 h = 25,6 e 8 bh = 40,8

resolvendo o sistema de duas equações, temos:

8 b (25,6/4) = 40,8 b = 0,7969 ou 0,7969%, ou simplesmente, 80%.

27. O professor de Contabilidade de Custos da Universidade Aberta de Mata Verde levou seus alunos para fazer uma visita à cidade de Caruaru, que é um dos mais importantes centros comerciais da região nordestina. Lá, no Alto do Moura, encontram-se artesãos que produzem belos trabalhos em argila. O professor aproveitou a oportunidade para mostrar aos alunos o fenômeno da aprendizagem na prática, inclusive solucionando um dos problemas mais frequentes em relação ao tema. Ele pediu a um artesão que produzisse 16 bonecos representando um cangaceiro, montado em um cavalo, dando todas as especificações do modelo. O professor pediu que os alunos marcassem o tempo que o artesão gastou para fabricar o primeiro boneco até o ponto de ir para o forno: 25 minutos. O segundo boneco foi feito em 21 minutos. O professor retirou-se com os alunos para um alpendre bem espaçoso que ladeava a casa do artesão e pediu que os alunos determinassem dois dados: (1) Quanto tempo o artesão gastaria para fabricar 16 cangaceiros e (2) quanto tempo gastaria para fabricar o décimo-sexto cangaceiro.

Vamos resolver?

a) quando o artesão dobrou a produção, de um cangaceiro para dois cangaceiros, consumiu um total de 46 minutos, ou seja, em média, após a feitura do segundo boneco, cada unidade foi feita em 23 minutos (o total de 25 + 21 dividido por dois);

410 Curso de Contabilidade de Custos • Leone e Leone

b) aplicando o modelo da curva de aprendizagem $y = h.x$, temos: $23 = 25 \cdot 2^b$;

c) resolvendo a equação para calcular b (que é a taxa de aprendizagem) teremos:

$\log 23 = \log 25 + b \cdot \log 2$

$1,361728 = 1.397040 + b \, (0,301030)$

$b = -0,1203$

d) consultando a tabela a seguir que mostra a taxa de aprendizagem para cada índice de aprendizagem, verificamos que o artesão que está produzindo os cangaceiros tem uma taxa de aprendizagem de 92%, ou seja, ele diminui seu tempo de produção, toda vez que dobra as unidades produzidas, em 8%.

Não é muito, da primeira para a segunda unidade. Vamos ver quanto terá diminuído, por causa do fenômeno da aprendizagem quando ele chegar a produzir a décima-sexta unidade.

TABELA DOS VALORES DE b PARA VÁRIAS CURVAS DE APRENDIZAGEM

Valor de –b	Taxa de Aprendizagem	Valor de –b	Taxa de Aprendizagem
0.0145	99%	0.1681	89%
0.0291	98	0.1844	88
0.0439	97	0.2009	87
0.0589	96	0.2176	86
0.0740	95	0.2345	85
0.0893	94	0.2515	84
0.1047	93	0.2688	83
0.1203	92	0.2863	82
0.1361	91	0.3040	81
0.1520	90	0.3219	80

e) desse modo, o modelo geral do problema tem a seguinte expressão: $y = -25x^{-0,1203}$;

f) quando ele fabricar 16 unidades, basta substituir, no modelo acima, a incógnita x por 16; teremos:

$y = 25 \cdot 16^{-0.1203}$

aplicando logaritmos,

$\log y = \log 25 + (-0,1203) \log 16$

$\log y = 1,253084$

Uso dos Métodos Quantitativos na Solução de Problemas de Custos **411**

consultando as mantissas na tábua, encontramos:

$y = 17,91$ minutos

este número indica que após fazer a 16ª unidade, o artesão terá alcançado a média de 17,91 minutos para fazer cada uma das 16 unidades.

g) multiplicando 16 unidades pela média por unidade: $16 \times 17,91$ minutos $= 286,56$ minutos ou 4 horas e 46,56 minutos para fazer as 16 unidades;

h) para responder à segunda questão colocada pelo professor, teremos que fazer o mesmo cálculo para achar em quanto tempo ele fará 15 unidades.

$y = 25 \cdot 15^{-0,1203}$

aplicando logaritmos:

$\log y = \log 25 + (-0,1203) \cdot \log 15$
$\log y = 1,256456$
$\quad y = 18,05$ minutos

i) multiplicando 15 unidades pela média por unidade: $15 \times 18,05$ minutos $= 270,75$ minutos ou 4 horas e 30,75 minutos. Este é o tempo necessário para produzir até a 15ª unidade.

j) Subtraindo 4 horas e 31 minutos de 4 horas e 47 minutos, saberemos que o artesão fará a 16ª unidade em apenas 16 minutos.

PROGRAMAÇÃO LINEAR

Introdução

28. Lembrem-se de que quando estudamos as relações custo-volume-lucro, inclusive nos detivemo-nos na análise do ponto de equilíbrio. Uma das características básicas da análise de ponto de equilíbrio, bem como de todas as análises que fizemos com base nas relações custos-volume-lucro, era a ausência de restrições. Em apenas uma situação fomos obrigados a levar em consideração o fato de que existiam restrições. Foi na preparação da informação que a Contabilidade de Custos passou para a gerência quando esta estava diante de uma decisão. A decisão era a de diminuir a produção, portanto a venda, de um dos produtos. Qual deles? Escolhemos aquele produto que apresentava menor margem de contribuição em relação ao fator limitativo de produção. Foi um caso muito simples. O fator limitativo de produção era a capacidade de produção medida em horas de mão de obra direta. Entretanto, na verdade, as empresas enfrentam problemas relacionados à limitação dos recursos de produção. A gerência tem que se valer de instrumentos mais apropriados para administrar esses fatores limitativos quando devem tomar decisões, controlar as operações e simular desempenhos. Quando há apenas a limitação de um fator de produção, o problema pode ser resolvido com mais facilidade. Apenas como lembrança, vamos tomar um pouco mais de tempo, mais adiante, para apresentar uma situação bem simples em que usamos a margem de contribuição por unidade do único fator limitativo para tomar a melhor decisão. Quando, no entanto, a empresa tem muitos fatores que limitam a produção, as vendas e, consequentemente, os lucros, a gerência terá, em conjunto com a Contabilidade de Custos, que analisar a situação empregando uma técnica chamada **Programação Linear**. A **Programação Linear** é uma técnica matemática, incluída no rol das técnicas da Pesquisa Operacional, que permite à gerência determinar com precisão a melhor solução – otimização de lucros, por exemplo –, levando em consideração as várias limitações existentes. Cumpre lembrar duas características importantes subjacentes às técnicas quantitativas até aqui estudadas e que permanecem na base da lógica da **Programação Linear**. Uma delas é que as equações ou funções, representativas das relações custo-volume-lucro e das várias restrições, são equações do primeiro grau, portanto, seus gráficos estão re-presentados por linhas retas. Daí por que a técnica é chamada de **programação linear**. A outra diz respeito ao grau de certeza das relações custo-volume-lucro e das várias restrições ou limitações. Estas são dotadas de alto grau de certeza. Na classificação primária dos modelos de gestão existentes, encontramos dos tipos: os modelos determinísticos, em que os tipos de variáveis e suas medidas são previsíveis e os modelos probabilísticos em que as grandezas das variáveis intervenientes não são previsíveis e dependem de fatores não controlados que devem ser levados em consideração. Estamos, neste livro, tratando apenas de alguns modelos de natureza determinística. A **Programação Linear** é um desses modelos.

29. Vamos considerar que, geralmente, as empresas tenham, pelo menos, um fator limitativo. O problema a seguir é o mesmo que foi apresentado em outro capítulo deste livro quando apresentamos a decisão de diminuir a produção de um dos produtos. Essa decisão deveria maximizar o lucro.

Vamos examinar o caso da Sociedade Industrial "O Quadrilho", que fabrica os bonecos Glória, Patrícia, Socremo e Querubio. A indústria tem capacidade de fabricação medida em 64.000 horas-máquina. O Departamento Comercial da "O Quadrilho" estimou que poderia vender no próximo período as seguintes quantidades:

Glória	5.000 unidades
Patrícia	3.000 unidades
Socremo	4.000 unidades
Querubio	8.000 unidades

Uso dos Métodos Quantitativos na Solução de Problemas de Custos   **413**

O Departamento Industrial determinou as seguintes necessidades em termos de horas-máquina para produzir as quantidades previstas pela área comercial:

Glória   5 horas por unidade × 5.000 unidades = 25.000 horas-máquina

Patrícia   3 horas por unidade × 3.000 unidades = 9.000 horas-máquina

Socremo 2 horas por unidade × 4.000 unidades = 8.000 horas-máquina

Querubio 3 horas por unidade × 8.000 unidades = 24.000 horas-máquina

Total   66.000 horas-máquina

A Contabilidade de Custos levantou, com base nos preços de venda e nos custos variáveis por unidade, as seguintes margens de contribuição unitárias:

Glória $ 12,00

Patrícia   10,00

Socremo   11,00

Querubio   14,00

Com base nas margens de contribuição unitárias e nas horas-máquina necessárias para produzir cada unidade de produto acabado, a Contabilidade de Custos determinou o valor das margens de contribuição por hora-máquina. **Eis aqui a unidade de medida que deve ser levada em conta no processo de tomada de decisão.**

Qual a decisão a ser tomada, neste caso? Verificou-se que, para atender à fabricação das quantidades previstas pela área comercial, a fábrica deveria empregar 66.000 horas-máquina. No entanto, a fábrica tem capacidade para usar só 64.000 horas-máquina. É preciso verificar qual o produto cuja produção deverá ser diminuída para que se alcance o lucro máximo.

Vamos determinar o **valor da contribuição marginal por unidade de fator limitativo** de cada um dos produtos.

Produtos	Margem de contribuição unitária	Horas-máquina por unidade	Margem de contribuição por hora-máquina
Glória	$ 12,00	5 horas	$ 2,40
Patrícia	10,00	3 horas	3,33
Socremo	11,00	2 horas	5,50
Querubio	14,00	3 horas	4,67

Só falta, agora, apontar o boneco que apresenta a menor margem de contribuição por unidade do fator limitativo, que são as horas-máquina. O boneco, cuja produção deve ser diminuída é o Glória, que rende apenas $ 2,40 por hora-máquina.

30. Quando há mais de um fator limitativo, a técnica a ser usada será diferente. A técnica usada é a **Programação Linear.**

Vamos dar um exemplo muito simples em que há dois produtos e duas restrições. Este exemplo destina-se a mostrar a lógica da solução. A solução, neste caso simples, pode ser visualizada empregando-se o gráfico de duas dimensões (o eixo das ordenadas e o eixo das abcissas), como também poderá ser realizada pelo uso do modelo algébrico, em que serão usadas apenas duas inequações do primeiro grau com duas incógnitas. O processamento pode ser manual. Caso a situação tivesse mais produtos, mais variáveis, mais restrições, teríamos de usar técnicas mais sofisticadas até onde fosse possível ou, então, empregar os aplicativos disponíveis de computador. Entretanto, como em tantos outros modelos quantitativos, a lógica subjacente à solução de casos mais simples é a mesma empregada para a solução de casos em que aparecem mais variáveis.

31. A Indústria de Parceria Roma-Rio S.A. fabrica os produtos Orgueil e Bêtise. A Contabilidade de Custos já determinou as margens de contribuição por quilo de cada um dos dois produtos: Orgueil – $ 12 e Bêtise $ 14. A produção de cada um dos produtos é feita pelo consumo dos seguintes recursos produtivos:

	Material direto por quilograma	**MOD por quilograma**
Orgueil	4 quilos de X	4 horas
Bêtise	6 quilos de X	2 horas

Entretanto, a fábrica da Indústria Roma-Rio tem duas sérias restrições: só pode trabalhar, num período, apenas 32 horas de MOD e só tem disponibilidade de 48 quilos de X.

Vamos ajudar a gerência da Roma-Rio a atingir seu lucro máximo, indicando qual deve ser a combinação de produção (alguns autores preferem chamar de *mix*) entre os dois produtos. Isto é, quantos quilos de cada um dos produtos deverá ser produzido para se ter a combinação ótima no período.

Chamemos de O a quantidade (em quilos) de Orgueil que deve ser produzida e de B a quantidade (em quilos) de Bêtise. Então, o objetivo da empresa será maximizar a função (a expressão):

$$Y = 12\,O + 14\,B$$

Entretanto, essa maximização está condicionada às duas restrições assinaladas. Vamos colocá-las em forma de inequações.

$$4\,O + 6\,B \leq 48$$

$$4\,O + 2\,B \leq 32$$

Uso dos Métodos Quantitativos na Solução de Problemas de Custos   **415**

Além dessas duas restrições, temos duas restrições naturais. As quantidades O e B devem ser maiores ou iguais a zero. Essas são chamadas de restrições de não negatividade.

$O \geq$ zero

$B \geq$ zero

Outra restrição, menos imediata, mas de importância equivalente, diz respeito ao tipo de variável: como estamos tratando de quilos de Orgueil e Bêtise, as variáveis são número reais. Apenas como ilustração, se as variáveis representassem unidades produzidas (e não quilogramas) de Orgueil e de Bêtise, deveríamos inserir a restrição de que as variáveis eram números inteiros; não poderíamos, afinal, produzir frações dos produtos.

Antes de solucionarmos o problema, vamos apresentar a metodologia que deverá ser seguida, em geral, pelos contadores de custos, quando enfrentarem situações como essa, simples, e outras mais complexas.

a) **determinação das variáveis da situação: (no caso que estamos usando como exemplo, as variáveis foram: os dois produtos Orgueil e Bêtise, as contribuições marginais unitárias, as horas de produção de cada produto, as quantidades de material consumidas em cada unidade de produto acabado e as restrições de horas e de quantidades de material);**

b) **definição das equações e inequações das restrições e das condições/características das variáveis;**

c) **definição da função-objetivo, isto é, do valor que se deseja maximizar (em alguns casos, minimizar) (no caso em questão, a função-objetivo é a maximização da contribuição marginal total);**

d) **procura da solução através dos meios adequados: graficamente, algebricamente, método interativos (simplex, pontos interiores, entre outros) e pelo emprego dos aplicativos computacionais.**

Vamos chegar à solução, isto é, à determinação das quantidades ótimas de produção e venda dos dois produtos que, combinadas, oferecem a contribuição marginal total máxima, consequentemente, o lucro máximo.

Da contribuição marginal total máxima será deduzido o valor total das despesas e dos custos fixos. Com isso, teremos o valor máximo do lucro. Como vimos em capítulos anteriores, a contribuição marginal de cada produto destina-se a cobrir os custos e as despesas fixos totais da empresa, uma vez que estes não são distribuídos para cada produto, segundo o critério do custeio variável.

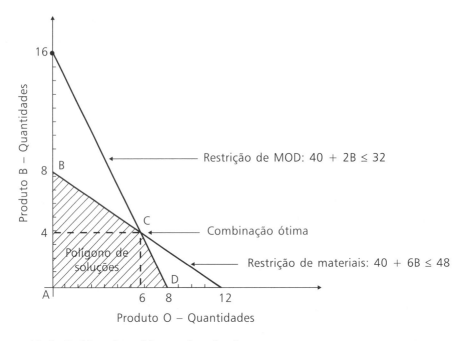

Figura 10.6 *Gráfico do polígono de soluções.*

SOLUÇÃO GRÁFICA

O gráfico da Figura 10.6 apresenta as linhas das restrições. Essas linhas formam o polígono onde se encontra a solução ótima, pois todas as combinações que se encontram dentro do polígono são viáveis. Uma solução ótima é, antes de tudo, viável.

As linhas (ou retas que representam as restrições são determinadas atribuindo-se valores às variáveis O e B, que sejam plausíveis).

O polígono cujos vértices são identificados pelas letras A, B, C e D é o polígono em que se encontra a solução. De acordo com a lógica da Programação Linear, um dos vértices dará a combinação ótima das quantidades O e B. Vamos calcular a combinação de cada um dos vértices:

Coordenadas dos vértices	Produtos Quantidades (O,B)	Contribuição marginal total $Y = 12\,O + 14\,B$
A	(zero, zero)	$ zero
B	(zero, 8)	$ 112
C	(6,4)	$ 128
D	(8,0)	$ 96

Uso dos Métodos Quantitativos na Solução de Problemas de Custos   **417**

Fica muito fácil identificar o vértice em que a contribuição marginal é a maior entre os quatro vértices. No caso em pauta, é o vértice *C*, em que a contribuição marginal é igual a $ 128. É a maior de todas as contribuições marginais encontradas em dois pares de pontos dentro do polígono viável.

SOLUÇÃO ALGÉBRICA

32. Estamos vendo que as duas retas se cruzam no vértice *C* do polígono de soluções. É sempre conveniente construir o gráfico quando existem apenas dois produtos. Para mais de dois produtos, precisaríamos de mais eixos, o que tornaria a solução gráfica inviável. Encontramos, pelo gráfico, que a combinação ótima é Orgueil = 6 quilos e Bêtise = 4 quilos. Entretanto, a solução gráfica, apesar de ter importância para a visualização da solução, é sempre imprecisa, pois vai depender muito da habilidade manual do desenhista. Qualquer inclinação, por menor que seja, de uma reta, fará com que o ponto *C* não caia na posição real.

Para encontrar o ponto C, usamos o fato de que nesse ponto as retas se cortam e as raízes das duas equações se igualam (ou seja, as quantidades das variáveis *O* e *B* são iguais). Podemos determinar essas duas raízes resolvendo o sistema de duas equações, representativas dos limites das restrições de materiais e de mão de obra. **Observe o fato de que quando existem mais de duas restrições, aumenta proporcionalmente a quantidade de equações que formam o sistema. No presente caso, são apenas duas restrições, logo são duas equações.**

A solução é facil.

As duas equações são as seguintes: $4.O + 2.B = 32$ e $4.O + 6.B = 48$

Multiplicando a primeira por (–1), teremos:

$$-4.O - 2.B = -32$$
$$4.O + 6.B = 48$$

Somando a primeira e a segunda equações, teremos:

$4.B = 16$, logo

$B = 4$ (isto significa que a combinação ótima deverá ter 4 quilogramas de Bêtise).

Substituindo o valor de *B*, acima, na primeira equação, teremos:

$4.O + 2.4 = 32$

$O = 6$ unidades (isto quer dizer que a combinação deverá ter 6 quilogramas de Orgueil).

418 Curso de Contabilidade de Custos • Leone e Leone

De posse dos quatro vértices da região hachurada (conhecida como região viável), A, B, C e D, usamos um resultado expressivo de Programação Linear:

"A solução ótima de um problema de Programação Linear encontra-se em um dos vértices da região viável."

Assim, basta-nos calcular o valor da função-objetivo nesses pontos e identificar o ponto em que essa função assume seu maior valor. Esse ponto será a solução ótima, isto é, a melhor combinação possível para as quantidades de Orgueil e Bêtise.

A função-objetivo é $Y = 12 . O + 14 . B$

Ponto A: substituindo $O = 0$ e $B = 0$, na função, teremos:

$Y = (12 . 0) + (14 . 0)$

$Y = 0 + 0 = \$ 0$

Ponto B: substituindo $O = 0$ e $B = 8$, na função, teremos:

$Y = (12 . 0) + (14 . 8)$

$Y = 0 + 112 = \$ 112$

Ponto C: substituindo $O = 6$ e $B = 4$, na função, teremos:

$Y = (12 . 6) + (14 . 4)$

$Y = 72 + 56 = \$ 128$

Ponto D: substituindo $O = 8$ e $B = 0$, na função, teremos:

$Y = (12 . 8) + (14 . 0)$

$Y = 96 + 0 = \$ 96$

Imediatamente, percebemos que a melhor solução é aquela obtida com a combinação dada pelo ponto C.

O resultado obtido, empregando-se a solução algébrica, é o mesmo que conseguimos determinar pela solução gráfica. Em todos os casos, a solução algébrica é mais exata. Se a situação que está sendo estudada apresentar mais de duas restrições e mais de dois produtos, a solução não poderá ser feita graficamente. Mesmo a solução algébrica é trabalhosa.

33. A Matemática fornece outro procedimento algébrico, denominado **método simplex**. O **método simplex** serve para solucionar todos os casos. Mas é preciso que estejam sempre presentes em qualquer caso, as duas características básicas subjacentes: (a) a certeza e (b) a linearidade. O **método simplex** foi desenvolvido, segundo alguns estudiosos, por George B. Dantzig, nos Estados Unidos, em 1947 e, hoje, com o amplo uso dos computadores, é o método mais aplicado. Como já dissemos, embora seja um procedimento manual que exige enorme esforço, daí porque não vamos mostrar seu desenvolvimento, o método tem a vantagem especial de poder ser empregado em qualquer caso, não importando a quantidade de variáveis e de restrições. É sempre conveniente, como temos afirmado com insistência aqui neste livro, que os contadores se familiarizem com o desenvolvimento manual do **método simplex** para que possam entender melhor as informações fornecidas pela saída (*output* ou *print*) dos programas, *softs* ou aplicativos de computador. A bibliografia apresenta a indicação explícita dos estudos em que os contadores podem familiarizar-se com esse desenvolvimento e com o uso que se pode fazer das informações apresentadas na saída ou nos relatórios dos computadores. O **método simplex** começa como qualquer outro instrumento quantitativo: primeiro define o problema, em seguida estabelece as variáveis e as restrições existentes, depois relaciona variáveis e restrições através de expressões que são convertidas em equações ou inequações, por fim estabelece a função objetivo (de maximização ou minimização). Uma vez preparado esse trabalho, começa o desenvolvimento da solução **simplex**. Uma solução inicial (tentativa inicial) é desenvolvida. São feitas modificações na solução inicial e os resultados são analisados: aquelas modificações que se mostram mais favoráveis em termos da "função-objetivo" são incorporadas e é desenvolvida uma segunda solução (ou tentativa). Estes passos são repetidos até que se encontre a melhor solução. O **método simplex** é, às vezes, denominado método iterativo ou repetitivo por causa desse procedimento passo a passo. A melhor solução vai sendo alcançada gradativamente. Pode parecer, à primeira vista, que seja um método rudimentar de "ensaio e erro". Mas não é. Durante o desenvolvimento passo a passo não se levam em conta todas as alternativas, existem cortes coerentes, fazendo com que o método seja de fácil entendimento e emprego.

Além do método simplex, existem outros métodos de otimização. Não faz parte dos objetivos deste livro apresentá-los. A razão para essa menção é que o EXCEL possui uma ferramenta de otimização, chamada Solver, que se utiliza de um método diferente do simplex na busca da solução ótima.

Vamos ver como essa ferramenta funciona.

Abra a planilha Roma-Rio_Montagem.xls (a planilha Roma-Rio.xls serve de apoio, não mexa nela). Para usar a ferramenta Solver, precisamos preparar a planilha.

Quanto mais organizada for sua planilha, mais fácil será a identificação dos resultados. Sugerimos sempre reservar um espaço para os parâmetros do problema. Isso foi feito nas colunas C, D e E, linhas 3, 4 e 5. Na linha 7, reservamos C7 e D7 para a solução do problema. Essas células serão nossas variáveis *O* e *B*.

A célula C9 contém a função-objetivo. Verifique que a expressão depende das células C5 e D5 (margens de contribuição) e C7 e D7 (variáveis de decisão).

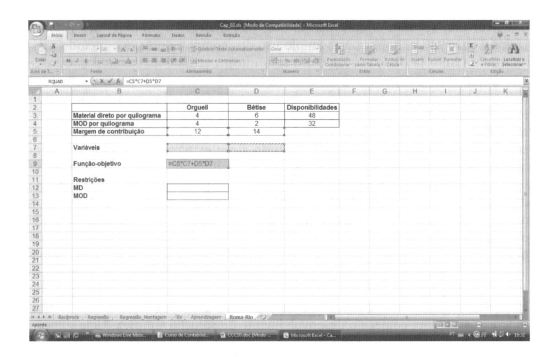

As células C12 e C13 contêm o lado esquerdo das restrições. Vamos completá-las diretamente na ferramenta Solver. Veja que as expressões dependem das células C3 e D3 (material direto), C4 e D4 (MOD) e C7 e D7 (variáveis de decisão).

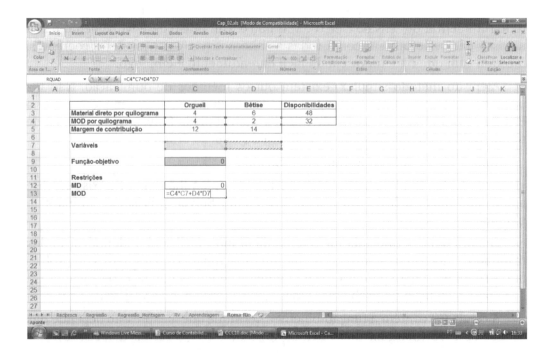

Com a planilha pronta, posicione o cursor na célula C9 e selecione a ferramenta Solver:

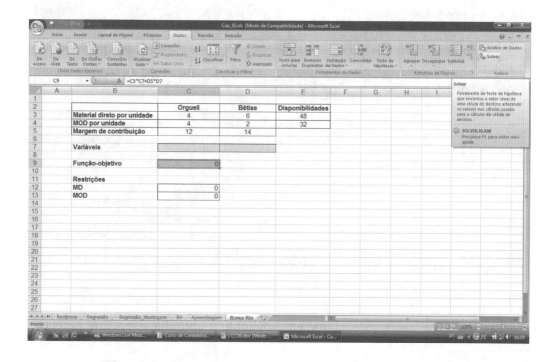

Como queremos maximizar o valor da célula C9, não precisamos alterar nada nas duas primeiras linhas.

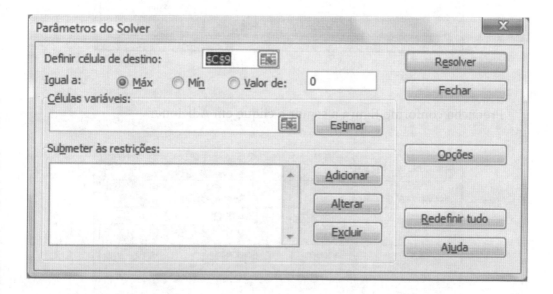

Insira as células reservadas para as variáveis (incógnitas):

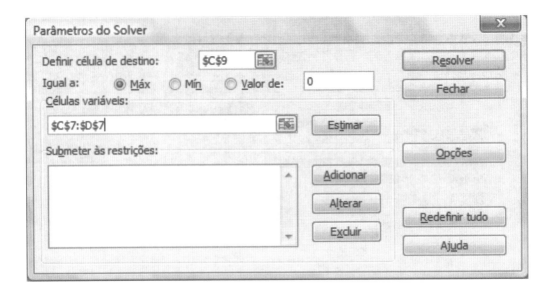

Para inserir as restrições, clique em Adicionar e obtenha a seguinte janela:

Preencha conforme figura a seguir e clique em Adicionar.

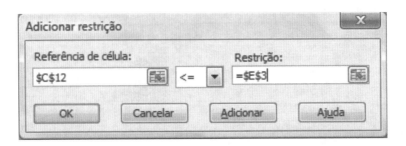

Insira a restrição de disponibilidade de MOD por quilo.

Clique em OK para obter a seguinte janela:

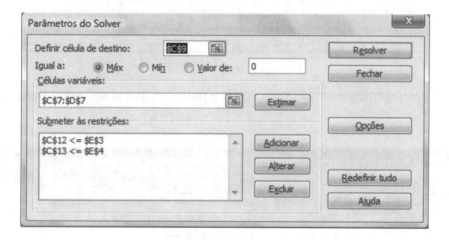

Vá em Opções e marque de acordo com a figura:

Isso elimina a necessidade de inserirmos as restrições de não negatividade. Clique em Ok e, em seguida, em Resolver.

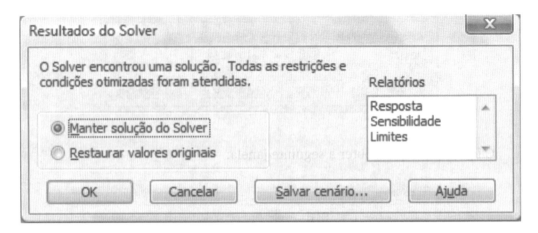

Clique novamente em OK para voltar à planilha, que já apresentará a solução ótima.

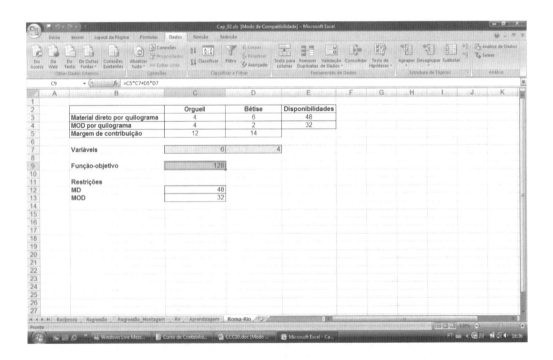

34. Se a empresa Roma-Rio pudesse aumentar sua capacidade em horas de mão de obra e em unidades de material consumido; se isso fosse possível, em quanto aumentaria o resultado da função objetivo, que oferece o lucro máximo?

Uso dos Métodos Quantitativos na Solução de Problemas de Custos **425**

Os americanos do norte denominam esses resultados de *shadow prices*, que traduzimos por "lucros de oportunidade", porque são resultados de simulação, ou seja, de situações projetadas. Se essas projeções pudessem tornar-se realidade (fossem viáveis), quanto a empresa Roma-Rio poderia estar perdendo em termos de lucro se não as desenvolvesse?

Vamos aplicar no exemplo da Roma-Rio essa lógica. Vamos supor que podemos aumentar em 2 horas a restrição de quantidade de horas de mão de obra disponível e de 2 unidades de material direto a restrição de materiais.

Para cada uma das alternativas, vamos calcular o novo lucro máximo.

Primeira alternativa (ou simulação) – **aumentar a capacidade em horas. Vamos aumentar em 2 horas**.

A função-objetivo continua sendo $Y = 12 . O + 14 . B$

As restrições são:

$4 . O + 2 . B \leq 32$ (restrições de mão de obra)
$4 . O + 6 . B \leq 48$ (restrição de materiais)

Aumentando a restrição da mão de obra em 2 horas, teremos:

$4 . O + 2 . B \leq 34$
$4 . O + 6 . B \leq 48$

Nessa nova condição, a solução ótima será:

$B = 3,5$ quilogramas e
$O = 6,75$ quilogramas

Para essa combinação, teremos:

$Y = (12 \times 6,75) + (14 \times 3,5) = 81 + 49 = \$ 130 \rightarrow$ lucro máximo.

Isto quer dizer que se aumentarmos em duas horas a capacidade da fábrica em termos de horas de mão de obra, ganharemos $ 2,00.

Segunda alternativa (ou simulação): **aumentar a capacidade em unidades de materiais que podem ser consumidos. Aumentemos em 2 unidades**.

A função-objetivo continua sendo $Y = 12 . O + 14 . B$

As restrições são:

$4 . O + 2 . B \leq 32$
$4 . O + 6 . B \leq 48$

Aumentando a quantidade de unidades de 48 para 50, teremos um novo sistema de equações:

$$4 . O + 2 . B \leq 32$$
$$4 . O + 6 . B \leq 50$$

Nessa nova condição, a solução ótima será:

$O = 4,5$ quilogramas e

$B = 5,75$ quilogramas

Transportando os valores de O e de B, para a função-objetivo, teremos:

$$Y = (12 \times 5,75) + (14 \times 4,5) = 69 + 63 = \$ 132 \rightarrow \text{lucro máximo.}$$

Isto é, quando se aumenta em 2 unidades de material a capacidade de uso de materiais, o lucro máximo aumentará de $ 4,00.

O que se Pode Fazer com esses Resultados?

Suponha que um terceiro (ou mesmo como resultado de uma operação de terceirização) possa fornecer condições que aumentem a capacidade da fábrica em termos de uso de materiais e que com isso possa aumentar sua produção, maximizando o lucro. Em termos numéricos: o fornecedor das instalações cobra pelos serviços ou pela instalação das novas condições de fabricação um preço tal que o custo unitário (aumento de 2 unidades de materiais) seja igual a $ 3,00. A fábrica Roma-Rio poderá, tendo em vista apenas essa variável, contratar as novas instalações do fornecedor, pois ganhará, a cada 2 unidades de materiais acrescidas na produção, um lucro de $ 1,00 (custo do fornecedor = $ 3,00, lucro que será aumentado = $ 4,00). Esse é um exemplo de como usar as simulações para a análise de sensibilidade, mesmo que seja uma situação bem simples como essa da fábrica Roma-Rio.

OBSERVAÇÕES A RESPEITO DO USO DOS MÉTODOS QUANTITATIVOS

35. Os contadores de custos não são os principais responsáveis pela solução de um problema gerencial com a aplicação da Programação Linear. A participação do contador de custos é especialmente relevante no fornecimento de dados relevantes para que o responsável primário possa solucionar o problema e tomar a decisão que melhor se apresentar. No entanto, o contador de custos deve estar

Uso dos Métodos Quantitativos na Solução de Problemas de Custos **427**

preparado para dar maior colaboração. Ele deverá estar, portanto, bem familiarizado com a lógica matemática subjacente à técnica da Programação Linear. Não só em relação a esta técnica quantitativa, como em relação a todas as outras.

36. Vejamos os dados exigidos, mais uma vez: (1) as margens de contribuição unitárias por produto; (2) as quantidades de recursos que são necessárias para produzir uma unidade de cada produto (como horas de mão de obra direta, horas-máquina, unidades de material etc.); (3) as quantidades totais de recursos produtivos (relacionados no item 2) que a empresa pode dispor em cada processo operacional ou em cada período. Os contadores de custos, embora possam participar do fornecimento de todos esses dados, ele será certamente o responsável único pelo fornecimento dos dados do item 35.

37. A Programação Linear, como todos os instrumentos quantitativos, tem algumas limitações importantes. Essas limitações deverão ser levadas em conta pelos contadores de custos e pelos usuários de suas informações. A Programação Linear continua sendo um instrumento matemático relacionado ao horizonte do curto prazo. Isto significa que, além de os custos e receitas não serem todo o tempo lineares, esses dados podem mudar seu comportamento quando o período de estudo for um pouco mais longo. Os custos fixos podem ser alterados. Tudo depende das mudanças tecnológicas que podem ocorrer. O grupo de informações assinalado no item 36 pode-se alterar. A despeito de todo esse cuidado, como acontece, de resto, com outros modelos quantitativos de solução, a Programação Linear é um poderoso auxílio que atende às necessidades de curto prazo. À medida que o uso dos computadores, pela facilidade e pelo custo, for tornando-se cada vez mais amplo, o uso da Programação Linear vai aumentar. Os contadores devem estar atentos.

38. O contador de custos, além de ser o único que está em condições de fornecer os dados do item, ele ainda trabalha normalmente com os demais dados em seus estudos e análises. Já apresentamos muitos trabalhos realizados pela Contabilidade de Custos, onde ela emprega outros dados de natureza quantitativa: (a) na determinação das taxas de absorção, ou de normalização dos custos indiretos; (b) na aplicação das técnicas do custeio ABC; (c) no estabelecimento e uso dos custos-padrão; (d) no uso dos orçamentos flexíveis; (e) na análise do comportamento dos custos; e (f) na preparação de informações sob medida para a gerência, quando da necessidade que esta tem de tomar decisões.

39. Os resultados do emprego da técnica de Programação Linear, os "preços de oportunidade", e os dados da análise de sensibilidade (uma forma de simulação) são todos apresentados no relatório do computador (do aplicativo). O contador de custos deve entender essas informações. Isto não quer dizer que o contador de custos deva ser um especialista em técnicas quantitativas. Ele deve entender, porém, de que forma os métodos quantitativos chegam a produzir os dados para que ele possa usá-los em seus relatórios gerenciais de custos. Já dizia o contador Zing Witto:[1] "Eu não sou um especialista em língua inglesa, mas a entendo e posso usá-la em meus relatórios contábeis, se for necessário apresentá-los nessa língua." Essa é a ideia. Para aqueles que quiserem se aprofundar em Programação Linear, sugerimos um artigo que apresentamos no ENANPAD de 2003 e os livros de Moore e Weatherford, de Taha e de Luenberger acrescentamos na bibliografia essas referências.

40. A Contabilidade de Custos é um ramo da Contabilidade, que é uma ciência. Como ciência, a Contabilidade aplica a metodologia científica. O que é a metodologia científica? Em termos bem simples: a metodologia científica inicia-se pelos procedimentos normais de observação e análise das situações. Nessa fase, a Contabilidade de Custos estará reunindo os dados, analisando-os para revelar sua verdadeira natureza, suas inter-relações com outros dados e entre si, suas repercussões em futuras situações. O contador de custos identificará e definirá o problema. Em seguida, ele desenvolverá um modelo com todas as possíveis relações de causa e efeito dos fenômenos. De acordo com o modelo, poderá fazer previsões através de exercícios de simulação e de sensibilidade e verificar, com os dados alcançados, a exatidão de suas análises e observações. Procurará as origens dos desvios, suas causas e certamente terá meios para imaginar soluções para a devida correção. Em toda essa metodologia científica aplicada, o contador de custos vai-se valer, como outros especialistas, de informações provenientes da aplicação dos métodos quantitativos. Os atuais modelos contábeis bastante conhecidos – as demonstrações contábeis correntes de uso externo – são exemplos da aplicação dessa metodologia científica. Da mesma maneira como a Contabilidade faz com esses relatórios contábeis amplamente conhecidos, a Contabilidade de Custos prepara outros de uso gerencial que devem estar baseados numa metodologia racional. Muitos, voltamos a afirmar, valem-se das técnicas quantitativas.

---

[1] O contador Zing Witto é uma ficção. Se houver um contador com esse nome é pura coincidência.

Apêndice

Entre as muitas Regras de Derivação, as que nos interessam são as seguintes:

a) Derivada de potência.

$Dx^n = nx^{n-1}$

Exemplo: $Dx^4 = 4x^3$

b) Derivada da soma.

Considere as funções f e g

$D (f + g) = Df + Dg$

Exemplo: $D (x^3 + x) = Dx^3 + Dx = 3x^2 + 1$

Observe que $Dx = 1$. Por quê? Porque $x = x^1$ e, pela Regra (a) $Dx = 1.x^{1-1} = 1.x^0 = 1.1 = 1$.

c) Derivada de Cf, onde f é uma função e C é uma Constante.

$D (Cf) = C (Df)$

Exemplo: $D (3x^2) = 3 (Dx^2) = 3 (2x) = 6x$

A palavra *derivada* significa que o resultado deriva (provém) de uma função original.

Por que devemos encontrar o ponto onde a derivada é zero, para termos o ponto de máximo ou de mínimo? (O exemplo dado que apresenta o cálculo da quantidade ótima de cada pedido de compras, na Administração de Compras, interessa-se pela determinação de um mínimo.)

Resposta: Primeiramente, uma ligeira, mas fundamental advertência: a técnica e os resultados que veremos a seguir, só têm inteira validade, isto é, não terão exceções, no caso de exemplos de funções do 2º grau, que são as funções mais frequentes em problemas de Contabilidade de Custos.

Observemos o que acontece com a função no ponto onde a derivada é zero. Para isso, tomemos um exemplo numérico:

$f(x) = 2x^2 - 8x + 3$.

A derivada de $f(x)$ é $Df(x) = f'(x) = 4x - 8$ [a notação $f'(x)$ é o outro modo como os matemáticos simbolizam a derivada $Df(x)$].

Fazendo a derivada igual a zero, teremos o valor de x: $4x - 8 = 0$; $4x = 8$; $x = 8/4$

A derivada será zero no ponto $x = 2$.

Construamos o gráfico de f (Figura 10.7).

Para x =	f (x) será igual a
− 1	13
0	3
1	− 3
2	− 5
3	− 3
4	3
5	13

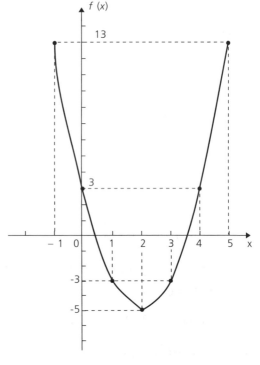

Figura 10.7 *Gráfico da função f (x)*.

Pelo gráfico, é fácil verificar que no ponto $x = 2$ a função atinge seu valor mínimo.

Apêndice **431**

O leitor também pode verificar esse fato de forma analítica. Dando valores para x (conforme a tabela) perceberemos que, quanto mais próximos ou quanto mais distantes de $x = 2$ estejam os pontos, o valor da função nesses pontos será sempre maior do que – 5 (que é o valor da função no ponto no ponto $x = 2$). Aquele que estiver em dúvida, calcule o valor da função nos pontos $x = 2,1$, $x = 1,9$, $x = 1.000$ e $x = -1.000$.

Como saberemos se o ponto é de máximo ou de mínimo?

Resposta: obviamente, se o gráfico for dado, ou se o leitor construí-lo, essa pergunta não terá sentido. Se o leitor não dispõe do gráfico, basta que verifique o coeficiente do termo x^2, na função. Se o coeficiente for positivo, o ponto será de mínimo; se for negativo, o ponto será de máximo.

Lembre-se o leitor que, na 8ª série do 1º grau, estudou a equação do 2º grau e foi apresentado à forma $ax^2 + bx + c = 0$.

O gráfico é uma parábola, que terá a concavidade voltada para cima se $a > 0$ e a concavidade voltada para baixo se $a < 0$.

Note que "a" é, justamente, o coeficiente do termo x^2.

Bibliografia

LIVROS

ALLORA, Franz. *Engenharia de custos técnicos*. São Paulo: Pioneira, 1985.

_____; ALLORA, Valerio. *UP' unidade de medida de produção*. São Paulo: Pioneira e Editora da Furb.

ATKINSON, Anthony A.; BANKER, Rajiv D.; KAPLAN, Robert S.; YOUNG, S. Mark. *Contabilidade gerencial*. São Paulo: Atlas, 2000.

BACKER, Morton; JACOBSEN, Lyle E. *Cost accounting*: a managerial approach. New York: McGraw-Hill, 1964.

BALCÃO, Yolanda Ferreira; CORDEIRO, Laerte. *O comportamento humano na empresa*: uma antologia. Rio de Janeiro: Fundação Getulio Vargas, 1971. Os autores citam o criador dessa teoria: Douglas M. MacGregor, no seu livro *O lado humano da empresa*.

BARRETO, Maria da Graça Pitiá. *Controladoria na gestão*: a relevância dos custos de qualidade. São Paulo: Saraiva, 2008.

BORNIA, Antonio Cezar. *Análise gerencial de custos*: aplicação em empresas modernas. Porto Alegre: Bookman Companhia Editora, 2001.

BOTTARO, Oscar E. *El criterio economico de ganancia en la contabilidad*. Buenos Aires: Macchi, 1982.

BOULOT, Jean-Luc. *Analyse et controle des coûts*. Publi-Union Editions, 1986.

BRAGA, Roberto. *Fundamentos e técnicas de administração financeira*. São Paulo: Atlas, 1989.

BRASE, Charles Henry; BRASE, Corrine Pellillo. *Understandable statistics*: concepts and methods. 3. ed. Massachusetts: D. C. Heath, 1987.

BREGALDA, Paulo F.; OLIVEIRA, Antonio A. F. de; BORNSTEIN, Cláudio T. *Introdução à programação linear*. Rio de Janeiro: Editora Campus, 1988.

BUCKLEY, John W.; LIGHTNER, Kevin M. *Essentials of accounting*. Encino: Dickenson, 1975.

CAIADO, Antonio Campos Pires. *Contabilidade de gestão*. Lisboa: Vislis Editora, 1997.

CAMPIGLIA, Americo Oswaldo; CAMPIGLIA, Oswaldo R. P. *Controles de gestão*. São Paulo: Atlas, 1994.

CAMPOS, Nelson Manuel de. *Como calcular preços de venda na indústria*. Edição Sebrae, 1992.

CASHIN, James A.; POLIMENI, Ralph S. *Theory and problems of cost accounting*: Schaum's outline series. New York: McGraw-Hill, 1978.

CATELLI, Armando (coordenador). *Controladoria*: uma abordagem de gestão economica – GECON. São Paulo: Atlas, 1999.

CEBRAE/CEAG. Como calcular preços de venda na indústria: guia prático para a pequena empresa, 1987.

CHALOS, Peter. *Managing cost in today's manufacturing environment*. New Jersey: Prentice-Hall, 1992.

CHING, Hong Yuh. *Manual de custos de instituições de saúde*. São Paulo: Atlas, 2001.

CLARK, J. Maurice. *Studies in the economics of overhead costs*. University of Chicago Press, 1923.

COGAN, Samuel. *Activity-Based Costing (ABC):* a poderosa estratégia empresarial. São Paulo: Pioneira, 1994.

COLEÇÃO SEMINÁRIOS CRC-SP; IBRACON. *Custos ferramentas de gestão*. São Paulo: Atlas, 2000.

CONSELHO Federal de Contabilidade. *Princípios fundamentais de contabilidade e normas brasileiras de contabilidade*. São Paulo: Atlas, 1995.

COPELAND, Ronald M.; DASCHER, Paul E. *Managerial accounting*. 2. ed. New York: John Wiley, 1978.

CORCORAN, A. Wayne. *Costs:* accounting, analysis and control. New York: John Wiley, 1978.

CORRAR, L. C.; PAULO, E.; DIAS FILHO, J. M. *Análise multivariada*. São Paulo: Atlas, 2007.

DEVELIN, Nick. *ABCM*: gerenciamento de custo baseado em atividades. São Paulo: Instituto Imam, 1994.

DOWSLEY, Getúlio dos Santos. *Administração financeira e economia empresarial*. Rio de Janeiro: Livros Técnicos e Científicos, 1989.

DUTRA, René Gomes. *Custos*: uma abordagem prática. São Paulo: Atlas, 1986.

ENGLER, Calvin. *Managerial accounting*. 3. ed. Chicago: Irwin, 1993.

ELDENBURG, Leslie G.; WOLCOTT, Susan K. *Gestão de custos*: como medir, monitorar e motivar o desempenho. Rio de Janeiro: LTC: Livros Técnicos e Científicos, 2007.

ERNST & YOUNG; FIPECAFI. *Manual de Normas Internacionais de Contabilidade*: IFRS versus Normas Brasileiras. São Paulo: Atlas, 2009.

FALCINI, Primo. *Avaliação econômica de empresas*. São Paulo: Atlas, 1992.

FIGUEIREDO, Sandra; CAGGIANO, Paulo Cesar. *Controladoria*: teoria e prática. São Paulo: Atlas, 1992.

FIPECAFI e Arthur Andersen. *Normas e práticas contábeis no Brasil*. São Paulo: Atlas, 1990.

FISCHER, Paul M.; FRANJ, Werner G. *Cost accounting*: theory and applications. New York: South-Western, 1985.

FOGIEL, M. *REA's problems solver, business, accounting & finance*: a complete solution guide to any textbook. Research & Education Association, 1994.

FRANCO, Hilário. *A contabilidade na era da globalização*. São Paulo: Atlas, 1999.

FRIEDMAN, Jack P. *Dictionary of business terms*. 2. ed., Barron's Business Guides. 1994.

GANTZEL, Gerson; ALLORA, Valerio. *Revolução nos custos*. 2. ed. Casa da Qualidade, 1996.

GILBERT, Patrick; LAVERGNE, Philippe de. *L'analyse des coûts pour le management*. Paris: Economica, 1978.

GREENWALD, Douglas et al. *The McGraw-Hill dictionary of modern economics*. New York: McGraw-Hill, 1965.

GUERREIRO, Reinaldo. *A meta da empresa*. São Paulo: Atlas, 1996.

_____. *Modelo conceitual de sistema de informação de gestão econômica*: uma contribuição à teoria de comunicação da contabilidade. Tese de Doutoramento. São Paulo: FEA/USP, 1989.

HAMMER, Lawrence H.; CARTER, William K.; USRY, Milton F. *Cost accounting*. 11. ed. New York: South-Western, 1994.

HANSEN, Don R.; MOWEN, Maryanne M. *Gestão de custos*. São Paulo: Pioneira Thomson Learning, 2000.

HICKS, J. R. *Value an capital*. Oxford: Oxford University Press, 1939.

HIRSCH JR., Maurice L. *Advanced management accounting*. Boston: PWS-Kent, 1988.

HORNGREN, Charles T. *Cost accounting*: a managerial emphasis. 3. ed. Londres: Prentice-Hall, 1972.

_____. *Contabilidade de custos*: um enfoque administrativo. São Paulo: Atlas, 1978.

_____. *Introdução à contabilidade gerencial*. 5. ed. Rio de Janeiro: Prentice-Hall do Brasil, 1985.

_____; FORSTER, George. *Cost accounting*: a managerial emphasis. 7. ed. New Jersey: Prentice-Hall, 1991.

HORNGREN, Charles T; _____; DATAR, Srikant M. *Contabilidade de custos*. 9. ed. Rio de Janeiro: LTC Livros Técnicos e Científicos, 2000.

_____. *Introduction to management accounting*. 6. ed. New Jersey: Prentice-Hall, 1984.

_____ et al. *Cost accounting*: a managerial emphasis. 9. ed. Englewood Cliffs: Prentice-Hall, 1997.

_____ et al. *Introduction to management accounting*. 11. ed. Englewood Cliffs: Prentice-Hall, 1999.

IBRACON e Conselho Regional de Contabilidade do Estado de São Paulo. *Curso sobre contabilidade de custos*. São Paulo: Atlas, 1989. v. 5.

_____. *Curso sobre contabilidade gerencial*. São Paulo: Atlas, 1993.

_____. *Princípios contábeis*. 2. ed. São Paulo: Atlas, 1992.

IUDÍCIBUS, Sérgio de. *Análise de custos*. São Paulo: Atlas, 1988.

_____. *Contabilidade gerencial*. 3. ed. São Paulo: Atlas, 1980.

_____. *Teoria da contabilidade*. São Paulo: Atlas, 1981.

_____; MARTINS, Eliseu; GELBCKE, Ernesto Rubens. *Manual de contabilidade das sociedades por ações*. 3. ed. São Paulo: Atlas, 1990.

_____; _____; _____. *Manual de Contabilidade das Sociedades por Ações*. São Paulo: Atlas, 2001.

JACOBSEN, Paulo. *Otimização de custos e produtividade*. Rio de Janeiro: COP, 1987.

JIAMBALVO, James. *Contabilidade gerencial*. Rio de Janeiro: LTC, Livros Técnicos e Científicos, 2009.

JOHNSON, H. Thomas; KAPLAN, Robert S. *Relevance lost*: the rise and fall of management accounting. Boston: Harvard Business School Press, 1987.

_____. *Contabilidade gerencial*: a restauração da relevância da contabilidade nas empresas. Tradução de Ivo Korytowski. Rio de Janeiro: Campus, 1993.

KAPLAN, Robert S.; NORTON, David P. *A estratégia em ação-balanced scorecard*. Editora Campus, 1997.

_____ et al. *Management accounting*. 2. ed. Englewood Cliffs: Prentice-Hall, 1997.

KAZMIER, Leonard J. *Estatística aplicada à economia e administração*. Rio de Janeiro: Makron Books do Brasil, 1982.

KHAZAINE, Ramakant. *Elementary statistics in a world of applications*. 2. ed. Illinois: Scott, Foreman and Company, 1986.

KLAUSER, Ludwig J. M. *Custo industrial*. São Paulo: Atlas, 1960.

KOHLER, Eric L. *A dictionary for accountants*. 5. ed. New Jersey: Prentice-Hall, 1975.

KOLIVER, Olívio. *Contabilidade de custos*. Paraná: Juruá, 2008.

LAMBDEN, John; TARGETT, David. *Finanças para o pequeno empresário*. São Paulo: Best Seller, [199-].

LAMY, Roberto. *Custo de produtos e serviços bancários*. 2. ed. Biblioteca IBCB, 1987.

LEE, John Y. *Managerial accounting changes in the 1990's*. New York: Addison-Wesley, 1987.

LEONE, George S. Guerra. *Custos*: um enfoque administrativo. 14. ed. Rio de Janeiro: Fundação Getúlio Vargas, 2000.

_____. *Custos*: planejamento, implantação e controle. 3. ed. São Paulo: Atlas, 2008.

_____. LEONE, Rodrigo José Guerra. *Dicionário de custos*. São Paulo: Atlas, 2004.

_____; _____. *Os 12 mandamentos da gestão de custos*. Rio de Janeiro: Editora da Fundação Getúlio Vargas, 2007.

LEONE, R. J. G.; LEONE, G. S. G. *Os 12 mandamentos da gestão de custos*. Rio de Janeiro: Editora FGV, 2007.

_____; _____. *Dicionário de custos*. São Paulo: Atlas, 2004.

LI, David H. *Contabilidade gerencial*. São Paulo: Atlas, 1975.

LOPES DE SÁ, A.; LOPES DE SÁ, A. M. *Dicionário de contabilidade*. 7. ed. São Paulo: Atlas, 1989.

LUENBERGER, David G. *Investment science*. New York: Oxford University Press, 1998.

MAcGREGOR, Douglas, ver Balcão, Yolanda Ferreira.

MAHER. Michael. *Contabilidade de custos*. São Paulo: Atlas, 2001.

MARGERIN, Jacques; AUSSET, Gérard. *Comptabilité analytique*: outil de gestion, aide a la décision. 5. ed. Paris: Les Éditions D'Organisation, 1984.

MARPLE, Raymond P. *Toward a basic accounting philosophy*. New York: National Association of Accountants, 1964.

MARTINS, Eliseu. *Contabilidade de custos*. São Paulo: Atlas, 2003.

_____. *Contabilidade de custos*. 4. ed. São Paulo: Atlas, 1990.

MATZ, Adolph; USRY, Milton F.; HAMMER, Lawrence H. *Cost accounting, planning and control*. Illinois: South-Western, 1984.

_____; CURRY, Othel; FRANK, George W. *Contabilidade de custos*. São Paulo: Atlas, 1967.

MEDEIROS, Luiz Edgard de. *Contabilidade de custos*: um enfoque prático. São Paulo: Atlas, 1994.

MONDEN, Y. *Produção sem estoque*: uma abordagem prática do sistema de produção Toyota. São Paulo: Iman, 1984.

MOORE, Jeffrey H.; WEATHERFORD, Larry R. *Tomada de decisão em administração*. 6. ed. Porto Alegre: Bookman, 2005.

MORIARITY, Shane; ALLEN, Carl P. *Cost accounting*. 2. ed. New York: Harper & Row, 1987.

NAKAGAWA, Masayuki. *Gestão estratégica de custos*: conceito, sistemas e implementação – JIT/TQC. São Paulo: Atlas, 1991.

NAKAGAWA, Masayuki. *ABC – Custeio Baseado em Atividades*. São Paulo: Atlas, 1994.

NASCIMENTO, Jonilson Mendes de. *Custos*: planejamento, controle e gestão na economia globalizada. São Paulo: Atlas, 2000.

O'GUIN, Michael C. *The complete guide to activity-based costing*. Englewood Cliffs. New Jersey: Prentice-Hall, 1991.

OLIVEIRA, Alvaro Guimarães de. *Contabilidade financeira para executivos*. 2. ed. Rio de Janeiro: Centro de Estudos Avançados, 1995.

OSTRENGA, Michel et al. *Guia da Ernst & Young para gestão total dos custos*. Rio de Janeiro: Record, 1993.

PADOVEZE, Clóvis Luis. *Contabilidade gerencial*. São Paulo: Atlas, 1994.

PAULA LEITE, Hélio de. *Contabilidade para administradores*. 2. ed. São Paulo: Atlas, 1989.

PEREZ JR. José Hernandez; OLIVEIRA, Luís Martins de; COSTA, Rogério Guedes. *Gestão estratégica de custos*. São Paulo: Atlas, 2001.

PÉROCHON, C.; LEURION, J. *Analyse comptable*: gestion prévisionelle. Paris: Les Éditions Foucher.

POLIMENI, Ralph S.; FABOZZI, Frank J.; ADELBERG, Arthur H. *Cost accounting:* concepts and applications for managerial decision making. 2. ed. New York: McGraw-Hill, 1986.

PORTER, Michael E. *Vantagem competitiva*. Rio de Janeiro: Campus, 1989.

_____; MONTGOMERY, Cynthia A. *Estratégia*: a busca da vantagem competitiva. Harvard Business Review Book, Editora Campus, 1998.

PRIETO, Sergio Fernandes. *Preço de venda na pequena empresa, indústria, comércio e serviços*. São Paulo: STS, 1992.

RAYBURN, Letricia. *Cost accounting*: using a cost management approach. 5. ed. New York: Irwin, 1993.

RIBEIRO, Osni Moura. *Contabilidade de custos*: fácil. São Paulo: Saraiva, 1992.

RICCI, Edson L. *Uma contribuição ao estudo da contabilidade como sistema de informação*. Tese de Doutoramento. São Paulo: FEA/USP, 1989.

ROBLES JR., Antonio. (Cood.). *Contabilidade de custos*: temas atuais. Curitiba: Juruá, 2008.

_____. *Custos da qualidade*: uma estratégia para a competição global. São Paulo: Atlas, 1994.

ROCHA, Luiz Mauro. *Cálculo 1*. São Paulo: Atlas, 1996.

SAKURAI, Michiharu. *Gerenciamento integrado de custos*. São Paulo: Atlas 1997.

SALES, Sóstenes Diniz. *Dos custos à qualidade*: a era da gestão da universidade brasileira. Recife: Editora Universitária da UFPE, 1996.

SANTOS, José Joel dos. *Formação de preços e do lucro empresarial*. 2. ed. São Paulo: Atlas, 1988.

_____. *Análise de custos*: um enfoque gerencial. São Paulo: Atlas, 1987.

SERRA, Luis Francisco. *Análise da economia de empresas*. Belo Horizonte: [S.A.], 1976.

SHANK, John K.; GOVINDARAJAN, Viajay. *Gestão estratégica de custos*: uma nova ferramenta para a vantagem competitiva. Rio de Janeiro: Campus, 1995.

_____. *La gestion stratégique des coûts*. Les Éditions D'Organisation, 1995.

SHINGO, Shigeo. *Sistemas de produção com estoque zero*. Bookman, 1996.

SIEGEL, Joel G.; SHIN, Jack K. *Dictionary of accounting terms*. 2. ed. Barron's Business Guides, 1995.

SLACK, Nigel et al. *Administração da produção*. São Paulo: Atlas, 1997.

SMITH, Jack L.; KEITH, Robert M.; STEPHENS, William, L. *Managerial accounting*. New York: McGraw-Hill, 1988.

SPIEGEL, Murray R. *Estatística*. São Paulo: McGraw-Hill do Brasil, Coleção Schaum, 1971.

STAUBUS, George J. *Activity costing and input & output accounting*. Homewood Cliffs: Richard D. Irwin, 1971.

STEVENSON, William J. *Estatística aplicada à administração*. São Paulo: Harbra, 1986.

TAHA, Hamdy A. *Operations research*: an introduction. 6. ed. New Jersey: Prentice Hall, Inc., 1997.

THOMPSON, Silvanus P. *Calculus made easy*. 3. ed. Londres: Macmillan, 1965.

VIANA, Cibilis da Rocha. *Teoria geral da contabilidade*. 5. ed. Porto Alegre: Sulina, 1972.

VIEGAS, Juan Carlos et al. *Contabilidad-presente y futuro*. Buenos Aires: Ediciones Macchi, 1996.

WAJCHMAN, Mauricio. *El processo decisional y los costos*. Buenos Aires: Macchi, 1982.

WEBER, Jean E. *Matemática para a economia e administração*. São Paulo: Harper & Row do Brasil, 1977.

ZANELLA, Luiz Carlos. *Administração de custos em hotelaria*. Caxias do Sul: Editora da Universidade de Caxias do Sul, 1993.

ARTIGOS

Artigos Estrangeiros

Não vamos apresentar todos os artigos estrangeiros relacionados à Contabilidade de Custos ou a algum campo de conhecimento que tenha alguma ligação com os Custos, como Matemática, Estatística, Administração, Finanças e Economia, porque seria um trabalho hercúleo, até certo ponto de pouca utilidade. Os artigos são estudos de um enorme dinamismo. A grande maioria representa ideias de um momento, de um cenário, que certamente farão parte de livros, de obras de maior duração. As condições mudam, os problemas mudam. Novos estudos devem aparecer. Entretanto, alguns trabalhos merecem destaque pela sua extrema

440 Curso de Contabilidade de Custos • Leone e Leone

importância no sentido de que se transformam em pilares para novas concepções. Mesmo assim, demos preferência a estudos que foram escritos e divulgados entre os anos de 1984 até os dias atuais, relacionados em ordem cronológica.

1. PERIÓDICOS AMERICANOS

1.1 *Management Accounting*:

SEED III, Allen H. *Cost accounting in the age of robotics*. Oct., 1984.

SCHWARZBACH, Henry R. *The impact of automation on accounting for indirect costs*. Oct., 1985.

BRIMSON, James A. *How advanced manufacturing technologies are reshaping cost management*. Mar., 1986.

HORNGREN, Charles T.; FOSTER, G. *JIT*: cost accounting and cost management issues. June, 1987.

HOWELL, Robert A.; SOUCY, Stephen R. *Accounting in the new manufacturing environment*. Aug., 1987.

KAPLAN, Robert S.; COOPER, Robin. *How cost accounting distorts product costs*. Apr., 1987.

HENDRICKS, James A. *Applying cost accounting to factory automa-tion*. Dec., 1988.

BRINSON, James A. *Technology accounting*. Mar., 1989.

SHARP, Douglas; CHRISTENSEN, Linda F. *A new view of Activity-Based Costing*. Sept., 1991.

ROTH, Harold P.; BORTHICK, A. Faye. *Getting closer to real product costs*. May, 1989.

DILTS, David M.; GRABSKI, Severin V. *Avanced manufacturing technologies*: what they can offer management accountants. Feb., 1990.

JOHANSSON, Henry J. *Preparing accounting system changes*. July, 1990.

FERRARA, William L. *More questions than answers*. Oct., 1990.*

ROTH, Harold P.; BORTHICK, A. Faye. *Are you distorting cost by violating ABC assumptions?* Nov., 1991.

NOVIN, Adel M. *Applying overhead*: How to fin the right bases and rates. Mar., 1992.

JOHNSON, H. Thomas. *It's time to stop overselling activity-based concepts*. Sept., 1992.*

TURNEY, B. B.; STRATTON, Alan J. *Using ABC to suport continuous improvement*. Sept., 1992.

KAPLAN, Robert S. *In defense of activity-based cost management*. Nov., 1992.

* Estes estudos não seguem as mesmas ideias dos demais.

Bibliografia 441

1.2 *Harvard Business Review*:

KAPLAN, Robert S. *Yesterday's accounting undermines production*. Aug., 1984.

_____. *One cost system isn't enough?* Jan./Feb., 1988.

_____; COOPER, Robin. *Measure costs right*: make the right decision. Sept./Oct., 1988.

MILLER, Jeffrey G.; VOLLMANN, Thomas E. *The hidden factory*. Sept./Oct., 1990.

DRUCKER, Peter F. *A emergente teoria da manufatura*. June, 1990.

2. OUTROS PERIÓDICOS

2.1 *Révue Française de Gestion*:

MEVELLEC, Pierre; EVRAERT, S. *Porquoi il faut modifier le calcul des coûts*. Mars./Avr., 1990.

_____. *Calcul des coûts*: il faut depasser les methodes traditionelles. Mars/Avr., 1990.

_____. *Les coûts a base d'activies*: a paraître. 1990.

2.2 *Révue Française de Comptabilité*:

MEVELLEC, Pierre. *Plaidoyer pour une vision française de la méthode ABC*. Dec., 1993.

2.3 NAA Bulletin, 1936, HARRIS, Jonathan N. *What did we earn last month?*

3 ARTIGOS EM PERIÓDICOS NACIONAIS

Selecionamos alguns artigos adicionais que foram consultados e outros de interesse para o leitor, a partir de 1982.

3.1 *Revista de Contabilidade do Conselho Regional de Contabilidade do Estado do Rio Grande do Sul*:

LEONE, R. J. G.; LEONE, G. S. G. Um enfoque matemático e estatístico para a análise do custo-volume-lucro e suas hipóteses simplificadoras. *Contabilidade Vista & Revista*, v. 19, p. 129-150, 2008.

_____; _____; OLIVEIRA, P. R.; NASCIMENTO, R. Q. Proposta de mensuração de risco baseado em utilidade. *Revista Contabilidade & Finanças*, v. 44, p. 23-32, 2007.

_____; _____. O dueto, a flexibilidade das informações de custos e a familiaridade com os sistemas. *Revista Mineira de Contabilidade*, v. 6, p. 26-34, 2005.

_____; _____. Por que fazer o rateio dos custos (e despesas) indiretos? É uma obrigação ou é inevitável? *Revista Mineira de Contabilidade*, v. 6, p. 6-13, 2005.

LEONE, R. J. G.; LEONE, G. S. G. Fatores que influenciam a determinação dos custos de um objeto – desafios para o Contador ou. *Revista do Conselho Regional de Contabilidade do Rio Grande do Sul*, v. 113, p. 64-74, 2003.

_____; _____. A análise do ponto de equilíbrio: um instrumento contábil cheio de simplificações. *Revista do Conselho Regional de Contabilidade do Rio Grande do Sul*, v. 110, p. 52-59, 2002.

_____; _____. G. Alguns aspectos da alavancagem operacional como instrumento de controle. *Revista Brasileira de Contabilidade*, v. 133, p. 37-46, 2002.

_____; _____. Estudos sobre os gráficos das funções custos, receita e lucro. *Revista do Conselho Regional de Contabilidade do Rio Grande do Sul*, v. 104, p. 24-36, 2001.

_____; _____. Obtenção analítica e geométrica do ponto de equilíbrio ponderado. In: *Jornadas Luso-Espanholas de Gestão Científica*, 2002, Covilhã. Atas da XII Jornadas Luso-Espanholas de Gestão Científica, 2002. v. VIII. p. 273-280.

_____; _____. Alocação de Custos: procedimento inevitável? In: *Congresso Brasileiro de Custos*, 2004, Porto Seguro. Anais do XI Congresso Brasileiro de Custos, 2004.

_____; _____. O custo exato é uma utopia. In: *Congresso Brasileiro de Custos*, 2002, São Paulo. Anais do IX Congresso Brasileiro de Custos, 2002.

_____. A análise do custo-volume-lucro e suas hipóteses simplificadoras: um ponto de vista matemático e estatístico. In: CLADEA, 2003, Lima. *Anais do XXXVIII Asamblea de CLADEA*, 2003.

_____. A importância da programação matemática: o caso fictício da empresa El Toro. In: ENANPAD, 2002, Salvador. *Anais do XXVI ENANPAD*, 2002.

KOLIVER, Olivio. *A correção dos enunciados das questões sobre contabilidade*: exame do problema à luz de um caso real, 15, 1977. **Este trabalho é uma exceção à regra de relacionarmos apenas artigos divulgados a partir de 1982**. É um estudo de alerta válido até hoje. O exemplo é muito interessante, e os professores de custos podem usá-lo em suas aulas, como medida principalmente de motivação.

KOLIVER, Olivio. *Uma vida dedicada a cultura e profissão contábil*: contendo todos os artigos criados pelo Prof. Koliver que integram a Revista de Contabilidade do Rio Grande do Sul, em mais de 100 números. O conteúdo foi preparado pelo CRC-RS, em 2010. São poquíssimos os exemplares. Ele contém os artigos, quase todos, que sustentam temas de Contabilidade de Custos.

KOLIVER, Olivio. *Reflexões sobre a avaliação dos serviços em andamento e prontos*, nº 31, 1982.

STEINSTRASSER, Albino Mathias. *Sistema de custo integrado*, nº 32, 1982.

ORNSTEIN, Rudolf. *Custeio por absorção e custeio integral*, nº 34, 1982.

DE ROCCHI, Carlos Antonio. *A relação custo-volume-lucro diante da análise externa*, nº 33, 1983.

KOLIVER, Olivio. *Custos secundários nos centros auxiliares*, nº 35, 1983.

NONNENMACHER, Inácio Francisco. *O incrível custo da mão de obra*, nº 34, 1982.

KOLIVER, Olivio. *Da evidenciação das saídas de mercadorias*, nº 18, 1984.

BONDAN, Flávio. *Custo-padrão e análise de variâncias*, nº 38, 1984.

DE ROCCHI, Carlos Antonio. *Um modelo estocástico para a análise CVR nas empresas com produção diversificada*, nº 39, 1984.

KOLIVER, Olivio. *A reavaliação dos estoques e a análise do resultado bruto*. Jan./jun., 1986.

DE ROCCHI, Carlos Antonio. *Algumas notas sobre o desenvolvimento histórico do mapa de localização de custos*. Jan./jun., 1986.

KOLIVER, Olivio. *Os custos diretos e indiretos como chave da qualificação dos sistemas de apropriação de custos*. Jan./mar., 1987.

_____. *Sobre os objetivos da contabilidade de custos*. Maio, 1989.

VANGERMEERSCH, Richard; BROSNAN, William T. *Aumentando os resultados através do controle dos custos de distribuição*. Tradução de Carlos Antonio De Rocchi e Denise de Oliveira De Rocchi. Jul., 1989.

KOLIVER, Olivio. *Sobre a delimitação e finalidades dos centros de custos*. Jul., 1989.

IUDÍCIBUS, Sérgio de. *Capítulos de análise de custos*: aplicação de análise de regressão múltipla com introdução de variável *dummy*: o caso do Banco Alfa. Jul., 1989.

DE ROCCHI, Carlos Antonio. *Análise de valor*: um eficiente sistema de redução de custos. Fev., 1990.

IUDÍCIBUS, Sérgio de; NAKAGAWA, Masayuki; IUDÍCIBUS, Paulo Sérgio de. *A contabilidade inserida num mundo de mudanças e de tecnologia avançada*. Jun., 1990.

KOLIVER, Olivio. *Sobre a pertinência da área de custos à contabilidade*. Ago., 1990.

DE ROCCHI, Carlos Antonio. *Algumas reflexões sobre a decisão "fazer ou comprar"*. Jan./mar., 1991.

_____. *Algumas reflexões sobre a decisão "fazer ou comprar"* (continuação). Abr./jun., 1991.

LEONE, George S. Guerra. *A solução matemática para a distribuição dos custos entre os departamentos*: o caso da reciprocidade. Out./dez., 1991.

KOLIVER, Olivio. *A contabilidade de custos e os princípios fundamentais de contabilidade*. Jul./set., 1992.

BEUREN, Ilse Maria. *Gestão estratégica de custos*. Out./dez., 1992.

KOLIVER, Olivio. *As técnicas de apropriação dos custos indiretos*. Jul./set., 1993.

DE ROCCHI, Carlos Antonio. *O método GP é um sistema de custemento?* Out./dez,. 1993.

SALDANHA, José R. *Orçamento empresarial e o gerenciamento dos custos*. Out./dez., 1993.

LEONE, George S. Guerra. *As características essenciais dos orçamentos empresariais*: condições para um melhor entendimento. Jan./mar., 1994.

KOLIVER, Olivio. *As unidades e os valores físicos na contabilidade de custos*. Jan./mar., 1994.

DE ROCCHI, Carlos Antonio. *Sistema de custeamento de atividades (ABC costing) versus mapa de localização de custos*: um estudo comparativo. Abr./jun., 1994.

KOLIVER, Olivio. *A contabilidade de custos*: algo de novo sob o Sol? Jul./set., 1994.

DE ROCCHI, Carlos Antonio. *Os precursores do sistema de custemento baseado em atividades*: as técnicas Pert & CPM. Jul./set., 1994.

LEONE, George S. Guerra. *As três abordagens básicas de análise de custos*. Jul./set., 1994.

PACCEZ, João Domiraci; OLIVÉRIO, João Tápias; MENDES DE LUCA, Márcia. *Custo de oportunidade*: conceituação e contabilização. Jul./set., 1994.

MEVELLEC, Pierre. *Custeamento integral baseado em atividades*. Out./dez., 1994. Este artigo foi publicado originalmente na *Révue Française de Comptabilité* e traduzido para o português por Carlos Antonio De Rocchi e por Helena de Oliveira De Rocchi.

KOLIVER, Olivio. *Algumas reflexões sobre o ensino da contabilidade de custos*. Out./dez., 1994.

DE ROCCHI, Carlos Antonio. *O problema da apropriação dos custos incorridos nos centros de custos com funções mistas*. Jan./mar., 1995.

KOLIVER, Olívio. *Novas metodologias no ensino de custos?* Jan./mar., 1995.

RIPAMONDI, Alexandre. *CBC/ESC – Sistema de Custeio com Base em Clientes para Empresas de Serviços Contábeis*. Abr./jun., 1995.

DE ROCCHI, Carlos Antonio de. *Estratégia de ataque tríplice e contabilização formal dos sistemas de custeamento baseado em atividades*. Abr./jun., 1995.

_____. *Custeamento baseado em oportunidades*: uma proposta de operacionalização. Jul./set., 1995.

_____. *Considerações sobre as unidades de obra, as cargas de rateio, as atividades e os indutores de custos, e as oportunidades*. Out./dez., 1995.

RODRIGUES, Alberto Almada. *Análise gestorial da empresa pela demonstração do valor adicionado*. Jan./mar., 1996.

OLIVEIRA, Hilamar Voight de; BEUREN, Ilsen Maria. *Mensuração das atividades empresariais*: custeio baseado em atividades × método da unidade de esforço de produção. Jan./mar., 1996.

3.2 *Revista Brasileira de Contabilidade*, editada pelo Conselho Federal de Contabilidade:

LEONE, George S. Guerra. *Instrumentos contábeis para a redução de custos*. Jul./set., 1987.

COSTA, Magnus Amaral da. *Otimização dos resultados e minimização dos custos – Parte I*. Jul./set., 1987.

VAINI, Luiz Carlos. *É preciso ser craque*. Jan./mar., 1991.

LEONE, George S. Guerra. *Análise do custo de produção*: um modelo didático. Jan./mar., 1991.

KOEHLER, Robert W. *Estratégia de ataque tríplice*. jun. 1994 (tradução de Carlos Antonio De Rocchi e Helena de Oliveira De Rocchi). Não podemos deixar de anotar a observação feita no corpo de trabalho, que é muito interessante: "O conceito (ABC) não é recente, tendo sido utilizado pela Caterpillar já em 1940. Ver JONES, Lou F. Product costing at Caterpillar. In: *Management accounting*. Fev., 1991. Mais recentemente, a denominação *custeamento baseado em atividades* foi utilizada por John Deere. Horngren informa que, em 1955, Longoan & Schiff denominaram o procedimento de Custo Funcional no livro *Practical Distribution Analysis*.

KOLIVER, Olivio. *Algumas reflexões sobre o ensino da contabilidade de custos*. Dez., 1994.

CASANOVA, Ruth Marambio; VARGAS, Domingo Fabres. *El modelo ABC*: una nueva perspectiva en la contabilidad gerencial. Maio/jun., 1995.

DE ROCCHI, Carlos Antonio; LUZ, Odone Santos da; LONDERO, Renato Ito. *Aplicação do custeamento baseado em atividades nas empresas de radiodifusão*. Jul./ago., 1995.

RICCIO, Edson Luiz; GOUVEIA, José Francisco A. *O sistema de custos baseado em atividades (ABC) aplicado a Bancos*. Jul./ago., 1995.

IUDÍCIBUS, Sérgio de. *Conceitos econômico e contábil de lucro*: simetria e arritmias. Nov./dez., 1995.

LEONE, George S. Guerra. *Os vários tipos de demonstrações de resultados e a flexibilização da informação*. Mar./abr., 1996.

4 OUTROS PERIÓDICOS

ALLORA, Franz. O problema dos custos dos produtos fabricados. *Revista de Divulgação Cultural de Blumenau*, out./dez. 1988.

LEONE, George S. Guerra. A contabilidade entendida através das demonstrações contábeis – 1ª parte. *Contabilidade Vista & Revista*. Departamento de Ciências Contábeis da Faculdade de Ciências Econômicas da UFMG. Dez., 1990.

AMARAL, Cynthia C. do; MORAES, Romildo de O.; FERREIRA, Sione de F. Uma abordagem da problemática dos custos conjuntos. *Enfoque-Reflexão Contábil*. Centro de Estudos Sócio-econômicos do Departamento de Ciências Contábeis, Universidade Estadual de Maringá. Jan./jun., 1992.

LEONE, George S. Guerra. A administração e a contabilidade: contribuição para um melhor entendimento. *Estudos Avançados em Administração*. Programa de Pós-Graduação em Administração, da Universidade Federal da Paraíba. Jun., 1994.

_____. Aplicação prática da teoria comportamental dos custos. *Empresarial*, Ceag/PB, nº 67, 1983.

_____. Sistemas de costos, procedimientos para su implantación. *Contabilidad y Administración*. Buenos Aires: Cangallo, mar., 1984.

HOPP, João Carlos; LEITE, Helio de Paula. Onde nascem os prejuízos. *Revista de Administração de Empresas*. Fundação Getúlio Vargas, out./dez., 1990.

SHANK, John. Estratégia da Empresa deve orientar contabilidade gerencial. *Folha Management*, nº 22, jan., 1996.

LEONE, George S. Guerra. Implantação de sistemas de custos: procedimentos básicos. *Série CMA/UFPB – Estudos e Monografias*. Curso de Mestrado em Administração, UFPB, mar., 1984.

O SISTEMA de Custeio por Atividade (Sistema ABC). *IOB* 11/94.

OS GASTOS de manufatura e o Sistema de Custeio por Atividade (Sistema ABC). *IOB* 39/94.

CATELLI, Armando; GUERREIRO, Reinaldo. Uma análise crítica do Sistema ABC – Activity-Based Costing – *IOB* 39/94. Este artigo é muito interessante. É uma crítica inteligente, fundamentada e articulada do critério ABC.

Os novos conceitos de custo para a qualidade total: mesmo vinho em nova embalagem ou de fato uma revolução? *IOB* 43/94.

ALGUNS conceitos e procedimentos fundamentais do Sistema de Custeio ABC – *IOB* Temática Contábil e Balanços. *IOB*, jan., 1995.

CUSTEIO Baseado em Atividades: os problemas mais comuns. *IOB* 17/95.

O CUSTEIO por atividade (custeio ABC) nas áreas administrativas e em empresas de prestação de serviços. *IOB* 19/95.

MAXIMIZAÇÃO do Lucro. *IOB* – Temática Contábil e Balanços. Ano XXV, nº 14, 2º Decêndio de maio de 1991.

CONTABILIDADE e Regressão Linear. *IOB* – Temática Contábil e Balanços. Ano XXX, nº 7, 1ª parte, 3ª semana de fevereiro de 1995.

CONTABILIDADE e Regressão Linear. *IOB* – Temática Contábil e Balanços. Ano XXX, nº 8, 2ª parte, 1995.

CATELLI, Armando, GUERREIRO, Reinaldo. Mensuração de Atividades "ABC" × "Gecon". *Anais do XIV Congresso Brasileiro de Contabilidade*. Temário 5, Salvador, nov., 1992.

GUERREIRO, Reinaldo. Mensuração do resultado econômico. *Cadernos de Estudos da Fipecafi*, FEA/USP, set., 1991.

CATELLI, Armando, GUERREIRO, Reinaldo. Gecon – Sistema de informação de gestão econômica: uma proposta para a mensuração contábil do resultado das atividades empresariais. *Boletim do Conselho Regional de Contabilidade do Estado de São Paulo*, set., 1992.

IUDÍCIBUS, Sérgio de. Desafios do contabilista na transição para uma economia de competitividade e eficiência. *Boletim do Ibracon*. São Paulo, ano XV, nº 170, jul., 1992.

NAKAGAWA, Masayuki e SANTOS, Nelson dos. A necessidade de uma contabilidade de custos mais abrangente. *Boletim Ibracon*. São Paulo, nº 160, set., 1991.

_____. As novas tecnologias de produção: um desafio à contabilidade e administração dos custos. *Boletim Ibracon*. São Paulo, out., 1991.

YARDIN, Amaro R. Requiem para el costeo de plena absorción. *La Información*. Buenos Aires: Cangallo. Jun., 1992.

Índice Remissivo

A

ABC, 37, 237

ABC *costing*, 120

Activity Based Costing, 11, 37, 133, 186, 237

Administração, 8, 163

Administração das despesas de fabricação indiretas, 115

Administração de materiais, 75

Administração de pessoal, 82

Afundados, 47

Aleatório, 148

Alocação, 34

Alternativa, 35

Alternativas operacionais, 7

Ambiente operacional, 29

Amortizações, 23

Análise da relevância, 29

Análise das causas das variações ocorridas, 7

Análise das despesas, 31

Análise das duas variações, 171

Análise das relações custo-volume-lucro, 343

Análise das variações das despesas indiretas de fabricação, 167

Análise de DIF, 171, 174

Análise de regressão, 167

Análise do ponto de equilíbrio, 343, 345, 347

Análise dos desvios, 11

Análise estatística, 138

Análise visual, 42

Área comercial, 16, 22, 26

Área fiscal, 10

Área industrial, 42

Arquivo, 191

Arquivos, 22, 192

Aspecto financeiro, 33

Aspectos dos custos-padrão, 284

Associação internacional de contadores de custos e associação de professores de custos, 17

Assunção de compromissos, 33

Atividade, 7

Atividade de compras, 148

Atividade de produção, 83

Atividade-meio, 22, 258

Atividade operacional, 29

Atividades, 6, 7, 38, 251

Atividades de administração dos estoques, 391

Atividades-fim, 23, 97, 258

Atividades-meio, 97

Ativo, 23

Ativo diferido, 27

Ativo imobilizado, 191
Aval, 152
Avaliação, 34
Aviso de recebimento, 76

B

Backflushing, 132
Backflushing costing, 133
Balanço patrimonial, 23
Banco de dados, 8
Base, 204
Base de volume, 39, 41, 42, 44
Bases de rateio, 37, 258
Bases de rateio selecionadas, 120
Batelada, 191
Bateladas, 196, 261
Bem de consumo, 32
Bem de investimento, 32
Benefícios futuros, 38
Boletim IOB, 252, 267, 269

C

Calculatórios, 55
Cálculo, 34
Cálculo das perdas, 217
Cálculo e contabilização das variações de mão de obra direta, 302
Cálculos de máximos e mínimos, 382
Campanhas, 7
Campo de atuação, 7, 9
Campos de aplicação do critério ABC, 263
Capacidade normal, 128
Capacidade prática, 128
Capacidade teórica, 128
Capacidade total de produção, 44
Capital intensivo, 307
Capital-intensivo, 178
Características básicas do critério ABC, 255
Cartão de custo, 193
Cartão de custo-padrão, 172

Carta-proposta, 60
CASB (*Cost Accounting Standard Board*), 18
Causas das variações, 295, 302
Causas das variações das despesas indiretas de fabricação, 312
Causas da variação de eficiência – DIF, 314
Causas da variação de orçamento de DIF, 312
Causas da variação de volume de DIF, 314
Causas dos desvios, 11
Cebrae, 51
Cenários produtivos, 29
CFC, 17
Ciclo de custos, 32
Ciclo fabril, 49
Ciclo operacional, 9
Ciência, 14
Ciência contábil, 13, 14
Ciência social, 14
Classificação dos custos, 34
Classificação natural, 97
Classificação por natureza, 97
Cliente, 53
Cobertor curto, 222
Coeficiente angular, 152, 167
Coeficiente de correlação, 152, 164
Coeficiente de determinação, 161, 163, 164
Coeficiente linear, 167
Coeficientes da reta de regressão, 164
Comércio, 22
Componente organizacional, 11
Componentes operacionais, 35
Componentes organizacionais, 7, 35
Comportamento dos custos, 39, 391
Conceito contábil, 32
Conceito de relevância, 360
Conceituação de gastos, 33
Conjunto dos usuários internos, 10
Conselho regional de contabilidade, 6
Consistência, 222
Consistency, 222
Consumidores, 101
Consumo interno, 26
Consumo próprio, 49

Contábil das unidades, 26

Contabilidade, 14

Contabilidade de custos, 5, 34, 191, 197, 199, 215, 246, 273, 296

Contabilidade geral, 199, 200

Contabilidade gerencial, 221

Contabilização, 81, 217

Contabilização das despesas indiretas de fabricação, 82

Contabilização do sistema, 195

Contabilizando, 22

Contabilizar, 22, 226

Contador de custos, 9, 32, 180, 227

Contagem física, 26

Contas T, 201

Conta T, 27

Contínuas, 38

Contratos, 15

Contribuição marginal e fator limitativo, 373

Contributed value, 28

Controlabilidade dos custos, 241

Controle, 281

Controle da qualidade total, 76

Controle das despesas indiretas de fabricação, 178

Controle do desempenho da empresa, 167

Controller, 374, 375

Coproduto, 220

Correlação, 164

Cost Accounting Standards Board, 18

Cost drivers, 253

Costing, 132

CRCs, 17

Critério ABC, 230, 251, 252, 256, 277, 341

Critério ABC, 252

Critério com base nas atividades ou transações, 127

Critério com base nas horas de mão de obra direta, 125

Critério com base nas horas de máquina, 126

Critério com base no valor da mão de obra direta, 124

Critério do custeio ABC – custeamento baseado em atividades, 250

Critério do custeio por absorção, 102

Critério do custeio variável, 320

Critério do custo ABC, 11, 13

Critério do custo por absorção, 332

Critério do custo por absorção e critério do custo variável ou direto, 128

Critério do custo variável, 333

Critérios de avaliação de estoques, 89

Critérios de custeio, 10

Critérios de custos parciais, 181

Curva, 304

Curva de aprendizagem, 301, 398

Custeamento baseado em atividades, 12, 237, 252, 262

Custeamento da coprodução e da subprodução, 219

Custeamento por atividades, 120

Custeio ABC, 341

Custeio ABC, 37, 98, 133, 186

Custeio baseado em atividades (ABC), 37, 221

Custeio direto, 322

Custeio direto e variável, 188

Custeio pleno ou integral, 184

Custeio por absorção, 98, 184, 324, 331, 368

Custeio variável, 322, 333, 340

Custo-benefício, 30

Custo das mercadorias e serviços vendidos, 20

Custo do material direto a ser consumido, 122

Custo dos produtos (ou serviços) vendidos, 115

Custo fixo (total), 41

Custo médio, 90

Custo-meta, 17

Custo misto, 304

Custo original, 281

Custo ou mercado, 90

Custo-padrão, 172, 232, 279

Custos, 14, 32, 39, 41, 42, 46, 47, 185

Custos afundados, 46

Custos de manutenção, 43, 392

Custos de manutenção dos estoques, 391, 392

Custos de oportunidade, 46

Custos de produção, 29

Custos de reposição, 392

Custos de reposição dos estoques, 391

Custos desembolsados, 47

Custos diretos, 35

Custos discricionários, 47

Custos e despesas diferenciais, 360

Custos e despesas do período, 38

Custos e despesas do produto, 38

Custos e despesas futuros, 360

Custo semivariável, 43

Custos especiais de venda, 54

Custos estimados, 36

Custos evitáveis, 47

Custos fixos, 54

Custos históricos, 197

Custos imputados, 45

Custos "imputáveis", 51

Custos indiretos, 35

Custos indiretos de produção, 77

Custos "inventados", 45, 46

Custos irreversíveis, 46

Custos marginais, 47

Custos nas demonstrações contábeis, terminologia e classificação, 19

Custos-padrão, 35, 278

Custos-padrão e inflação, 291

Custos por atividades, 37

Custos por OP, 188

Custos relevantes, 45, 360

Custo total do material, 40

Custo unitário do material, 40

Custo variável (por unidade), 41

Custo verdadeiro, 256

CVM, 17

D

Decisões de curto prazo, 320, 359

Default, 160

Defensores, 260

Definição de lucro, 15

Demonstração de resultados do período, 308

Demonstração do resultado, 24

Demonstração do resultado do exercício, 20

Demonstração do resultado do período, 73

Demonstrações contábeis e custos, 19

Departamentalização, 99

Departamento de administração, 103

Departamento de manutenção, 103

Departamento de materiais, 103

Departamento de recursos humanos, 8

Depreciação, 31

Depreciações, 23

Depreciações e amortizações, 23

Descanso remunerado, 79

Despesas, 32, 97, 359

Despesas aplicadas, 145

Despesas com vendas, 22

Despesas da atividade de compras, 147, 166

Despesas de estrutura, 168, 174

Despesas de fabricação, 258

Despesas estimadas, 145

Despesas fixas, 168

Despesas fixas estimadas, 169

Despesas fixas reais, 169

Despesas gerais, 22

Despesas gerais de fabricação, 77

Despesas gerais (ou indiretas) de fabricação, 70

Despesas indiretas, 197

Despesas indiretas de fabricação, 77, 83, 91, 96, 168, 308

Despesas indiretas de fabricação – análise e controle, 134

Despesas indiretas de fabricação departamentais, 136

Despesas indiretas de fabricação reais, 92

Despesas indiretas de serviços, 83

Despesas reais, 145

Despesas relacionadas aos planos de aposentadoria, 79

Despesas-rotina, 105

Desvio-padrão, 287

Determinação da rentabilidade, 14

Determinação de desempenho, 6

Determinação dos custos, 184

DIF, 83

Índice Remissivo **453**

DIF Aplicadas, 308

Diferenças entre os contadores e os economistas a respeito dos conceitos de ponto de equilíbrio, 354

DIF fixas, 173

Dificuldade relevante, 269

DIF Reais, 308

Direcionadores, 322

Direcionadores de atividades, 259, 325

Direcionadores de custos, 37, 187

Direcionadores de recursos, 255, 258, 325

Diretibilidade, 29, 30, 322, 360

Distribuição, 22

Doações, 34

DRE, 27

E

EAESP-FGV, 18

Economic order quantity, 392

Eixo das abscissas, 42

Elementos de controle, 243

Em azul, 111, 112

Em verde, 111, 112

Equação da regressão linear simples, 150

Equação da reta, 161

Erro-padrão, 154, 161, 165

Erro-padrão da estimativa, 165

Escrituração, 72

Espaço de tolerância e suas fronteiras, 286

Estabelecimento do padrão de mão de obra direta, 301

Estatística, 288

Estatutos, 15

Estimações, 106

Estimados, 35

Estimados e padrões, 185

Estoque de materiais, 69

Estoque de materiais diretamente ligados à produção, 25

Estoque de produtos acabados, 25

Estoque de produtos em processo, 69

Estoque em conjunção, 368

Estoques, 7, 25

Estoques intermediários, 49

Estudos e as atividades especiais, 7

Explicativa, 147

F

Fabricação, 97

Faixa de volume, 140

Faixa efetiva de volume, 348

Faixa especial de volume, 139

FASB, 18

Fatores de produção, 29

Fator governante, 251, 322

Fatos permutativos, 22

FEI, 18

Feriados, 79

Férias, 79

FIFO, 94

Financial Accounting Standards Board, 18

Financial Executives Institute, 18

First in, 94

First out, 94

Fixos, 41

Flexibilizar, 305

Flexível, 305

Fluxo de atividades, 75

Fluxo de informações, 196

Fluxo do processo, 208

Fluxo do processo de produção, 223

Folha de pagamentos, 79

Formação dos custos dos produtos e dos serviços, 29

Formas de analisar os custos, 29

Função, 147

Função-fim, 62

G

Gasto de consumo, 32, 34

Gastos, 32, 101

Gastos de investimento, 33

Gastos gerais de produção, 77

Gerência, 197
Gerência de vendas, 54
Gerente do departamento, 246
Gráfico cartesiano, 304
Gráfico da curva de aprendizagem, 401
Gráfico de controle estatístico, 289
Grau, 164

H

Hipóteses subjacentes, 345
Homens-hora, 172
Hora de MOD, 314
Horas de MOD, 307
Horas-máquina, 12, 62
Horas-máquinas, 307

I

IBEF, 17, 18
IBMEC, 18
IBRACON, 17
Ideal, 55
Imobilizado, 26
Imposto territorial urbano, 141
Imputados, 46
Indicador operacional físico, 121
Indiretos, 35
Informações adicionais para o método indireto real, 75
Insolúvel, 256
Institute of Internal Auditors, 18
Instituto de Auditores Internos do Brasil, 18
Instrumentos matemáticos, 397
Internal auditing, 18
Internal Revenue Service, 18
Intervalo relevante de volume, 140
Intervalos relevantes, 141
Inventariáveis, 38
Inventário periódico, 86
Inventário permanente, 86
IPTU, 141

Irreversíveis, 47
IRS, 18

J

JIT (*just-in-time*), 76, 132, 390
Jobs, 193
Joint products, 220

L

Last in, 94
Lei das Sociedades por Ações, 28
Linha de regressão simples, 146
Lotes, 261
Lucro, 15, 16
Lucro-meta, 17

M

Management Accounting, 18
Mão de obra, 69, 172
Mão de obra direta, 62, 82, 91, 179
Mão de obra intensiva, 307
Maracutaia, 148
Margem de contribuição, 28
Margem de segurança, 352
Materiais indiretos, 77
Material direto, 39, 77
Maximizar seus lucros, 15
Máximos e mínimos aplicados aos objetivos da administração de estoques, 390
Medidas de dispersão, 288
Médios, 47
Mensuração dos custos, 33
Método direto contábil, 106
Método "dos custos extremos", 142
Método dos mínimos quadrados, 146, 148
Método dos pontos alto e baixo, 142, 146
Método em cascata, 132
Método ideal, 66
Métodos de contabilização dos subprodutos, 226
Método simplex, 418

Métodos para custear os coprodutos, 222

Métodos quantitativos, 426

Mínimos quadrados, 146

Mix variance, 315

Modelo das duas variações, 177

Modelo das três variações, 177

Modelo de engenharia, 48, 50

Modelo de "indireto real", 66

Modelo de planilha de custos, 50

Modelo de regressão, 155

Modelo direto real, 95

Modelo do custeio direto, 28

Modelo do custo-padrão, 28

Modelo do valor agregado, 28

Modelo horizontal, 27

Modelo indireto real, 65

Modelo matemático da curva de aprendizagem, 402

Modelo orçamentário, 28

Modelo para a área comercial, 29

Modelos de demonstração do resultado, 27

Modelos de determinação dos custos dos produtos e dos serviços, 48

Modelo vertical, 27

Moldagem, 230

N

Não desembolsados, 47

Não evitáveis, 47

Não inventariáveis, 38

Não relevantes, 45

National association of accountants, 18

Natureza do critério do custeio variável, 321

Noção de controle, 239

Noção de responsabilidade, 240

Nó górdio, 256

O

Objetivo do custeio variável, 334

Objeto, 30

Operação, 22

Operações, 7

Operações da entidade, 7

Orçamento do produto, 54

Orçamento flexível, 174

Orçamentos, 106

Ordem de obra, 191

Ordem de produção, 16, 54, 191

Ordem de produção (OP), 193

Ordem de reparos, 191

Ordem de serviço, 16, 189

Ordens de fabricação, 191, 193

Ordens de obras, 193

Ordens de produção, 69, 193, 195

Ordens de produção e de serviços, 69

Ordens de serviço, 193

Ordens de serviços não faturáveis, 193

Ordens de tarefa, 193

Ordens para o estoque, 193

Organização, 82

Organização e contabilização da mão de obra, 77

Organizações que o contador de custos deve conhecer, 17

Organograma, 100, 243

Organograma funcional da empresa, 245

Output, 182

Overhead, 192, 265

P

Padrão das despesas de fabricação, 303

Padrão de mão de obra direta, 298

Padrão de materiais, 292, 294

Papel das despesas indiretas de fabricação, 283

Parágrafo 9, 12, 17, 151, 404

Parâmetro, 146

Parâmetros, 251

Passivo, 23

Patrimônio das entidades, 14

Patrimônio líquido, 23

Pedido econômico de compras, 395

Pedido econômico de estoques, 392

PEPS, 90, 214

Perdas, 32, 34

Período de tempo determinado, 141

Pintadas de amarelo, 112
Pintadas de azul, 111
Pintadas de verde, 112
Planilha de cálculos, 53, 54
Planilha de custos, 48
Plano de contas, 243
Plotadas, 148
Pontas de estoque, 217
Ponto de equilíbrio, 344
Ponto de equilíbrio às avessas, 369
Ponto de indiferença, 353
Por atividades, 35
Posto de trabalho, 230
Preço de venda, 16
Prensagem, 230
Prestação recíproca de serviços, 107
Primeiro a entrar, primeiro que sai, 90
Princípio da causação, 8
Princípio da competência, 38, 103
Princípios, 14
Princípios fundamentais de contabilidade, 10, 103
Problema da terminologia, 32
Problema fundamental do processo contínuo, 203
Procedimento do inventário permanente, 88
Processo, 204
Processo conjunto, 223
Processo produtivo, 9
Processos, 203
Produção ao cliente, 253
Produção em andamento, 195
Produção em elaboração, 195
Produção em processo, 195
Produtos, 69
Produtos conjuntos, 220
Produtos em processo, 308
Produzido, 9
Programação linear, 411
Promoções, 7

R

Random, 148
Rateios, 37
Reais, 185
Real, 55
Realizados, 47
Recepção de materiais, 76
Recursos, 101, 258
Registro da folha de pagamentos, 81
Registro das provisões, 81
Registro dos custos, 82
Registro dos encargos sociais, 82
Registros estatísticos, 143
Regra de três, 144
Regressão, 157
Regressão linear, 161
Regressão linear simples, 146
Regressão simples, 138
Relatório de custos, 246
Relatório de despesas, 30
Relatório principal, 79
Relatórios pela responsabilidade, 244
Relevância, 29
Relevantes, 359
Reposição dos estoques, 392
Requisição de materiais, 76
Resolução CFC nº 560/83, 7
Resolução CFC nº 750, 14
Resolução nº 530/81, 13
Responsabilidades físicas e contábeis, 100
Resumo dos resultados, 159
Reta dos mínimos quadrados, 150
Reta teórica, 165
Revista de contabilidade do CRC-RS, 267
Revista do conselho regional de contabilidade do Estado do Rio Grande do Sul, 107, 110
Revista do CRCRS, 107, 111
RKW, 37

Q

Quantidade de pedidos, 145
Quantitativos de mão de obra, 79

S

Saídas dos estoques, 89
Salários e ordenados, 31

SEC, 18

Secretaria da Receita Federal, 17

Securities and exchange commission, 18

Segmentos de distribuição, 7

Semivariáveis ou semifixas, 42

Setores administrativos e auxiliares, 63

Setores operacionais, 63

Simulações de alternativas na análise das relações custo-volume-lucro, 357

Sistema de acumulação de custos, 184, 192

Sistema de acumulação de custos por OP, 196

Sistema de acumulação de custos por processo, 202

Sistema de custeamento pela responsabilidade, 238, 243, 312

Sistema de custos estimados, 11

Sistema de custos pela responsabilidade, 11

Sistema de Custos por OP, 190, 196

Sistema de custos por ordem de produção, 202

Sistema de custos previsionais, 11

Sistemas de acumulação de custos, 10, 186

Sistemas de custeamento, 237

Sistemas de custos, 11

Sobras, 226

Solução algébrica, 417

Solução gráfica, 416

Soma dos quadrados da regressão, 163

Soma dos quadrados total, 163

Staff, 61

Standard deviation, 288

Sub, 226

Subproduto, 220

Subsídios, 152

Sunk costs, 46

Suposições básicas, 345

Suposições que fundamentam a análise do ponto de equilíbrio, 347

T

Target cost, 17

Target-profit, 17

Taxa salarial horária, 172

Taxas predeterminadas, 113

Taxas únicas de DIF ou taxas departamentais, 129

Técnica da curva de aprendizagem, 401

Técnica das unidades de esforço de produção, 229

Teoria comportamental de custos, 149

Tesouraria, 16

Totais, 47

Trabalho da contabilidade de custos, 6

Traceability, 322

Tradicionais, 35

Transação, 22

Transações, 261

Tratamento da variação total entre as DIF reais e as DIF aplicadas, 116

Truc, 326

U

UEP, 230

UEPS, 90, 214

Último a entrar, primeiro que sai, 90

Unidade de esforço, 231

Unidade de esforço de produção, 186

Unidade de serviço, 231

Unidade GP, 186

Unidades de esforço de produção, 186, 230, 232

Unidades efetivas, 205

Unidades equivalentes, 205

Unidades reais, 205

Uso dos métodos quantitativos, 379

Usos do custeio variável em várias atividades de planejamento, controle e decisão, 339

USP-FEAC, 18

V

Valores-padrão monetários, 35

Vantagens e desvantagens do conceito do custeio variável, 339

Vantagens e desvantagens do critério ABC, 264

Variação de eficiência, 171, 180, 299, 300

Variação de eficiência da MOD, 173

Variação de eficiência de MOI, 308

Variação de mão de obra, 300

Variação de preço, 292, 293, 300

Variação de quantidade, 292, 293, 300

Variação de taxa, 299

Variação e sua contabilização, 297

Variação relevante, 180

Variação total, 293, 299, 300

Variações de orçamento, de eficiência e de volume (capacidade), 303

Variações de preço e de quantidade, 292

Variações de taxa e de eficiência, 298

Variações devidas à mistura (combinação), 315

Variância, 288

Variáveis, 39

Variável, 39

Variável independente, 165

Vendedor, 53

Volume, 139

Y

Yield variance, 315